21 世纪全国高等院校汽车类创新型应用人才培养规划教材

车辆试验设计与数据处理

主　编　张京明
副主编　罗念宁　任殿波

内 容 简 介

本书由两部分内容组成：第一部分为车辆试验设计的基础理论与方法，包括线性系统分析基础、相似理论、测量误差理论、正交试验设计及均匀试验设计；第二部分为数据处理技术，包括随机过程概论、试验数据分析过程、谱密度分析技术及试验数据的回归分析。本书以工程应用为背景，内容编排力求系统、实用。

本书可作为高等工科学校车辆工程专业的硕士研究生教材，也可作为该专业高年级学生的选修教材，还可供从事汽车研究、设计、试验等工作的专业技术人员参考。

图书在版编目(CIP)数据

车辆试验设计与数据处理 / 张京明主编. —北京：北京大学出版社，2017.8
（21世纪全国高等院校汽车类创新型应用人才培养规划教材）
ISBN 978-7-301-28660-9

Ⅰ. ①车… Ⅱ. ①张… Ⅲ. ①汽车试验—试验设计—高等学校—教材 ②汽车试验—数据处理—高等学校—教材 Ⅳ. ①U467

中国版本图书馆 CIP 数据核字(2017)第 203331 号

书　　名	车辆试验设计与数据处理 CHELIANG SHIYAN SHEJI YU SHUJU CHULI
著作责任者	张京明　主编
策划编辑	童君鑫　刘晓东
责任编辑	李娉婷
标准书号	ISBN 978-7-301-28660-9
出版发行	北京大学出版社
地　　址	北京市海淀区成府路 205 号　100871
网　　址	http://www.pup.cn　新浪微博：@北京大学出版社
电子信箱	pup_6@163.com
电　　话	邮购部 62752015　发行部 62750672　编辑部 62750667
印刷者	北京鑫海金澳胶印有限公司
经销者	新华书店
	787 毫米×1092 毫米　16 开本　21 印张　486 千字 2017 年 8 月第 1 版　2017 年 8 月第 1 次印刷
定　　价	49.00 元

未经许可，不得以任何方式复制或抄袭本书之部分或全部内容。
版权所有，侵权必究
举报电话：010-62752024　电子信箱：fd@pup.pku.edu.cn
图书如有印装质量问题，请与出版部联系，电话：010-62756370

前　言

科学试验和理论研究的密切结合是近代科学技术的一个显著特点。理论以试验为基础，试验需要理论作指导，两者互相依赖、相辅相成，加速了科学技术的发展。然而，实践毕竟是一切理论活动的基础，任何一种理论，只有在科学试验得到证实后才能成立，通过试验证实理论，通过试验发展理论。试验是理论工作的前提，理论工作上不去，常常是因为试验上不去，试验有了突破，理论就跟着上一层楼，这是科学史上屡见不鲜的事实。在工程技术中，任何一个成功的产品都是设计和试验密切结合的产物。设计过程就是试验过程，试验贯穿在整个设计工作的始终。任何设计思想、理论计算无一不经过试验的验证。在许多复杂的实际问题中，试验又常是解决问题的仅有办法。因此，科学试验十分重要。

根据车辆工程专业硕士研究生相关课程的教学要求，本书的内容以邬慧乐、邱毓强老师主编的《汽车拖拉机试验学》为主要内容，结合车辆工程问题的特点，增加了均匀试验设计及其应用方面的内容；增加了部分相关理论的实际应用方面的内容。全书内容力求体现研究生应学习的试验设计的理论及其数据处理方法。

本书共分9章，前5章为车辆试验设计的基本理论和方法，后4章为数据处理的基本理论和方法。第1章主要介绍了线性系统分析基础理论；第2章介绍相似理论的3个定理、相似准则的求法、相似准则形式转换和模型试验数据的处理、设计模型准则和近似模型；第3章介绍随机误差的分布规律、直接测量参数测定值的处理、间接测量参数(函数)的误差分析、系统误差、异常数据的取舍；第4章介绍正交试验设计的基本方法及应用；第5章介绍均匀试验设计的基本方法及应用；第6章介绍随机过程的一般概念及其相关性、功率谱密度函数、平稳过程的线性变换及应用；第7章介绍数据分析的过程、程序疲劳试验的载荷谱编制；第8章介绍谱密度的处理方法、频率响应函数和凝聚函数处理、谱分析应用实例——道路表面不平度数字谱分析；第9章介绍一元线性回归分析、一元非线性回归的转化、试验数据的图像表示。

本书由哈尔滨工业大学张京明担任主编，罗念宁、任殿波担任副主编。全书由张京明统稿，负责内容规划，并编写第1～5章；罗念宁编写第6～7章；任殿波编写第8～9章。

在本书的编写过程中，编者引用了参考文献中的部分内容，包括书中没有注明的部分参考资料，特向其作者表示深切的谢意。

由于编者学识有限，书中难免有不当之处，敬请读者给予批评指正。

编　者
2017年3月

目 录

上篇 试验设计

第1章 线性系统分析基础 ... 3
- 1.1 概述 ... 4
- 1.2 傅里叶分析 ... 6
- 1.3 拉普拉斯变换 ... 16
- 1.4 传递函数及机械阻抗 ... 22
- 1.5 脉冲响应和频率响应函数 ... 33

第2章 相似理论 ... 38
- 2.1 概述 ... 39
- 2.2 相似理论 ... 39
- 2.3 相似准则的求法 ... 47
- 2.4 相似准则形式的转换和模型试验数据的处理 ... 60
- 2.5 设计模型准则和近似模型 ... 61
- 2.6 相似理论应用举例 ... 64

第3章 测量误差理论 ... 85
- 3.1 概述 ... 86
- 3.2 随机误差的分布规律 ... 89
- 3.3 测量列与测量结果的精密度 ... 93
- 3.4 直接测量参数测定值的处理 ... 101
- 3.5 间接测量参数(函数)的误差分析 ... 107
- 3.6 系统误差 ... 115
- 3.7 异常数据的取舍 ... 121

第4章 正交试验设计 ... 126
- 4.1 概述 ... 127
- 4.2 正交表的构造 ... 128
- 4.3 正交试验设计的基本方法 ... 132
- 4.4 考虑交互作用的试验设计 ... 139
- 4.5 试验数据的结构 ... 145
- 4.6 试验数据的方差分析 ... 151
- 4.7 正交表的灵活应用 ... 162

第 5 章 均匀试验设计 ... 166
- 5.1 概述 ... 167
- 5.2 均匀设计表及其使用表 ... 168
- 5.3 试验结果的计算与分析 ... 174
- 5.4 不等水平均匀设计 ... 177
- 5.5 混合因素均匀设计 ... 178
- 5.6 均匀试验设计应用实例 ... 182

下篇 数据处理

第 6 章 随机过程概论 ... 199
- 6.1 随机过程的一般概念 ... 200
- 6.2 平稳过程 ... 204
- 6.3 随机过程的相关性 ... 207
- 6.4 功率谱密度函数 ... 214
- 6.5 平稳过程的线性变换 ... 219
- 6.6 线性变换在系统分析中的应用 ... 222

第 7 章 试验数据分析 ... 228
- 7.1 数据分析的一般流程 ... 229
- 7.2 采样及预处理 ... 232
- 7.3 模拟数据处理 ... 238
- 7.4 数字数据处理 ... 247
- 7.5 程序疲劳试验的载荷谱编制 ... 250

第 8 章 谱密度分析技术 ... 258
- 8.1 谱密度的模拟处理 ... 259
- 8.2 谱窗、泄漏和平滑 ... 264
- 8.3 谱密度数字处理（Ⅰ）——相关函数法 ... 272
- 8.4 快速傅里叶变换 ... 276
- 8.5 谱密度数字处理（Ⅱ）——FFT 法 ... 284
- 8.6 频率响应函数和凝聚函数处理 ... 287
- 8.7 谱分析应用实例——道路表面不平度数字谱分析 ... 288

第 9 章 试验数据的回归分析 ... 298
- 9.1 概述 ... 299
- 9.2 一元线性回归分析 ... 300
- 9.3 一元非线性回归的转化 ... 313
- 9.4 试验数据的图像表示 ... 320

参考文献 ... 325

上 篇

试 验 设 计

科学试验从生产实践中独立出来，成为人类认识自然、改造自然的一种独特活动伴随着现代科学技术的发展。由于科学试验与近代科学技术及现代化的关系十分密切，因此现代科学试验的范围和规模均在与日俱增，而且其增加的速度更是越来越快。

在科学发展的初期，科学试验只是少数科学家的个别活动，不仅从事科学研究的人数很少，使用的设备也很简陋。与这种小规模的手工业式的科学试验相反，现在大规模科学试验工作拥有庞大的试验队伍，使用着各种精密、优良、大型的仪器设备，在十分广阔的范围里，进行各种深入的研究活动。例如，为了进行各种车辆试验而建设起来的试验场，是一个占地面积几十平方公里的大型综合性试验基地。它包括各种车辆实际可能遇到的一切典型使用条件的模拟设施，如能进行车速超过 200km/h 的高速环行跑道，能进行各种性能测试的道路，能进行强化试验的各种路面、地面，有各种坡道、滑台、涉水池以及相应的室内试验设备。汽车可以在这种试验场中完成各种性能、寿命试验。虽然这种设施耗费巨大，投资数以亿计，但是由于在试验场里能深入研究汽车产品的各种性能，缩短试验周期，提高试验结果的可比性和试验工作的安全性，在人力、物力和时间上都得到明显的效益，如台车昼夜行驶里程可达到 2000km，强化路面试验行驶 1600km 相当于一般使用中行驶 160000km，强化程度达到 1∶100。所以这种试验场已经成为现代汽车工业不可缺少的典型试验设施。又如研究汽车空气动力学特性的风洞，为了模拟真实使用条件，风洞尺寸越来越大，从模型风洞到整车风洞。在这种风洞里可以试验各种类型车辆的全尺寸原型，不仅如此，为了模拟气候条件，研究汽车对各种气候的适应性，还出现了全天候风洞，温度可以在 $-40\sim+50℃$ 进行调节。风洞中还常装有程序控制的转鼓试验台。在这类风洞中不仅可以研究车辆的各种空气动力学特性，而且可以研究稳定性、动力性、燃料经济性、制动性以及冷起动、冷却、通风、空调等气候适应性方面的问题。通过这些大规模试验设备，可以精确地观察研究各种客观真实情况。

汽车工业的研究中心常常拥有数千研究人员，是一个包括许多学科、许多专业、许多科学技术领域的大规模科学试验集体。因此，现代科学技术试验工作已经具有大规模现代化工业生产的形式。由于科学技术试验发生了如此深刻的变化，因而出现了许多新的情况，提出了许多新的问题。例如，怎样组织试验，怎样设计试验，怎样合理选用测试技术，怎样处理试验数据等。总之，为了适应现代化科学技术试验的要求，需要研究科学技术试验本身的一些问题，需要从各行各业各种具体试验方法中抽出那些具有共性的内容，归纳提炼成为规律性的认识，这样形成一个新的科学技术领域，一门关于试验的科学，即所谓试验工程学。这门关于试验的科学是科学技术试验的产物，在学术界引起了广泛的兴趣，它将极大地推动科学技术试验工作的开展，在现代化建设中，起着不可估量的作用。

车辆试验设计理论在车辆工程学科的教学科研实践中也得到了体现。因此，本篇试图从车辆各种具体试验设计方法中概括那些带共性的基本理论、基本技术，为从事本领域工作的人们打下一定的基础。

第 1 章

线性系统分析基础

教学目标

通过本章的学习,掌握线性系统的基础知识,为试验设计与数据处理打下基础。

教学要求

知识要点	能力要求	相关知识	权重
系统与系统分析	掌握系统与系统分析的基本内容	系统的概念与类型 系统分析的内容与特点	10%
傅里叶分析	掌握傅里叶分析的基本原理	周期函数、非周期函数、δ-函数的傅里叶变换、性质;频谱	25%
拉普拉斯变换	掌握拉普拉斯变换的基本原理	拉普拉斯变换的概念、性质及微分方程的拉普拉斯解法	25%
传递函数及机械阻抗	掌握传递函数、机械阻抗的基本知识	传递函数、机械阻抗的概念及计算方法	30%
脉冲响应函数和频率响应函数	掌握脉冲响应函数和频率响应函数的基本概念	任意函数输入下的系统响应;频率响应函数的图像	10%

1.1 概 述

1.1.1 系统

系统是由若干相互联系、相互作用的元素，为实现一定的目的而组成的有机整体。

一个仪器、一种设备、一辆汽车、一台拖拉机……，凡是由许多元素组成的有机整体都可以称为系统。系统有大有小，可简可繁，而且形态种类众多，不仅有由物质组成的自然系统，而且有由事组成的人为系统。例如，大型科学试验的组织和管理就是一个人为系统。

外界对系统的影响称为系统的激励或输入，在外界激励的作用下，系统的变化称为响应或输出。图1.1所示为简单系统的输入、输出示意图。

图 1.1 简单系统的输入、输出示意图

复杂系统是由一些基本系统组成的。基本系统连接成复杂系统的主要形式有串联、并联和反馈。如果上一基本系统的输出直接作为下一系统的输入，则称为串联系统[图1.2(a)]。如果同一输入加在所有基本系统的输入端上，而诸系统的输出之和构成总的输出[图1.2(b)]，则称为并联系统。如果把系统输出量的一部分或全部返回到输入端，称为反馈系统[图1.2(c)]。反馈结果起了加强输入量作用的称为正反馈；起了削弱作用的称为负反馈。输入端与输出端之间存在反馈的系统称闭环系统，反之称为开环系统。

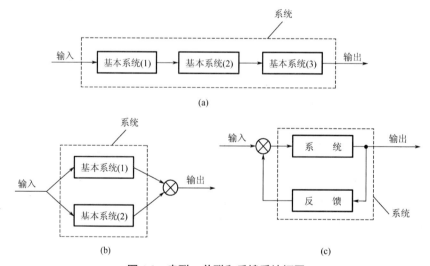

图 1.2 串联、并联和反馈系统框图

1.1.2 系统分析

建立描述系统的数学模型，确定系统的输入和输出关系，研究系统对激励的响应关系是系统分析的主要内容。

数学模型可以根据各种物理定律，例如机械系统中的牛顿定律，电气系统中的克希霍夫定律而导出，也可以通过试验的方法来建立。

如果微分方程是未知函数及其各阶导数的一次方程，则称此方程是线性的。凡是能用线性方程描述的系统称为线性系统。工程技术上遇到的问题多属线性问题，或者在特定范围内可看成线性的。

现代线性系统理论的主要特点如下。

(1) 研究对象一般是多变量线性系统，而经典理论主要以单输入单输出系统为研究对象。因此，现代线性系统理论具有大得多的适用范围。

(2) 除输入变量和输出变量外，还着重考虑描述系统内部状态的状态变量，而经典理论只考虑系统的外部性能(输入与输出的关系)。因此，现代线性系统理论所考虑的问题更为全面且更为深刻。

(3) 在分析和综合方法方面以时域方法为主，兼而采用频域方法。而经典理论主要采用频域方法。因此，现代线性系统理论能充分利用这两种方法。而时域方法对动态描述要更为直观。

(4) 使用更多的数学工具，除经典理论中使用的拉普拉斯变换外，现代线性系统理论大量使用线性代数、矩阵理论和微分方程理论，对某些问题还使用泛函分析、群论、环论、范畴论和复变函数论等较高深的数学工具。因此，现代线性系统理论能探讨更一般更复杂的问题。

线性系统服从可加性和齐次性原理。

可加性表示系统的多个输入之和的输出，等于各个单个输入所得输出的代数和，即

$$f(x_1+x_2)=f(x_1)+f(x_2) \tag{1-1}$$

其中，$f(x_1+x_2)$ 为系统在 x_1 和 x_2 两个输入联合作用下的输出，$f(x_1)$、$f(x_2)$ 分别为系统在单独输入 x_1 或 x_2 时的输出。

齐次性表示常数倍输入的输出，等于此输入所得输出的常数倍，即

$$f(cx)=cf(x) \tag{1-2}$$

其中，c 为常数。

线性系统的可加性和齐次性原理说明，一个激励的存在，并不影响另一个激励引起的响应。因此，多个激励同时作用在线性系统的总效果，可以逐个分析单个激励的效果，然后把这些效果加起来就得到了总效果。

例如，图1.3(a)所示的线性系统，它在多个输入 x_1、x_2、$\cdots$、x_r 的作用下的响应为 y。假若激励 x 与 y 的关系，用下列微分方程描述

$$a_n\frac{d^n y}{dt^n}+a_{n-1}\frac{d^{n-1} y}{dt^{n-1}}+\cdots+a_1\frac{dy}{dt}+a_0 y=x_1+x_2+\cdots+x_r \tag{1-3}$$

按线性系统可加性原理，图1.3(a)等效于图1.3(b)，图中 y_1、y_2、y_3、$\cdots$、y_r 分别为系统 x_1、x_2、$\cdots$、x_r 单独作用于同一系统所产生的响应，它们分别可以用下列微分方程表述

$$\left.\begin{aligned}a_n\frac{d^n y_1}{dt^n}+a_{n-1}\frac{d^{n-1} y_1}{dt^{n-1}}+\cdots+a_1\frac{dy_1}{dt}+a_0 y_1 &= x_1 \\ a_n\frac{d^n y_2}{dt^n}+a_{n-1}\frac{d^{n-1} y_2}{dt^{n-1}}+\cdots+a_1\frac{dy_2}{dt}+a_0 y_2 &= x_2 \\ &\vdots \\ a_n\frac{d^n y_r}{dt^n}+a_{n-1}\frac{d^{n-1} y_r}{dt^{n-1}}+\cdots+a_1\frac{dy_r}{dt}+a_0 y_r &= x_r\end{aligned}\right\} \tag{1-4}$$

分别求出式(1-4)中各式的解，然后相加即可得到式(1-3)的解，即

$$y = y_1 + y_2 + y_3 + \cdots + y_r$$

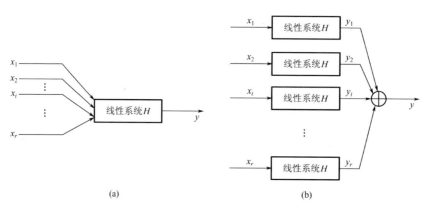

图1.3 多输入作用下的系统响应

对于诸如式(1-4)之类的线性常微分方程，只要给定激励函数及其初始条件，便可用经典的微分方程理论求解。

除了用经典的方法解微分方程外，在工程实践上，还有一些不通过经典方法分析系统的途径。其中之一，是运用拉普拉斯变换的方法求解。运用拉普拉斯变换，不仅可简便地得到微分方程的解，而且还引出了线性系统传递函数的概念、脉冲响应函数和频率响应函数的概念，这些概念对系统分析非常重要，也是试验法求系统数学模型的基础。因此，在本章分别给以介绍。

此外，当运用线性系统的迭加原理研究系统时，傅里叶分析理论可以方便地把输入和输出函数分解成若干个不同频率的简谐函数之和。因此，本章也将介绍傅里叶分析的基本概念和性质。

1.2 傅里叶分析

傅里叶分析是把时间函数从时间域转换到频率域进行分析的有力工具。在进行系统分析时，不仅需要研究信号随时间变化的情况，还常常需要考虑其组成方面的问题，这就叫作从时间域转换到频率域上研究问题。信号在不同域上的特征，是从不同的角度对信号进行描述，以提取尽可能多的有用信息，供分析研究用。

1.2.1 周期函数的傅里叶级数

设 $x_T(t)$ 是周期为 T 的函数，如果在区间 $\left[-\dfrac{T}{2}, \dfrac{T}{2}\right]$ 上：①连续或只有有限个第一类间断点；②只有有限个极值点，则函数 $x_T(t)$ 可展开为

$$x_T(t) = \frac{a_0}{2} + \sum_{n=1}^{\infty}[a_n \cos 2\pi n f_0 t + b_n \sin 2\pi n f_0 t] \tag{1-5}$$

式中

$$\left.\begin{aligned} a_0 &= \frac{2}{T}\int_{-\frac{T}{2}}^{\frac{T}{2}} x_T(t)\mathrm{d}t \\ a_n &= \frac{2}{T}\int_{-\frac{T}{2}}^{\frac{T}{2}} x_T(t)\cos 2\pi n f_0 t \mathrm{d}t \quad (n=1,2,3,\cdots) \\ b_n &= \frac{2}{T}\int_{-\frac{T}{2}}^{\frac{T}{2}} x_T(t)\sin 2\pi n f_0 t \mathrm{d}t \quad (n=1,2,3,\cdots) \end{aligned}\right\} \quad (1\text{-}6)$$

式(1-5)表明，周期函数可以用三角级数展开。a_0、a_n 和 b_n 称为 $x_T(t)$ 的傅里叶系数，$f_0 = \frac{1}{T}$ 称为基频，$\frac{a_0}{2}$ 称为直流分量，$a_1\cos 2\pi f_0 t + b_1\sin 2\pi f_0 t$ 称为基波，$f_n = nf_0$ 称为谐频，$a_n\cos 2\pi n f_0 t + b_n\sin 2\pi n f_0 t$ 称为 n 阶谐波，$A_n = \sqrt{a_n^2 + b_n^2}$ 为其振幅。周期函数的傅里叶级数展开，就是把它展成直流分量与所有 n 阶谐波的迭加。

图 1.4 所示为一周期方波，该方波在区间 $\left[-\frac{T}{2}, \frac{T}{2}\right]$ 上的函数表示式为

$$x_T(t) = \begin{cases} 1 & 0 \leq t < \frac{T}{2} \\ -1 & \frac{-T}{2} \leq t < 0 \end{cases}$$

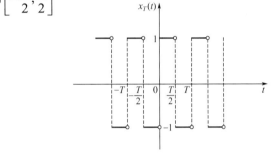

图 1.4　周期方波

按式(1-6)有

$$a_0 = \frac{2}{T}\int_{-\frac{T}{2}}^{\frac{T}{2}} x_T(t)\mathrm{d}t = 0$$

$$a_n = \frac{2}{T}\int_{-\frac{T}{2}}^{\frac{T}{2}} x_T(t)\cos 2\pi n f_0 t \mathrm{d}t = 0$$

$$\begin{aligned} b_n &= \frac{2}{T}\int_{-\frac{T}{2}}^{\frac{T}{2}} x_T(t)\sin 2\pi n f_0 t \mathrm{d}t \\ &= \frac{2}{n\pi}(1 - \cos n\pi) \\ &= \begin{cases} 0 & \text{当}n = 2K \\ \frac{4}{(2K-1)\pi} & \text{当}n = 2K-1 \end{cases} \quad (K=0,1,2,3,\cdots) \end{aligned}$$

把傅里叶系数带入式(1-5)得

$$x_T(t) = \frac{4}{\pi}\left[\sin 2\pi f_0 t + \frac{1}{3}\sin 6\pi f_0 t + \cdots + \frac{1}{2K-1}\sin(2K-1)\pi f_0 t + \cdots\right]$$

上式说明，方波可以用一系列正弦波的迭加表示，所取项数越多，近似程度越好。图 1.5 所示为方波 $x_T(t)$ 与展开波形的关系。

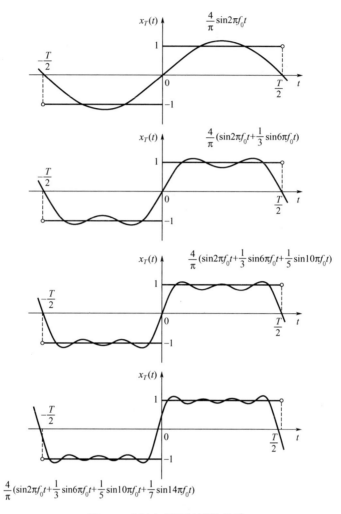

图 1.5 方波与展开波形的关系

1.2.2 傅里叶级数的复指数形式

实用上，周期函数的傅里叶级数常用指数形式表达，应用欧拉公式

$$\left.\begin{array}{l}\cos\theta = \dfrac{1}{2}(e^{j\theta}+e^{-j\theta}) \\ \sin\theta = \dfrac{1}{2j}(e^{j\theta}-e^{-j\theta})\end{array}\right\} \tag{1-7}$$

式中，$j=\sqrt{-1}$。

将式(1-7)代入式(1-5)，整理后得到

$$x_T(t) = \frac{a_0}{2} + \sum_{n=1}^{\infty}\left[\frac{a_n-jb_n}{2}e^{j2\pi nf_0 t} + \frac{a_n+jb_n}{2}e^{-j2\pi nf_0 t}\right] \tag{1-8}$$

如果令

$$C_0 = \frac{a_0}{2} = \frac{1}{T}\int_{-\frac{T}{2}}^{+\frac{T}{2}} x_T(t)\mathrm{d}t$$

$$C_n = \frac{a_n - \mathrm{j}b_n}{2} = \frac{1}{T}\int_{-\frac{T}{2}}^{+\frac{T}{2}} x_T(t)\mathrm{e}^{-\mathrm{j}2\pi n f_0 t}\mathrm{d}t \qquad (n=1,2,3,\cdots)$$

$$C_{-n} = \frac{a_n + \mathrm{j}b_n}{2} = \frac{1}{T}\int_{-\frac{T}{2}}^{+\frac{T}{2}} x_T(t)\mathrm{e}^{\mathrm{j}2\pi n f_0 t}\mathrm{d}t \qquad (n=1,2,3,\cdots)$$

将上列三式归结为一个式子，并令 $f_n = nf_0$，则有

$$C_n = \frac{1}{T}\int_{-\frac{T}{2}}^{+\frac{T}{2}} x_T(t)\mathrm{e}^{-\mathrm{j}2\pi f_n t}\mathrm{d}t \qquad (n=0,\pm 1,\pm 2,\cdots) \tag{1-9}$$

于是式(1-8)可写为

$$\begin{aligned}x_T(t) &= C_0 + \sum_{n=1}^{\infty}[C_n\mathrm{e}^{\mathrm{j}2\pi f_n t} + C_{-n}\mathrm{e}^{-\mathrm{j}2\pi f_n t}]\\ &= \sum_{n=-\infty}^{+\infty} C_n\mathrm{e}^{\mathrm{j}2\pi f_n t} \qquad (n=0,\pm 1,\pm 2,\cdots)\end{aligned} \tag{1-10}$$

这就是傅里叶级数的复指数形式，或者写为

$$x_T(t) = \frac{1}{T}\sum_{n=-\infty}^{+\infty}\left[\int_{-\frac{T}{2}}^{+\frac{T}{2}} x_T(t)\mathrm{e}^{-\mathrm{j}2\pi f_n t}\mathrm{d}t\right]\mathrm{e}^{\mathrm{j}2\pi f_n t} \tag{1-11}$$

需要说明的是，在式(1-10)或式(1-11)中，和式是对 $n = -\infty$ 到 $n = +\infty$ 累加的，因而出现"负频率"的概念，这一概念在物理上是无意义的，纯粹是为数学上运算的方便而引入的。

1.2.3 傅里叶变换

实践中经常遇到在有限区间内满足式(1-5)条件的非周期函数。显然，非周期函数不能直接运用傅里叶级数展开式。但是，可以把任何一个非周期函数 $x(t)$，看成是由某个周期函数 $x_T(t)$ 当 $T \to \pm\infty$ 时转化来的。为了说明这一点，构造周期函数 $x_T(t)$，使其在 $\left[\frac{-T}{2}, \frac{T}{2}\right]$ 内等于非周期函数 $x(t)$，而在之外按周期 T 延拓出去，如图1.6所示。

不难看出，T 越大，$x(t)$ 与 $x_T(t)$ 相等的范围也越大，这表明当 $T \to \pm\infty$ 时，周期函数 $x_T(t)$ 便转化为 $x(t)$，即

$$\lim_{T\to\infty} x_T(t) = x(t)$$

联系式(1-11)，于是

$$x(t) = \lim_{T\to\infty}\frac{1}{T}\sum_{n=-\infty}^{+\infty}\left[\int_{-\frac{T}{2}}^{+\frac{T}{2}} x_T(t)\mathrm{e}^{-\mathrm{j}2\pi f_n t}\mathrm{d}t\right]\mathrm{e}^{\mathrm{j}2\pi f_n t}$$

记 $\Delta f = f_n - f_{n-1} = \frac{1}{T}$，当 $T \to \infty$ 时，$\Delta f \to 0$，则上式可写为

$$x(t) = \lim_{\Delta f \to 0} \sum_{n=-\infty}^{+\infty} \left[\int_{-\frac{T}{2}}^{+\frac{T}{2}} x_T(t) e^{-j2\pi f_n t} dt \right] e^{j2\pi f_n t} \Delta f \qquad (1\text{-}12)$$

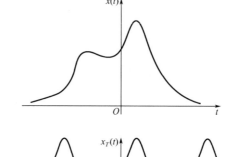
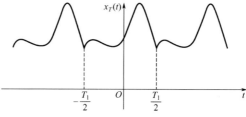
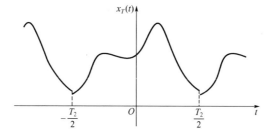

图 1.6　$x_T(t)$ 转化为 $x(t)$ 的示意图

考察式(1-12)方括弧内的积分，当 $T \to \infty$ 时，积分的上下限变为 $-\infty$ 和 $+\infty$，$x_T(t) \to x(t)$。同时，离散的频率 f_n 密布在整个 f 轴上，成为连续的频率 f。因此，式(1-12)中方括弧内的积分当 $T \to \infty$ 时，可记为

$$X(f) = \int_{-\infty}^{+\infty} x(t) e^{-j2\pi ft} dt \qquad (1\text{-}13)$$

代入式(1-12)，并按广义积分的概念，可改写为

$$x(t) = \int_{-\infty}^{+\infty} \left[\int_{-\infty}^{+\infty} x(t) e^{-j2\pi ft} dt \right] e^{j2\pi ft} df$$
$$= \int_{-\infty}^{+\infty} X(f) e^{j2\pi ft} df \qquad (1\text{-}14)$$

以上是概念性的推导，严格的数学推导表明，只有满足条件

$$\int_{-\infty}^{+\infty} |x(t)| dt < \infty \qquad (1\text{-}15)$$

式(1-13)及式(1-14)才成立。

通常，式(1-13)称为函数的傅里叶变换，而式(1-14)称为傅里叶逆变换，并把 $x(t)$ 与 $X(f)$

间的傅里叶变换关系记作 $x(t) \Leftrightarrow X(f)$。两式说明，具备一定条件的非周期函数，可由频率为 f 的波 $X(f)\mathrm{e}^{\mathrm{j}2\pi ft}$ 通过 f 从 $-\infty$ 到 $+\infty$ 连续变化的无限迭加(积分也是一种迭加)而构成的。

1.2.4 傅里叶变换的性质

傅里叶变换有一系列性质，列举如下。

1) 线性性质

若 $x(t) = a_1 x_1(t) + a_2 x_2(t)$，其中，$a_1, a_2$ 为任意常数，则

$$X(f) = a_1 X_1(f) + a_2 X_2(f) \tag{1-16}$$

式中，$x(t) \Leftrightarrow X(f)$，$x_1(t) \Leftrightarrow X_1(f)$，$x_2(t) \Leftrightarrow X_2(f)$。

式(1-16)表明，多个信号和的傅里叶变换等于各信号的傅里叶变换之和。

2) 翻转及共轭性质

若 $x(t) \Leftrightarrow X(f)$，则

$$x(-t) \Leftrightarrow X(-f) \tag{1-17}$$

$$\overline{x(t)} \Leftrightarrow \overline{X(-f)} \tag{1-18}$$

式中，$x(-t)$ 为 $x(t)$ 绕纵轴的翻转，如图 1.7 所示；$X(-f)$ 为 $X(f)$ 的翻转；$\overline{x(t)}$ 为 $x(t)$ 的复共轭；$\overline{X(-f)}$ 为 $X(-f)$ 的复共轭。

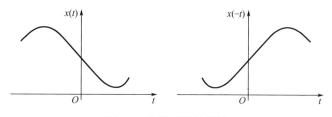

图 1.7 函数图形的翻转

3) 时移和频移性质

若 $x(t) \Leftrightarrow X(f)$，则

$$x(t - t_0) \Leftrightarrow X(f)\mathrm{e}^{-\mathrm{j}2\pi f t_0} \tag{1-19}$$

$$X(f - f_0) \Leftrightarrow x(t)\mathrm{e}^{\mathrm{j}2\pi f_0 t} \tag{1-20}$$

式中，t_0, f_0 分别为时移量和频移量。式(1-19)及式(1-20)表明，$x(t)$ 沿 t 轴位移 t_0，在频域内其傅里叶变换需乘以因子 $\mathrm{e}^{-\mathrm{j}2\pi f t_0}$，即傅里叶变换的幅值不变而改变相位。$X(f)$ 沿 f 轴位移 f_0，在时域内相应得时间函数需乘以因子 $\mathrm{e}^{\mathrm{j}2\pi f_0 t}$。

4) 卷积定理

卷积的概念：对于任意两个函数 $x_1(t)$ 和 $x_2(t)$，它们的卷积定义为

$$x_1(t) * x_2(t) = \int_{-\infty}^{+\infty} x_1(\tau) x_2(t - \tau) \mathrm{d}\tau \tag{1-21}$$

式中，符号"*"代表卷积积分运算。其几何意义如图 1.8 所示。图 1.8(a)和图 1.8(b)分别画出了

卷积的时间函数 $x_2(t)$ 和 $x_1(t)$ (图上已把变量 t 换成变量 τ)。图 1.8(c) 上把 $x_2(\tau)$ 翻转为 $x_2(-\tau)$，并在图 1.8(d) 上把 $x_2(-\tau)$ 位移 $t=t'$，得到 $x_2(t-\tau)$。图 1.8(e) 上曲线为乘积 $x_1(\tau)\,x_2(t-\tau)$，曲线下的面积(阴影线部分)就是 $t=t'$ 时式(1-21)的积分值，并在图 1.8(f) 上以 A 点的纵坐标标出。当位移 t 取不同值 t''、t'''、… 时，可得到一系列积分值，从而绘成如图 1.8(f) 所示的曲线。该曲线就是式(1-21)的几何表示。

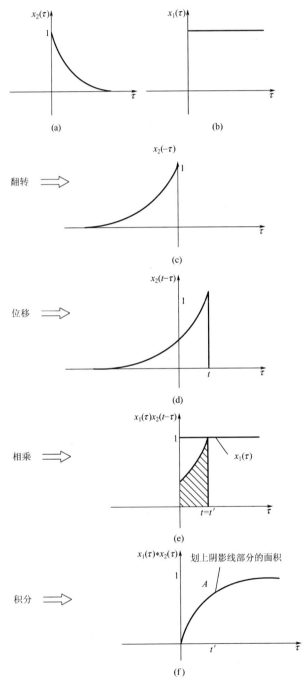

图 1.8 卷积过程图示

卷积定理：若 $x_1(t) \Leftrightarrow X_1(f)$，$x_2(t) \Leftrightarrow X_2(f)$，则

$$\int_{-\infty}^{+\infty} x_1(t)x_2(t)\mathrm{e}^{-\mathrm{j}2\pi ft}\mathrm{d}t = X_1(f) * X_2(f) \tag{1-22}$$

$$\int_{-\infty}^{+\infty} [x_1(t) * x_2(t)]\mathrm{e}^{-\mathrm{j}2\pi ft}\mathrm{d}t = X_1(f)X_2(f) \tag{1-23}$$

式(1-22)及式(1-23)表明，两函数乘积的傅里叶变换等于其傅里叶变换的卷积；两函数卷积的傅里叶变换等于其傅里叶变换的乘积。

5）帕塞伐(Parseval)能量定理

若 $x(t) \Leftrightarrow X(f)$，则

$$\int_{-\infty}^{+\infty} x^2(t)\mathrm{d}t = \int_{-\infty}^{+\infty} |X(f)|^2 \mathrm{d}f \tag{1-24}$$

式(1-24)说明，时域上计算 $x(t)$ 的能量等于频域上计算 $X(f)$ 的能量。

1.2.5 频谱

工程上，常把 $X(f)$ 称为 $x(t)$ 的频谱函数。"谱"是借用光学的概念。光学中，太阳光通过分光计被分解为红、黄、绿、橙、青等各色紧密相间的光带，称为光谱。

通常所谓的频谱图，是指振幅和频率的关系。在傅里叶级数的理论中知，对于以 T 为周期的周期函数 $x_T(t)$ 的第 n 阶谐波的频率为 f_n，而振幅为 $C_n(n=0,1,2,\cdots)$。由于 $(n=1,2,\cdots)$，所以频谱图形是不连续的，称为离散频谱。

图 1.9 所示为宽为 τ、高为 h、周期为 T 的矩形脉冲。它在 $\left[\dfrac{-T}{2}, \dfrac{T}{2}\right]$ 内的函数为

$$x_T(t) = \begin{cases} 0 & \dfrac{-T}{2} \leq t < \dfrac{-\tau}{2} \\ h & \dfrac{-\tau}{2} \leq t \leq \dfrac{\tau}{2} \\ 0 & \dfrac{\tau}{2} < t \leq \dfrac{T}{2} \end{cases}$$

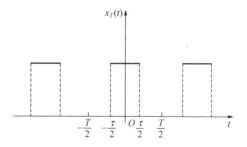

图 1.9 周期性矩形脉冲

根据式(1-9)，可得，

$$C_0 = \frac{1}{T}\int_{-\frac{T}{2}}^{+\frac{T}{2}} x_T(t)\mathrm{d}t = h\tau f_0$$

$$C_n = \frac{1}{T}\int_{-\frac{\tau}{2}}^{+\frac{\tau}{2}} h\mathrm{e}^{-\mathrm{j}2\pi nf_0 t}\mathrm{d}t = \frac{h}{n\pi}\sin \pi nf_0\tau \qquad (n = \pm 1, \pm 2, \cdots)$$

代入式(1-10)，得到矩形脉冲波的傅里叶级数复指形式为

$$x_T(t) = h\tau f_0 + \sum_{\substack{n=-\infty \\ (n\neq 0)}}^{+\infty} \frac{h}{n\pi}\sin(\pi nf_0\tau)\mathrm{e}^{\mathrm{j}2\pi nf_0 t}$$

设 $T=4\tau$，$|C_0|=\dfrac{h}{4}$，$|C_n|=\left|\dfrac{h}{n\pi}\sin\dfrac{n\pi}{4}\right|$，$f_n=\dfrac{n}{4\tau}(n=\pm 1,\pm 2,\cdots)$，把计算出来的各阶谐波振幅的数值，在频谱图中直观地表示出来，如图 1.10 所示。此例说明了周期函数展成离散谱的情况。

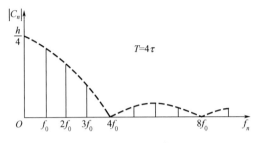

图 1.10 矩形脉冲的频谱

对于非周期函数 $x(t)$，可以通过傅里叶变换求频谱。由于 f 是连续变化的，因而称为连续频谱。

图 1.11(a)所示为单个矩形函数。单个矩形函数是非周期函数，其函数式为

$$x(t)=\begin{cases}h & |t|\leq T\\ 0 & |t|>T\end{cases}$$

按式(1-13)，它的傅里叶变换为

$$\left.\begin{aligned}X(f)&=\int_{-\infty}^{+\infty}x(t)\mathrm{e}^{-\mathrm{j}2\pi ft}\mathrm{d}t=\int_{-T}^{+T}h\mathrm{e}^{-\mathrm{j}2\pi ft}\mathrm{d}t=2hT\dfrac{\sin 2\pi fT}{2\pi fT}(f\neq 0)\\ X(f=0)&=2hT(f=0)\end{aligned}\right\} \quad (1\text{-}25)$$

根据式(1-25)做频谱图如图 1.11(b)所示。由图可知，单个矩形函数具有连续频谱。此外，如果 $x(t)$ 的 T 增大，则在频谱图上，主瓣(主峰所在的瓣)将变"高"变"瘦"。反之，主瓣将变"矮"变"胖"。由此推出，较宽的时间域函数，其频谱的主导频率占据频率轴上很窄的一段范围，习惯上称为"窄带"。反之，较窄的时间域函数，其频谱跨越一个较宽的频率范围，称为"宽带"。

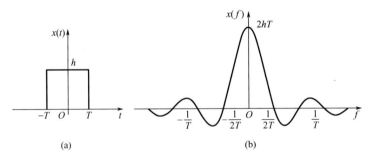

图 1.11 单个矩形函数及其频谱

对比式(1-10)和式(1-14)，前者按离散频率求和，后者按连续频率求和(积分)。式(1-14)中的 $X(f)\mathrm{d}f$ 与式(1-10)中 C_n 的相对应，所以 $X(f)$ 就是单位频率范围的振幅，亦即 $X(f)$ 具有密度的含义。所以在频谱分析中，$|X(f)|$ 又可称为函数 $x(t)$ 的振幅谱密度。

1.2.6 δ-函数及其傅里叶变换

工程实践中的许多物理现象具有脉冲性质，如电学中的脉冲电流，力学中的冲击力等。这种现象在数学中常用 δ-函数或称为脉冲函数来描述。

δ-函数是一个广义函数，不能用"值的对应关系"来定义。发生 $t=0$ 在 δ-处的函数定义为

$$\left.\begin{array}{ll}\delta(t)=0 & t\neq 0\\ \delta(0)=\infty & t=0\\ \int_{-\infty}^{+\infty}\delta(t)\mathrm{d}t=1 & \end{array}\right\} \quad (1\text{-}26)$$

δ-函数的一个重要性质是：对于任意一个在 $t=0$ 处连续的函数 $x(t)$，有

$$\int_{-\infty}^{+\infty}x(t)\delta(t)\mathrm{d}t=x(0) \quad (1\text{-}27)$$

对于在 $t=t_0$ 处的 δ-函数，则有

$$\int_{-\infty}^{+\infty}x(t)\delta(t-t_0)\mathrm{d}t=x(t_0) \quad (1\text{-}28)$$

式(1-27)及式(1-28)表明，δ-函数和任何函数的乘积的积分都有明确的意义，这就使得 δ-函数在工程中有较广泛的应用。

运用式(1-26)可得 δ-函数的傅里叶变换对为

$$X(f)=\int_{-\infty}^{+\infty}\delta(t)\mathrm{e}^{-\mathrm{j}2\pi ft}\mathrm{d}t=\mathrm{e}^{-\mathrm{j}2\pi f\cdot 0}=1 \quad (1\text{-}29)$$

$$\delta(t)=\int_{-\infty}^{+\infty}1\cdot\mathrm{e}^{\mathrm{j}2\pi ft}\mathrm{d}f \quad (1\text{-}30)$$

可见，在 $t=0$ 处的 δ-函数与常数 1 构成一对傅里叶变换对。

【例 1-1】 试求正弦函数 $\sin 2\pi f_0 t$ 及余弦函数 $\cos 2\pi f_0 t$ 的傅里叶变换。

解：正弦函数和余弦函数不满足傅里叶变换条件[式(1-15)]，但若利用 δ-函数的性质即可得题解。

考虑频域上 $\pm f_0$ 处发生的 δ-函数，运用式(1-28)，可得

$$\int_{-\infty}^{+\infty}\delta(f-f_0)\mathrm{e}^{\mathrm{j}2\pi ft}\mathrm{d}f=\mathrm{e}^{\mathrm{j}2\pi f_0 t} \quad (1\text{-}31)$$

$$\int_{-\infty}^{+\infty}\delta(f+f_0)\mathrm{e}^{\mathrm{j}2\pi ft}\mathrm{d}f=\mathrm{e}^{-\mathrm{j}2\pi f_0 t} \quad (1\text{-}32)$$

把式(1-31)及式(1-32)代入式(1-7)，得

$$\cos 2\pi f_0 t=\frac{1}{2}\int_{-\infty}^{+\infty}[\delta(f-f_0)+\delta(f+f_0)]\mathrm{e}^{\mathrm{j}2\pi ft}\mathrm{d}f$$

$$\sin 2\pi f_0 t=\frac{1}{2\mathrm{j}}\int_{-\infty}^{+\infty}[\delta(f-f_0)-\delta(f+f_0)]\mathrm{e}^{\mathrm{j}2\pi ft}\mathrm{d}f$$

上两式与式(1-14)比较，可以看成是正弦函数和余弦函数的傅里叶变换，于是可得到

$$\int_{-\infty}^{+\infty} \cos 2\pi f_0 t e^{-j2\pi ft} dt = \frac{1}{2}[\delta(f-f_0) + \delta(f+f_0)] \quad (1-33)$$

$$\int_{-\infty}^{+\infty} \sin 2\pi f_0 t e^{-j2\pi ft} dt = \frac{1}{2j}[\delta(f-f_0) - \delta(f+f_0)] \quad (1-34)$$

式(1-33)及式(1-34)建立了正弦函数和余弦函数与频域上的脉冲函数间的关系，在数据处理中这一关系十分有用。

1.3 拉普拉斯变换

1.3.1 拉普拉斯变换的概念

拉普拉斯变换可作为解线性微分方程的简单运算工具。运用拉普拉斯变换，可使许多普通函数，如正弦函数、指数函数等转化成复变数的代数函数，微积分的运算能由在复平面内的代数运算代替。于是，线性微分方程能转换成复变数的代数方程。因此，拉普拉斯变换是工程上研究系统的常用方法之一。

定义　设函数 $f(t)$，当 $t \geq 0$ 时有定义，且积分 $\int_0^{+\infty} f(t)e^{-st} dt$ 在 s 的某一域内收敛，其中 $s = a + jb$ 为复变数，则由此积分所确定的函数

$$F(s) = \int_0^{+\infty} f(t)e^{-st} dt \quad (1-35)$$

称为函数 $f(t)$ 的拉普拉斯变换式，记为

$$F(s) = L[f(t)]$$

$F(s)$ 称为 $f(t)$ 的拉普拉斯变换（或象函数），$f(t)$ 称为 $F(s)$ 的象原函数。由象函数 $F(s)$ 求象原函数 $f(t)$ 的运算称为拉普拉斯逆变换，记为

$$f(t) = L^{-1}[F(s)]$$

【例 1-2】 求单位阶跃函数 $u(t) = \begin{cases} 0 & t < 0 \\ 1 & t \geq 0 \end{cases}$ 的拉普拉斯变换。

解：按式(1-35)，有

$$F(s) = L[u(t)] = \int_0^{+\infty} 1 \cdot e^{-st} dt = \frac{1}{s}$$

【例 1-3】 求指数函数 $f(t) = Ae^{-\alpha t}$ 的拉普拉斯变换（其中 A、α 为常数）

解：按式(1-35)，有

$$F(s) = L[f(t)] = \int_0^{+\infty} A \cdot e^{-\alpha t} \cdot e^{-st} dt = \frac{A}{\alpha + s}$$

式中，复数 s 的实部 $\text{Re}(s) > (-\alpha)$。

实际运算时，可利用现成的拉普拉斯变换表。查到相应函数的象函数，或由已知象函数查象原函数。工程上常用的拉普拉斯变换列于表 1-1。

表 1-1 常用的拉普拉斯变换

	象原函数 $f(t)$	象函数 $F(s)$
1	单位脉冲函数 $\delta(t)$	1
2	单位阶跃函数 $u(t)$	$\dfrac{1}{s}$
3	t	$\dfrac{1}{s^2}$
4	e^{-at}	$\dfrac{1}{s+a}$
5	$\sin\omega t$	$\dfrac{\omega}{s^2+\omega^2}$
6	$\cos\omega t$	$\dfrac{s}{s^2+\omega^2}$
7	t^n ($n=1,2,\cdots$)	$\dfrac{n!}{s+a}$
8	$t^n e^{-at}$ ($n=1,2,\cdots$)	$\dfrac{n!}{(s+a)^{n+1}}$
9	$\dfrac{1}{b-a}(e^{-at}-e^{-bt})$	$\dfrac{1}{(s+a)(s+b)}$
10	$\dfrac{1}{b-a}(be^{-bt}-ae^{-at})$	$\dfrac{s}{(s+a)(s+b)}$
11	$\dfrac{1}{ab}\left[1+\dfrac{1}{a-b}(be^{-at}-ae^{-bt})\right]$	$\dfrac{1}{s(s+a)(s+b)}$
12	$e^{-at}\sin\omega t$	$\dfrac{\omega}{(s+a)^2+\omega^2}$
13	$e^{-at}\cos\omega t$	$\dfrac{s+a}{(s+a)^2+\omega^2}$
14	$\dfrac{1}{a^2}(at-1+e^{-at})$	$\dfrac{1}{s^2(s+a)}$
15	$\dfrac{\omega_n}{\sqrt{1-\xi^2}}e^{-\xi\omega_n t}\sin\omega_n\sqrt{1-\xi^2}\,t$	$\dfrac{\omega_n^2}{s^2+2\xi\omega_n s+\omega_n^2}$
16	$\dfrac{-1}{\sqrt{1-\xi^2}}e^{-\xi\omega_n t}\sin(\omega_n\sqrt{1-\xi^2}\,t-\phi)$, $\phi=\arctan\dfrac{\sqrt{1-\xi^2}}{\xi}$	$\dfrac{s}{s^2+2\xi\omega_n s+\omega_n^2}$
17	$1-\dfrac{1}{\sqrt{1-\xi^2}}e^{-\xi\omega_n t}\sin(\omega_n\sqrt{1-\xi^2}\,t+\phi)$, $\phi=\arctan\dfrac{\sqrt{1-\xi^2}}{\xi}$	$\dfrac{\omega_n^2}{s(s^2+2\xi\omega_n s+\omega_n^2)}$

1.3.2 拉普拉斯变换的性质

1）线性性质

若 a_1、a_2 是常数，且 $L[f_1(t)]=F_1(s)$，$L[f_2(t)]=F_2(s)$ 则

$$L[a_1f_1(t)+a_2f_2(t)]=a_1F_1(s)+a_2F_2(s) \quad (1\text{-}36)$$

即函数线性组合的拉普拉斯变换等于各函数拉普拉斯变换的线性组合。

2) 位移性质

若 $L[f(t)]=F(s)$，在 t 域位移，则有

$$L[f(t-b)]=\mathrm{e}^{-bs}F(s) \quad (1\text{-}37)$$

在 s 域位移，则有

$$L[\mathrm{e}^{at}f(t)]=F(s-a) \quad (1\text{-}38)$$

式中，a、b 为任意正数。式(1-37)和式(1-38)表明，时间函数延迟 b 相当于它的象函数乘以指数因子 e^{-bs}，而时间函数乘以指数因子 e^{at} 相当于其象函数作位移 a。

3) 相似性

若 $L[f(t)]=F(s)$，当象原函数 $f(t)$ 相对于时间轴伸长或压缩 a 倍成为 $f\left(\dfrac{t}{a}\right)$ 时，则有

$$L\left[f\left(\dfrac{t}{a}\right)\right]=aF(as) \quad (1\text{-}39)$$

4) 微分性质

若 $L[f(t)]=F(s)$，则有

$$L[f'(t)]=sF(s)-f(0) \quad (1\text{-}40)$$

式中，$f(0)$ 为 $t=0$ 时的函数 $f(t)$ 的值。

式(1-40)表明，函数求导后的拉普拉斯变换，等于该函数的拉普拉斯变换乘以 s，再减去函数的初值。如果对 $f(t)$ 取 n 阶导数 $f^n(t)$，则有

$$L[f^{(n)}(t)]=s^nF(s)-\sum_{K=1}^{N}s^{n-K}f^{(K-1)}(0) \quad (1\text{-}41)$$

式中，$f^{(K-1)}(0)$ 是 $f(t)$ 的 $(K-1)$ 阶导数在 $t=0$ 时的值。当初值 $f(0)=f'(0)=f''(0)=\cdots=f^{(n-1)}(0)=0$ 时，式(1-41)可写为

$$L[f^{(n)}(t)]=s^nF(s) \quad (1\text{-}42)$$

式(1-42)可以使 $f(t)$ 的微分方程转化为的 $F(s)$ 代数方程。因此，它对线性系统的分析有重要作用。

5) 积分性质

若 $L[f(t)]=F(s)$，则

$$L\left[\int_0^t f(t)\mathrm{d}t\right]=\dfrac{1}{s}F(s) \quad (1\text{-}43)$$

此性质表明，一个函数积分后再取拉普拉斯变换，等于该函数的拉普拉斯变换除以复参数 s。

对于 $f(t)$ 的 n 重积分，则有

$$L\left[\underbrace{\int_0^t \mathrm{d}t \int_0^t \mathrm{d}t \cdots \int_0^t f(t)\mathrm{d}t}_{n\text{重}}\right] = \frac{1}{s^n}F(s) \tag{1-44}$$

6) 卷积定理

函数 $f(t)$ 和 $g(t)$ 卷积的拉普拉斯变换有

$$L[f(t)*g(t)] = L\left[\int_0^t f(\tau)g(t-\tau)\mathrm{d}\tau\right] = F(s)G(s) \tag{1-45}$$

式中，$F(s) = L[f(t)]$，$G(s) = L[g(t)]$。

7) 终值定理

若 $L[f(t)] = F(s)$，且当 $t \to \infty$ 及 $s \to 0$ 时，象原函数 $f(t)$ 和象函数 $F(s)$ 的极限各自存在，则有

$$\lim_{t \to \infty} f(t) = \lim_{s \to 0} sF(s) \tag{1-46}$$

式(1-46)表明，函数 $f(t)$ 在 $t \to \infty$ 时的稳定值，可以通过 $f(t)$ 的拉普拉斯变换乘以 s 取 $s \to 0$ 时极限值而得到。

8) 初值定理

若 $L[f(t)] = F(s)$，且当 $t \to 0$ 及 $s \to \infty$ 时，象原函数 $f(t)$ 和象函数 $F(s)$ 的极限各自存在，则有

$$\lim_{t \to 0} f(t) = f(0) = \lim_{s \to \infty} sF(s) \tag{1-47}$$

即函数 $f(t)$ 在 $t \to 0$ 时的值，可以通过 $F(s)$ 乘以 s 取 $s \to \infty$ 时的极限值得到。

【例1-4】 求解下面定解问题。

$$\begin{cases} \dfrac{\partial u}{\partial t} = a^2 \dfrac{\partial^2 u}{\partial x^2}, \quad x > 0, \quad t > 0 & (1) \\ u\big|_{t=0} = 0 & (2) \\ u\big|_{x=0} = f(t) & (3) \end{cases}$$

解：记

$$U(x,p) = L[u(x,t)] = \int_0^{+\infty} u(x,t)\mathrm{e}^{-pt}\mathrm{d}t$$

$$F(p) = L[f(t)] = \int_0^{+\infty} f(t)\mathrm{e}^{-pt}\mathrm{d}t$$

将方程(1)两端关于 t 取拉普拉斯变换，有

$$L\left[\frac{\partial u}{\partial t}\right] = a^2 L\left[\frac{\partial^2 u}{\partial x^2}\right] = a^2 \frac{\mathrm{d}^2}{\mathrm{d}x^2} L[u(x,t)] = a^2 \frac{\mathrm{d}^2}{\mathrm{d}x^2} U(x,p)$$

由微分性质可知

$$L\left[\frac{\partial u}{\partial t}\right] = pU(x,p) - u|_{t=0}$$

所以原定解问题化为

$$\frac{d^2}{dx^2}U(x,p) - \frac{p}{a^2}U(x,p) = 0 \tag{4}$$

再将条件(3)两端关于 t 取拉普拉斯变换，得到

$$U(x,p)|_{x=0} = F(p) \tag{5}$$

下面求解问题(4)、(5)。

问题(4)的特征方程为 $r^2 - \frac{p}{a^2} = 0$，故 $r_{1,2} = \pm\frac{\sqrt{p}}{a}$。因此，方程(4)的通解为

$$U(x,p) = C_1 e^{-\frac{\sqrt{p}}{a}x} + C_2 e^{\frac{\sqrt{p}}{a}x}$$

由于当 $x \to +\infty$ 时，$u(x,t)$ 应当有界，所以当 $x \to +\infty$ 时，$U(x,p)$ 也应当有界。取 $p > 0$，由有界性知 $C_2 = 0$。因而得

$$U(x,p) = C_1 e^{-\frac{\sqrt{p}}{a}x}$$

再由条件(5)可得 $C_1 = F(p)$，所以

$$U(x,p) = F(p)e^{-\frac{\sqrt{p}}{a}x}$$

故有

$$u(x,t) = L^{-1}[U(x,p)] = L^{-1}[F(p)] * L^{-1}\left[e^{-\frac{\sqrt{p}}{a}x}\right]$$

这里需要计算 $L^{-1}\left[e^{-\frac{\sqrt{p}}{a}x}\right]$。通过计算有

$$L^{-1}\left[\frac{1}{p}e^{-\frac{\sqrt{p}}{a}x}\right] = g(t) = \frac{2}{\sqrt{\pi}}\int_{\frac{x}{2a\sqrt{t}}}^{+\infty} e^{-y^2}dy$$

这是由于

$$L^{-1}\left[\frac{1}{p}e^{-k\sqrt{p}}\right] = \text{erfc}\left(\frac{k}{2\sqrt{t}}\right)(k>0)$$

$$\text{erfc}(y) = \frac{2}{\sqrt{\pi}}\int_y^{+\infty} e^{-s^2}ds$$

取 $k = \frac{x}{a}$ 即有上面的结果。

当 $t \to 0$ 时，$g(t) \to 0$，所以由拉普拉斯变换的微分性质，有

$$L\left[\frac{\mathrm{d}g}{\mathrm{d}t}\right] = pL[g(t)] - g(0) = pL[g(t)] = \mathrm{e}^{-\frac{\sqrt{p}}{a}x}$$

即

$$L^{-1}\left[\mathrm{e}^{-\frac{\sqrt{p}}{a}x}\right] = g'(t) = \frac{x}{2a\sqrt{\pi}t^{\frac{3}{2}}}\mathrm{e}^{-\frac{x^2}{4a^2t}}$$

故有

$$u(x,t) = \frac{x}{2a\sqrt{\pi}}\int_0^t f(\tau)\frac{1}{(t-\tau)^{\frac{3}{2}}}\mathrm{e}^{-\frac{x^2}{4a^2(t-\tau)}}\mathrm{d}\tau$$

1.3.3 微分方程的拉普拉斯变换解法

运用拉普拉斯变换性质，并结合拉普拉斯变换表，可以方便地求取线性系统对不同激励的响应。它包括三个步骤：①根据物理定理建立描述系统的数学模型；②对每个方程的每一项，包括激励函数取拉普拉斯变换，求解变换后的方程，得到系统响应函数的拉普拉斯变换；③取拉普拉斯逆变换即得到所需的响应函数。图1.12是利用拉普拉斯变换法求解微(积)分方程的图示。

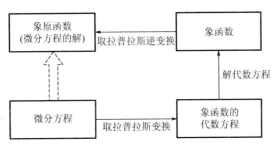

图1.12 拉普拉斯变换解微分方程图示

【例1-5】 试解方程 $mx''(t) + kx(t) = \delta(t)$，已知初始条件为 $x(0) = 0, x'(0) = 0$。

解：取方程两边的拉普拉斯变换，并考虑到拉普拉斯变换性质1、4，得

$$ms^2 X(s) + kX(s) = 1$$

解上述代数方程，得

$$X(s) = \frac{1}{ms^2 + k} = \frac{1}{\sqrt{mk}}\frac{a}{s^2 + a^2}$$

式中

$$a = \sqrt{\frac{k}{m}}$$

求 $X(s)$ 的象原函数，查表常用拉普拉斯变换表，得

$$x(t) = \frac{1}{\sqrt{mk}}\sin\sqrt{\frac{k}{m}}t$$

1.4 传递函数及机械阻抗

1.4.1 传递函数的概念

系统的响应决定于输入函数和系统本身所固有的特性。对于参数不变的线性系统(线性定常系统)，通常用传递函数来描述系统的输入输出关系。

设有一线性定常系统，它的微分方程为

$$a_n\frac{d^n y}{dt^n}+a_{n-1}\frac{d^{n-1}y}{dt^{n-1}}+\cdots+a_1\frac{dy}{dt}+a_0 y=b_r\frac{d^r x}{dt^r}+b_{r-1}\frac{d^{r-1}x}{dt^{r-1}}+\cdots+b_1\frac{dx}{dt}+b_0 x \tag{1-48}$$

式中，$a_0,c_1,\cdots,a_n,b_0,b_1,\cdots,b_r$ 均为常数；n,r 为正整数，$n\geq r$。y 为系统的输出函数，x 为系统的输入函数。

对方程两边进行拉普拉斯变换，当初始条件为零时，有

$$(a_n s^n+a_{n-1}s^{n-1}+\cdots+a_1 s+a_0)Y(s)=(b_r s^r+b_{r-1}s^{r-1}+\cdots+b_1 s+b_0)X(s)$$

或简写为

$$Y(s)=W(s)X(s) \tag{1-49}$$

式中

$$W(s)=\frac{Y(s)}{X(s)}=\frac{b_r s^r+b_{r-1}s^{r-1}+\cdots+b_1 s+b_0}{a_n s^n+a_{n-1}s^{n-1}+\cdots+a_1 s+a_0} \tag{1-50}$$

称为系统的传递函数，即当初始条件为零时，输出量的拉普拉斯变换与输入量的拉普拉斯变换之比。式(1-50)表明，传递函数表达了系统本身固有的特性，而与输入函数及系统的初始条件无关。

1.4.2 传递函数的计算

1) 较简单的系统

首先需写出系统的微分方程，假设全部初始条件均等于零后，取微分方程的拉普拉斯变换，然后求出 $Y(s)$ 与 $X(s)$ 之比得到传递函数，这种方法称为直接计算法。

【例1-6】 图1.13为加速度计的原理图。使用时，外壳固定于被测对象成一体运动。试求它的传递函数。

解：设 x 为外壳的绝对位移，是系统的输入；y 为质量块 m 相对于外壳的位移，是系统的输出；弹簧刚度为 k；阻尼器阻尼系数为 r。根据力学原理，列出系统的微分方程为

$$m\frac{d^2 y}{dt^2}+r\frac{dy}{dt}+ky=-m\frac{d^2 x}{dt^2} \tag{1-51}$$

式(1-51)说明，质量块的位移与外壳的运动参量相联系，这就是加速度计的工作原理。为了求得它的传递函数，对方程两边进行拉普拉斯变换，并假定初值为零，则有

$$ms^2Y(s) + rsY(s) + kY(s) = -ms^2X(s)$$

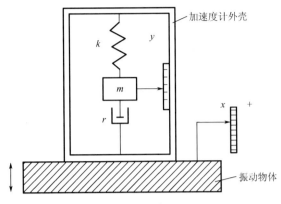

图 1.13　加速度计原理

于是，加速度计的传递函数为

$$W_{x-y}(s) = \frac{Y(s)}{X(s)} = -\frac{ms^2}{ms^2 + rs + k} \tag{1-52}$$

如果把外壳的加速度计作为系统的输入量，而仍以质量块的相对位移为输出量，则传递函数为

$$W_{\ddot{x}-y}(s) = \frac{Y(s)}{s^2 X(s)} = -\frac{1}{s^2 + \frac{r}{m}s + \frac{k}{m}} \tag{1-53}$$

式中

$$s^2 X(s) = L\left[\frac{\mathrm{d}^2 x}{\mathrm{d}t^2}\right]$$

2) 较复杂的系统

可以首先计算各基本系统的传递函数，然后按系统联接方式求得传递函数。
各种联接方式的总传递函数的计算公式如下。

(1) 串联

串联系统的总传递函数等于各基本系统传递函数乘积，即

$$W(s) = \prod_{i=1}^{n} W_i(s) \tag{1-54}$$

式中，$W_i(s)(i=1,2,\cdots,n)$ 为第 i 个基本系统的传递函数[图 1.14(a)]。

(2) 并联

并联系统的总传递函数等于各基本系统传递函数之和(或差)，即

$$W(s) = \sum_{i=1}^{n} W_i(s) \tag{1-55}$$

式中，$W_i(s)(i=1,2,\cdots,n)$ 为第 i 个基本系统的传递函数[图 1.14(b)]。

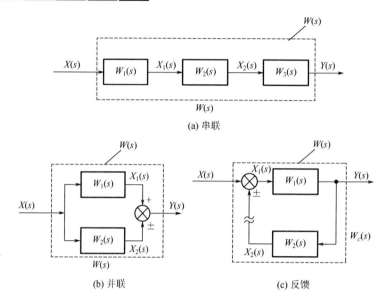

图 1.14 复杂系统的传递函数

(3) 反馈

如果系统中存在反馈联接[图 1.14(c)]，则总传递函数为

$$W(s) = \frac{W_1(s)}{1 \mp W_1(s)W_2(s)} \qquad (1\text{-}56)$$

式中，"−"对应正反馈，"+"对应负反馈；$W_1(s)$ 为正向回路的传递函数，即

$$W_1(s) = \frac{Y(s)}{X_1(s)}$$

$W_2(s)$ 为反馈回路的传递函数，即

$$W_2(s) = \frac{X_2(s)}{Y(s)}$$

$$X_1(s) = X(s) \pm X_2(s)$$

其中，"+"对应正反馈，"−"对应负反馈。

1.4.3 相似系统

1) 相似系统

传递函数不表明系统的物理性质，而只依赖于系统的数学模型。两个不同的物理系统，只要它们的数学模型相同，那么这两个系统具有相同的传递函数。也就是说，不同的物理系统可以得到相同形式的数学模型。我们把具有相同数学模型的各种物理系统称为相似系统，将作用相同的变量称为相似变量，简称为相似量。相似系统的概念说明，相似系统可以具有完全不同的物理外貌。

相似系统的概念在工程上是十分有用的。由于电路网络理论和分析方法研究得比较完善，而且电系统比机械系统易于建立和进行试验分析,因此经常用电系统模拟机械系统进行分析研究。

图 1.15(a)所示机械系统的微分方程为

$$m\frac{\mathrm{d}^2 x}{\mathrm{d}t^2} + r\frac{\mathrm{d}x}{\mathrm{d}t} + kx = F \tag{1-57}$$

图 1.15(b)所示电系统微分方程为

$$L\frac{\mathrm{d}^2 q}{\mathrm{d}t^2} + R\frac{\mathrm{d}q}{\mathrm{d}t} + \frac{1}{C}q = e \tag{1-58}$$

两式形式完全相同,这两个系统是相似系统,具有相同的传递函数。在这对相似系统中,机械系统的输入函数力 F 相当于电系统中的输入电压 e,所以是力-电压相似系统,又称为阻抗型相似系统。

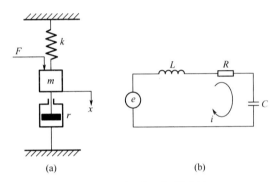

图 1.15　力-电压相似系统

其他对应相似量见表 1-2。

也可以把机械系统与电系统建立在输入力与输入电流相似系统的原理上,如图 1.16 所示。该图上机械系统的微分方程仍如式(1-57),而电系统的微分方程为

$$C\frac{\mathrm{d}^2 \psi}{\mathrm{d}t^2} + \frac{1}{R}\frac{\mathrm{d}\psi}{\mathrm{d}t} + \frac{1}{L}\psi = i \tag{1-59}$$

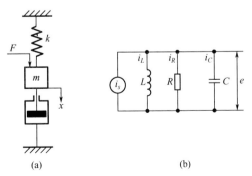

图 1.16　力-电流相似系统

力-电流相似系统中(又称导纳型相似系统),对应相似量见表 1-3。

表 1-2　力-电压相似性中的相似量

机械系统	电系统
力 F	电压 e
质量 m	电感 L
阻尼系数 r	电阻 R
弹簧刚度 k	电容的倒数 $1/C$
位移 x	电量 q
速度 $x' = \dfrac{dx}{dt}$	电流 $i = \dfrac{dq}{dt}$

表 1-3　力-电流相似系统中相似量

机械系统	电系统
力 F	电流 i
质量 m	电容 C
阻尼系数 r	电阻的倒数 $1/R$
弹簧刚度 k	电感的倒数 $1/L$
位移 x	磁通 ψ
速度 $x' = \dfrac{dx}{dt}$	电压 $e = \dfrac{d\psi}{dt}$

2）应用举例——相似系统在半主动悬架仿真中的应用

悬架是指车架（车身）与车桥之间一切传力装置的总称。它的主要作用是提高汽车的安全性（操纵稳定性）和平顺性（乘坐舒适性），减少动载荷引起的零部件和货物损坏。根据悬架系统工作原理的不同，汽车悬架可分为被动悬架、半主动悬架及主动悬架三种。

被动悬架主要由弹性元件、阻尼元件和导向元件组成，借助弹性元件和阻尼元件缓和和消耗汽车行驶时由路面产生的振动。被动悬架系统的振动特性是固定不变的，不能同时满足舒适性和操纵稳定性的要求。与被动悬架比较，主动悬架在其结构中植入了驱动力可控的调节机构，能根据汽车的运行状态和路面状况对驱动力进行实时调节，达到最优的减振效果。由被动弹簧和可调节阻尼减振器所组成的半主动悬架系统，结构简单，制造方便，几乎不需要向系统提供附加能量，同时在控制品质上又接近于主动悬架。特别是电、磁流变减振器的出现，加快了半主动悬架的发展。

（1）可调阻尼减振器

电、磁流变液是随着外加电场或者磁场强度的改变，其流变特性会发生变化的功能材料。通过对外加电场或者磁场强弱的控制，可在毫秒级的时间内改变液体的流变力学特性，使其由液态变为半固态。可调阻尼减振器正是利用电、磁流变液的这一特性而工作的。

图 1.17 所示为典型的可调阻尼减振器，采用活塞与缸体的结构形式，其工作原理可以描述为：当活塞与缸体产生相对运动时就会挤压缸体中活塞某一侧的流体，使其通过缝隙流向缸体活塞的另一侧。当在活塞与缸体之间缝隙的两侧加上电场或者磁场之后，由于缝隙中液体的"固化"，流体通过时必然使缝隙中"固化"的液体产生粘塑性流动，即活塞两端的压力差必须克服"固化"液体的屈服剪应力，从而使活塞与缸体相对运动的阻尼力增加，这样，通过调节电场或者磁场强度就可实现阻尼器的阻尼力可调的目的。

可调阻尼减振器可等效为一个黏滞元件和一个库仑元件相并联，如图 1.18 所示，其力与速度的关系为

$$p = p_m \operatorname{sgn}[u(t)] + c_0 u(t) \tag{1-60}$$

式中，p——可调阻尼减振器的力；

$u(t)$——可调阻尼减振器的速度；

c_0——电、磁流变体的粘滞阻尼系数；

p_m——库伦元件的驱动力，它随着所加电场或磁场的大小而变化；

sgn——符号函数。

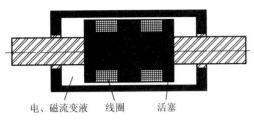

图 1.17 典型可调阻尼减振器

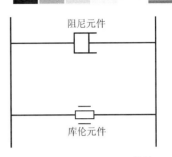

图 1.18 可调阻尼减振器计算简图

(2) 汽车半主动悬架系统的动力学模型

由于汽车前后悬架系统的振动基本上是独立的，所以我们可以把前后悬架分开来独立研究。1/4 悬架模型是研究汽车可控悬架最基本的模型(图 1.19)，由于模型中只有一个车轮，所以不能用来研究汽车的姿态控制，但是它基本反映了汽车悬架中车身振动加速度、悬架动挠度和轮胎动载荷这些本质特性。

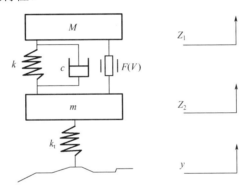

图 1.19 可调阻尼减振器作用的 1/4 悬架模型

可调阻尼减振器可等效为一个粘滞元件和一个库仑元件相并联的模型，因此 1/4 车辆悬架模型的微分方程为

$$\begin{cases} M\ddot{Z}_1 = k(Z_2 - Z_1) + c(\dot{Z}_2 - \dot{Z}_1) + F(V) \\ m\ddot{Z}_2 = k(Z_2 - Z_1) - c(\dot{Z}_2 - \dot{Z}_1) + k_t(y - Z_2) - F(V) \end{cases} \tag{1-61}$$

式中，M、m ——悬置、非悬置质量；

k、k_t ——悬挂刚度、负重轮等效刚度；

c ——线性黏性阻尼系数；

Z_1、Z_2 ——悬置、非悬置质量块位移；

$F(V)$ ——可调阻尼减振器的可调阻尼力，其调节范围为 $F_{min} < F(V) < F_{max}$；

y ——路面不平度输入。

3) 半主动悬架系统性能仿真

对半主动悬架系统的微分方程(1-61)进行变换，可得

$$\begin{cases} M\ddot{Z}_1 + c\dot{Z}_1 - c\dot{Z}_2 + kZ_1 - kZ_2 = F(V) \\ m\ddot{Z}_2 + c\dot{Z}_2 - c\dot{Z}_1 - kZ_1 + (k + k_t)Z_2 = k_t y - F(V) \end{cases} \tag{1-62}$$

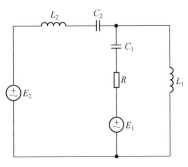

图 1.20 半主动悬架的等效电路

分析方程(1-62)可以得出半主动悬架系统的相似电路图，如图 1.20 所示。图中 $V_1 = \int i_1 dt$，$V_2 = \int i_2 dt$。

图 1.20 所示电路图对应的微分方程为

$$\begin{cases} L_2 \dfrac{di_2}{dt} - \dfrac{1}{C_1} \int i_1 dt + \left(\dfrac{1}{C_2} + \dfrac{1}{C_1} \right) \int i_2 dt - Ri_1 + Ri_2 = E_2 - E_1 \\ L_1 \dfrac{di_1}{dt} + \dfrac{1}{C_1} \int i_1 dt - \dfrac{1}{C_2} \int i_2 dt + Ri_1 - Ri_2 = E_1 \end{cases} \quad (1\text{-}63)$$

式中，i_1——通过电感 L_1 的电流；
i_2——通过电感 L_2 的电流。

对式(1-63)进行变换，可得

$$\begin{cases} L_1 \dfrac{d^2 V_1}{dt^2} = \dfrac{1}{C_1} V_2 - \dfrac{1}{C_1} V_1 - R\dfrac{dV_1}{dt} + R\dfrac{dV_2}{dt} + E_1 \\ L_2 \dfrac{d^2 V_2}{dt^2} = \dfrac{1}{C_1} (V_1 - V_2) - \dfrac{1}{C_2} V_2 + R\left(\dfrac{dV_1}{dt} - \dfrac{dV_2}{dt} \right) + E_2 - E_1 \end{cases} \quad (1\text{-}64)$$

由此可以看出，方程(1-64)和方程(1-61)是相似的。在相似系统中，机械系统和电路系统的对应相似关系见表 1-4。

表 1-4 本例中力-电系统相似量

机械系统	电系统
$k_t y$（路面输入）	E_2（输入电压信号）
$F(V)$（阻尼器可调阻尼力）	E_1（反馈电压信号）
Z_1（车身位移）	V_1（与 C_1 两端电压成正比的量）
Z_2（轮胎位移）	V_2（与 C_2 两端电压成正比的量）
C（减振器粘滞阻尼力）	R（电阻）
k_t（负重轮等效刚度）	$1/C_2$（C_2 电容的倒数）
k（悬挂刚度）	$1/C_1$（C_1 电容的倒数）
M（悬置质量）	L_1（L_1 的电感）
m（非悬置质量）	L_2（L_2 的电感）

分析相似电路的性能，即可得到实际半主动悬架系统的性能。

以一微型乘用车作为研究对象，所研究的实际车辆悬架系统的参数如下。

表 1-5 实际车辆悬架系统参数

名 称	符 号	数 值
悬置质量	M	245kg
非悬置质量	m	25kg
悬挂刚度	k	9580N/m
悬挂阻尼系数	C	760Ns/m
负重轮等效刚度	k_t	85300N/m

本例中仅对表征汽车平顺性的车身加速度作为研究对象，以白噪声作为路面输入，即相似电路中 y 输入。得到参数 V_1，根据相似理论，参数 V_1 可以反映实际车身在白噪声路面输入下的位移，对 V_1 进行变换即可得到车身加速度。

被动悬架和半主动悬架的车身加速度的时域响应曲线如图 1.21 和图 1.22 所示。由分析结果可以看出，作为车辆平顺性和乘坐舒适性重要指标的车身加速度值，在半主动悬架中比在被动悬架中有很大程度的下降。

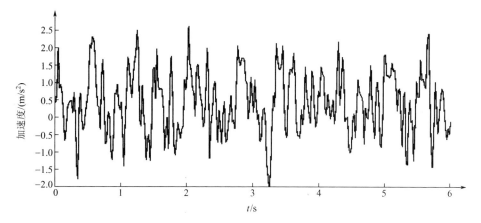

图 1.21　被动悬架的车身加速度图

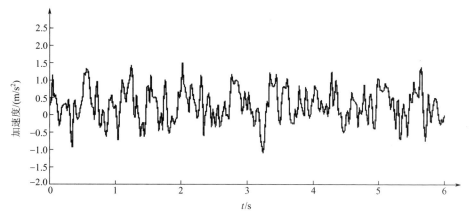

图 1.22　半主动悬架的车身加速度图

1.4.4　机械阻抗的基本概念

利用机-电相似系统，可以把机械系统画成一个机械网络，然后运用电学定律改造成的力学定律（即把电学定律中的电参量用力-电对比中的相似量代之），对机械网络进行系统分析，这就是用来分析机械系统振动问题的机械阻抗法。

1）定义

机械系统中，某点的激励力 F 和该点与力运动响应量的复数比称为机械阻抗。如果激励力 F 和运动响应量不在同一点或不是同一方向，则称为传递阻抗。

机械(或传递)阻抗的倒数称为机械(或传递)导纳。阻抗与导纳都是激励频率的函数。

系统的运动响应量有位移 x、速度 V 和加速度 A 三种形式。与此相应,机械阻抗也有三种表达形式,分别为

位移阻抗 $Z_D = F/x$,位移导纳 $M_D = x/F$;

速度阻抗 $Z_V = F/V$,速度导纳 $M_V = V/F$;

加速度阻抗 $Z_A = F/A$,加速度导纳 $M_A = A/F$。

2) 物理意义

由定义知,机械阻抗或导纳是用激励力与其所产生的系统稳态响应之间的关系来综合描述机械系统的动态特征。当激励力一定时,系统的机械阻抗越大(或导纳越小),其运动响应量越小,反之亦然。

各种形式的机械阻抗和导纳都有一定的量纲。位移阻抗、位移导纳分别与刚度、柔度的量纲相同,因此,在某些场合下把位移阻抗和位移导纳称为动刚度和动柔度。同理,加速度阻抗和加速度导纳分别称为视在质量和机械惯性。在一些不很严格的场合下所说的机械阻抗,习惯上是指速度阻抗(导纳)。

系统分析时,选用哪种阻抗表达形式应考虑具体情况和方便。例如,当分析机构抗振能力时,常用动刚度或动柔度作为指标;分析振动对人体感受影响时,常用速度阻抗或导纳作为指标;分析振动引起的疲劳损伤时,常用加速度阻抗(导纳)作为指标。此外,位移阻抗和位移导纳用于理论分析较方便;加速度阻抗用于试验结果的处理较方便。

1.4.5 简单系统的机械阻抗

1) 基本元件的机械阻抗

任何机械系统的动态性能都取决于系统的阻尼、刚度和质量三个参数。现分析这三个基本元件单独存在时的速度阻抗。

(1) 阻尼器

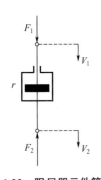

图 1.23 阻尼器元件简图

图 1.23 为阻尼器简图。设阻尼系数为 r,两端的简谐力用复数表示为 $F_1 = -F_2 = F_0 e^{j\omega t}$($F_0$ 是激力幅值,ω 为圆频率),相对速度 $V = V_1 - V_2$。由力平衡得

$$F_1 = F_0 e^{j\omega t} = rV$$

则

$$V = \frac{F_0 e^{j\omega t}}{r} = V_0 e^{j\omega t}$$

式中

$$V_0 = \frac{F_0}{r}$$

故阻尼器速度阻抗

$$Z_{vr} = \frac{F_1}{V} = \frac{F_0 e^{j\omega t}}{V_0 e^{j\omega t}} = r \tag{1-65}$$

(2) 弹簧

设弹簧刚度为 k，相对位移为 $x = x_1 - x_2$（图 1.24），由受力平衡得

$$F_1 = -F_2 = kx$$

$$x = \frac{F_1}{k} = \frac{F_0 e^{j\omega t}}{k} = x_0 e^{j\omega t}$$

式中

$$x_0 = \frac{F_0}{k}$$

x 对时间求导得

$$V = j\omega x_0 e^{j\omega t}$$

于是弹簧的速度阻抗

$$Z_{vr} = \frac{F_1}{V} = \frac{F_0 e^{j\omega t}}{j\omega x_0 e^{j\omega t}} = \frac{k}{j\omega} \tag{1-66}$$

(3) 刚体质量

图 1.25 所示质量元件 m 在外力 $F_1 = F_0 e^{j\omega t}$ 作用下产生加速度为 $\dfrac{d^2 x}{dt^2}$，并约定：刚体质量在力-电流相似系统中，其一端受激励力作用，另一端是惯性基点[图 1.25(b)]，由牛顿定律知

$$\frac{d^2 x}{dt^2} = \frac{F}{m} = \frac{F_0}{m} e^{j\omega t}$$

$$V = \frac{dx}{dt} = \int \frac{F_0}{m} e^{j\omega t} dt = \frac{F_0}{j\omega m} e^{j\omega t}$$

于是，刚体质量的速度阻抗为

$$Z_{vm} = \frac{F_1}{V} = j\omega m \tag{1-67}$$

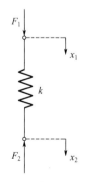

图 1.24 弹簧元件简图

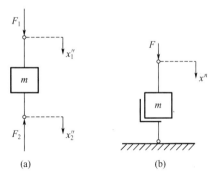

图 1.25 质量元件简图

2) 简单并联系统

图 1.26(a) 为单自由度线性振动系统。激振力 $F_1 = F_0 e^{j\omega t}$。注意到：三元件有一个速度相

同的共同端；阻尼器和弹簧的另一端接地，而质量另一端作为惯性基点也需接地。因而图示系统可画成图1.26(b)所示的并联系统。由力平衡条件得

$$F_1 = F_r + F_k + F_m = Z_{vr}V + Z_{vk}V + Z_{vm}V$$

式中，F_r、F_k、F_m——阻尼力、弹簧力和惯性力；

V——共同端速度。

分别将式(1-65)~式(1-67)代入上式，得并联系统的总速度阻抗为

$$Z_{V并} = \frac{F_1}{V} = Z_{vr} + Z_{vk} + Z_{vm} = r + j\left(\omega m - \frac{k}{\omega}\right) \quad (1-68)$$

式(1-68)中各物理量参照力-电相似系统的对应相似量，可发现$Z_{V并}$与电系统的阻抗函数相似。

式(1-68)说明，并联系统的总速度阻抗等于各并联元件的速度阻抗之和，即

$$Z_{v并} = \sum_{i=1}^{n} Z_{vi} \quad (1-69)$$

同理可以证明，串联系统的总速度导纳为

$$M_{V串} = \sum_{i=1}^{n} M_{vi} \quad (1-70)$$

即n个元件的串联系统的总速度导纳，等于各串联速度导纳之和。

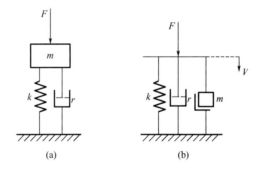

图1.26 简单系统并联简图

3) 复杂系统

求解一个复杂系统的机械阻抗，一般需经历两个步骤：首先把机械系统改画成机械网络；然后根据力-电相似量运用电学定律解此机械网络。

工程上，复杂系统的机械阻抗可用试验法获得。试验时，通过测定脉冲输入或正弦函数输入下的系统响应，来求取机械阻抗(见1.5节)。

1.4.6 机械阻抗与传递函数的关系

现以图1.26(a)所示的单自由度振动系统为例，说明两者的关系。设该系统在激励力$F_1 = F_0 e^{j\omega t}$作用下，质量块的位移为x，其运动方程为

$$m\frac{d^2x}{dt^2} + r\frac{dx}{dt} + kx = F_0 e^{j\omega t}$$

令 $t=0$ 时，$x=0$，$\dfrac{\mathrm{d}x}{\mathrm{d}t}=0$，于是运用拉普拉斯变换，解得系统输出为速度时的传递函数（因为输入为 $j\omega$ 的函数，故传递函数也是 $j\omega$ 的函数）为

$$W_V(\mathrm{j}\omega) = \frac{V(\mathrm{j}\omega)}{F_1(\mathrm{j}\omega)} = \frac{1}{r + \mathrm{j}\left(\omega m - \dfrac{k}{\omega}\right)} \tag{1-71}$$

由式(1-71)与式(1-68)可得，传递函数与速度阻抗互为倒数，或者按导纳的定义，传递函数与机械导纳具有相同的数学形式。因此，机械阻抗或机械导纳可看成是用复函数形式表示的传递函数。例如，速度阻抗就是以速度为输入、力为输出时的传递函数；速度导纳就是以力为输入、速度为输出时的传递函数，……，依此类推。由此可见，机械阻抗(或导纳)是传递函数的特殊形式——用力及其运动响应量(位移、速度、加速度)来描述机械系统的固有特性。

1.5 脉冲响应和频率响应函数

系统的传递函数除用理论分析法求取外，也可用试验方法获取，后者是工程上研究复杂系统的重要手段。

试验法是通过测取某一种典型信号输入下的系统响应，来求得传递函数。工程上最常见的典型信号是脉冲函数和正弦函数。

1.5.1 脉冲响应函数

若系统的输入是单位脉冲函数 $\delta(t)$，当初始条件等于零时，其拉普拉斯变换为

$$X(s) = L[\delta(t)] = 1$$

代入式(1-49)中，得

$$Y(s) = W(s) \tag{1-72}$$

可见，系统的传递函数等于单位脉冲输入时系统响应的拉普拉斯变换。这时，只要测定系统的响应，就可获得系统动态特性的全部信息。通常把单位脉冲输入下的响应，即传递函数 $W(s)$ 的拉普拉斯逆变换称为系统的脉冲响应函数或权函数，记为 $h(t)$，即

$$h(t) = L^{-1}[W(s)] \tag{1-73}$$

脉冲响应函数是系统特性在时域上的描述。

1.5.2 任意函数输入下的系统响应

如果系统受任意函数 $x(t)$（在 $t=\pi$ 处连续）激励，有

$$Y(s) = X(s)W(s)$$

对上式取拉普拉斯逆变换，并运用拉普拉斯变换的卷积定理，考虑到式(1-73)，得到系统的输出为

$$y(t) = L^{-1}[X(s)W(s)] = x(t) * h(t)$$
$$= \int_0^t x(\tau)h(t-\tau)\mathrm{d}\tau$$

从上式可以得出，系统在 t 时刻的响应，与输入函数 $x(t)$ 从 $0\sim t$ 连续作用有关。从物理上的现实可能性考虑，当 $\tau<0$ 时，令 $x(\tau)=0$；当 $t-\tau<0$ 时，系统无响应，故 $h(t-\tau)=0$。于是，可把上述积分限延伸为 $-\infty\sim+\infty$，而不改变积分值，则上式可改写为

$$y(t) = \int_{-\infty}^{+\infty} x(\tau)h(t-\tau)\mathrm{d}\tau \tag{1-74}$$

或者按卷积的交换律，写为

$$y(t) = \int_{-\infty}^{+\infty} h(\tau)x(t-\tau)\mathrm{d}\tau \tag{1-74}'$$

两种形式完全等价。

式 (1-74) 及式 (1-74)' 表明，系统在任意函数输入下的响应，等于系统的脉冲响应函数与输入函数的卷积。

【例 1-7】 已知系统的输入函数为 $x(t)=x_0\sin 2\pi ft$，脉冲响应函数为 $h(t)$，试求其输出函数 $y(t)$。

解： 由式 (1-74) 得

$$y(t) = \int_{-\infty}^{+\infty} x(\tau)h(t-\tau)\mathrm{d}\tau = \int_{-\infty}^{+\infty} x_0\sin 2\pi f\tau \, h(t-\tau)\mathrm{d}\tau$$

令 $t'=t-\tau, \mathrm{d}\tau=-\mathrm{d}t'$，当 $\tau\to-\infty$ 时，$t'\to+\infty$；$\tau\to+\infty$ 时，$t'\to-\infty$ 代入上式，得

$$y(t) = x_0\int_{-\infty}^{+\infty}\sin 2\pi f(t-t')h(t')\mathrm{d}t'$$
$$= x_0\int_{-\infty}^{+\infty}[\sin 2\pi ft\cos 2\pi ft' - \cos 2\pi ft\sin 2\pi ft']h(t')\mathrm{d}t'$$

又令

$$\left.\begin{array}{l} A(f) = \displaystyle\int_{-\infty}^{+\infty}\cos 2\pi ft'\,h(t')\mathrm{d}t' \\ B(f) = \displaystyle\int_{-\infty}^{+\infty}\sin 2\pi ft'\,h(t')\mathrm{d}t' \end{array}\right\} \tag{1-75}$$

代入上式，则

$$\begin{aligned} y(t) &= x_0A(f)\sin 2\pi ft - x_0B(f)\cos 2\pi ft \\ &= x_0G(f)\sin(2\pi ft-\varphi) \end{aligned} \tag{1-76}$$

式中

$$\left.\begin{array}{l} G(f) = \sqrt{A^2(f)+B^2(f)} \\ \varphi = \varphi(f) = \arctan\dfrac{B(f)}{A(f)} \end{array}\right\} \tag{1-77}$$

由式 (1-76) 知，线性系统在正弦函数输入下，其输出仍为同频率的正弦函数，但振幅增大 $G(f)$ 倍，相位错动 $\varphi(f)$ 角。这一特点常称为线性系统的频率保存性。

1.5.3 频率响应函数

例 1.7 中，如果以 $x(t) = x_0 e^{j2\pi ft}$ 作为系统的输入，则其响应为

$$y(t) = \int_{-\infty}^{+\infty} x_0 e^{j2\pi f\tau} h(t-\tau) d\tau$$
$$= x_0 G(f)\cos(2\pi ft - \varphi) + jx_0 G(f)\sin(2\pi ft - \varphi) \tag{1-78}$$
$$= x_0 G(f) e^{j(2\pi ft - \varphi)}$$

其中 $G(f)$ 及 φ 见式(1-77)及式(1-75)。

若以 $x(t)$ 和 $y(t)$ 的各阶导数

$$x(t) = x_0 e^{j2\pi ft}, y(t) = x_0 G(f) e^{j(2\pi ft-\varphi)}$$

$$\frac{dx}{dt} = (j2\pi f) x_0 e^{j2\pi ft}, \frac{dy}{dt} = (j2\pi f) x_0 G(f) e^{j(2\pi ft-\varphi)}$$

$$\frac{d^2 x}{dt^2} = (j2\pi f)^2 x_0 e^{j2\pi ft}, \frac{d^2 y}{dt^2} = (j2\pi f)^2 x_0 G(f) e^{j(2\pi ft-\varphi)}$$

$$\vdots \qquad \vdots$$

$$\frac{d^r x}{dt^r} = (j2\pi f)^r x_0 e^{j2\pi ft}, \frac{d^n y}{dt^n} = (j2\pi f)^n G(f) e^{j(2\pi ft-\varphi)}$$

代入式(1-48)，整理后并记 $H(f) = G(f)e^{-j\varphi}$，则

$$H(f) = G(f)e^{-j\varphi} = \frac{b_r(j2\pi f)^r - b_{r-1}(j2\pi f)^{r-1} + \cdots + b_1(j2\pi f) + b_0}{a_n(j2\pi f)^n + a_{n-1}(j2\pi f)^{n-1} + \cdots + a_1(j2\pi f) + a_0} \tag{1-79}$$

式(1-79)与式(1-50)比较，不难发现，把式(1-50)右端的 s 换成纯虚数 $(j2\pi f)$ 即得式(1-79)。因此，$H(f)$ 可看成是一个与频率 f 有关的传递函数。通常把 $H(f)$ 称为系统的频率响应函数或频率特性，并写成复数形式

$$H(f) = |H(f)|e^{-j\varphi} \qquad (|H(f)| = G(f)) \tag{1-80}$$

若以式(1-77)及式(1-75)代入式(1-80)，得

$$H(f) = A(f) - jB(f) = \int_{-\infty}^{+\infty} h(t') e^{-j2\pi ft'} dt' \tag{1-81}$$

式中，$h(t)$ 是系统的脉冲响应函数。由傅里叶变换的定义知，频率响应函数 $H(f)$ 与脉冲响应函数 $h(t)$ 构成一对傅里叶变换对。前者在频域上描述系统特性，后者在时域上描述系统的特性。

运用 $H(f)$ 与 $h(t)$ 的傅里叶变换关系，可以把系统对任意函数的响应转入频域表示。为此，对式(1-74)运用傅里叶变换卷积定理，得

$$Y(f) = X(f)H(f) \tag{1-82}$$

式中，$Y(f) \Leftrightarrow y(t)$，$X(f) \Leftrightarrow x(t)$。

实践中，对式(1-74)进行卷积运算往往比较困难，但运用式(1-82)可以简便地获得任意输入下系统的响应。

【例 1-8】 试求图 1.27 所示单自由度振动系统的频率响应函数。图中激力 $x(t) = x_0 e^{j2\pi ft}$，质量块的输出为位移 $y(t)$，初始条件为零。

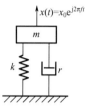

图 1.27 自由度振动系统

解： 根据力学平衡原理，得系统的微分方程为

$$m\frac{d^2 y}{dt^2} + r\frac{dy}{dt} + ky = x_0 e^{j2\pi ft}$$

利用式(1-79)得

$$H(f) = \frac{1}{m(j2\pi f)^2 + r(j2\pi f) + k} = \frac{1}{k + j(2\pi f)r - (2\pi f)^2 m}$$

若令阻尼比 $\xi = \dfrac{r}{2\sqrt{km}}$；无阻尼自然频率 $f_n = \dfrac{1}{2\pi}\sqrt{\dfrac{k}{m}}$；频率比 $\lambda = f/f_n$，则得

$$H(f) = \frac{\dfrac{1}{k}}{1 + j2\xi\lambda - \lambda^2} \tag{1-83}$$

它的模和相角分别为

$$|H(f)| = G(f) = \frac{\dfrac{1}{k}}{\sqrt{(1-\lambda^2)^2 + (2\xi\lambda)^2}} \tag{1-84}$$

$$\varphi(f) = \arctan\left[\frac{2\xi\lambda}{1-\lambda^2}\right] \tag{1-85}$$

1.5.4 频率响应函数的图像表示

由前文可知，频率响应函数是一个复数，它的实部

$$A(f) = |H(f)|\cos\varphi \tag{1-86}$$

称为实频特性，它的虚部

$$B(f) = |H(f)|\sin\varphi \tag{1-87}$$

称为虚频特性。式中 $|H(f)| = G(f)$ 和 φ 分别表示输入输出之间振幅和相位变化的程度，它们都是频率 f 的函数。所以常把 $|H(f)|$ 或 $G(f)$ 称为系统的幅频特性，又称为增益因子，把 $\varphi(f)$ 称为系统的相频特性，又称相位因子。

频率响应函数可以用多种不同形式的曲线表示。常用的为奈奎斯特(Nyquist)图和伯德(Bode)图。

1) 奈奎斯特图

奈奎斯特图是把式(1-80)和式(1-81)所表示的频率特性在复平面上表示出来，如图 1.28 所示。图上横轴表示 $H(f)$ 的实部，纵轴表示 $H(f)$ 的虚部。对应于每一特定频率 f_i 的 $H(f_i)$ 值，可用一矢量 $\overline{0p}$ 表示，使 $\overline{0p}$ 的长度 A 等于 $H(f_i)$ 的模 $|H(f_i)| = G(f_i)$，$\overline{0p}$ 与实轴的夹角 $\varphi(f_i)$ 等于 $H(f_i)$ 的相位角。f_i 从零开始按箭头方向逐渐增大至 ∞ 时，矢量 $\overline{0p}$ 的端点 P 所描述的曲线就是 $H(f) = |H(f)|e^{-j\varphi}$ 特性曲线。所以，在奈奎斯特图上，用一条曲线表示频率响应函数的幅值和相频的信息，又称为幅相特性曲线或极坐标图。

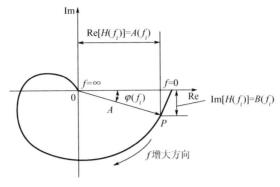

图 1.28 奈奎斯特图

2) 伯德图

也可以用幅值-频率、相角-频率图分别表示 $H(f)$ 的幅频特性和相频特性，如图 1.29 所示。这两张图的横轴都是频率，但按频率的对数分度绘制的。所以伯德图又称为对数频率特性图。在对数幅频图上[图 1.29(a)]，纵轴表示 $20\lg G(f)$，单位是分贝(简写为 dB)，并采用均匀分度；横轴按对数 $\lg f$ 分度，但仍标以原数值 f。对数相频图[图 1.29(b)]的横轴和幅频图相同，而纵轴表示相位角，以度(或弧度)为单位的均匀分度。因此，两图实际上画在半对数坐标纸上。

频率特性用对数坐标图表示的优点如下。

(1) 可以将幅值相乘除转化为幅值相加减，如 $c = \dfrac{a}{b} \rightarrow \lg c = \lg a - \lg b$。

(2) 绘图方便，幂函数在对数图上的图像是直线。

(3) 当动态范围很宽的情况下，采用对数刻度比线性刻度更易于表达特性变化规律。

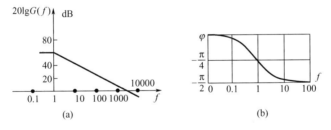

图 1.29 伯德图

思考题

1. 工程中线性系统的基本特点是什么？
2. 解决线性系统问题的一般方法是什么？
3. 分析传递函数及机械阻抗的关系？
4. 脉冲响应函数和频率响应函数的作用？

第 2 章

相似理论

教学目标

通过本章的学习,理解相似理论的作用;掌握相似理论的基本内容;熟练掌握相似准则的求解方法、相似准则形式的转换和模型试验数据的处理,以及设计模型的准则;了解相似理论的工程应用。

教学要求

知识要点	能力要求	相关知识	权重
相似理论	掌握相似理论的基本内容	相似概念、相似三定理	20%
相似准则	掌握相似准则的求法	方程分析法、因次分析法	40%
相似准则形式和模型试验数据	掌握相似准则形式的转换和模型试验数据的处理的原则和方法	探求相似准则的目的及出发点、模型试验数据的处理方法、准则关系式组成形式的转换	10%
模型准则和近似模型	掌握模型准则和近似模型的设计方法	模型设计的基本条件、近似模型和畸变模型理论	10%
相似理论的应用	了解相似理论的应用实例	汽车模拟风洞试验、轮胎牵引性能研究等	20%

2.1 概　　述

人们研究自然现象的方法，概括起来有两种：一种是理论分析法，另一种是试验方法。理论分析方法以数学为主要工具。例如，对某一个物理现象抽出其某一个微元进行分析，写出它的微分方程式并给出其边界条件和初始条件，然后解微分方程求得表征现象的各参量之间的关系式。但自然界的现象往往是错综复杂的，有很多实际问题单靠数学工具尚不能全部解决或根本无法求解。于是人们不得不靠直接试验的方法来探求复杂现象的规律性。但直接试验法有很大的局限性。例如，由试验所得的结论只能适用于与试验条件完全相同的现象；对于那些尚未建造出来的机器设备，有时由于条件的限制(如设备过大或过小等)，也难以应用此方法。

大约百年前，人们开始酝酿一种探索自然规律的新方法——以相似理论为根据的模型试验研究方法。至今，它已成为广为应用的行之有效的方法。

所谓模型试验研究方法，就是用方程分析法或因次分析法导出诸如相似准则，并在根据相似理论建立起来的模型中重演或预演被研究的机器设备的工作过程，通过试验求出相似准则之间的关系式，再将此关系式推广到机器设备(通常称为原型)，从而得到机器设备的工作规律性的一种研究方法。简言之，这是一种利用相似于原型的模型来探求原型工作规律性的研究方法。近几十年来，这种方法在汽车、履带式车辆工业中应用已越来越多。例如，用来进行汽车空气动力学以及汽车、履带式车辆的行走机构与土壤相互作用关系的研究等。

相似理论就是模型试验研究方法的理论依据。

2.2 相 似 理 论

2.2.1 物理现象的数学描述

一般来说，每一类物理现象均可根据自然规律(例如物理定律)，并依靠数学工具，把表征现象的各个参量的依赖关系用一个或一组方程式(以后简称现象的关系方程式)表示出来，这即是用数学形式对物理现象的一种描述。

例如，对黏性不可压缩流体的稳定等温运动现象，可由下述式(2-1)～式(2-4)四个方程式所组成的方程组来描述。

根据质量守恒定律可导出连续性方程

$$\frac{\partial v_x}{\partial x} + \frac{\partial v_y}{\partial y} + \frac{\partial v_z}{\partial z} = 0 \tag{2-1}$$

式中，v_x、v_y、v_z——在直角坐标系的 x、y、z 轴上的速度分量。

根据牛顿第二定律可导出如下运动方程式：

对 x 轴

$$v_x \frac{\partial v_x}{\partial x} + v_y \frac{\partial v_x}{\partial y} + v_z \frac{\partial v_x}{\partial z} = g_x - \frac{1}{\rho} \frac{\partial p}{\partial x} + \frac{\eta}{\rho} \left(\frac{\partial^2 v_x}{\partial x^2} + \frac{\partial^2 v_x}{\partial y^2} + \frac{\partial^2 v_x}{\partial z^2} \right) \tag{2-2}$$

对 y 轴

$$v_x \frac{\partial v_y}{\partial x} + v_y \frac{\partial v_y}{\partial y} + v_z \frac{\partial v_y}{\partial z} = g_y - \frac{1}{\rho}\frac{\partial p}{\partial y} + \frac{\eta}{\rho}\left(\frac{\partial^2 v_y}{\partial x^2} + \frac{\partial^2 v_y}{\partial y^2} + \frac{\partial^2 v_y}{\partial z^2}\right) \quad (2-3)$$

对 z 轴

$$v_x \frac{\partial v_z}{\partial x} + v_y \frac{\partial v_z}{\partial y} + v_z \frac{\partial v_z}{\partial z} = g_z - \frac{1}{\rho}\frac{\partial p}{\partial z} + \frac{\eta}{\rho}\left(\frac{\partial^2 v_z}{\partial x^2} + \frac{\partial^2 v_z}{\partial y^2} + \frac{\partial^2 v_z}{\partial z^2}\right) \quad (2-4)$$

式中，ρ——流体的密度；

g_x、g_y、g_z——在 x、y、z 轴上重力加速度的分量；

p——压力；

η——流体的动力黏度。

在上述运动方程中，等号左边表示单位质量流体的惯性力；等号右边第一项表示单位质量流体的重力，第二项表示单位质量流体所受到的压力，第三项表示单位质量流体表面所受到的摩擦力(又称黏滞力)。

在上述四个方程式中，x、y、z 是自变量，v_x、v_y、v_z 及 p 是因变量(未知数)，而 ρ、η、g_x、g_y、g_z 是不变量(常数)。未知量共四个，方程也是四个，故是一组完整方程式。

上述关系方程式表达了黏性不可压缩流体稳定等温运动的普遍规律。它既可描述江河中的水的流动，又可描述汽车模型风洞中空气的流动等。求解上述关系方程式所得的结果是对同一类流动现象均适用的通解。而为求得描述某一特定的具体现象(如某一具体形状的通道内水的某一种状态的流动等)的特解，则必须给出称为"单值条件"的附加条件。完整的关系方程式和一些单值条件才能描述具体的特定现象。

单值条件的作用是从同一关系方程式所描述的无数现象(又称现象群)中把某一具体的特定现象单一地区分出来。它包括下列各项内容：

(1) 空间(几何)条件

所有具体现象都发生在一定的几何空间内。因此，参与现象的物体的几何形状和大小是单值条件的内容。例如，为描述流体在管内的流动，就应给出管径及管长的具体数值。

(2) 物理条件

所有具体现象都是在具有一定的物理性质的介质参与下进行的。因此，参与现象的介质的物理性质也是单值条件的内容。例如，为描述特定的黏性不可压缩流体的稳定等温运动，就应给出流体的密度 ρ、黏度 η 的具体数值。

(3) 边界条件

所有具体现象都必须受到与直接相邻的周围情况的影响。因此，边界处的情况也是单值条件的内容。例如，管道中流体的流动直接受进口、出口处的流速的影响。因此，应给出进口、出口处流速的平均值及其分布规律。

(4) 初始条件

现象的演变往往与初始状态有关。如初始时刻的流速、温度、物理性质等将直接影响现象的演变过程。因此，初始条件也是单值条件的内容。上述流动现象因系稳定流动，则可不计此条件。

当上述单值条件给定后，流体的速度场(流体中各点的速度值)、流动状态(层流或紊流等)、压力分布规律(流体中任意两点间的压力差值)也就跟着被确定下来。这样就相应地描述了一个具体的特定的流动现象。

2.2.2 相似的概念

相似的概念是从几何学中借用来的。几何学里的相似图形,如两个相似三角形(图 2.1),它们之间具有如下性质(称之为"相似性质"):各对应线段成比例,各对应角相等,即

$$\frac{l_1''}{l_1'}=\frac{l_2''}{l_2'}=\frac{l_3''}{l_3'}=\frac{h_1''}{h_1'}=C_l \text{ (常数)} \tag{2-5}$$

$$\alpha_1''=\alpha_1', \quad \alpha_2''=\alpha_2', \quad \alpha_3''=\alpha_3'$$

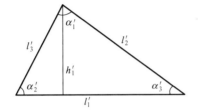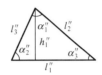

图 2.1 相似三角形

另外,两个三角形相似的必要且充分条件(称为"相似条件")是

$$\frac{l_1''}{l_1'}=\frac{l_2''}{l_2'}=\frac{l_3''}{l_3'}=C_l \text{ (常数)} \tag{2-6}$$

推而广之,"相似性质"是指彼此相似的现象具有什么性质;"相似条件"是指满足什么条件后,这些现象才是彼此相似的。

上述几何相似概念可以推广到一系列物理现象中,例如:

(1) 空间(几何)相似。它表现为:两个几何体所有对应线段的比值相等,所有对应角相等。例如,图 2.2 所示的两个长方体如果相似,则

$$\frac{l_1''}{l_1'}=\frac{l_2''}{l_2'}=\frac{l_3''}{l_3'}=\frac{l_4''}{l_4'}=C_l \text{ (常数)}$$

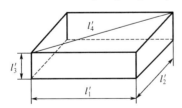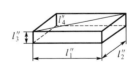

图 2.2 相似长方体

(2) 时间相似(谐时性)。它是指对应时间间隔的比值相等(图 2.3),即

$$\frac{t''}{t'}=\frac{t_1''}{t_1'}=\frac{t_2''}{t_2'}=\frac{t_3''}{t_3'}=\frac{t_4''}{t_4'}=\frac{t_5''}{t_5'}=C_t \text{ (常数)}$$

(3) 运动相似。它是指速度场(及加速度场)的几何相似,表现为:在对应瞬时各对应点速度(及加速度)的方向一致,且大小的比值相等。在不同直径的圆管中做层流运动的流体就是一个例子(图 2.4),即

$$\frac{v_1''}{v_1'} = \frac{v_2''}{v_2'} = \cdots = \frac{v_i''}{v_i'} = \cdots = C_v \text{（常数）}$$

(4) 力相似。它是指力场的几何相似，表现为：各对应点上的作用力的方向一致，且大小的比值相等。索线多边几何相似得的两个承受集中载荷的梁就是一个例子(图 2.5)，即

$$\frac{l_1''}{l_1'} = \frac{l_2''}{l_2'} = \frac{l_3''}{l_3'} = \frac{l''}{l'} = C_l \text{（常数）}$$

$$\frac{q_1''}{q_1'} = \frac{q_2''}{q_2'} = \frac{q_3''}{q_3'} = C_q \text{（常数）}$$

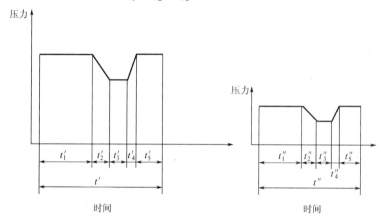

图 2.3 时间相似的压力变化过程

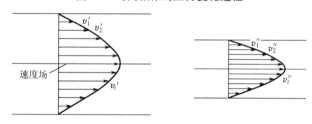

图 2.4 速度场相似

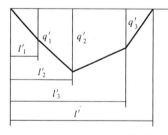
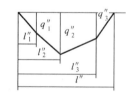

图 2.5 力相似

其他还有温度相似、浓度相似等。

机器设备中的各种现象，如流体的流动，车辆行走机构与土壤的相互作用等，一般均伴随许多物理量的变化。对于这种包含有许多物理量变化的现象(通称现象系统)，相似则是指：在对应瞬间，各对应点上表征该现象的所有参量其大小各有确定不变的比值，如果是向量则其方向必须一致。

如第一个现象系统的参量用 x_i' 表示,与其相似的第二个现象系统的同类量用 x_i'' 表示,则两个现象系统的相似性质可用数学形式表示为

$$\frac{x_i''}{x_i'} = C_{xi} \quad \text{或} \quad x_i'' = C_{xi} x_i' \tag{2-7}$$

式中,$i = 1, 2, 3, \cdots, n$。同类参量的比值 C_{xi} 称为量 x_i 的"相似倍数"。

值得指出,对每一类量,相似倍数有其唯一确定的数值,而与相应点的坐标和时间无关。但当一对相似现象系统被另一对替代时,则它就变成另一个数值。因此,也可以这样来描述相似现象系统的性质:当现象系统相似时,对应瞬时,在现象系统的所有点上,表征现象的各同类量的相似倍数各自有确定不变的数值。

还值得指出,对于相似现象系统,某类参量的相似倍数将不随该量所取的形式不同而改变。例如,若 l' 和 l''、l_1' 和 l_1'' 以及 l_2' 和 l_2'' 为两个相似系统中的几对相对应的线段长度,则下列等式必成立

$$\frac{l''}{l'} = \frac{l_1''}{l_1'} = \frac{l_2''}{l_2'} = \frac{l_2'' - l_1''}{l_2' - l_1'} = \frac{\Delta l''}{\Delta l'} = C_l \; (\text{常数})$$

而且微分量之比

$$\frac{\mathrm{d}l''}{\mathrm{d}l'} = C_l \tag{2-8}$$

式中,$\Delta l'' = l_2'' - l_1''$,$\Delta l' = l_2' - l_1'$。

C_l——线性长度类量的相似倍数。

现证明如下:根据比例的性质,如果

$$\frac{l_1''}{l_1'} = \frac{l_2''}{l_2'} = C_l$$

则

$$\frac{l_2'' - l_1''}{l_2' - l_1'} = \frac{\Delta l''}{\Delta l'} = C_l$$

由于常数的极限值就等于它的本身,所以

$$\lim_{\Delta l' \to 0} \frac{\Delta l''}{\Delta l'} = \frac{\mathrm{d}l''}{\mathrm{d}l'} = C_l$$

上述规律称为积分类比法则。根据这个法则,在推导相似现象的相似准则时(详见第 2.3 节),对于参量的任意阶导数就可以用该参量的相应比值来代替。例如,$\frac{\partial v_x}{\partial x}$、$\frac{\partial^2 v_x}{\partial x^2}$ 项就可以用对应量的相应比值 $\frac{v_x}{x}$、$\frac{v_x}{x^2}$ 来代替。

一般来说,彼此相似的现象不只是两个,而是有无穷多个,它们组成一个相似现象群。

2.2.3 相似第一定理

相似现象都属于同类现象,它们有相同的物理本质。因此,它们都将被文字上完全相同的方程式或方程式组(包括描述现象的方程式组和描述单值条件的方程式组)所描述。由于现

象相似时，表征现象的诸参量各有确定不变的比值，而由这些参量所组成的关系方程式又是相同的，故各参量的相似倍数不能是任意的，而是互相约束的。相似第一定理就是阐明这种约束关系的。

相似第一定理的内容为：彼此相似的现象，其相似指标等于1。

下面以两个质点系统作为动力相似运动的情况为例来阐明这一定理。根据力学知识，质点系统的运动规律可用牛顿第二定律来描述。表征第一个运动现象的参量为：F'——力，m'——质量，v'——速度，t'——时间，描述此运动现象的关系方程式为

$$F' = m'\frac{\mathrm{d}v'}{\mathrm{d}t'} \tag{2-9}$$

若表征第二个运动现象的诸参量用上标"″"表示，因为相似，则

$$F'' = C_F F', \quad m'' = C_m m', \quad v'' = C_v v', \quad t'' = C_t t' \tag{2-10}$$

描述第二个运动现象的关系方程式相应为

$$F'' = m''\frac{\mathrm{d}v''}{\mathrm{d}t''} \tag{2-11}$$

将式(2-10)的关系代入式(2-11)，可得

$$C_F F' = \frac{C_m C_v}{C_t} m'\frac{\mathrm{d}v'}{\mathrm{d}t'} \quad \text{或} \quad \frac{C_F C_t}{C_m C_v} F' = m'\frac{\mathrm{d}v'}{\mathrm{d}t'} \tag{2-12}$$

由式(2-9)和式(2-12)可知，各参量的相似倍数受下式约束

$$\frac{C_F C_t}{C_m C_v} = 1$$

这种约束关系式还可写作

$$C = \frac{C_F C_t}{C_m C_v} = 1 \tag{2-13}$$

"C"称为"相似指标"。式(2-13)就是相似第一定理的数学表达式。

将式(2-10)代入式(2-13)，可得

$$\frac{F't'}{m'v'} = \frac{F''t''}{m''v''} \quad \text{或} \quad \frac{Ft}{mv} = \Pi = \text{不变量} \tag{2-14}$$

式(2-14)说明：对于所述的相似现象，存在一个数值相同的无因次的综合量$\frac{Ft}{mv}$。这种综合量称为"相似准则"，通常用符号$\Pi(\pi)$表示。

这样，相似第一定理也可表述为：彼此相似的现象必定具有数值相同的相似准则。

一些有典型意义的相似准则通常用首先提出者的名字命名。例如，上述相似准则成为牛顿准则，并用N_e表示，即$N_e = \frac{Ft}{mv}$。

对于复杂的现象，包含有几个相似指标，则对应有几个相似准则。如前述黏性不可压缩流体的稳定等温运动现象共有三个相似准则：

$$\Pi_1 = R_e = \frac{\rho v l}{\eta} \ （称为雷诺准则）$$

$$\Pi_2 = F_r = \frac{gl}{v^2} \ （称为傅鲁德准则）$$

$$\Pi_3 = E_v = \frac{p}{\rho v^2} \ （称为欧拉准则）$$

在相似现象中的对应点或对应截面上，上述三个相似准则数值将对应相等。

相似准则中各参量应取同一点或同一截面上的值，如 $R_e = \frac{\rho v l}{\eta}$ 中，l 取值一截面的水力直径，v、ρ、η 取该截面上的平均值。

值得指出，同一现象中不同点或不同截面的相似准则具有不同的数值；但是，在对应瞬时，整个相似现象群的同一对应点或对应截面的相似准则却具有相同的数值；另外，相似准则一定是由现象的关系方程式所包含的某几个或全部参量按照一定函数关系组成的无因次量。

相似第一定理表述了彼此相似现象具有的基本性质。

2.2.4 相似第二定理

相似第二定理的内容为：凡同一现象（即被同一个关系方程式或完整的关系方程式组所描述的现象），当单值条件相似，而且由单值条件所包含的物理量所组成的相似准则相等，则这些现象必定相似。

这个定理阐明了现象相似的必要且充分条件。

因为单值条件是确定具体的特定现象的，所以通常称单值条件所包含的物理量为定性量，并把由单值条件所包含的物理量所组成的相似准则称为定性准则。

用前述黏性不可压缩流体的稳定等温运动现象为例，当满足下列条件时，现象就彼此相似。

1) 单值条件相似：

(1) 几何条件相似。如流体在管内流动，则管径 d 和管长 l 的相似倍数应相等，即

$$\frac{d''}{d'} = \frac{l''}{l'} = C_l$$

式中，标有"'"上标的参量系属于第一现象，标有"''"上标的系属于第二现象（以后类同）。

(2) 物理条件相似。即

$$\frac{\rho''}{\rho'} = C_\rho, \quad \frac{\eta''}{\eta'} = C_\eta, \quad \frac{g''}{g'} = C_g$$

(3) 边界条件相似。即在入口及出口处的

$$\frac{v_x''}{v_x'} = \frac{v_y''}{v_y'} = \frac{v_z''}{v_z'} = C_v$$

由于壁面处的速度皆为零，故壁面处的速度相似自然得到保证。

(4) 初始条件相似。由于是稳定流动，故可不计此条件。

2) 由单值条件所包含的物理量所组成的相似准则相等

即
$$F_r = \frac{g''l''}{v''^2} = \frac{g'l'}{v'^2} = 不变量$$

$$R_e = \frac{\rho''v''l''}{\eta''} = \frac{\rho'v'l'}{\eta'} = 不变量$$

为证明这一定理,可以设想有一个第一现象,其性质为已知,另有一个第二现象满足第二定理的要求,现证明它与第一现象一定相似。我们知道与第一现象相似的现象有无穷多个,所有这些现象必定具有与第一现象相同内容的单值条件,它们之间的区别只是诸参量的相似倍数不同。而相似倍数可以有不同的选择,只要满足由之组成的相似指标等于1就行。所以在上述无穷多个相似现象群中必能选出一个现象,它相对于第一现象来说,其定性量的相似倍数与第二现象相同,称为第三现象。基于上述三个现象是同类,它们的关系方程式是同一个,所以表征第二现象和第三现象的诸参量的数值必对应相同,因此它们是同一现象。而第三现象相似于第一现象,则第二现象也必定相似于第一现象。

由以上证明可见,相似第二定理可简明的表述为:当两个同类现象的诸对应的定性准则的数值相等时,则这两个现象就相似。

2.2.5 相似第三定理

相似第三定理的内容为:描述现象的关系方程式可以转变成相似准则之间的关系式(简称准则关系)。准则关系式可表述为

$$F(\Pi_1, \Pi_2, \Pi_3, \cdots, \Pi_n) = 0 \tag{2-15}$$

式中,1,2,3,…,n 为正整数。

相似第三定理通常简称为"π定理"。

如式(2-9)所示的关系方程式,相似第三定理所述的转变是很显然的。只要在等式两边同除以 $m'\dfrac{\mathrm{d}v'}{\mathrm{d}t'}$,再应用积分类比法则,就可导出如下准则关系式

$$\frac{Ft}{mv} - 1 = 0$$

在相似准则 $\Pi_1, \Pi_2, \Pi_3, \cdots, \Pi_n$ 中的定性准则如用 $\Pi_{定1}, \Pi_{定2}, \Pi_{定3}, \cdots, \Pi_{定m}$ 表示;其余的将是包含有非单值条件的物理量(称为被决定量)的相似准则,通常称为非定性准则,用 $\Pi_{非(m+1)}$, $\Pi_{非(m+2)}, \Pi_{非(m+3)}, \cdots, \Pi_{非n}$ 表示。既然定性准则是由单值条件所包含的物理量所组成的,那么根据前述单值条件的性质,定性准则是决定现象的准则,它们一经确定,现象即被确定,非定性准则也随之被确定。根据上述因果关系,就可把相似准则关系式表述成任意非定性准则与定性准则之间的单值函数关系,即

$$\Pi_{非_i} = f_i(\Pi_{定1}, \Pi_{定2}, \Pi_{定3}, \cdots, \Pi_{定m}) \tag{2-16}$$

式中,$i = (m+1), (m+2), \cdots, n$。

以前述黏性不可压缩流体的稳定等温运动现象为例,非定性准则只有一个 E_u,因为压力

为 p 被决定量。定性准则有 R_e 和 F_r,因为 R_e 和 F_r 中包含的物理量皆为定性量,则准则关系式可表述为

$$E_u = f(R_e, F_r) \tag{2-17}$$

我们可以通过模型试验来求得式(2-17)的具体形式。

在 R_e 和 F_r 准则中包含有几何尺寸 l,它可取物体的任一线性尺寸,如对流体在管道内流动的现象,通常取某截面的管道直径 d 为 l。此时,称 d 为 R_e 和 F_r 的准则"定性尺寸"。显然,定性尺寸不同时,准则的数值也跟着改变。因此,当给出准则关系式时,应注明是取哪一个线性尺寸为定性尺寸的。

基于上文所述,相似准则关系式是由描述现象的关系方程式转变而来的,而相似现象群是由同一个关系方程式来描述的,且其对应点的相似准则的数值相同。这样,相似现象的准则关系式必定是相同的。相似第三定理对模型试验具有重要的指导意义,它告诉人们应把模型试验的结果整理成准则关系式,这种准则关系式将同样适用于与模型相似的原型。

上述三个定理是相似理论的主要内容,它是模型试验研究方法的理论基础。相似第一定理阐明了模型试验时应测量哪些量:诸相似准则所包含的一切量。相似第二定理阐明了模型试验时应遵守的条件:必须保证模型和原型的单值条件相似,且诸定性准则对应相等。相似第三定理阐明了如何整理试验结果:必须把试验结果整理成相似准则之间的关系式。这样,我们就可用模型的试验研究来揭示原型的内在规律性。

2.3 相似准则的求法

2.3.1 方程分析法

根据关系方程式导出相似准则的方法称为方程分析法。在描述现象的关系方程式可以事先求得的情况下,方程分析法是导出相似准则有效且准确的方法。常用的方程分析法有:相似转换法和积分类比法。

1) 相似转换法

相似转换法导出相似准则的步骤为:

(1) 写出关系方程式和全部单值条件。
(2) 写出相似倍数的表达式,如式(2-7)。
(3) 将相似倍数表达式代入关系方程式中进行相似转换,进而得出相似指标式,如式(2-13)。
(4) 将相似倍数表达式代入相似指标式,求得相似准则。
(5) 用与步骤(3)、(4)相同的方法,从单值条件方程式中求得相似准则。

下面用前述黏性不可压缩流体的稳定等温运动现象为例,对上述步骤加以具体介绍。

(1) 写出关系方程式,见式(2-1)~式(2-4)
(2) 写出相似倍数表达式

$$\left.\begin{array}{c} \dfrac{v''_x}{v'_x} = \dfrac{v''_y}{v'_y} = \dfrac{v''_z}{v'_z} = C_v,\ \dfrac{p''}{p'} = C_p,\ \dfrac{\rho''}{\rho'} = C_\rho \\ \dfrac{\eta''}{\eta'} = C_\eta,\ \dfrac{g''_x}{(g'_x)\cdot(g'_z)} = \dfrac{g''_y}{g'_y} = \dfrac{g''_z}{(g'_x)\cdot(g'_z)} = C_g \\ \dfrac{x''}{x'} = \dfrac{y''}{y'} = \dfrac{z''}{z'} = C_l \end{array}\right\} \quad (2\text{-}18)$$

(3) 进行相似转换。设有两个彼此相似的现象系统，描述第一系统的运动方程式可写成（只写出一个坐标的方程式即可）

$$v'_x \frac{\partial v'_x}{\partial x'} + v'_y \frac{\partial v'_x}{\partial y'} + v'_z \frac{\partial v'_x}{\partial z'} = g'_x - \frac{1}{\rho'} \frac{\partial p'}{\partial x'} + \frac{\eta'}{\rho'}\left(\frac{\partial^2 v'_x}{\partial x'^2} + \frac{\partial^2 v'_x}{\partial y'^2} + \frac{\partial^2 v'_x}{\partial z'^2}\right) \quad (2\text{-}19)$$

第一系统的连续性方程式可写成

$$\frac{\partial v'_x}{\partial x'} + \frac{\partial v'_y}{\partial y'} + \frac{\partial v'_z}{\partial z'} = 0 \quad (2\text{-}20)$$

第二系统的运动方程式可写成

$$v''_x \frac{\partial v''_x}{\partial x''} + v''_y \frac{\partial v''_x}{\partial y''} + v''_z \frac{\partial v''_x}{\partial z''} = g''_x - \frac{1}{\rho''} \frac{\partial p''}{\partial x''} + \frac{\eta''}{\rho''}\left(\frac{\partial^2 v''_x}{\partial x''^2} + \frac{\partial^2 v''_x}{\partial y''^2} + \frac{\partial^2 v''_x}{\partial z''^2}\right) \quad (2\text{-}21)$$

第二系统的连续性方程式可写成

$$\frac{\partial v''_x}{\partial x''} + \frac{\partial v''_y}{\partial y''} + \frac{\partial v''_z}{\partial z''} = 0 \quad (2\text{-}22)$$

根据式(2-18)的关系，有

$$\left.\begin{array}{c} v''_x = C_v v'_x, \cdots, p'' = C_p p', \rho'' = C_\rho \rho', \eta'' = C_\eta \eta' \\ g''_x = C_g g'_x, \cdots, x'' = C_l x', \cdots \end{array}\right\} \quad (2\text{-}23)$$

把式(2-23)代入式(2-21)和式(2-22)，进行相似转换得

$$\frac{C_v^2}{C_l}\left(v'_x \frac{\partial v'_x}{\partial x'} + v'_y \frac{\partial v'_x}{\partial y'} + v'_z \frac{\partial v'_x}{\partial z'}\right)$$
$$= C_g g'_x - \frac{C_p}{C_\rho C_l} \frac{1}{\rho'} \frac{\partial p'}{\partial x'} + \frac{C_\eta C_v}{C_\rho C_l^2} \frac{\eta'}{\rho'}\left(\frac{\partial^2 v'_x}{\partial x'^2} + \frac{\partial^2 v'_x}{\partial y'^2} + \frac{\partial^2 v'_x}{\partial z'^2}\right) \quad (2\text{-}24)$$

$$\frac{C_v}{C_l}\left(\frac{\partial v'_x}{\partial x'} + \frac{\partial v'_y}{\partial y'} + \frac{\partial v'_z}{\partial z'}\right) = 0 \quad (2\text{-}25)$$

比较式(2-19)与式(2-24)及式(2-20)与式(2-25)可知，各参量的相似倍数之间的关系必须满足下列关系式：

$$\frac{C_v^2}{C_l} = C_g = \frac{C_p}{C_l C_\rho} = \frac{C_\eta C_v}{C_\rho C_l^2} \quad (2\text{-}26)$$

$$\frac{C_v}{C_l} = 任意数 \tag{2-27}$$

由式(2-26)可得出以下三组等式:

$$\frac{C_v^2}{C_l} = C_g \tag{2-28}$$

$$\frac{C_v^2}{C_l} = \frac{C_p}{C_l C_\rho} \tag{2-29}$$

$$\frac{C_v^2}{C_l} = \frac{C_\eta C_v}{C_\rho C_l^2} \tag{2-30}$$

经整理,可得到以下三个相似指标式:

$$\frac{C_g C_l}{C_v^2} = 1 \tag{2-31}$$

$$\frac{C_p}{C_\rho C_v^2} = 1 \tag{2-32}$$

$$\frac{C_\rho C_v C_l}{C_\eta} = 1 \tag{2-33}$$

由式(2-27)得不出相似倍数之间的任何约束,故据此得不出相似指标式。

(4) 求出相似准则。将式(2-18)代入式(2-31)、式(2-32)、式(2-33),经整理可得到以下三个相似准则:

$$\frac{g'l'}{v'^2} = \frac{g''l''}{v''^2} \quad 或 \quad \frac{gl}{v^2} = F_r = 不变量$$

$$\frac{p'}{\rho' v'^2} = \frac{p''}{\rho'' v''^2} \quad 或 \quad \frac{p}{\rho v^2} = E_u = 不变量$$

$$\frac{\rho' v' l'}{\eta'} = \frac{\rho'' v'' l''}{\eta''} \quad 或 \quad \frac{\rho v l}{\eta} = R_e = 不变量$$

2) 积分类比法

积分类比法较相似转换法简单,故得到较多应用。这种方法的原理是:由于相似现象的关系方程式是完全相同的,因此关系方程中任意相对应的两项的比值也应该相等。以式(2-19)和式(2-21)为例,则

$$\frac{g'_x}{v'_x \frac{\partial v'_x}{\partial x'}} = \frac{g''_x}{v''_x \frac{\partial v''_x}{\partial x''}} \tag{2-34}$$

根据前述的积分类比法则,式(2-34)可写成

$$\frac{g'_x}{v'_x \frac{v'_x}{x'}} = \frac{g''_x}{v''_x \frac{v''_x}{x''}} \quad 或 \quad \frac{g'_x x'}{v'^2_x} = \frac{g''_x x''}{v''^2_x} \tag{2-35}$$

由于

$$\frac{x''}{x'} = \frac{l''}{l'} = C_l, \quad \frac{v''_x}{v'_x} = \frac{v''}{v'} = C_v, \quad \frac{g''_x}{g'_x} = \frac{g''}{g'} = C_g$$

则式(2-35)可改写成

$$\frac{g'l'}{v'^2} = \frac{g''l''}{v''^2} \quad 或 \quad \frac{gl}{v^2} = Fr = 不变量$$

这样，就得到了一个相似准则。

据上述，可将积分类比法的步骤归纳为：

(1) 写出关系方程式和全部单值条件。

(2) 用关系方程式中的任一项除其他各项(对于类型相同的项，如 $v_x \frac{\partial v_x}{\partial x}$、$v_y \frac{\partial v_x}{\partial y}$、$v_z \frac{\partial v_x}{\partial z}$ 取其中一项即可)。

(3) 所有导数用对应量的相应比值代替。另外，沿各坐标轴的分量用量本身代替，坐标用定性尺寸代替。例如，$\frac{\partial v_x}{\partial x}$、$\frac{\partial^2 v_x}{\partial y^2}$、… 用 $\frac{v}{l}$、$\frac{v}{l^2}$、… 代替，即可求得相似准则。

下面仍以前述黏性不可压缩流体的稳定等温运动现象为例，具体介绍上述步骤。

(1) 写出关系方程式，见式(2-1)~式(2-4)。

(2) 两项相除。

由运动方程式(2-2)可得

$$\frac{右边第一项}{左边项} = \frac{g_x}{v_x \frac{\partial v_x}{\partial x}} \tag{2-36}$$

$$\frac{右边第二项}{左边项} = \frac{\frac{1}{\rho}\frac{\partial p}{\partial x}}{v_x \frac{\partial v_x}{\partial x}} \tag{2-37}$$

$$\frac{右边第三项}{左边项} = \frac{\frac{\eta}{\rho}\frac{\partial^2 v_x}{\partial x^2}}{v_x \frac{\partial v_x}{\partial x}} \tag{2-38}$$

连续性方程式由于由同类项组成，故写不出上述比例式。

(3) 运用积分类比法则，就可得到下列相似准则：

由式(2-36)得

$$\frac{gl}{v^2} = F_r = 不变量$$

由式(2-37)得

$$\frac{p}{\rho v^2} = E_u = 不变量$$

由式(2-38)得

$$\frac{\eta}{\rho v l} = R_e^{-1} = 不变量$$

2.3.2 因次分析法（又称量纲分析法）

当事先无法求得描述现象的关系方程式时，可采用因次分析法来推求相似准则。相似准则是一个无因次量，这一特点是应用因次分析法求相似准则的依据。

1) 因次概念和因次分析法举例

物理量(测量)单位的种类称为"因次"（或"量纲"），如米、厘米、毫米，它们是不同的(测量)单位，但这些单位属于同一种类，皆为长度类单位，如统一地用符号[L]表示，则称[L]是长度类各单位的因次。

在国际单位制中(SI)中，当研究力学和机械运动现象时，取长度、质量和时间作为"基本量"，它们的因次相应地用符号[L]、[M]、[T]表示，称为"基本因次"。而其他一些物理量则是由上述基本量根据该物理量的定义或相应的物理定律导出的，称这些量为"导出量"。例如，速度定义为距离/时间，距离[以长度(l)表示]和时间(t)为基本量，它们的因次分别为[L]和[T]，则速度的因次公式为

$$[v] = \frac{[L]}{[T]} \quad 或 \quad [LT^{-1}]$$

又如，力的计算公式为 $F = ma = m\frac{d^2 l}{dt^2}$，则力的因次公式为

$$[F] = [M]\frac{[L]}{[T]^2} \quad 或 \quad [LMT^{-2}]$$

同理，积分 $\int y dx$ 的因次为 $[ydx]$ 或 $[y][x]$。任何参量的因次记为 $[Z]$，若为无因次，记为[1]。上述以长度、质量、时间作为基本量的因次系统通常称为质量系统。工程中还常用以长度、力、时间作为基本量，它们的因次相应地用符号[L]、[F]和[T]表示。同样可导出一系列导出量的因次。这种因次通常称为力系统。作为例子，表2-1列出某些导出量的因次。

表 2-1 导出量的因次

导 出 量	质量系统中因次	力系统中因次
面积	$[A] = [L^2]$	$[L^2]$
体积	$[V] = [L^3]$	$[L^3]$
速度	$[v = LT^{-1}]$	$[LT^{-1}]$
加速度	$[a] = [LT^{-2}]$	$[LT^{-2}]$

(续)

导 出 量	质量系统中因次	力系统中因次
力	$[F]=[LMT^{-2}]$	$[F]$
质量	$[M]$	$[FL^{-1}T^2]$
重量	$[G]=[LMT^{-2}]$	$[F]$
压力	$[p]=[L^{-1}MT^{-2}]$	$[FL^{-2}]$
力矩	$[M]=[L^2MT^{-1}]$	$[FL]$
功	$[W]=[L^2MT^{-2}]$	$[FL]$
功率	$[P]=[L^2MT^{-3}]$	$[FLT^{-1}]$
应变	$[\varepsilon]=[1]$	$[1]$
弹性模量	$[E]=[L^{-1}MT^{-2}]$	$[FL^{-2}]$
动力黏度	$[\eta]=[L^{-1}MT^{-1}]$	$[FL^{-2}T]$
密度	$[\rho]=[L^{-3}M]$	$[FL^{-4}T^2]$

由上述内容可见：在质量系统中，任一个导出量的因次可统一的用下列方程式来表示

$$[A]=[L]^\alpha[M]^\beta[T]^\gamma \tag{2-39}$$

式中，α、β、γ 对某一个导出量来说是一个确定的常量。

既然任何导出量的因次均可由式(2-39)表示，则在力学研究中，当基本量长度、质量和时间的(测量)单位一经取定后，其他一些物理量的(测量)单位就可根据该量的因次公式导出。前者通常称为"基本单位"，后者称为"导出单位"。

在国际单位制(SI)中，取长度、质量和时间的单位分别为米、千克、秒，则由速度的因次公式$[v]=[LT^{-1}]$可导出速度的单位为米/秒；由力的因次公式$[F]=[LMT^{-2}]$可导出力的单位为千克·米/秒^2=牛顿。这种在确定几个基本量的单位后，其他量的单位按一定规律导出的单位制称为"绝对单位制"。通常应用的就是这种单位制。

在取用绝对单位制的情况下，当力学基本单位一经取定，原则上说，任何力学物理量可统一地由下式表示

$$A=l^\alpha m^\beta t^\gamma = B(L)^\alpha(M)^\beta(T)^\gamma \tag{2-40}$$

式中，l、m、t——基本量长度、质量和时间的大小；

α、β、γ——确定的常数，也可以等于零，如 $\alpha=1,\beta=\gamma=0$，则此时 A 就是基本量长度(l)；

B——物理量 A 的大小；

(L)、(M)、(T)——基本量所取得单位。

由积分类比法推导相似准则的方法可见：在描述现象的完善且正确的关系方程式中，每一项的因次必定相同(这种关系方程式称为因次齐次式)，因为同类量才能相加减，只有因次相同才同类。因此，相似准则一定是无因次量；另外，相似准则一定是表征现象的参量的幂函数。

下面用实例来介绍因次分析法。

【例2-1】 求质点系做动力相似运动现象的相似准则。

表征质点系做动力相似运动现象的参量有力(F)、质量(m)、速度(v)和时间(t)。这

些量将被一定的自然规律所联系(这个自然规律就是牛顿第二定律)。相似准则是由表征现象的参量所组成的，且是这些参量的幂函数，故可表示为

$$\Pi = F^{x_1} m^{x_2} v^{x_3} t^{x_4} \tag{2-41}$$

式中，x_1、x_2、x_3、x_4 为待定的常数。

Π 的因次公式为

$$[\Pi] = [LMT^{-2}]^{x_1}[M]^{x_2}[LT^{-1}]^{x_3}[T]^{x_4}$$

由于相似准则是一个无因次的量，所以

$$\left.\begin{array}{ll} 对于[L]，有 & x_1 + x_3 = 0 \\ 对于[M]，有 & x_1 + x_2 = 0 \\ 对于[T]，有 & -2x_1 - x_3 + x_4 = 0 \end{array}\right\} \tag{2-42}$$

由上述三个方程式求解四个未知数，可令其中一个未知数为某值后再求解。如令 $x_1 = 1$，可求得 $x_2 = -1$，$x_3 = -1$，$x_4 = 1$，则得

$$\Pi = F m^{-1} v^{-1} t = \frac{Ft}{mv} = N_e$$

这就是牛顿准则。

【例 2-2】 求上述黏性不可压缩流体的稳定等温相似运动现象的相似准则。

解：表征上述运动现象的参量有：流速(v)、管道定性尺寸(l)、压力(p)、介质密度(ρ)、介质的动力黏度(η)和重力加速度(g)，则相似准则就可表示为

$$\Pi = p^{x_1} \eta^{x_2} g^{x_3} v^{x_4} l^{x_5} \rho^{x_6} \tag{2-43}$$

式中，x_1、x_2、x_3、x_4、x_5、x_6 为待定的常数。

Π 的因次公式为

$$[\Pi] = [L^{-1}MT^{-2}]^{x_1}[L^{-1}MT^{-1}]^{x_2}[LT^{-2}]^{x_3}[LT^{-1}]^{x_4}[L]^{x_5}[L^{-3}M]^{x_6}$$

由于相似准则是一个无因次量，所以

$$\left.\begin{array}{ll} 对于[L]，有 & -x_1 - x_2 + x_3 + x_4 + x_5 - 3x_6 = 0 \\ 对于[M]，有 & x_1 + x_2 + x_6 = 0 \\ 对于[T]，有 & -2x_1 - x_2 - 2x_3 - x_4 = 0 \end{array}\right\} \tag{2-44}$$

由上述三个方程式求解六个未知数，可令其中三个未知数为某值后再求其基础解。如令 $x_1 = x_2 = 0, x_3 = 1$，则可求得 $x_4 = 2, x_5 = 1, x_6 = 0$，就可得到

$$\Pi_1 = \frac{gl}{v^2} = Fr$$

如令 $x_1 = 1, x_2 = x_3 = 0$，则可求得 $x_4 = -2, x_5 = 0, x_6 = -1$，就可得到

$$\Pi_2 = \frac{p}{\rho v^2} = Eu$$

如令 $x_1 = x_3 = 0, x_2 = -1$，则可求得 $x_4 = x_5 = x_6 = 1$，就可得到

$$\Pi_3 = \frac{\rho v l}{\eta} = Re$$

2) 现象的独立的相似准则数目的确定

无论在判断现象彼此是否相似，还是在设计模型试验时，事先确定现象的独立的相似准则的数目是很重要的。因为它可用来检查求得的相似准则是否有遗漏或是否多余了。所谓相似准则是互相独立的，指的是：这些相似准则中的任一个均不是其余准则的幂函数的乘积。

下面推导计算现象的独立的相似准则数目的公式。

设某一现象由 n 个参量 A_1、A_2、A_3、$\cdots$、A_n 来表征，由式(2-40)，这 n 个参量可用下式表示

$$A_i = l^{\alpha_i} m^{\beta_i} t^{\gamma_i}$$

式中，$i=1,2,3,\cdots,n$；因 n 个参量为已知，所以 α_i、β_i、γ_i 是已知的常数。

在这 n 个参量中，若某个量的 α_i、β_i、γ_i 中有两个等于零时，则该量就是基本量。例如，$\alpha_i=1$、$\beta_i=\gamma_i=0$ 时，则 A_i 就是基本量——长度。

所述现象的任一个相似准则可以表示为

$$\Pi_j = A_1^{x_1} A_2^{x_2} A_3^{x_3} \cdots A_n^{x_n}$$
$$= (l^{\alpha_1} m^{\beta_1} t^{\gamma_1})^{x_1} (l^{\alpha_2} m^{\beta_2} t^{\gamma_2})^{x_2} (l^{\alpha_3} m^{\beta_3} t^{\gamma_3})^{x_3} \cdots (l^{\alpha_i} m^{\beta_i} t^{\gamma_i})^{x_i} \cdots (l^{\alpha_n} m^{\beta_n} t^{\gamma_n})^{x_n}$$

如能求得 x_1、x_2、x_3、$\cdots$、x_n，即可得到相应的相似准则。

因为相似准则是无因次量，所以

对于 $[L]$，有
对于 $[M]$，有
对于 $[T]$，有

$$\left. \begin{array}{l} \alpha_1 x_1 + \alpha_2 x_2 + \cdots + \alpha_i x_i + \cdots + \alpha_n x_n = 0 \\ \beta_1 x_1 + \beta_2 x_2 + \cdots + \beta_i x_i + \cdots + \beta_n x_n = 0 \\ \gamma_1 x_1 + \gamma_2 x_2 + \cdots + \gamma_i x_i + \cdots + \gamma_n x_n = 0 \end{array} \right\} \quad (2\text{-}45)$$

上述方程式组由三个线性齐次方程式组成，但有 n 个未知数。显然，方程式的数目等于参量所包含的基本因次的数目，而需要确定的未知数的数目等于参量的数目。

根据线性代数理论，式(2-45)有无穷多组解，但其基础解系中解(基础解)的数目等于变量数目减去式(2-45)的系数矩阵的"秩"数。

式(2-45)的系数矩阵(又称因次矩阵)为

$$\begin{bmatrix} \alpha_1 & \alpha_2 & \alpha_3 & \cdots & \alpha_i & \cdots & \alpha_n \\ \beta_1 & \beta_2 & \beta_3 & \cdots & \beta_i & \cdots & \beta_n \\ \gamma_1 & \gamma_2 & \gamma_3 & \cdots & \gamma_i & \cdots & \gamma_n \end{bmatrix}$$

如上述矩阵的"秩"为 r，则式(2-45)的基础解数目 m 可由下式决定

$$m = n - r \quad (2\text{-}46)$$

这也就是说：所述现象只能有 $n-r$ 个相互独立的相似准则。或者表述为：这 $n-r$ 个相似准则是该现象的相似准则的完整集合。

例如，方程式组(2-42)的系数矩阵为

$$\begin{bmatrix} 1 & 0 & 1 & 0 \\ 1 & 1 & 0 & 0 \\ -2 & 0 & -1 & 1 \end{bmatrix}$$

这个矩阵的三阶子式有不等于零的，故其秩 $r=3$，而参量的数目为 4。根据式(2-46)可知只能

有一个相似准则，即 N_e。在此情况下，若再令 x_1 为其他值，所求得的相似准则对于 N_e 来说将是非独立的。如令 $x_1=2$，即可求得 $x_2=-2, x_3=-2, x_4=2$，则对应可列出

$$\varPi_2 = \left(\frac{Ft}{mv}\right)^2 = (N_e)^2$$

显然，这不是什么新的准则，而是由牛顿准则派生的。又例如方程组(2-44)的系数矩阵为

$$\begin{bmatrix} -1 & -1 & 1 & 1 & 1 & -3 \\ 1 & 1 & 0 & 0 & 0 & 1 \\ -2 & -1 & -2 & -1 & 0 & 0 \end{bmatrix} \tag{2-47}$$

这个矩阵的秩 $r=3$，而参量的数目为 6，则只能有三个相互独立的相似准则。在此情况下，若再令 $x_1=3, x_2=-5, x_3=-2$，可相应的求得 $x_4=3, x_5=3, x_6=2$，所求得的

$$\varPi_4 = \frac{v^3 l^3 p^3 \rho^2}{\eta^5 g^2} = \left(\frac{vl\rho}{\eta}\right)^5 \left(\frac{p}{\rho v^2}\right)^3 \left(\frac{v^2}{gl^2}\right)^2 = R_e^5 E_u^3 F_r^2$$

显然，$\varPi_4$ 相对于 R_e、E_u、F_r 来说不是独立的相似准则，而是 R_e、E_u、F_r 准则的幂函数的乘积，可由这三个准则来求得。因此，R_e、E_u、F_r 构成了所述现象的相似准则的完整集合。

3) 求现象的相似准则完整集合的方法

一般可按下述步骤进行：

(1) 列出参量的指数关系式，如式(2-45)。
(2) 列出参量的指数关系式的因次矩阵，并计算其秩。
(3) 根据式(2-46)计算独立的相似准则的数目。
(4) 根据参量的指数关系式，求参量的指数值。为此先列出求解 x_{n-2}, x_{n-1}, x_n 的方程式(假定因次矩阵的秩 $r=3$)，上述方程式可表述为

$$\left.\begin{array}{l} x_{n-2} = \alpha'_1 x_1 + \alpha'_2 x_2 + \cdots + \alpha'_{n-3} x_{n-3} \\ x_{n-1} = \beta'_1 x_1 + \beta'_2 x_2 + \cdots + \beta'_{n-3} x_{n-3} \\ x_n = \gamma'_1 x_1 + \gamma'_2 x_2 + \cdots + \gamma'_{n-3} x_{n-3} \end{array}\right\} \tag{2-48}$$

根据式(2-46)，式(2-45)将有 $n-3$ 个基础解。根据线性代数理论，这 $n-3$ 个基础解可由式(2-48)用如下方法求得：

求第一解：令 $x_1=1, x_2=x_3=\cdots=x_{n-3}=0$，可求得 $x_{n-2}=\alpha'_1, x_{n-1}=\beta'_1, x_n=\gamma'_1$。

求第二解：令 $x_2=1, x_1=x_3=\cdots=x_{n-3}=0$，可求得 $x_{n-2}=\alpha'_2, x_{n-1}=\beta'_2, x_n=\gamma'_2$。

$\cdots\cdots\cdots\cdots\cdots\cdots\cdots\cdots\cdots$

求第 $n-3$ 个解，令 $x_{n-3}=1, x_1=x_2=x_3=\cdots=x_{n-4}=0$，可求得

$$x_{n-2}=\alpha'_{n-3}, x_{n-1}=\beta'_{n-3}, x_n=\gamma'_{n-3}$$

以上 $n-3$ 个解可以简明地用下列解矩阵的形式表示(表 2-2)。值得指出，解矩阵的右边三列(即第 $n-2$，$n-1$ 和 n 列)的元素与式(2-48)中各方程式的系数是相对应的，而其余 $n-3$ 列的元素，除去主对角线上的都是 1 外，其余都是零。所以，根据方程组(2-48)就可立即写出解矩阵来。

表 2-2

参　　量	A_1	A_2	$A_3 \cdots A_{n-3}$	A_{n-2}	A_{n-1}	A_n
参量的指数	x_1	x_2	$x_3 \cdots x_{n-3}$	x_{n-2}	x_{n-1}	x_n
Π_1	1	0	$1 \cdots 0$	α'_1	β'_1	γ'_1
Π_2	0	1	$0 \cdots 0$	α'_2	β'_2	γ'_2
$\vdots$	$\vdots$	$\vdots$	$\vdots$	$\vdots$	$\vdots$	$\vdots$
Π_{n-3}	0	0	$0 \cdots 1$	α'_{n-3}	β'_{n-3}	γ'_{n-3}

（5）根据解矩阵列出相似准则的完整集合，显然，解矩阵的每一行就是组成相似准则的参量的一组指数。在上述情况下，相似准则的完整集合为：根据解矩阵的第一行，可列出

$$\Pi_1 = A_1 A_{n-2}^{\alpha'_1} A_{n-1}^{\beta'_1} A_n^{\gamma'_1}$$

根据解矩阵的第二行，可列出

$$\Pi_2 = A_2 A_{n-2}^{\alpha'_2} A_{n-1}^{\beta'_2} A_n^{\gamma'_2}$$

$$\vdots$$

根据解矩阵的第 $n-3$ 行，可列出

$$\Pi_{n-3} = A_{n-3} A_{n-2}^{\alpha'_{n-3}} A_{n-1}^{\beta'_{n-3}} A_n^{\gamma'_{n-3}}$$

下面以求前述黏性不可压缩流体的稳定等温相似运动现象的相似准则为例，说明上述方法的具体应用。

（1）列出参量的指数关系式，见式(2-44)。
（2）列出式(2-44)的因次矩阵，见式(2-47)，并计算出它的秩 $r=3$。
（3）计算独立相似准则的数目。因为参量数目等于6，故独立的相似准则数目等于3。
（4）求参量的指数值。根据式(2-44)可解出

$$\left.\begin{array}{l} x_4 = -2x_1 - x_2 - 2x_3 \\ x_5 = -x_2 + x_3 \\ x_6 = -x_1 - x_2 \end{array}\right\} \tag{2-49}$$

根据方程式组(2-49)就可列出如下解矩阵(表 2-3)：

表 2-3

参　　量	p	η	g	v	l	ρ
参量的指数	x_1	x_2	x_3	x_4	x_5	x_6
Π_1	1	0	0	-2	0	-1
Π_2	0	1	0	-1	-1	-1
Π_3	0	0	1	-2	1	0

（5）列出相似准则的完整集合。

根据解矩阵第一行，可列出

$$\Pi_1 = pv^{-2}\rho^{-1} = \frac{p}{\rho v^2} = E_u$$

根据解矩阵第二行，可列出

$$\Pi_2 = \eta v^{-1} l^{-1} \rho^{-1} = \frac{\eta}{\rho v l} = R_e^{-1}$$

根据解矩阵第三行，可列出

$$\Pi_3 = g v^{-2} l = \frac{g l}{v^2} = F_r$$

4) 因次分析法的引伸

根据上述，在质量系统中，当研究力学和机械运动现象时，任何一个物理量的因次均可用$[L]$、$[M]$、$[T]$的一定次方的积表示。基于这种规律，可以选定另一些物理量作为基本量，而某一物理量的因次则可由这些被选定的基本量因次的某次方的积表示。例如，在质量系统中，力的因次为，$[F]=[LMT^{-2}]$，现选长度、速度和密度为基本量，在此基本量系统中，力的因次可表述为

$$[F] = [L]^x [v]^y [\rho]^z \tag{2-50}$$

为确定指数x、y、z，将各物理量在质量系统中的因次代入式(2-50)，从而得到

$$[LMT^{-2}] = [L]^x [LT^{-1}]^y [L^{-3}M]^z \tag{2-51}$$

比较同因次的指数，可列出下列一组方程式：

对于$[L]$，有 $\quad x + y - 3z = 1$
对于$[M]$，有 $\quad z = 1$
对于$[T]$，有 $\quad -y = -2$

由上述方程式组可解得$x=2, y=2, z=1$，则力在长度-速度-密度基本量系统中的因次公式为

$$[F] = [L]^2 [v]^2 [\rho] \quad \text{或} \quad [L^2 v^2 \rho]$$

推而广之，设表征某一现象的参量有A_1、A_2、A_3、$\cdots$、A_n等n个，现象的关系方程式是因次齐次的。我们可从上述n个参量中选出三个有因次的量A_p、A_q、A_r作为基本量。则可根据上述方法，导出其余的$n-3$个物理量在A_p-A_q-A_r基本量系统中的因次公式。对于各个参量因次的公式可统一的表示为

$$[A_i] = [A_p]^{x_i} [A_q]^{y_i} [A_r]^{z_i} \tag{2-52}$$

由式(2-52)，就可相应地列出任一参量与被选为基本量的量之间的关系式：

$$\frac{A_i}{A_p^{x_i} A_q^{y_i} A_r^{z_i}} = \text{无因次的量} \tag{2-53}$$

对于相似的现象系统，则有

$$\frac{A_i''}{A_i'} = C_{A_i}, \frac{A_p''}{A_p'} = C_{A_p}, \frac{A_q''}{A_q'} = C_{A_q}, \frac{A_r''}{A_r'} = C_{A_r} \tag{2-54}$$

式中，C_{A_i}、C_{A_p}、C_{A_q}、C_{A_r}——对应量的相似倍数。

把式(2-54)的关系代入式(2-53)可得

$$\frac{A_i''}{A_p''^{x_i} A_q''^{y_i} A_r''^{z_i}} = \frac{C_{A_i}}{C_{A_p}^{x_i} C_{A_q}^{y_i} C_{A_r}^{z_i}} \frac{A_i'}{A_p'^{x_i} A_q'^{y_i} A_r'^{z_i}}$$

适当的选择 C_{A_i}、C_{A_p}、C_{A_q}、C_{A_r} 的值，使

$$\frac{C_{A_i}}{C_{A_p}^{x_i} C_{A_q}^{y_i} C_{A_r}^{z_i}} = 1$$

则可得

$$\frac{A_i''}{A_p''^{x_i} A_q''^{y_i} A_r''^{z_i}} = \frac{A_i'}{A_p'^{x_i} A_q'^{y_i} A_r'^{z_i}} = 不变量$$

据此，对于相似的现象系统来谈，式(2-53)所示的无因次量就是一个相似准则。我们就可利用式(2-53)来求相似准则。在所述的情况下，可相应的求得 $n-3$ 个独立的相似准则。

下面仍用黏性不可压缩流体的稳定等温运动现象为例，来说明上述方法的具体应用。

表征这种运动现象的参量已如前所述。现选择定性尺寸(l)、密度(ρ)和动力黏度(η)为基本量，则可列出流速(v)、压力(p)和重力加速度(g)的因次公式如下：

$$\left.\begin{array}{l}[v]=[L]^{x_1}[\rho]^{y_1}[\eta]^{z_1}\\ [p]=[L]^{x_2}[\rho]^{y_2}[\eta]^{z_2}\\ [g]=[L]^{x_3}[\rho]^{y_3}[\eta]^{z_3}\end{array}\right\} \tag{2-55}$$

用上述量在质量系统中的因次代入式(2-55)，可得到下列三个因次关系式。对于流速有

$$[LT^{-1}]=[L]^{x_1}[L^{-3}M]^{y_1}[L^{-1}MT^{-1}]^{z_1} \tag{2-56}$$

对于压力有

$$[L^{-1}MT^{-1}]=[L]^{x_2}[L^{-3}M]^{y_2}[L^{-1}MT^{-1}]^{z_2} \tag{2-57}$$

对于重力加速度有

$$[LT^{-2}]=[L]^{x_3}[L^{-3}M]^{y_3}[L^{-1}MT^{-1}]^{z_3} \tag{2-58}$$

由式(2-56)～式(2-58)，比较相同因次的指数，可得

$$\begin{cases}x_1-3y_1-z_1=1\\y_1+z_1=0\\z_1=1\end{cases} \quad \begin{cases}x_2-3y_2-z_2=-1\\y_2+z_2=1\\z_2=2\end{cases} \quad \begin{cases}x_3-3y_3-z_3=1\\y_3+z_3=0\\z_3=2\end{cases} \tag{2-59}$$

由式(2-59)可解得

$$\begin{cases}x_1=-1\\y_1=-1\\z_1=1\end{cases} \quad \begin{cases}x_2=-2\\y_2=-1\\z_2=2\end{cases} \quad \begin{cases}x_3=-3\\y_3=-2\\z_3=2\end{cases}$$

把上述结果代入式(2-55)，即可求得下列相似准则：

$$\Pi_1 = \frac{v}{l^{-1}\rho^{-1}\eta} = \frac{v\rho l}{\eta} = R_e$$

$$\Pi_2 = \frac{p}{l^{-2}\rho^{-1}\eta^2} = \frac{pl^2\rho}{\eta^2}$$

$$\Pi_3 = \frac{g}{l^{-3}\rho^{-2}\eta^2} = \frac{gl^3\rho^2}{\eta^2}$$

根据相似准则形式的转换原理(见第2.4节)，可导出

$$\frac{\Pi_2}{R_e^2} = \frac{p}{\rho v^2} = E_u \qquad \frac{\Pi_3}{R_e^2} = \frac{gl}{v^2} = F_r$$

用这种方法求相似准则较前述方法简单些，所以实际应用较多。但在应用时，应注意下列几点。

(1) 通常总是把最能表征现象的参量当作导出量(即不被选作基本量)。

(2) 选作基本量的参量必须是有因次量，且其因次必须是相互独立的。所谓因次独立指的是：任何两个量的因次结合(即指进行代数转换，如乘、除、升高指数等)，不能产生第三个量的因次。

(3) 有因次的基本量数目不应多于表征现象的参量所包含的基本因次的数目。

(4) 在应用这种方法时，计算相互独立的相似准则数目 m 的公式为

$$m = n - z \tag{2-60}$$

式中，n——表征现象的参量数目；

z——因次独立的基本量数目。值得指出，在研究力学和机械运动现象时，根据国际单位制(SI)，基本因次只有$[L]$、$[M]$、$[T]$三个，所以，能被选作基本量的参量集合中一般至多有三个量。

由上述内容可知，用因次分析法求相似准则时，只要知道表征现象是那些参量，就可以不依靠关系方程式直接求得相似准则。有些复杂现象，事先无法建立关系方程式，此时，因次分析法就有重要的实用价值。但是在某些情况下，因次分析法可能导致不正确的结果。这些情况有以下几种。

(1) 表征现象的参量决定得不正确或缺几个。

(2) 在关系方程中常遇到有因次的常数项。这些常数项在确定表征现象的参量时很难事先预料到。

(3) 因次分析法不能控制因次为零的量。

(4) 因次分析不能区别因次相同，但在关系方程中有着不同物理意义的量。

因次分析法虽然不是完美的方法，但在事先未能列出现象的关系方程式的情况下，它有重要的实用价值。值得指出，在采用因次分析方法时，必须事先很好地研究和确定表征现象是哪些参量，而且所获得的结论，须用试验验证之。

2.4 相似准则形式的转换和模型试验数据的处理

2.4.1 相似准则形式的转换

由上述相似准则导出方法可知,利用以上所列方法求得的相似准则完整集合中的诸相似准则的形式有一定的随意性。例如,由式(2-26)写出的三组等式(2-28)~式(2-30)是随意的,也可写出另一组的三个等式,此时,所求得的相似准则也将是另种形式;同样,为求解方程组(2-44),当 x_1、x_2、x_3 取其它值时,所求得的相似准则也将具有另外的形式。

探求相似准则的目的是以此为根据设计和组织模型试验,最终将导出描述原型现象的关系式。因此,相似准则形式的确定,必须有利于这一目的的实现。为此,由上述方法求得的相似准则的形式有时需要进行相应的转换(即改变形式),转换的出发点如下:

(1) 相似准则应具有明显的物理意义,并使其物理意义与所研究的现象密切相关。

(2) 转换成常用的相似准则的形式,例如,雷诺准则 R_e,傅鲁德准则 F_r 等。因为它们均具有明显的物理意义。前者表示惯性力与黏滞力的比值,后者表示惯性力与重力的比值。

(3) 使准则关系式的形式最简单。

(4) 使相似准则的组成中不包含在进行模拟试验时难以控制和测量的参量。

(5) 使易于控制且是表征现象的主要参量只出现在相似准则完整集合中的某一个相似准则中。这样在模拟试验时,就能实现最方便的控制。

相似准则形式转换的原则是:不破坏相似准则等于无因次的不变量这一属性。从这一原则出发,如果现象的相似准则完整集合中有 Π_1、Π_2、Π_3、$\cdots$、Π_k 个相似准则,则可以引出如下结论。

(1) 相似准则的任何次方仍是相似准则,即 Π_i^n (n 为常数,$i=1,2,\cdots,k$) 仍是相似准则。

(2) 相似准则的指数积,即:$\Pi_1^{n_1} \Pi_2^{n_2} \cdots \Pi_k^{n_k}$ ($n_1,n_2,\cdots,n_k$ 为常数),仍是相似准则。

(3) 相似准则的和或差,即 $\Pi_1^{n_1} \pm \Pi_2^{n_2} \pm \cdots \pm \Pi_k^{n_k}$ 仍是相似准则。

(4) 相似准则与任意数的和或差,即 $\Pi_i \pm a$ (a 为常数) 仍是相似准则。

显然,相似准则进行上述转换后,仍是一个无因次量,在相似现象群中它们仍是一个不变量。

2.4.2 模型试验数据的处理

为使模型试验的结果能推广到与模型相似的原型上去,根据相似第三定理,应将模型试验结果整理成相似准则之间的关系式(简称准则关系式)。例如,描述黏性流体强迫流动现象的准则关系式可表述为

$$E_u = CR_e^n \tag{2-61}$$

在进行模型试验时,改变特征参量 v,测定对应的 p (由于 l、ρ、η 为定值,测定一次就行了),则由

$$E_u = \frac{p}{\rho v^2}, R_e = \frac{\rho v l}{\eta}$$

就可以算得一系列 R_e 和 F_r 的对应值，进而就可以根据回归分析有关内容决定出式(2-61)中的常数 C 和 n，而求得描述所述现象的准则关系式。把式(2-61)展开，就可得到便于应用的，对所有与模型相似的现象群(包括原型)均适用的关系方程式

$$p = C \frac{\rho^{n+1} v^{n+2} l^n}{\eta^n}$$

值得指出，通过模型试验求得的准则关系式仅适用于试验所确认的各参量的变化范围内，把这种关系式任意外推是不允许的。

2.4.3 准则关系式组成形式的转换

由上述方程求得的相似准则中的参量，代表着该现象的同因次参量的全体。例如，准则中的 l (定性尺寸)代表着全部线性尺寸；R_e 准则中的 v 代表着流体中任一点的速度。即对于相似现象来说，不论用代表长度的线性尺寸或代表宽度的线性尺寸代入，虽然 R_e 准则的数值将改变，但它仍是一个无因次的不变量。同样，取不同对应点的速度值代入，R_e 准则仍是一个无因次的不变量。如假定

$$\Pi = \frac{A^\alpha B^\beta}{C^\gamma}$$

是某现象的一个相似准则，表征该现象的参量除 A、B、C、…外，尚有 A 的同因次量 A_1，则

$$\Pi_1 = \frac{A_1^\alpha B^\beta}{C^\gamma}$$

也一定是相似准则。根据相似准则形式转换的知识可知

$$S_1 = \frac{\Pi_1}{\Pi} = \left(\frac{A_1}{A}\right)^\alpha = 不变量$$

仍是一个相似准则。S_1 是任意幂的两个同因次量的比值，称为"相似单纯量"。由此，在准则关系式中可用 Π 和 S_1 的组合来代替 Π 和 Π_1 的组合。推而广之，准则关系是可表述为

$$F(\Pi_1, \Pi_2, \cdots, \Pi_m, S_1, S_2, \cdots, S_r) = 0 \tag{2-62}$$

式中，$1, 2, \cdots, m$ 和 $1, 2, \cdots, r$ 为正整数。

这种包含有相似单纯量的准则关系式，实际应用更广，因为它能反映出个别参量对现象变化的影响。

2.5 设计模型准则和近似模型

2.5.1 设计模型的准则

相似第二定理是设计模型的总准则。为使模型中的现象和原型中的现象相似，在设计模型时应遵守以下几个基本条件。

(1) 模型中的现象和原型中的现象应当是同类现象。
(2) 对应瞬时,在模型和原型的对应点(或对应截面)上诸定性准则对应相等。
(3) 模型和原型必须成几何相似。
(4) 模型的边界条件与原型的边界条件必须相似。
(5) 模型的初始条件和原型的初始条件必须相似。

现以设计黏性不可压缩流体在圆管内做稳定等温流动现象的模型为例,阐述上述条件如何实现。

为实现第一个条件,则流体在模型中也必须做稳定等温流动。

为实现第二个条件,则模型和原型的雷诺准则和傅鲁德准则必须相等。

为实现雷诺准则相等,则模型尺寸与模型中流体流动速度应服从关系式(2-33),即

$$C_v = \frac{C_\eta}{C_\rho C_l}$$

若模型采用与原型同样性质的介质,即 $\eta'' = \eta', \rho'' = \rho'$,于是 $C_\eta = 1, C_\rho = 1$,则上式变为

$$C_v = \frac{1}{C_l} \tag{2-63}$$

这就是说,在所述条件下,为实现模型和原型的雷诺准则相等,当模型尺寸为原型的 C_l 倍时,则在模型中流体的速度就应为原型的 $\frac{1}{C_l}$ 倍。

为保证傅鲁德准则相等,则模型尺寸与模型中流体流动速度应服从关系式(2-31),即

$$C_v = \sqrt{C_g C_l} = \sqrt{C_l} \quad (因 C_g = 1) \tag{2-64}$$

这就是说,在所述条件下,为实现模型和原型的傅鲁德准则相等,当模型尺寸为原型的 C_l 倍时,则在模型中流体的流速为原型的 $C_l^{\frac{1}{2}}$ 倍。

显然,当模型采用与原型相同性质的流体时,式(2-63)和式(2-64)的要求无法同时满足。因此,模型和原型不能采用相同性质的流体。因为流体的运动黏度 $\gamma = \frac{\eta}{\rho}$,则 $C_\gamma = \frac{C_\eta}{C_\rho}$。把它代入式(2-33)可得

$$C_v = \frac{C_\gamma}{C_l} \tag{2-65}$$

由式(2-64)和式(2-65)可得

$$C_\gamma = C_l^{\frac{3}{2}}$$

这就是说,为实现模型和原型的雷诺和傅鲁德准则相等,则模型应满足下列两个条件:当模型尺寸为原型的 C_l 倍时,模型中流体的流速应为原型的 $C_l^{\frac{1}{2}}$ 倍;模型中流体的运动黏度应为原型的 $C_l^{\frac{3}{2}}$ 倍。

为实现第三个条件,应取模型的圆管直径和长度为原型的 C_l 倍。边界条件相似包括入口

和出口以及管壁流体流速相似。试验表明，黏性流体在管道中流动时，不管入口处速度分布如何，流经一定距离后，速度分布皆趋于一致。因此，入口和出口处的速度相似一般无须专门保证，而只要保证入口和出口的几何相似即可。由于模型和原型的壁面处的流体的流速皆为零，故壁面处的流速相似自然得到保证。

因为是稳定流动，所以不可计初始条件相似这一条件。

2.5.2 近似模型和畸变模型理论

实际上，由于客观现象一般均较复杂，现象的定性准则相应的有好几个，所以，在设计模型时，要完全满足相似第二定理所规定的条件往往是很困难的，甚至是无法实现的。随着定性准则数量的增加，模型的实现就越困难。例如上述的例子，要实现模型中流体的运动黏度为原型的 $C_l^{\frac{3}{2}}$ 倍是较困难的。通常把完全满足相似第二定理的模型称为真实模型，把不能完全满足相似第二定理的模型称为近似模型。

在实际工作中，经常需采用近似模型。根据实践检验，在某些场合下，下述设计近似模型的方法是比较可行的：即根据所研究现象的具体情况，分析哪些条件是次要的，不起决定性作用的，于是可以忽略不计或近似的加以保证，从而使模型易于实现又不至于引起较大的偏差。

例如，对于黏性流体做强迫流动的现象，起主要作用的是黏滞力，因此，反映黏滞力作用的雷诺准则 R_e 是主要的，在设计模型时，R_e 值应保证与原型相等。而重力的影响很小，所以反映重力作用的傅鲁德准则 F_r 可以忽略。这样，描述黏性流体强迫流动现象的准则关系是可近似的表述为

$$E_u = f(R_e)$$

在风洞试验设施中，利用汽车模型进行汽车空气动力学研究时，就是根据上述方法近似方法进行的，详见后文介绍。

对于黏性流体自由流动的现象，起主要作用的是重力，因此反映重力作用的傅鲁德准则是主要的，在设计模型时，F_r 值应保证与原型相等，而雷诺准则可不予考虑。这样，描述黏性流体自由流动现象的准则关系式可近似表述为

$$E_u = f(F_r)$$

显然，上述近似模型设计方法有很大的局限性，某些研究工作者为寻求普通性解决办法，提出了畸变模型理论。相对于原型来说，定性准则数值有畸变的模型称为畸变模型。畸变模型理论的基本思想是：既然描述现象是准则关系式可表述为式(2-16)所示的形式，因此，如用畸变系数来表示模型的各定性准则相对于原型的畸变程度，然后通过理论分析或试验的方法一定能求得一个推导系数，用它对畸变模型试验求得的各非定性准则值进行修正，以使其适用于原型。假定，描述某现象的准则关系式为

$$\Pi_1 = A\Pi_2^p \Pi_3^q \Pi_4^r \tag{2-66}$$

式中，Π_1 为非定性准则；Π_2、Π_3、Π_4 为定性准则；A、p、q、r 为某一常数。

如在设计模型时，只满足了 Π_4 相等，而 Π_3 和 Π_2 不相等，即有畸变。上述畸变程度可引用畸变系数 β_i 来描述，即

$$\Pi_{2m} = \beta_2 \Pi_2, \Pi_{3m} = \beta_3 \Pi_3, \Pi_{4m} = \beta_4 \Pi_4$$

式中，带有下标"m"的表示畸变模型的相似准则，不带下标"m"的表示原型的相似准则。根据准则关系式(2-66)就可求得畸变系数与推导系数的关系式

$$\delta_1 = \frac{\Pi_1}{\Pi_{1m}} = \frac{A\Pi_2^p \Pi_3^q \Pi_4^r}{A(\beta_2\Pi_2)^p (\beta_3\Pi_3)^q \Pi_4^r} = \beta_2^{-p}\beta_3^{-q} \tag{2-67}$$

式中，δ_1 为 Π_1 的推导系数。

这样，当按 Π_{2m}、Π_{3m} 和 Π_4 进行模型试验求得 Π_{1m} 后，就可由式(2-67)求得原型的 Π_1 为

$$\Pi_1 = \delta_1 \Pi_{1m}$$

进而就可以确定描述原型的准则关系式

$$\delta_1 \Pi_{1m} = A\Pi_2^p \Pi_3^q \Pi_4^r$$

上述畸变模型理论为畸变模型的应用提供了理论基础。但是，由于在实际工作中，描述显现的准则关系式事先往往是不知道的。因此，应用上述理论来解决实际问题有时还是较困难的，不少研究工作者继续在进行探索，以完善这一理论。

2.6 相似理论应用举例

2.6.1 汽车模拟风洞试验

汽车模拟风洞试验是进行汽车空气动力学研究的重要方法。在能模拟空气流的风洞设施（一种直流式风洞的结构示意图如图 2.6 所示）中利用汽车模拟作试验，被有效地用于改善汽车的空气动力性。本节着重介绍汽车模拟风洞试验的原理。

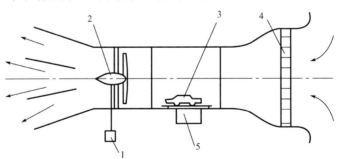

图 2.6 直流式风洞结构示意图

1—动力装置；2—轴流式鼓风机；3—汽车模型；4—蜂窝器；5—测量装置

汽车模拟风洞是以相似理论为依据的。在试验时，以不动的汽车模型经受作强迫流动的空气作用来模拟汽车在道路上行驶时所受到的空气流的作用。如 2.5 节所述，在这种情况下，根据相似第二定理，当模型与原型成几何相似、雷诺准则相等以及实现边界条件相似时，则汽车模型在风洞中所受到的空气流的作用将类似于汽车在道路上行驶时所受到的空气流的作用。这样，按相似理论整理的风洞试验数据将适用于汽车的实际使用情况。

实现雷诺准则的数值相等是由风洞设施来保证的。如图 2.6 所示的风洞，由动力装置 1 驱动的轴流式鼓风机 2 用来产生沿箭头方向的空气流，空气流的速度靠改变鼓风机的转速来

实现。风洞的前部做成逐渐收缩状构成一个收缩段,因此,气流被平稳的加速后流向试验段。蜂窝器 4 的作用是减小气流的紊流,使流向收缩段的空气流均匀。在试验段中放置试验用的汽车模型 3,并设有相应的测量装置 5,此处空气流的流速应根据雷诺准则数值相等这一条件来选取。具体地说为使汽车模型风洞试验的雷诺准则与汽车在道路上行驶时相同,即

$$\frac{\rho' v' l'}{\eta'} = \frac{\rho'' v'' l''}{\eta''}$$

式中,标有上标"'"的表示汽车原型使用中的参量,标有"""的表示汽车模型试验中的参量。

由于风洞中的气压式是标准的大气压,空气流的性质与大气中相同,所以 $\eta' = \eta''$,$\rho' = \rho''$。这样,当汽车模型较汽车原型缩小某一倍数时,则风洞中的气流流速就应比汽车的行驶速度大同样的倍数。国外汽车模型多采用 1:4、1:5、1:10 等几种比例。汽车模型设计得大一些,同样风速下模拟的车速高一些,模拟试验的准确度也将高一些。

汽车在道路上行驶时,除其轮子与地面接触外,其余部分均在大气中。在汽车模拟风洞中,上述边界条件只能做到近似的相似。在风洞中,气流被风洞的四壁所包围,洞壁的存在使空气绕流模型的状态产生畸变,在大多数情况下,由此会产生附加的作用力,而使试验的准确度降低。为保证试验有足够的准确度,汽车模型的迎面面积不应大于风洞试验段截面积的 10%。另外,汽车在道路上行驶时,空气相对于地面是静止的,因此在路面上不存在附加面层。而在风洞试验中,如把汽车模型放在支承板上,因空气相对于支承面有运动,因而会产生附面层,车轮就会部分地沉没在附面层中。目前尚无一种切实可行的实现边界条件相似的方法。一种较简单并具有足够近似程度的方法是使汽车模型离开支承板适当的距离,这是目前较多采用的方法。风洞的洞体由钢筋混凝土或钢板制成,小型风洞也有用木板制成的,其内表面要仔细地涂腻子和上漆。汽车模型一般用质量好的木材制成。

现在以测定汽车的空气阻力系数来说明上述试验原理。由空气动力学得知,汽车所受的空气阻力可用下式表示

$$P_\omega = C \rho A v^2$$

式中,C ——汽车流线型系数;
ρ ——空气密度;
A ——汽车的迎风面积;
v ——汽车与空气的相对速度。

地面上空气密度 ρ 变化甚小,可视为常数,因此对某一具体的汽车来说,$C\rho$ 也可视为一个常数,用 C_D 表示,称为空气阻力系数。汽车的空气阻力系数可以用汽车模型由风洞试验测得。在做风洞试验时,利用风洞设施中的测力装置测得模型在气流速度为 v'' 时的空气阻力 P''_ω 后,就可用上式算出流线型系数 C。由于 C 是一个无因次量,所以对模型和原型其数值相等。因为 $\rho'' = \rho'$,所以,汽车模型在气流速度为 v'' 时的空气阻力系数 C''_D,也就是汽车原型在行驶速度为 $C_l v''$(C_l 为汽车模型的相似倍数)时的空气阻力系数。为设计空气阻力小的车身,有人曾利用图 2.7 所示的

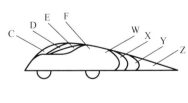

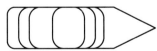

图 2.7 积木式汽车模型

积木式模型进行风洞试验。图中的字母表示各种形状的积木模型。如将模型的头部和尾部采用不同的组合后进行风洞试验，就可测得各种形状的车身在相应的行驶速度下的空气阻力系数（表 2-4）。

表 2-4 空气阻力系数

模型后部形状	模型前部形状			
	F	E	D	C
W	0.02160	0.01950	0.0185	0.01860
X	0.02145	0.01610	0.0141	0.0147
Y	0.02010	0.01560	0.0131	0.01225
Z	0.01500	0.01075	0.0075	0.00780

用汽车模型风洞试验技术可以缩短汽车改型和新设计车型的周期并能节省大量的费用。但值得指出的是，制作与实物准确相似的模型是困难的，而且在模型上模拟车身内部和发动机内部的气流和压力分布也是不可能完全做到；其次，准确地实现空气流的动力相似也是不可能的。因此，模型试验结果总会有误差，这种误差有时甚至可以达到 40%。通常，模型风洞试验数据必须由实测的经验数据进行修正后才能应用于原型。要想取得较准确的试验数据，最好用原型进行风洞试验。目前供汽车原型试验用的各种风洞（又称整车风洞）获得越来越多的应用。

2.6.2 轮胎牵引性能的研究

轮式车辆的牵引性能主要取决于轮胎与土壤（或路面）的相互作用。影响轮胎与土壤相互作用的因素很多，例如，在研究轮胎所能发挥的牵引力和其下陷量时，1965 年 FREITAG 提出由表 2-5 所列的参量对它们有影响。要用理论分析法去探求牵引力、下陷量与这些量之间的函数关系是非常困难的，人们普遍地借助于相似理论和因次分析法，并采用模型试验研究方法。

表 2-5

参 量		符 号	因次（力系统）	参 量		符 号	因次（力系统）
表征轮胎的参量	直径	d	$[L]$	表征轮胎–土壤系统的参量	载荷	W	$[F]$
	断面宽	b	$[L]$		速度	v	$[LT^{-1}]$
	断面高	H	$[L]$		打滑率	δ	$[1]$
	径向变形	h	$[L]$		轮胎土壤摩擦系数	μ	$[1]$
表征土壤特性的参数	内摩擦角	ϕ	$[1]$		重力加速度	g	$[LT^{-2}]$
	内聚力	c	$[FL^{-2}]$	因变量	牵引力	P	$[P]$
	比重	γ	$[FL^{-3}]$		下陷量	Z	$[L]$
	取决于应变率的抗剪切强度	β	$[FL^{-2}T]$				

由表 2-5 可知，表征现象的诸参量中因次独立的参量的数目为 3，参量总数为 15 个，所以独立的相似准则的完整集合根据式（2-60），只能包括 12 个相似准则。根据相似准则的无因

次属性和典型相似准则形式的知识，可直接确定出下列相似准则：

$$\Pi_1(S_1)=\frac{P}{W}, \Pi_2(S_2)=\frac{Z}{d}, \Pi_3(S_3)=\frac{b}{d}$$

$$\Pi_4(S_4)=\frac{H}{d}, \Pi_5(S_5)=\frac{h}{H}, \Pi_6(S_6)=F_r=\frac{gd}{v^2}$$

如在模型试验时，取 μ、ϕ、δ 与原型的相同，则可把 μ、ϕ、δ 当作相似准则。因此，尚需确定余下的 3 个。现选定因次相互独立 W、d 和 v 为基本量，列出内聚力 c、比重 γ 和抗剪切强度 β 的因次公式：

$$\left.\begin{array}{l}[c]=[W]^{x_1}[d]^{y_1}[v]^{z_1}\\ [\gamma]=[W]^{x_2}[d]^{y_2}[v]^{z_2}\\ [\beta]=[W]^{x_3}[d]^{y_3}[v]^{z_3}\end{array}\right\} \quad (2\text{-}68)$$

根据式 (2-68) 列出相应的因次关系式。对于内聚力有

$$[FL^{-2}]=[F]^{x_1}[L]^{y_1}[LT^{-1}]^{z_1}$$

对于比重有

$$[FL^{-3}]=[F]^{x_2}[L]^{y_2}[LT^{-1}]^{z_2}$$

对于抗剪切强度有

$$[FL^{-2}T]=[F]^{x_3}[L]^{y_3}[LT^{-1}]^{z_3}$$

比较上述三式的相同因次的指数，可求得下列三个方程式组：

$$\begin{cases}x_1=1\\ y_1+z_1=-2\\ -z_1=0\end{cases} \quad \begin{cases}x_2=1\\ y_2+z_2=-3\\ -z_2=0\end{cases} \quad \begin{cases}x_3=1\\ y_3+z_3=-2\\ -z_3=1\end{cases}$$

解上述三个方程式组可得相应的三组解：

$$\begin{cases}x_1=1\\ y_1=-2\\ z_1=0\end{cases} \quad \begin{cases}x_2=1\\ y_2=-3\\ z_2=0\end{cases} \quad \begin{cases}x_3=1\\ y_3=-1\\ z_3=-1\end{cases}$$

把上述三组解代入式 (2-68)，即可求得余下的 3 个相似准则：

$$\Pi_{10}=\frac{cd^2}{W}, \quad \Pi_{11}=\frac{\gamma d^3}{W}, \quad \Pi_{12}=\frac{\beta vd}{W}$$

在上述 12 个相似准则中，$\frac{P}{W}$ 和 $\frac{Z}{d}$ 为非定性准则，这样描述牵引力和下陷量的准则关系可表达为

$$\frac{P}{W}, \frac{Z}{d}=f\left(\mu,\phi,\delta,\frac{b}{d},\frac{H}{d},\frac{h}{H},\frac{gd}{v^2},\frac{cd^2}{W},\frac{\gamma d^3}{W},\frac{\beta vd}{W}\right)$$

上述准则关系式中，有 10 个定性准则，按相似第二定理的要求，在设计模型时，必须使这 10 个相似准则的数值与原型的相等，这一点实际上是办不到的。现按下列假设来组织模型试验。

(1) 只分析研究两种极端情况，一种为"纯黏土"的土壤条件，即 $\phi = 0$；另一种为"纯砂土"的土壤条件，即 $c = 0$。在纯黏土条件下，以平均圆锥指数 c_1 来综合表征黏土土壤的性能；在纯砂土条件下用圆锥指数梯度 G 来表征比重 γ，并保持 ϕ 为常数。

(2) 试验在同一速度和滑转率下进行。在试验速度范围内，F_r 影响很小，忽略不计 F_r 准则。

(3) 试验用轮胎的 H 和 b 近似相等。

基于这些假定，准则关系式就可被简化成如下形式。

在黏土条件下

$$\frac{P}{W}, \frac{Z}{d} = f\left(\frac{c_1 d^2}{W}, \frac{h}{H}, \frac{b}{d}\right)$$

在砂土条件下

$$\frac{P}{W}, \frac{Z}{d} = f\left(\frac{G d^3}{W}, \frac{h}{H}, \frac{b}{d}\right)$$

这样，如模型试验所用的土壤性能取与原型相同，且模型与原型的线性尺寸的相似倍数取为 C_l，则在黏土条件下模型试验时，根据

$$\frac{c_1 d^2}{W} = \frac{c_{1m} d_m^2}{W_m}$$

载荷比(即载荷的相似倍数) C_W 应满足

$$C_W = \frac{W_m}{W} = \left(\frac{d_m}{d}\right)^2 = C_l^2$$

式中，标有脚注的为模型的参量。同理，在砂土条件下，载荷比应满足

$$C_W = \frac{W_m}{W} = \left(\frac{d_m}{d}\right)^3 = C_l^3$$

作为例子，图 2.8 表示了尺寸为 9.00—14 轮胎(可看作原型)与 4.00—7 轮胎(近似地作为 $C_l = \frac{1}{2}$ 的模型)在上述几项假定情况下，在黏土中的试验结果。由图中曲线可见，模型和原型的试验结果是相吻合的。这也说明上述假设是可行的。根据图示的曲线形状和模型试验数据就可导出在黏土条件下 $\frac{P}{W}$、$\frac{Z}{d}$ 与 $\frac{c_1 d^2}{W}$ 的关系式，以供设计轮胎车辆行走系参考用。

相似理论和因次分析方法还可用来指导组织实物试验和整理试验结果，在很多场合中，由此能方便地得到有价值的结论。

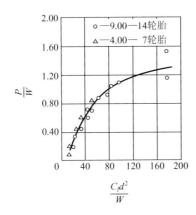
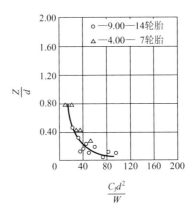

图 2.8 轮胎在黏土中的试验曲线
$$\frac{h}{H} = 0.35 \qquad \delta = 20\%$$

2.6.3 轮式越野车辆的轮胎选择和性能预测

轮胎的尺寸、形状和结构对车辆的使用性能有重要的影响，为给轮式越野车辆设计时，选择轮胎和预测性能提供依据，美国水道试验站（WES）运用相似理论有关概念组织进行了室内外试验，并得出了很有实用价值的结论。他们根据相似理论和因次分析法，确定如下的描述轮胎-土壤系统的准则关系式。

在型砂中是

$$\frac{P_f}{W}, \frac{P}{W}, \frac{Z}{d} = f\left(\frac{Gd^3}{W}, \frac{b}{d}, \frac{h}{H}\right) \tag{2-69}$$

在黏土中是

$$\frac{P_f}{W}, \frac{P}{W}, \frac{Z}{d} = f\left(\frac{cd^2}{W}, \frac{b}{d}, \frac{h}{H}\right) \tag{2-70}$$

式中，P_f ——轮胎的运动阻力，N；

P ——轮胎产生的牵引力，N；

W ——轮胎的载荷，N；

Z ——轮胎的下陷量，cm；

d ——轮胎的名义直径，cm；

b ——无负荷时轮胎的横断面宽度，cm；

h ——轮胎的径向变形量，cm；

H ——轮胎的断面高度，cm；

c ——土壤的内聚力，用土壤的圆锥指数来表示。土壤的圆锥指数定义为：用圆锥角为 30°、锥底面积为 3.23cm² 的圆锥形压头，以 3.05cm/s 的速度垂直穿透土壤时、压头上每单位底面积所需施加的力，kN/m²；

G ——土壤圆锥指数梯度（MN/m³）；对于基本上呈摩擦性的土壤，G 是由随深度而变化的圆锥指数曲线的斜率在整个测量深度上的平均值来表示，测量深度为 15cm。

$\dfrac{P_f}{W}, \dfrac{P}{W}, \dfrac{Z}{d}$ ——分别称为运动阻力系数、牵引力系数和下陷量系数，统称为轮胎性能系数。

为探求上述准则关系式的具体形式，该试验室用 10 种形状、尺寸和结构各不相同的轮胎在室内土槽中进行了单轮胎试验。试验是在下述情况下进行的：

（1）在两种土壤中进行试验：一种是近于饱和的、高塑性的、基本上完全呈黏性的黏土；另一种是在空气中自燃干燥的，基本上完全呈摩擦性的砂土。

（2）P_f、P 和 Z 是在滑转率为 20%时，即接近最大牵引力情况下测定的。

对试验所得数据进行分析后发现：在黏土中，$\dfrac{P_f}{W}, \dfrac{P}{W}, \dfrac{Z}{d}$ 与相似准则

$$\varPi_1 = \dfrac{cbd}{W}\left(\dfrac{h}{H}\right)^{\frac{1}{2}}\dfrac{1}{1+\dfrac{b}{2d}}$$

存在非常确定的关系，如图 2.9 所示。图中实线是圆滑化后的曲线，两旁虚线所示范围，是指有 68%的试验数据落在这一范围内。该试验室称 $\varPi_1$ 为黏土中的轮胎性能的基本预测参数。

相似准则 $\varPi_1$ 实际上是根据 2.4 节所述的相似准则转换法则，由式（2-70）中 $\dfrac{cd^2}{W}$、$\dfrac{b}{d}$、$\dfrac{h}{H}$ 三个定性准则经下式

$$\varPi_1 = \dfrac{cd^2}{W}\dfrac{b}{d}\left(\dfrac{h}{H}\right)^{\frac{1}{2}}\dfrac{1}{1+\dfrac{b}{2d}}$$

转换而得。而在砂土中，$\dfrac{P_f}{W}, \dfrac{P}{W}, \dfrac{Z}{d}$ 与相似准则

$$\varPi_2 = \dfrac{G(bd)^{\frac{3}{2}}}{W}\dfrac{h}{H}$$

存在非常确定的关系，$\varPi_2$ 称为砂土中的轮胎性能的基本预测参数。同样，相似准则是由式（2-69）中 $\dfrac{cd^3}{W}$、$\dfrac{b}{d}$、$\dfrac{h}{H}$ 三个定性准则经下式

$$\varPi_2 = \dfrac{Gd^3}{W}\dfrac{h}{H}\left(\dfrac{b}{d}\right)^{\frac{3}{2}}$$

转换而得。

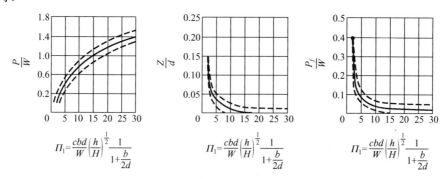

图 2.9　黏土中轮胎性能参数与基本预测参数的关系

实际车辆在室外实地试验结果，十分近似地再现了上述规律性。例如，实际车辆在野外湿的细粒状土壤（相当于黏土）中的试验结果如图 2.10 所示。在对应的基本预测参数值时，图 2.10 中的 $\frac{P}{W}$ 值比图 2.9 中的小，而 $\frac{P_f}{W}$ 值则相反。这是由于：

（1）试验车辆各个车轮的滑转率各异，不能都为 20%。
（2）作用在轮胎上的载荷抖动使性能下降。

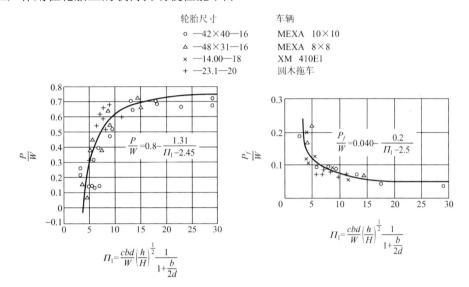

图 2.10 轮式车辆在野外湿的细粒状土壤中行驶时，轮胎性能参数与基本预测参数的关系

当用额定圆锥指数 RCI 替代圆锥指数 C 后，图 2.10 上的数据分散现象就有改善，如图 2.11 所示。

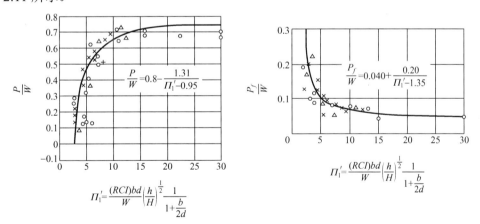

图 2.11 轮式车辆在野外湿的细粒状土壤中行驶时，轮胎性能参数与 $\varPi_1' = \frac{(RCI)bd}{W}\left(\frac{h}{H}\right)^{\frac{1}{2}}\frac{1}{1+\frac{b}{2d}}$ 的关系

根据实际车辆在室外实地测得的试验数据，该室提出如下经验公式。在接近最大牵引力情况下，对于湿的细粒状的黏土条件

$$\frac{P}{W} = 0.8 - \frac{1.31}{\Pi_1' - 0.95}$$

$$\frac{P_f}{W} = 0.040 + \frac{0.20}{\Pi_1' - 1.35}$$

式中

$$\Pi_1' = \frac{(RCI)bd}{W}\left(\frac{h}{H}\right)^{\frac{1}{2}}\frac{1}{1+\frac{b}{2d}}$$

对于砂土的条件

$$\frac{P}{W} = \frac{\Pi_2 - 5.50}{1.92\Pi_2 + 37.20}$$

上述经验公式有重要的实用价值，可用来分析轮胎几何参数和变形量对车辆牵引力的影响，也可用来估计车轮在砂土和黏土中的工作性能，以及根据设计要求来合理地选择轮胎等。

2.6.4 探求综合表征履带式车辆在各种土壤条件下的牵引特性的方法

众所周知，履带式车辆(以及一切牵引力用车辆)的牵引特性取决于履带式车辆的一些结构参数、土壤条件和工作模式(包括所用的排挡和发动机载荷系数等)等因素。按通常办法处理牵引试验数据，并由此得到一些牵引性能指标，只能表征在做试验的土壤条件下履带式车辆的牵引性能。因此，我们应把履带式车辆的牵引特性看成是履带式车辆-土壤系统的特性。但是，履带式车辆在实际使用中，将会遇到各种各样的土壤条件，所以，研究一种能综合表征履带式车辆在多种土壤条件下的牵引特性的方法是有一定实用意义的。如果我们研究的履带式车辆—土壤系统是相似的系统，则就可应用相似理论来解决上述问题。下面介绍一种由某些研究工作者提出的，综合表征某型号履带式车辆在各种土壤条件下的牵引力和对应的实际速度的方法。

某些研究工作者提出，旱地土壤的物理机械性能可用下列两个参数来表示：

(1) 表示土壤抗静载挤压性能的参数 p_0，N/m^2；

(2) 表示土壤抗动载挤压性能(即与应变速率有关的土壤抗挤压性能)的参数 μ，N·s/m^2；并设计了相应的测量仪器和规定了计算公式。某些土壤的 p_0 和 μ 实测值见表 2-6。

表 2-6 六种土壤的 p_0 和 μ 值

土地类型	$p_0(\times 10^4)$	μ
麦茬地	215.6	1274
霜降后的麦茬地	186.2	1078
向日葵茬子地	107.8	450.8
耙后地	137.2	872.2
已耕地	55.86	73.5
豌豆燕麦混茬地	84.28	294

该履带式车辆的牵引力是一系列参量的函数，可表示为

$$P_T = f(G_s, a, P_q, L_0, L, t, A, b, p_0, \mu, v, h_T) \tag{2-71}$$

式中，G_s——履带式车辆使用重量，N；

a——履带式车辆重心纵向坐标，m；

P_q——履带式车辆驱动力，N；

L_0——履带接地长度，m；

L——两边缘支重轮的中心距，m；

t——履带节距，m；

A —— 履刺高度，m；
b —— 履带宽度，m；
v —— 履带式车辆行驶速度，m/s。
h_r —— 牵引点高度，m。

运用因次分析法把式(2-71)转换成准则关系式。为此，选 p_0、b 和 v 为基本量。对于确定的履带式车辆来说，a, L_0, L, t, A, h_T 等是不变量。在这样情况下，独立的相似准则只能有四个。可根据 2.3 节所述方法求得相似准则，进而式(2-71)可转换成如下准则关系式

$$F\left(\frac{P_T}{p_0 b^2}, \frac{P_q}{p_0 b^2}, \frac{\mu v}{p_0 b}, \frac{G_s}{P_q}\right) = 0 \tag{2-72}$$

对于确定的履带式车辆，当工况一定时，相似准则 $\frac{G_s}{P_q}$ 是一个固定值，可由计算而得。

进而可以通过试验来建立其余三个相似准则之间的关系。对于该型号履带式车辆，根据其使用条件，选择具有代表性的六种土壤条件(这六种土壤的 p_0 和 μ 值，如表 2-6 所示)，在每种土壤条件下进行牵引试验，测得 P_T 和对应的 v 值，即可求得上述三个相似准则的值。作为例子，就可用图 2.12 的形式表示这三个相似准则之间的关系。图中曲线上各点虽是由个别试验得到的，但由于这是相似准则关系曲线，所以它将适用于整个相似现象群，即它将适用于各种土壤条件下该履带式车辆-土壤相似系统。因此，图 2.12 就综合地反映了该履带式车辆在各种土壤条件下的牵引和对应的实际速度。例如，我们想知道该履带式车辆在某种工况和某种土壤条件下(该土壤的 p_0 和 μ 值不应超出上述六种土壤所确定的范围)能发挥多大的牵引力 P_T 和对应的实际行驶速度 v，就可用相应的仪器测定该土壤的 p_0 和 μ 值后，并根据工况先算出 P_q，然后计算出相似准则值 $\frac{P_q}{p_0 b^2}$，进而根据图 2.12 中相应的关系曲线，找出对应的相似准则 $\frac{P_T}{p_0 b^2}$ 和 $\frac{\mu v}{p_0 b}$ 的数值(图中带箭头的虚线表示了所述的步骤)，最后就可求得 P_T 和 v，而不需再去实地做牵引试验。这样，有利于节省人力和物力。

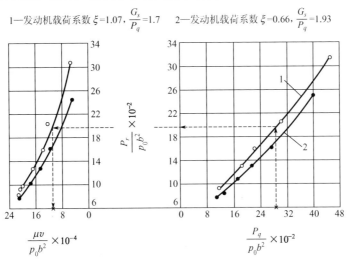

图 2.12 某型号履带式车辆 I 挡基本牵引特性图

2.6.5 汽车列车横向摆振试验研究

1) 试验系统

图 2.13 所示为模拟试验系统的原理示意图。模拟试验台的活动路面由一条特制的无接头环形橡胶带来模拟，环形带表面进行了特殊喷涂处理，以适应不同路面的特性。传动带由三相交流电动机驱动，为了防止活动路面因承受挂车模型的重力而下垂，在活动路面下设有若干支承轴。支承轴可沿机架上的滑轨移动，使之置于模型挂车后轮的下方。张紧装置可保证活动路面有适当的张紧度。试验台基架用槽钢焊成，由四个可调支座支承，调节各个支座的升降螺杆，可改变活动路面的纵向和横向坡度。

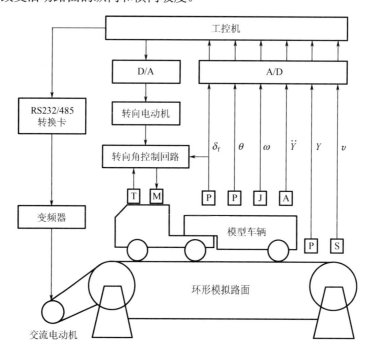

A：加速度传感器 P：电位计 S：速度传感器 J：角速度传感器
M：转向电机 T：转向测速电机 v：车速 Y：横摆位移
$\ddot{Y}$：横摆加速度 ω：横摆角速度 θ：牵引车与挂车夹角 δ_f：转向角

图 2.13　模拟试验系统示意图

借助变频器改变电动机的输入频率，使其模拟的汽车列车运动状态发生变化，改变拖动系统中环形带的速度来模拟汽车列车的起步、加速、减速、匀速、制动等工况。模型车辆的结构框图如图 2.14 所示。工控机作为人机交互系统，为上位机，台达 VFD-M 型变频器为下位机。系统采用主从应答方式，利用 RS-485 串行口进行双向数据、命令、状态等信息的传输。试验采用一维调速循环式牵引方案，通过环形橡胶带的拖动来模拟汽车列车的各种工况。

由于外廓尺寸和重力等参数的约束，在设计模型车辆时整体方案要考虑机械传动系统与控制系统的布局合理性。考虑到直流电动机的输出特性并综合多种因素，转向机构采用齿轮传动并以直流电动机作为动力，由两对直齿圆柱齿轮将动力以开环形式传递给转向和行走机构。速度与方向由工控机发出指令到无线遥控系统进行控制。

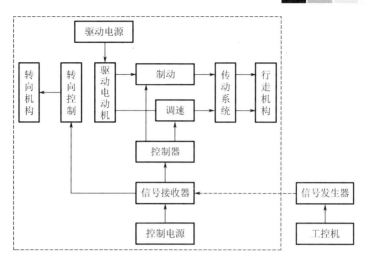

图 2.14 模型车辆结构框图

2）相似准则

（1）量纲分析

在采用 RayLeigh 法对模型车进行相似理论分析时，选取的有关参数，见表 2-7。

表 2-7 与列车摆振有关的参数

参数名称	质量	时间	长度	力	转动惯量	速度	加速度	变频频率	偏出角	侧偏刚度
原型	m	t	L	F	J	v	$\dot{v}$	f	δ	k
模型	m'	t'	L'	F'	J'	v'	$\dot{v}'$	f'	δ'	k'

选定基本量纲系为 m、L、t，列写量纲分析矩阵，见表 2-8。

表 2-8 量纲分析矩阵表

	α_1	α_2	α_3	α_4	α_5	α_6	α_7
	F	J	v	$\dot{v}$	f	δ	k
m	1	1	0	0	0	0	1
L	1	2	1	1	0	0	1
t	−2	0	−1	−2	−1	0	−2

一般运动方程为

$$f(F, J, v, \dot{v}, f, \delta, m, L, t) = 0 \tag{2-73}$$

根据因次和谐条件，可列出各指数 α 之间的关系方程为

$$\begin{cases} \alpha_1 + \alpha_2 + \alpha_7 = 0 \\ \alpha_1 + 2\alpha_2 + \alpha_3 + \alpha_4 + \alpha_7 = 0 \\ -\alpha_1 - \alpha_3 - 2\alpha_4 - \alpha_5 - 2\alpha_7 = 0 \end{cases} \tag{2-74}$$

先后取 $(\alpha_1, \alpha_2, \alpha_3)$ 为 $(1,0,0)$、$(0,1,0)$ 和 $(0,0,1)$，就可确定 $(\alpha_4, \alpha_5, \alpha_6, \alpha_7)$，并排成 π 矩阵形式（表 2-9）。

表2-9 π矩阵列表

	α_1	α_2	α_3	α_4	α_5	α_6	α_7
	F	J	v	$\dot{v}$	f	δ	k
π_1	1	0	0	0	0	0	−1
π_2	0	1	0	−1	4	0	−1
π_3	0	0	1	−1	1	0	0

图2.15 半挂车模型

由π矩阵列表，可导出有关相似准则分别为

$$\pi_1=\frac{F}{k}, \quad \pi_2=\frac{Jf^4}{\dot{v}k}, \quad \pi_3=\frac{vf}{\dot{v}}$$

综合考虑模型试验条件、试验精度及模型制作等方面的要求，采用图2.15所示的满足上述相似准则的汽车列车的挂车模型。模型车数据见表2-10。

表2-10 模型车数据

列车质量/kg	转动惯量/kg·m²	长×宽×高/m×m×m	轮距/m	后悬/m	轮胎外径/mm
4.52	0.143	0.68×0.15×0.17	0.12	0.13	58.5

(2) 轮胎模型的相似准则

由于橡胶的应力-应变关系十分复杂，故试验中采用与原型相同的橡胶材料。轮胎中支配现象相似的基本法则有橡胶应力、帘线应力和胎压产生的力。轮胎帘线用的纤维，是将单纤维拟合成束后再拟合而成，因其结构复杂，在相似模型中使其完全相似非常困难。因此，试验中采用与原型相同的帘线，相应地减少帘线的根数。按相似理论确定相似法则并将其适度放宽，则可得到模型帘线的根数计算公式为

$$\frac{F_{sc}}{F'_{sc}}=\frac{F_s}{F'_s} \tag{2-75}$$

式中，F_{sc}——帘线应力产生的力，$F_{sc}=\sigma_c n\frac{\pi}{4}d^2$，$F'_{sc}=\sigma'_c n'\frac{\pi}{4}d'^2$；

F_s——橡胶应力产生的力，$F_s=\sigma l^2$，$F'_s=\sigma' l'^2$；

σ_c——帘线应力；

n——帘线的根数；

d——帘线的直径。

因模型与原型的材料相同，故$\sigma=\sigma'$；又因模型与原型的帘线相同，所以$d=d'$，$\sigma_c=\sigma'_c$。由此可得

$$\frac{n}{n'}=\left[\frac{l}{l'}\right]^2$$

轮胎的动力学特性对车辆的动力学特性起着至关重要的作用。以9.0—20轮胎为原型，根据相似原理并结合试验，设计制作了图2.16所示的空心橡胶轮胎。

图2.16 相似轮胎模型

3) 试验分析

(1) 速度变化的影响分析

一组模型试验仿真结果与数字仿真分析结果的对比如图 2.17 所示。

图 2.17(a) 表明汽车列车在低速条件下的横向摆振是一个正弦渐衰减过程。保持在某恒定车速直线行驶，在开始阶段列车摆动的振幅较大，随着时间的推移，挂车摆振逐渐趋于平稳，是一种稳定工况；随着车速的提高，横向摆动振幅衰渐率减小且周期变短[图 2.17(b)]。在计算机仿真中进一步提高车速，可看到摆振将演化为等幅振荡。从表象上来看，汽车列车运动状态似乎稳定，但在实际工况下由于不确定外界因素的扰动，等幅摆动工况极易转化为振幅增益的不稳定工况，故是一种极度危险的工况。正常的轻微蛇行运动是允许存在的，但当车辆运行速度达到或超过临界车速时，蛇行运动将进入失稳状态，左右横摆振幅将越来越大且不可逆转恢复。

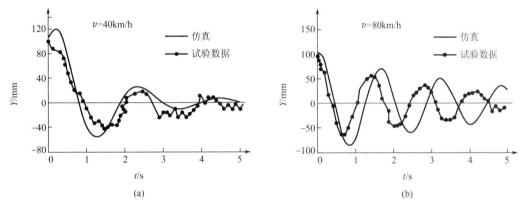

图 2.17 横摆位移随时间变化曲线

理论上，摆振失稳现象是当实际车速高于理论临界车速时才会出现。国际上通常以挂车振幅的衰减比作为失稳判据。在汽车列车横向摆振的模型试验中还发现，如果道路和速度条件仍然具备，摆振就能够在相当长的距离内持续，既不无限扩展也不轻易衰减，而且具有相当稳定的振荡频率特征。有时，在初扰动产生的两段曲线运动之间所夹的直线上也会出现横向摆振。

(2) 频率特性分析

为了分析半挂车横向摆振的频率特性及频率范围，对升速过程的横摆响应信号做快速傅里叶变换(FFT)分析得到图 2.18，图中纵坐标为功率谱密度 Φ。

由图 2.18 可见，半挂汽车列车直线行驶横向摆振属于低频范围内的振动。随着车速增加，横向摆振的频率有所增大。但从总体上来说，摆振频率低于 0.5Hz。横摆运动时的频率并不是固定的，实际上不同速度下的蛇行周期运动的频率并不是定值，而是随着运动速度的提高，蛇行周期运动的频率也加快。这与动力学理论分析是一致的。

(3) 半挂车轴距的影响分析

由试验得到的一组在相同车速下，横向摆动振幅随时间变化的曲线，如图 2.19 所示。图中试验 3 为标准牵引点位置，试验 1 为将牵引点从标准牵引点位置处后移 1.5cm，试验 2 为将标准牵引点位置前移 1.5cm。由图 2.19 可发现，随着牵引点的前移，增加了挂车的轴距，摆动振幅的瞬态值和稳态值都有所减小;随着牵引点的后移,减小了挂车的轴距,摆动的幅值有所增加。图 2.19 还表明,在一定范围内,轴距的扩大有利于提高汽车列车的运动稳定性。

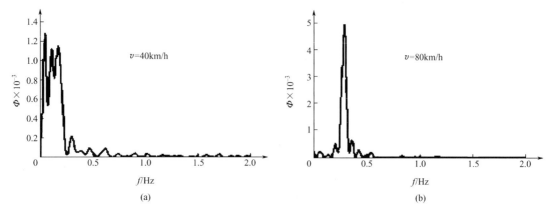

图 2.18 半挂车横向摆振频域图

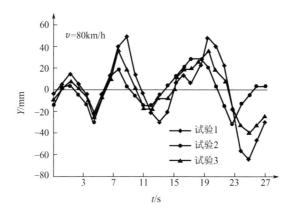

图 2.19 不同牵引点位置下的横摆位移

2.6.6 月球车月面牵引性能预测

月面重力加速度约为地球的 1/6,低重力环境对月面探测器的着陆、月球车的月面移动、月壤的原位测量均会产生较大的影响。在地面环境中开展月球车移动性能试验,低重力环境的模拟很难实现。

本节将从月球车的轮土交互作用入手,根据相似理论及月壤的基本特性建立月壤-车轮交互系统的地面力学相似模型,对用于预测月球车牵引性能的模型试验方法进行讨论,并采用颗粒流法对提出的模型试验方法进行有效性验证。

1) 月球车牵引性能的模型试验设计

(1) 月壤-车轮交互系统的量纲分析

图 2.20 为典型刚性直齿车轮与松软土壤的交互作用示意图,其中 z 为车轮下陷量,r 为车轮基圆半径,h 为齿片高度,θ 为齿片间距角,V 为车轮移动速度,ω 为车轮旋转角速度,W 为轮上载荷,F 为车轮挂钩牵引力,T 为车轮驱动转矩。

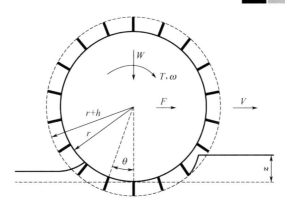

图 2.20 直齿车轮松软土壤交互系统

在轮土交互系统的相似分析中，车轮形状通常保持不变，即系统之间满足几何相似。本研究选择一个典型的车轮结构参量作为长度量纲，以车轮的基圆半径 r 为基本长度量纲参量。土壤密度 ρ、内聚力 c、内摩擦角 φ 作为典型的土壤特性参量，在此需要重点分析。土壤的剪切变形模量 K 属于长度量纲参量，在多数情况下，K 值的变化与其他长度量纲参量（如车轮尺寸）的变化并不一致，引入 K 进行量纲分析容易导致模型畸变，而且 K 仅在土壤变形较小时才有意义，所以通常忽略 K 值的影响。在非重复加载情况下，土壤的弹性变形量很小，相比其塑性变形可以忽略不计，因此无须考虑土壤弹性模量和泊松比的影响。Bekker 公式为反映土壤承压特性的半经验公式：

$$p = \left(\frac{k_c}{b} + k_\varphi\right) \cdot z^n \tag{2-76}$$

式中，k_c——黏性变形模量；

k_φ——摩擦变形模量；

n——沉陷指数。

由于 k_c、k_φ 的量纲中包含沉陷指数 n，形式较为复杂，可引入 Reece 修正公式来考虑这一问题：

$$p = (ck_c' + \gamma b k_\varphi') \cdot \left(\frac{z}{b}\right)^n \tag{2-77}$$

式中，γ——土壤的容重；

γ——$\gamma = \rho g$，g 为环境重力加速度；

b——压板的短边长度；

z——压板的下陷量。

Reece 公式不仅与实际情况较为接近，而且可以做到 k_c'、k_φ' 无量纲化。需要注意的是，式 (2-76) 和式 (2-77) 中的下陷量 z 主要为压板机器的静态下陷量。由于月壤属于沙性土壤，而且月球车的车轮均为驱动轮，所以还需要考虑车轮与月壤间的摩擦系数 μ 及车轮的滑转率 i。

综上所述，月壤车轮交互系统的主要参量共有 16 个，各参量及其对应量纲如表 2-11 所示。

表 2-11 月壤-车轮系统的主要参量及其量纲

参量	r	ρ	c	φ	k_c'	k_φ'
量纲	L	ML^{-3}	$ML^{-1}T^{-2}$	—	—	—
参量	n	μ	V	ω	W	g
量纲	—	—	LT^{-1}	T^{-1}	MLT^{-2}	LT^{-2}
参量	i	z	F	T		
量纲	—	L	MLT^{-2}	ML^2T^{-2}		

表 2-11 采用质量系统，M、L、T 分别代表质量、长度和时间量纲。根据 Buckingham 定理，可推导出系统的 13 个 Π 项（即系统的相似准则）：

$$\left.\begin{aligned}
&\Pi_1=\frac{c}{\rho g r},\Pi_2=\varphi,\Pi_3=k_c',\Pi_4=k_\varphi' \\
&\Pi_5=n,\Pi_6=\mu,\Pi_7=\frac{V^2}{gr} \\
&\Pi_8=\frac{\omega^2 r}{g},\Pi_9=\frac{W}{\rho g r^3},\Pi_{10}=i \\
&\Pi_{11}=\frac{z}{r},\Pi_{12}=\frac{F}{\rho g r^3},\Pi_{13}=\frac{T}{\rho g r^4}
\end{aligned}\right\} \quad (2\text{-}78)$$

以下标" m "表示模型参量，无下标表示原型参量，原型和模型分别代表月面和地面重力环境下的土壤-车轮交互系统。

根据相似理论，原型和模型中对应的每个项均相等，所以

$$\left.\begin{aligned}
&\varphi=\varphi_m,\mu=\mu_m,k_c'=(k_c')_m,k_\varphi'=(k_\varphi')_m \\
&n=n_m,\frac{c}{\rho g r}=\frac{c_m}{\rho_m g_m r_m},\frac{W}{\rho g r^3}=\frac{W_m}{\rho_m g_m r_m^3} \\
&\frac{V^2}{gr}=\frac{V_m^2}{g_m r_m},\frac{\omega^2 r}{g}=\frac{\omega_m^2 r_m}{g_m},i=i_m,\frac{z}{r}=\frac{z_m}{r_m} \\
&\frac{F}{\rho g r^3}=\frac{F_m}{\rho_m g_m r_m^3},\frac{T}{\rho g r^4}=\frac{T_m}{\rho_m g_m r_m^4}
\end{aligned}\right\} \quad (2\text{-}79)$$

由式(2-79)可得月面重力环境下车轮挂钩牵引力和驱动转矩的预测方程为

$$\left.\begin{aligned}
F=\frac{\rho}{\rho_m}\frac{g}{g_m}\left(\frac{r}{r_m}\right)^3 F_m \\
T=\frac{\rho}{\rho_m}\frac{g}{g_m}\left(\frac{r}{r_m}\right)^4 T_m
\end{aligned}\right\} \quad (2\text{-}80)$$

(2) 模型试验设计与分析

以 K_j 表示系统参量的相似常数，即 $K_j=j_m/j$（j 表示系统参量）。月面重力加速度约为地球的 1/6，因此 $K_g=6$，结合式(2-79)可得

$$\left.\begin{array}{l} K_\varphi = K_\mu = K_n = K_i = K_{(k_c')} = K_{(k_\varphi')} = 1 \\ K_V^2 = 6K_r, K_\omega^2 = 6/K_r, K_z = K_r \\ K_c = 6K_\rho K_r, K_W = 6K_\rho K_r^3 \\ K_F = 6K_\rho K_r^3, K_T = 6K_\rho K_r^4 \end{array}\right\} \quad (2\text{-}81)$$

式中，除无量纲参量之外，其他参量的相似常数均为 K_r 的函数。当 $K_r \neq 1$ 时，不仅需要制作不同比例的模型车轮，还应配置满足式(2-81)中相似条件的模型试验土壤。由于土壤参量的调节较为复杂且难以控制，并且当 K_r 值过小时还可能出现模型尺寸效应，因此，以 $K_r \neq 1$ 为条件无法开展有效的模型试验设计。

当 $K_r = 1$ 时，模型和原型中车轮的形状及尺寸相同，同时还应满足：

$$\left.\begin{array}{l} K_\varphi = K_\mu = K_n = K_{(k_c')} = K_{(k_\varphi')} = 1 \\ K_c = 6K_\rho, K_V = K_\omega = \sqrt{6}, K_i = 1 \\ K_z = 1, K_F = K_W = K_T = 6K_\rho \end{array}\right\} \quad (2\text{-}82)$$

由于土壤特性参量的调节较为复杂，为了避免同时改变土壤的内聚力和密度，分别以 $K_c = 1$ 和 $K_\rho = 1$ 为条件进行模型试验设计。

当 $K_c = 1$ 时，$K_\rho = 1/6$，不仅要求模型试验中土壤的密度为原位月壤密度的 1/6，还要保证其他土壤特性参量与原位月壤相同，操作复杂且难以实现，因此采用该方案开展模型试验也不可行。

当 $K_\rho = 1$ 时，$K_c = 6$，除了内聚力，模型试验土壤的其他参量值均与原位月壤相同。由于月壤属于沙性土壤，内聚力很小，在其他参量值相近的情况下，c 值的小幅变化对土壤的主要力学特性影响并不明显。因此，可以考虑采用模拟月壤近似开展模型试验，并通过月壤状态的地面重塑，使模拟月壤的物理力学特性与原位月壤相近。由于该方案基本不需要改变车轮尺寸和土壤状态，模型试验相对简单，可操作性较好。系统主要参量的相似常数如表 2-12 所示。

表 2-12 系统主要参量的相似常数

名称	K_r	K_g	K_c	K_ρ	K_V	K_ω	K_W	K_F	K_T	K_z
数值	1	6	6	1	2.45	2.45	6	6	6	1

根据表 2-12，原型工况下（$g = 1.635 \text{m/s}^2$）车轮的挂钩牵引力和驱动转矩为

$$\left.\begin{array}{l} F = F_m / 6 \\ T = T_m / 6 \end{array}\right\} \quad (2\text{-}83)$$

为了证明该方案的准确性和有效性，需要对其作进一步验证。

2) 模型试验的验证方法

由于无法直接在月面环境下开展车轮的牵引特性试验，可考虑采用离散元法对原型和模型工况下的轮土交互作用进行仿真。为了验证仿真结果的有效性，将模型工况下的仿真结果与室内土槽试验结果进行对比分析。

(1) 室内土槽试验

室内土槽试验在行星探测车车轮牵引特性试验台上进行,试验台的详细规格参见文献第[10]条。试验用模拟月壤的主要成分为吉林靖宇一带的火山喷发物质,其主要物理、力学参数如表 2-13 所示。

表 2-13 模拟月壤的主要物理、力学参数

名称	初始孔隙比 e_0	颗粒比重 G_s	内聚力 c / kPa	内摩擦角 φ / (°)	压缩指数 C_c
数值	0.8~1.0	2.77	0.28~0.47	38~43	0.039~0.067

试验所用车轮的基圆半径为 110mm,轮宽为 160mm,轮齿齿高 25mm,齿厚 2mm,轮齿个数为 18,如图 2.21 所示。土槽试验中车轮的行驶工况如表 2-14 所示。

图 2.21 土槽试验所用车轮

表 2-14 土槽试验中车轮的行驶工况

名称	车轮加载质量 m / kg	车轮转速 n_r / (r·min^{-1})	滑转率 i	重力加速度 g / (m·s^{-2})
数值	11.8	10	0.0~1.0	9.81

(2) 颗粒流仿真法

颗粒流法是离散元法的一种简化形式,适用于计算颗粒数目庞大的散体系统。基于月壤的物理和力学特性,假设月壤颗粒间的接触力学模型为弹簧阻尼系统;以模拟月壤颗粒投影的几何特征为参照,使用相互重叠的球单元构建模拟月壤的颗粒形状;利用颗粒流双轴模拟三轴压缩试验的方法确定模拟月壤细观模型参数的近似值。

模拟月壤的主要细观模型参数如表 2-15 所示。

表 2-15 模拟月壤的主要细观模型参数

名称	颗粒比重 G_s	摩擦系数 μ	刚度系数/(N·m^{-1})		黏性临界阻尼比	
			k_n	k_s	c_n	c_s
数值	2.77	0.05	5×10^4	5×10^4	0.5	0.5

利用球单元构建与试验车轮外形轮廓一致的车轮参数化模型,建模后的车轮可视为一个刚体进行运动。参照土槽试验中车轮的行驶工况,对模型工况下的车轮施加 1rad/s(≈9.55 r/min)的恒定角速度,通过控制车轮的水平行驶速度 V,实现车轮以恒定的滑转率运动。根据表 2-12 设置模型和原型中车轮的行驶工况,结果如表 2-16 所示。

表 2-16　颗粒流法中车轮的行驶工况

试验工况	角速度 ω /(rad·s^{-1})	滑转率 i	车轮加载质量 m/kg	重力加速度 g/(m·s^{-2})	时间步长 Δt/s
模型	1.0	0.0~1.0	11.8	9.81	1.168×10^{-6}
原型	0.4082	0.0~1.0	11.8	1.635	1.168×10^{-6}

3）模型试验方法的有效性验证

（1）颗粒流仿真法的有效性验证

图 2.22 为模型工况下车轮行驶 60 万步后得到的轮下土壤的变形情况。由图 2.22 可知，随着滑转率的变化，轮下土壤的动态行为存在明显的差别。首先，不同滑转率下车轮前方土壤受到的扰动始终较小；其次，当车轮以低滑转率行驶时，轮后并未出现明显的土壤剪胀和扬尘现象，轮齿在表层土壤上留下的车辙较为清晰。当车轮以较高的滑转率行驶时，轮下土壤受到的扰动明显加剧，局部土体与轮齿一起产生较大的位移，这种类似"掘土"的行为使轮后逐渐出现土壤剪胀和扬尘现象，并形成土壤堆积，车轮的动态下陷量增加，在车轮行驶过的表层土壤上无法形成清晰的车辙。对比土槽试验采集的数字图像后发现，仿真结果与试验结果基本吻合，说明颗粒流法可较为真实地反映轮土交互作用中轮下土壤的动态行为。

为进一步说明仿真结果的有效性，计算车轮在稳态行驶过程中的挂钩牵引力数据，并将其与土槽试验数据进行对比，结果如图 2.23 所示。

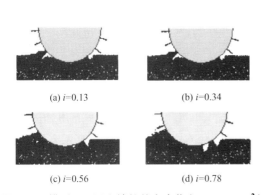

(a) i=0.13　　　　(b) i=0.34

(c) i=0.56　　　　(d) i=0.78

图 2.22　模型工况下土壤的状态变化（g = 9.81m/s^2）

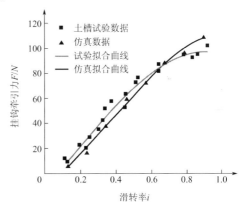

图 2.23　仿真数据域土槽试验数据对比

由图 2.23 可知，颗粒流仿真数据和土槽试验数据具有较为相似的变化趋势，曲线整体对应较好，匹配程度随滑转率的变化而存在差异。在低滑转率下，仿真数据值小于试验测量值，二者的差异主要由台车系统自身的阻力和车轮转速的微小差别导致。随着滑转率的不断变大，车轮的挂钩牵引力逐渐变大，仿真数据与试验数据也逐渐接近，当滑转率大于 0.67 时，仿真数据值大于试验测量值。这是因为，仿真中颗粒采用了二维简化，限制了土壤颗粒的轴向运动，而且生成的土壤颗粒在受到较大接触力后不会发生类似真实土壤的破碎、脱落、分离等现象，土壤颗粒之间的咬合作用较强，导致轮下土壤的推力偏大，车轮的挂钩牵引力高于土槽试验的测量值。

颗粒流仿真数据与土槽试验数据的对比分析结果表明，颗粒流仿真法不仅能够较为真实地反映轮下土壤的动态变化，而且可以有效地分析月球车轮的牵引性能。

(2) 模型试验方法的有效性验证

图 2.24 为模型和原型工况下 F 和 T 随滑转率 i 的变化曲线。由图 2.24 可知，原型工况下获得的仿真数据值明显小于模型工况下获得的仿真数据值，而且随着滑转率的增加，前者的变化幅度也小于后者的变化幅度。

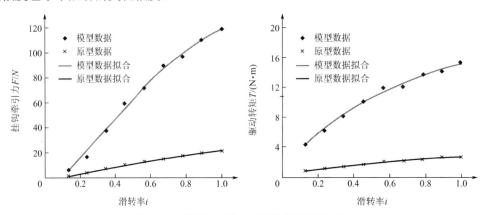

图 2.24 模型和原型工况下的仿真数据对比

对模型和原型工况下获得的 F、T、W 值进行求商运算，获得各滑转率下对应的参数比值 R_F、R_T、R_W，结果如表 2-17 所示。

表 2-17 不同滑转率下模型与原型对应参量的比值

比值	滑转率 i								
	0.13	0.24	0.34	0.45	0.56	0.67	0.78	0.89	1.0
R_F	5.18	5.48	5.44	5.61	5.85	5.99	5.66	5.54	5.69
R_T	5.53	5.62	5.69	5.78	5.73	5.62	5.81	5.51	5.43
R_W	6.15	6.42	6.11	6.27	6.23	6.14	6.13	6.08	5.95

由表 2-17 可知，在全体滑转范围内，除个别数据点之外，R_F、R_T、R_W 的值基本都在 5.4~6.3 范围内变化。R_F、R_T、R_W 在各滑转率下的均值分别为 5.60、5.64、6.17，这与表 2-12 中 F、T、W 的相似常数 6 较为接近。经计算可得，模型工况下车轮的静态下陷量为 11.3mm，而原型工况下车轮的静态下陷量为 10.4mm，二者的比值 R_z 为 1.09，也接近于表 2-12 中 z 的相似常数 1。可见，模型试验方法较有效。

验证产生的误差主要包括颗粒流仿真本身的误差和模型试验方法存在的误差。由于模型和原型使用的土壤相同，虽然土壤的内聚力很小，但仍会产生一定的误差，导致原型工况下获得的 F 和 T 值比理论预测值偏大。

1. 相似理论的基本内容是什么？
2. 相似准则有哪些求法？每种方法有什么特点？
3. 设计模型的准则是什么？
4. 畸变模型理论的基本内容是什么？
5. 举例说明相似理论在现代车辆工程中的应用？

第3章 测量误差理论

教学目标

通过本章的学习，了解测量误差理论的基本内容；理解随机误差分布规律；掌握测量列与测量结果的精密度；熟练掌握直接测量参数测定值的处理、间接测量参数(函数)的误差分析、系统误差以及异常数据取舍的方法。

教学要求

知识要点	能力要求	相关知识	权重
测量误差理论	了解测量工作、测量误差及其分类，清楚测量误差理论的应用目的	测量工作及测量误差的类型、精密度与准确度、测量误差理论的任务	10%
随机误差分布规律	了解研究随机误差的主要目的及正态分布规律	等精密度测量的最可信赖值、最小二乘法的应用、随机误差的正态分布定律	15%
测量列与测量结果的精密度	掌握测量列与测量结果精密度参数及处理方法	标准误差、概然误差、平均算术误差、极限误差、残差、分辨率、加权平均值	15%
直接测量参数测定值	熟练掌握直接测量参数测定值的处理方法	测量结果的表达、有效数字与舍入法则	15%
间接测量参数(函数)的误差	熟练掌握间接测量参数(函数)的误差分析方法	平均误差传递规律、参数测定值的处理、函数误差的分配、最有利的测量条件	15%
系统误差	熟练掌握系统误差的处理方法	系统误差的分类、对测量的影响、系统误差的发现及消除	15%
异常数据	熟练掌握异常数据的处理方法	异常数据的取舍准则	15%

3.1 概　　述

3.1.1 测量工作及其分类

在自然科学中，为了研究客观事物的规律，需要对各种参数进行测量。所谓测量工作，就是以确定被测量参数数值为目的的一系列试验操作。具体地说，就是应用某种工具，将被测量参数与同一物理量的标准量进行比较，从而确定该参数数值的过程。测量工作中所应用的工具，称为测量仪器。根据测量方法的不同，测量工作可以分为直接测量、间接测量和组合测量。

1) 直接测量

通过测量仪器，将被测量参数与同一物理量的标准量直接比较，或者用事先经过标准量校正的测量仪器进行测量，从而直接求得被测量参数的数值。例如，用等臂天平通过砝码测量质量，用尺测量长度，用温度计测量温度等。直接测量是从测量结果直接获得被测量参数数值的一种测量方法，可用一般公式表示为

$$Y = X \tag{3-1}$$

式中，Y——被测量参数的数值；
X——测量结果。

2) 间接测量

被测量参数通过某个已知的函数关系和一些独立的参数相联系，对这些独立的参数进行直接测量，取得测量结果并代入函数式计算，以间接获得被测量参数的数值。例如，用测量质量和几何尺寸的方法计算均质材料组成的物体的密度，用测量扭矩和转速的方法计算发动机输出的功率等，可用一般公式表示为

$$Y = F(X_1, X_2, \cdots, X_m) \tag{3-2}$$

式中，Y——被测量参数的数值；
$X_1, X_2, \cdots, X_m$——直接测量参数的测量结果。

3) 组合测量

将一定数量的被测量参数以不同的方式组合(或者用改变试验条件的方法取得这种不同的组合)，通过直接测量或间接测量取得测量结果，求解相应的方程组，以获得被测量参数的数值。例如，标准电阻线圈的电阻与温度的关系可用下式表示

$$R_t = R_{20} + \alpha(t-20) + \beta(t-20)^2 \tag{3-3}$$

式中，R_t、R_{20}——分别为 t℃和20℃时电阻的数值；
α、β——温度系数。

为了求得 α、β 和 R_{20}，需要在三种不同的温度条件(t_1、t_2 和 t_3)下，对电阻值进行测量，取得测量结果 R_{t_1}、R_{t_2}、R_{t_3} 后，根据下列方程组，求解 α、β 和 R_{20}：

$$\left.\begin{aligned} R_{t_1} &= R_{20} + \alpha(t_1 - 20) + \beta(t_1 - 20)^2 \\ R_{t_2} &= R_{20} + \alpha(t_2 - 20) + \beta(t_2 - 20)^2 \\ R_{t_3} &= R_{20} + \alpha(t_3 - 20) + \beta(t_3 - 20)^2 \end{aligned}\right\} \tag{3-4}$$

又如，在一套砝码中已知一个或几个砝码的质量，通过不同组合进行质量比较，解联立方程，以求出其他砝码的质量。

组合测量一般只用在特殊的和精密的测量中，在工程技术测量中应用较少，故本书只讨论直接测量和间接测量问题。

3.1.2 测量误差及其分类

在任何测量工作中，由于各种因素的影响，测量所得到的数值（称为测定值）与被测量参数的真实值(又称真值)不可能完全相等，而总会有差别。这个差别称为测量误差，即

测量误差=测定值−被测参数真实值

测量误差根据其产生的原因可以分为以下几种。

（1）仪器误差（又称工具误差），是指由于仪器结构，制造不完善，或调整、校正不当等原因而引起的误差。

（2）人为误差（又称个人误差），是指由于测量工作者技术不熟练或其他主观原因而引起的误差。

（3）环境误差（又称条件误差），是指由于测量环境的影响或测量条件的变化而引起的误差。

测量误差根据其性质可以分为以下几种。

（1）系统误差。保持一定数值或按一定规律变化的误差，称为系统误差。例如，由于仪器标度尺刻画得不准确，测量时的温度与仪器校正温度不相等，测量者观察仪器指针时习惯于斜视等原因引起的误差，就具有系统误差的性质。系统误差是有规律的，这种规律体现在每一次具体的测量中。因此，通过试验找到这种规律之后，就可以对测定值进行修正，以消除系统误差的影响。

（2）过失误差。由于测量工作中的错误、疏忽大意等原因引起的误差，称为过失误差。例如，仪器操作的错误，观测时看错了数字，记录时写错了小数点位置等。这种误差的数值和符号没有任何规律。只要认真细致地进行测量，反复检查核对数据，过失误差是可以避免的。

（3）随机误差。即使在相同的条件下，对同一个参数重复地进行多次测量，所得到的测定值也不可能完全相同。这时，测量误差具有各不相同的数值与符号，这种误差称为随机误差，或称偶然误差。随机误差反映了许多互相独立的因素有细微变化时的综合影响。例如，在测量过程中，仪器内摩擦力的细微变化，环境温度的细微波动，观测者视线的细微变动等。在任何测量工作中，随机误差是无法避免的。随机误差就其个体而言，是没有规律的、无法预先估计的、不可控制的，但其总体却符合统计学的规律，重复测量的次数越多，这种规律性就越明显。因此，可以用概率统计的方法，计算随机误差对测量结果可能带来的影响。

虽然系统误差、过失误差和随机误差具有完全不同的性质，但在具体工作中，有时却难以区分。规律尚未掌握的系统误差，往往被混杂在随机误差之中。采用更完善的测量方法和仪器，对误差的情况做更深入的研究，就有可能将系统误差从随机误差中分离出来，并予以

消除。同样，随着测量误差理论的不断发展，才可能确定恰当的界限，以区分过失误差和巨大的随机误差。

3.1.3 测量的精密度与准确度

在任何测量工作中，测量误差是不可能完全避免的。因而，测定值只是被测量参数真实值的某个近似值。误差的性质不同，它们对测定值的影响也不同。

过失误差使测定值明显地被歪曲，因而，包含有过失误差的测定值是不可信赖的，应予以舍弃。所以，过失误差决定了测量数据的可信度。

随机误差使测定值具有不确定性，也就是说，使测定值在某一范围内围绕某个数值（通常把这个数值作为测量结果）而波动。在测量工作中，把测定值的密集性（或称重复性）定义为测量的精密度。随机误差波动范围越大，测定值就越离散，测量的精密度就越低。所以，随机误差决定了测量的精密度。

系统误差使测量结果偏离被测量参数的真实值。在测量工作中，把测量结果与被测量参数真实值相符合的程度，定义为测量的准确度。系统误差越大，测量的准确度就越低。所以，系统误差决定了测量的准确度。

系统误差、随机误差对测定值的影响，如图3.1所示。图中，X 为被测量参数的真实值。由于系统误差 θ 的影响，测量结果 L 将偏离真实值。由于随机误差的影响，测定值 l 又将围绕 L 而波动。如随机误差的最大值为 $\Delta_{\lim}$，则测定值的波动范围为 $L-\Delta_{\lim}\sim L+\Delta_{\lim}$。

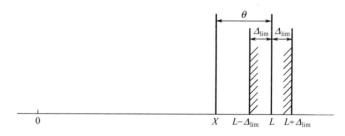

图3.1 系统误差、随机误差对测定值的影响

由此可见，测量的精密度与准确度是两个互相独立的概念。如果系统误差的影响没有消除，那么一个精密度很高的测量工作，其结果也是不准确的。一个既精密又准确的测量是人们所希望的。因此，在测量工作中，综合考虑系统误差和随机误差的影响，把测定值与被测量参数的真实值相符合的程度，定义为测量的精确度。显然，测量的精确度综合地反映了测量的精密度与准确度。

3.1.4 测量误差理论的任务

如果不知道测量的精密度和准确度，那么测量结果将失去一切意义。因此，通过测量取得数据以后，运用误差理论，分析和评定测量的精密度和准确度，就成为一项必不可少的重要工作。

测量误差理论研究误差的性质和规律。具体地说，它的任务是：研究和确定过失误差和巨大的随机误差之间的界限，以便舍弃那些包含有过失误差的测定值；研究系统误差的规律；寻找把系统误差从随机误差中分离出来的方法，并设法消除它的影响；研究随机误差的分布规律，分析和确定测量的精密度。运用误差理论，使我们有可能从一系列测定值中，求出最接近于被测参数真实值的测量结果。

3.2 随机误差的分布规律

在相同的条件下，对同一个参数重复地进行多次测量(这一系列测量可以认为是等精密度测量)，所得到的测定值数列，称为测量列。由于随机误差的存在，使测定值具有不确定性，测量列中的各个数值是不可能完全相同的。但是，如果测量仪器的灵敏度不高，随机误差将无法显示出来，重复测量结果将是同一个数值。另外，重复测量结果相差太大也是不正常的，因为这意味着混有其他性质的误差。因此，在只包含随机误差的测量列中，各数值不完全相同而稍有差别，才是正常的、必然的。为了方便起见，在讨论随机误差的规律时，假定系统误差、过失误差已被消除。

虽然个别的随机误差可能大，可能小，可能正，可能负，它的发生具有随机(偶然)性，但是它们的总体却符合统计的规律。重复测量次数越多，这种规律性就越明显。对各种测量进行大量研究后发现，随机误差在总体上具有如下规律：

(1) 数值上的规律性。绝对值小的误差出现的次数多于绝对值大的误差出现的次数，误差的绝对值不会超过某一数值。

(2) 符号(方向)上的规律性。绝对值相等的正误差与负误差，出现的可能性相等。

因此，我们可以用概率论和数理统计的方法，从总体上研究随机误差的分布规律。

由于随机误差的存在，使我们无法得到被测参数的真实值，因此必须设法寻找一个最接近于真实值的数值(通常称为最可信赖值)，以近似地代表真实值。估计最可信赖值的数值，计算它所可能具有的误差，是研究随机误差规律的主要目的。

3.2.1 等精密度测量的最可信赖值

在等精密度的条件下，对某个参数进行了 n 次重复测量，得到 l_1、l_2、$\cdots$、l_n 等 n 个测定值，这些测定值组成一个测量列。以 X 表示被测参数的真值，以 Δ_1、Δ_2、$\cdots$、Δ_n 表示各测定值所包含的随机误差，则有

$$\left.\begin{array}{l}l_1 = X + \Delta_1 \\ l_2 = X + \Delta_2 \\ \vdots \\ l_n = X + \Delta_n\end{array}\right\} \tag{3-5}$$

如以 L 表示测定值的算术平均值，即

$$L = \frac{1}{n}(l_1 + l_2 + \cdots + l_n) = \frac{1}{n}\sum_{i=1}^{n} l_i \tag{3-6}$$

则由式(3-5)和式(3-6)可得

$$X = \frac{1}{n}\left(\sum_{i=1}^{n} l_i - \sum_{i=1}^{n} \Delta_i\right) = L - \frac{1}{n}\sum_{i=1}^{n} \Delta_i \tag{3-7}$$

根据随机误差符号规律性可知，当测量次数无限增加时，绝对值相等的正误差与负误差出现的可能性相同，因此可以互相抵消，使得 $\lim \dfrac{1}{n}\sum_{i=1}^{n}\Delta_i = 0$，在这种情况下，测定值的算术平均值就等于被测参数的真值。但在实际上，测量的次数只可能是有限的，所以测定值的算术平均值只是真值的一个近似值。随着测量次数的增加，算术平均值就越接近于真值，因此，我们可以认为，测定值的算术平均值是最可信赖值。根据统计学原理，测定值的算术平均值是被测参数真值的一致而无偏估计。

测定值 l_i 与算术平均值 L 之差，称为残余误差，简称残差（或称偏差），以 v_i 表之，则有

$$\left.\begin{array}{l} v_1 = l_1 - L \\ v_2 = l_2 - L \\ \quad\vdots \\ v_n = l_n - L \end{array}\right\} \tag{3-8}$$

各式相加，得

$$\sum_{i=1}^{n} v_i = \sum_{i=1}^{n} l_i - nL$$

因为

$$L = \frac{1}{n}\sum_{i=1}^{n} l_i$$

所以

$$\sum_{i=1}^{n} v_i \equiv 0$$

由此可见，各测定值残差的代数和恒等于零。残差的这个性质，可以用来检查算术平均值的计算是否正确。

被测参数的真值和测定值所包含的随机误差，实际上是无法求得的，而测定值的算术平均值与残差则是可以计算的，所以它们在测量数据处理与误差分析中具有重要的意义。

3.2.2 最小二乘法原理的应用

根据最小二乘法原理，对于一个等精密度测量列，被测参数的最可信赖值，是能使各测定值残差的平方和为最小的那个数值。

设有一个测量列 l_1、l_2、$\cdots$、l_n，根据最小二乘法原理，最可信赖值 L 必须满足下式

$$S = (l_1 - L)^2 + (l_2 - L)^2 + \cdots + (l_n - L)^2 = 最小值$$

欲使 S 最小，必须满足

$$\frac{\mathrm{d}S}{\mathrm{d}L} = 0, \quad \frac{\mathrm{d}^2 S}{\mathrm{d}L^2} > 0$$

即

$$\frac{\mathrm{d}S}{\mathrm{d}L} = -2(l_1 - L) - 2(l_2 - L) - \cdots - 2(l_n - L) = 0$$

$$\frac{\mathrm{d}^2 S}{\mathrm{d}L^2} = 2 + 2 + \cdots + 2 = 2n > 0$$

由 $\frac{\mathrm{d}S}{\mathrm{d}L} = 0$ 可以解出 $nL = \sum_{i=1}^{n} l_i$，即 $L = \frac{1}{n}\sum_{i=1}^{n} l_i$。这就证明了，在只包含有随机误差的等精密度测量列中，算术平均值就是被测参数的最可信赖值。

3.2.3 随机误差的正态分布定律

随机误差可以随机地取不同的数值，是一个随机变量，因此测定值也是一个随机变量。在实际测量工作中，由于测量仪器灵敏度的限制，测定值的有效数字的位数是有限的，随机误差将是一个离散(间断)随机变量。然而，从理论上来说，随机误差应该是一个连续随机变量。因此，研究随机误差的规律，就是要研究随机误差以多大的概率落在某一范围内，也就是要研究它的概率分布密度函数。

作为一个连续随机变量，随机误差 Δ 的数值恰为 Δ_1 的概率等于零，这时，如概率分布密度函数的值为 $f(\Delta_1)$，则随机误差落在 $[\Delta_1, \Delta_1 + \mathrm{d}\Delta]$ 这一微小范围内的概率为

$$P(\Delta_1 \leq \Delta \leq \Delta_1 + \mathrm{d}\Delta) = f(\Delta_1)\mathrm{d}\Delta \tag{3-9}$$

随机误差在 $(-\infty, +\infty)$ 范围内出现，是一个必然事件，所以

$$P(-\infty < \Delta < +\infty) = \int_{-\infty}^{+\infty} f(\Delta)\mathrm{d}\Delta = 1 \tag{3-10}$$

由概率论可知，某随机变量如果是许多互相独立的随机变量之和，且每个独立的变量对总和只起微小的影响，则该随机变量的分布可以认为是正态分布。随机误差就是这样一种随机变量，因此它的分布应该是正态分布。大量的测量实践证明，随机误差确实服从正态分布规律。

于是，随机误差的概率分布密度函数可以用下式表示

$$f(\Delta) = \frac{1}{\sqrt{2\pi}\sigma}\mathrm{e}^{-\frac{\Delta^2}{2\sigma^2}} \tag{3-11}$$

或

$$f(\Delta) = \frac{h}{\sqrt{\pi}}\mathrm{e}^{-h^2\Delta^2} \tag{3-12}$$

式中，σ——标准误差或均方根误差，其值 $\sigma = \sqrt{\frac{1}{n}\left(\sum_{i=1}^{n}\Delta_i^2\right)}$，$(n \to \infty)$；

h——测量列的精密度指数，其值 $h = \frac{1}{\sqrt{2}\sigma}$。

式(3-11)和式(3-12)称为误差理论基本方程式。随机误差服从正态分布规律，通常可以记作 $\Delta \sim N(0,\sigma)$。与此同时，作为随机变量的测定值 l，也服从正态分布，可以记作 $l \sim N(X,\sigma)$，其中，X 为被测参数真实值。

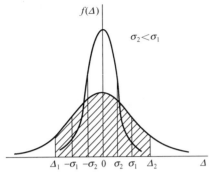

图 3.2　随机误差正态分布曲线

以随机误差 Δ 为横坐标，以概率分布密度 $f(\Delta)$ 为纵坐标，则误差理论基本方程式可以描绘成图 3.2 所示的曲线，这种曲线又称随机误差正态分布曲线。显而易见，曲线下的总面积为 1，而在 $[\Delta_1, \Delta_2]$ 范围内，曲线之下的阴影面积，就是随机误差落在 $[\Delta_1, \Delta_2]$ 区间内的概率。标准误差 σ 取不同的数值时，分布曲线具有相似的变化规律，但 σ 较小(h 较大)者，曲线的中部升得更高，且下降得更快(图 3.2)，也就是说，绝对值小的误差出现的概率更大，测量比较精密。因此，可以用标准误差 σ 或精密度指数 h，衡量测量列的精密度。分布曲线具有两个拐点，令 $f(\Delta)$ 的二阶导数等于零，即可求出拐点的坐标。

$$\frac{d^2 f(\Delta)}{d\Delta^2} = \frac{1}{\sigma^5 \cdot \sqrt{2\pi}} e^{-\frac{\Delta^2}{2\sigma^2}}(\Delta^2 - \sigma^2) = 0$$

解之得

$$\Delta = \pm\sigma \tag{3-13}$$

所以，标准误差 σ 就是分布曲线拐点的横坐标。

误差理论基本方程式完全反映了随机误差的总体规律性。因为 $f(\Delta)$ 是 Δ 的偶函数，分布曲线对称于纵坐标轴，反映了绝对值相等的正误差与负误差出现的概率相等。随着随机误差 Δ 的增加，$f(\Delta)$ 迅速减小，反映了绝对值小的误差出现的概率大于绝对值大的误差出现的概率。

已知测量列的标准误差 σ，则随机误差 Δ 落在 $[-a, +a]$ 范围内(即 $|\Delta| \leq a$)的概率，可按下式计算

$$P(-a \leq \Delta \leq +a) = \int_{-a}^{+a} \frac{1}{\sqrt{2\pi}\sigma} e^{-\frac{\Delta^2}{2\sigma^2}} d\Delta$$

令 $t = \dfrac{\Delta}{\sigma}$，$K = \dfrac{a}{\sigma}$，代入上式得

$$P(-K\sigma \leq \Delta \leq +K\sigma) = \frac{2}{\sqrt{2\pi}} \int_0^K e^{-\frac{t^2}{2}} dt \tag{3-14}$$

将被积函数 $e^{-\frac{t^2}{2}}$ 展开为下列级数

$$e^{-\frac{t^2}{2}} = 1 - \frac{t^2}{2} + \frac{1}{2!}\left(\frac{t^2}{2}\right)^2 - \frac{1}{3!}\left(\frac{t^2}{2}\right)^3 + \cdots$$

于是

$$P(-K\sigma \leq \Delta \leq +K\sigma) = \frac{2}{\sqrt{2\pi}}\left(K - \frac{K^3}{6} + \frac{K^5}{40} - \frac{K^7}{336} + \cdots\right)$$

为便于应用起见，常将上述积分数值编成表格，其形式为

$$\Phi(K) = \frac{2}{\sqrt{2\pi}} \int_0^K e^{-\frac{t^2}{2}} dt$$

使用时根据 a 和 σ 的数值，按 $K = \dfrac{a}{\sigma}$ 计算，然后查表以求得 $\Phi(K)$ 数值。这种表格称为概率积分表，可以在各种概率论的书籍中找到。值得注意的是，有的书上写作

$$\Phi(t) = \frac{2}{\sqrt{2\pi}} \int_0^t e^{-\frac{t^2}{2}} dt$$

这里，$\Phi(t)$ 中的 t 和积分上限 t 等于 $\dfrac{a}{\sigma}$，是一个确定的数值，是自变量 t 的某个取值。

3.3 测量列与测量结果的精密度

3.3.1 测量列的精密度参数

在一个等精密度测量列中，各测定值包含有数值与符号各不相同的随机误差。在其中任选一个误差(即抽取一个样本)，以代表整个测量列(即总体)的误差情况，显然是不合理的。以各随机误差的算术平均值作代表，也是不合适的，因为这里讨论的是测量列的总体，这就意味着测量次数趋向于无穷大($n \to \infty$)，这时，随机误差的算术平均值 $\left(\dfrac{1}{n}\sum\limits_{i=1}^{n}\Delta_i\right)$ 趋近于零。因此，通常选用下列各参数之一，以表示测量列(总体)的精密度。

1) 标准误差(又称均方根误差) σ

各随机误差的均方值的正平方根，定义为标准误差，可用下式表示：

$$\sigma = \sqrt{\frac{1}{n}(\Delta_1^2 + \Delta_2^2 + \cdots + \Delta_n^2)} = \sqrt{\frac{1}{n}\left(\sum_{i=1}^n \Delta_i^2\right)} \quad (n \to \infty) \tag{3-15}$$

标准误差 σ 是随机误差正态分布的一个参数，σ^2 等于随机误差平方的数学期望，即测定值的方差。σ 越小，测量列精密度越高。根据式(3-14)，并取 $K=1$ 查概率积分表，得 $\Phi(1) = 0.6826$，于是，绝对值小于 σ 的随机误差，出现的概率约为 0.68。同理，绝对值小于 2σ 和 3σ 的随机误差，出现的概率分别为 0.95 和 0.997。

标准误差 σ 是各随机误差平方(Δ_i^2)的函数，因而对绝对值较大的误差比较敏感，能较好地反映测量列的精密度。

2) 概然误差(又称概率误差) γ

概然误差 γ 的定义：绝对值小于 γ 的随机误差，出现的概率为 0.5。

根据这个定义，令 $\Phi(K) = 0.5$，查概率积分表可得 $K = 0.6745$，于是概然误差 $\gamma = 0.6745\sigma \approx \dfrac{2}{3}\sigma$。因为概然误差 γ 通过一个固定的系数 0.6745 与标准误差 σ 相联系，所以它也可以用来表示测量列的精密度。

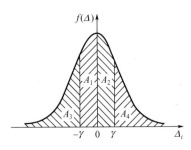

图 3.3 概然误差 γ 的几何意义

如图 3.3 所示,在随机误差正态分布曲线图上,概然误差 γ 具有这样的几何意义:它将曲线下的面积分为相等的两部分。图中,$A_1 = A_2 = A_3 = A_4$,所以 $A_1 + A_2 = A_3 + A_4$,即绝对值小于 γ 的随机误差,和绝对值大于 γ 的随机误差,出现的概率均等于 $\frac{1}{2}$。

3) 平均算术误差(又称平均误差)δ

各随机误差的绝对值的算术平均值,定义为平均算术误差 δ,可用下式表示

$$\delta = \frac{1}{n}(|\Delta_1| + |\Delta_2| + \cdots + |\Delta_n|) = \frac{1}{n}\sum_{i=1}^{n}|\Delta_i| \qquad (n \to \infty) \tag{3-16}$$

平均算术误差 δ,实际上就是随机误差绝对值($|\Delta_i|, i = 1, 2, \cdots, n$)的数学期望,由概率论可知

$$\delta = E(|\Delta|) = \int_{-\infty}^{+\infty}|\Delta|f(\Delta)\mathrm{d}\Delta = \frac{1}{\sqrt{2\pi}\sigma}\int_{-\infty}^{+\infty}|\Delta|\mathrm{e}^{-\frac{\Delta^2}{2\sigma^2}}\mathrm{d}\Delta$$

考虑到正态分布曲线对称于纵坐标轴,将积分限改为 $0 \to +\infty$,并用 Δ 代替 $|\Delta|$,即得

$$\delta = \frac{1}{\sqrt{2\pi}\sigma}\int_{0}^{\infty}\mathrm{e}^{-\frac{\Delta^2}{2\sigma^2}}\Delta\mathrm{d}\Delta = \sigma\sqrt{\frac{2}{\pi}} = 0.7979\sigma \approx \frac{4}{5}\sigma \tag{3-17}$$

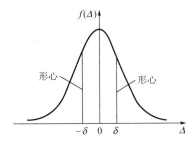

图 3.4 平均算术误差 δ 的几何意义

如图 3.4 所示,在随机误差正态分布曲线图上,平均算术误差 δ 具有这样的几何意义:它是曲线下右半部分(或左半部分)面积的形心的横坐标。现以右半部分为例,证明如下:

$$形心的横坐标 = \frac{\int_{0}^{\infty}\Delta f(\Delta)\mathrm{d}\Delta}{\int_{0}^{\infty}f(\Delta)\mathrm{d}\Delta} = \frac{\int_{0}^{\infty}\Delta f(\Delta)\mathrm{d}\Delta}{\frac{1}{2}} = 2\int_{0}^{\infty}\Delta f(\Delta)\mathrm{d}\Delta = \delta$$

根据式(3-14),并取 $K=0.7979$ 查表,得 $\Phi(0.7979) = 0.5751$,于是,绝对值小于 δ 的随机误差,出现的概率约为 0.58。

4) 极限误差(又称最大可能误差)Δ_{lim}

极限误差的意义是:在一个有限的测量列中,任何一个随机误差的数值,都不超过 Δ_{lim}。确切地说,绝对值大于 Δ_{lim} 的随机误差,出现的概率接近于零。

由概率积分表 $\Phi(K)$ 可见,当 $K=3$ 时,$\Phi(3) = 0.9973$。这就是说,绝对值大于 3σ 的随机误差,出现的概率仅为 0.0027,也就是说,在 370 次测量中可能出现一次。在一般测量工作中,测量次数远少于 370 次,因此,绝对值大于 3σ 的随机误差的出现,是个小概率事件,实际上不会发生。于是,我们可以认为 $\Delta_{\mathrm{lim}} = 3\sigma$。

$\Delta_{\lim}$ 越小,随机误差波动的范围就越小,测量工作的精密度就越高。

在测量次数较少($n \ll 370$)的情况下,如果出现绝对值大于 $\Delta_{\lim}$ 的误差,那么,我们有理由认为,这个误差属于过失误差。因此,可以把 $\Delta_{\lim}$ 作为区分随机误差和过失误差的一种界限。

根据以上的讨论,测量列精密度参数之间的相互关系,如表 3-1 所示。已知其中任一参数,即可计算其他参数。

应该指出,虽然 σ、γ、δ、$\Delta_{\lim}$ 与随机误差 Δ 具有相同的单位,但 Δ 只说明各测定值的误差,而 σ、γ、δ、$\Delta_{\lim}$ 则在各自的意义上说明整个测量列的精密度。

表 3-1 σ、γ、δ、$\Delta_{\lim}$ 间的相互关系

	σ	γ	δ	$\Delta_{\lim}$
σ	1.0000	1.4826	$1.2533\left(\approx \dfrac{5}{4}\right)$	0.3333
γ	$0.6745\left(\approx \dfrac{2}{3}\right)$	1.0000	$0.8453\left(\approx \dfrac{11}{13}\right)$	0.2248
δ	$0.7979\left(\approx \dfrac{4}{5}\right)$	1.1829	1.0000	0.2660
$\Delta_{\lim}$	3.0000	4.4478	3.7599	1.0000

3.3.2 有限次测量时,测量列精密度的估计

前文中,在讨论随机误差分布规律和测量列精密度参数时,我们研究的是总体问题,是以重复测量次数 n 趋向于无穷大为基础的。但在实际工作中,测量的次数总是有限的,我们所研究的,只可能是从总体中抽取出来的某个样本。这就产生了两个问题:①样本的精密度参数,是否等于总体的相应的参数;②在有限次测量时,测定值所包含的随机误差是无法求得的,因此无法用式(3-15)及式(3-16)计算测量列精密度参数。

因为重复测量次数 n 为有限时,相当于从总体中随机地抽取一个容量为 n 的样本。从无限的总体中抽取有限容量的样本,其组合方式将是无限的,并且各个样本是不可能完全相同的。于是,样本的精密度参数将是一个随机变量,它们围绕着总体相应的参数而波动,或者说样本的精密度参数的数学期望,等于总体相应的参数。因此,对于已经抽出的某个具体的样本而言,它的精密度参数只是总体参数的一个估计值(近似值),通常以 $\hat{\sigma}$、$\hat{\delta}$、$\cdots$ 表示。用样本参数代替总体参数(即用 $\hat{\sigma}$ 代替 σ)而引起的误差,在一般测量工作中可以忽略,如果需要考虑,请参考有关书籍。

在有限容量的样本中,我们只能求得测定值的残差 v_i,因而只能通过残差来计算精密度参数。根据数理统计学可知,用样本的残差表示的总体的标准误差的无偏估计,可用下式表示

$$\hat{\sigma} = \sqrt{\frac{1}{n-1}(v_1^2 + v_2^2 + \cdots + v_n^2)} = \sqrt{\frac{1}{n-1}\left(\sum_{i=1}^{n} v_i^2\right)} \qquad (3\text{-}18)$$

求得 $\hat{\sigma}$ 后,可按表 3-1 所示的关系,计算 $\hat{\gamma}$、$\hat{\delta}$、$\hat{\Delta}_{\lim}$。这种通过残差平方和估计精密度参数的方法,称为贝塞尔(Bessel)方法。

同理，用样本的残差表示的平均算术误差的无偏估计，可用下式表示

$$\hat{\delta} = \frac{|v_1|+|v_2|+\cdots+|v_n|}{\sqrt{n(n-1)}} = \frac{\sum_{i=1}^{n}|v_i|}{\sqrt{n(n-1)}} \tag{3-19}$$

求得$\hat{\delta}$后，可按表3-1所示的关系，计算$\hat{\sigma}$、$\hat{\gamma}$、$\hat{\Delta}_{\text{lim}}$。这种通过残差绝对值之和估计精密度参数的方法，又称佩特斯(Peters)方法。

在佩特斯方法推导过程中，曾假定测定值的残差服从正态分布，所以，在一个有限的测量列中，如满足这一条件，则佩特斯法与贝塞尔法计算结果相同。实际上，这个条件不一定能够满足，特别是在测量次数较少的情况下。这时，平均算术误差可能无法表示测定值的波动情况，因为一个残差彼此接近的测量列，与另一个残差有大有小的测量列，其平均算术误差可能相等。而标准误差对绝对值较大的残差比较敏感，能较好地反映测量列的精密度。设有两个测量列 I 和 II (n = 10)，其测定值的残差如下：

I　　+3，　−4，　−3，　+4，　−5，　−2，　+3，　+3，　−4，　+5
II　　−1，　0，　+12，　0，　−1，　−10，　+1，　0，　+1，　−10

按式 (3-19) 计算，$\hat{\delta}_I = \hat{\delta}_{II} = 3.8$，而按式(3-18)计算，$\hat{\sigma}_I = 3.9$，$\hat{\sigma}_{II} = 6.2$。由此可见，采用贝塞尔法时，测量列 II 精密度较低被暴露出来了。因此，尽管计算比较繁琐，贝塞尔法仍然得到广泛的应用。

3.3.3　有限次测量时，测量结果的精密度

根据一个有限的测量列，我们无法求得被测参数的真值，而只能用测定值的算术平均值作为测量结果，以近似地代替真值。一个有限的测量列，实际上是从无限的总体中任意抽取的一个样本，而这样的样本可以有无数个。因而，测量结果也是一个随机变量。测量结果(测定值的算术平均值)与被测参数真值之差，称为测量结果的随机误差，以λ表之，其计算公式如下：

$$\lambda = L - X = \frac{\sum_{i=1}^{n} l_i}{n} - X = \frac{\sum_{i=1}^{n}(X+\Delta_i)}{n} - X = \frac{\sum_{i=1}^{n}\Delta_i}{n}$$

这就是说，测量结果(算术平均值)的随机误差，等于各测定值随机误差的算术平均值。测量结果的数学期望等于被测参数的真值，因此，测量结果是被测参数真实值的无偏估计。现在我们来讨论测量结果的分布规律和它的精密度。

假设一个有限的测量列，由l_1、l_2、$\cdots$、l_n组成，其测量结果(算术平均值)$L = \frac{1}{n}\sum_{i=1}^{n} l_i$。我们可以把具体的测定值$l_1$，看作随机变量$\xi_1$的一个样本，把$l_2$看作随机变量$\xi_2$的一个样本，$\cdots\cdots$，把$L$看作随机变量$\eta$的一个样本。显然，$\eta = \frac{1}{n}\sum_{i=1}^{n}\xi_i$。对于一个等精密度测量列而言，$\xi_1$、$\xi_2$、$\cdots$、$\xi_n$是互相独立的同分布的随机变量，它们都服从正态分布，可以记作：$\xi_i \sim N(X,\sigma)$，$i = 1,2,\cdots,n$，其中 X 为被测参数的真值，σ 为测量列的标准误差。根据概率

论可知，随机变量 η 也服从正态分布，它的分布规律可以记作：$\eta \sim N(X, \sigma_L)$，其中 σ_L 为测量结果的标准误差，它与测量列的标准误差 σ，具有下列关系

$$\sigma_L = \frac{\sigma}{\sqrt{n}} \tag{3-20}$$

式中，n 为测量列的容量，即重复测量的次数。

参照表 3-1 所示的关系，可以求得测量结果的其他精密度参数，即测量结果的概然误差 γ_L、测量结果的平均算术误差 δ_L 和测量结果的极限误差 $\lambda_{\lim}$：

$$\left.\begin{aligned}\gamma_L &= 0.6745\sigma_L = 0.6745\frac{\sigma}{\sqrt{n}} = \frac{\gamma}{\sqrt{n}} \\ \delta_L &= 0.7979\sigma_L = 0.7979\frac{\sigma}{\sqrt{n}} = \frac{\delta}{\sqrt{n}} \\ \lambda_{\lim} &= 3\sigma_L = 3\frac{\sigma}{\sqrt{n}} = \frac{\Delta_{\lim}}{\sqrt{n}}\end{aligned}\right\} \tag{3-21}$$

根据贝塞尔法计算时，如测定值的残差以 v_i 表示，则 $\hat{\sigma} = \sqrt{\frac{1}{n-1}\sum_{i=1}^{n}v_i^2}$，于是

$$\left.\begin{aligned}\hat{\sigma}_L &= \frac{\hat{\sigma}}{\sqrt{n}} = \sqrt{\frac{1}{n(n-1)}\sum_{i=1}^{n}v_i^2} \\ \hat{\gamma}_L &= 0.6745\hat{\sigma}_L = 0.6745\sqrt{\frac{1}{n(n-1)}\sum_{i=1}^{n}v_i^2} \\ \hat{\delta}_L &= 0.7979\hat{\sigma}_L = 0.7979\sqrt{\frac{1}{n(n-1)}\sum_{i=1}^{n}v_i^2} \\ \hat{\lambda}_{\lim} &= 3\hat{\sigma}_L = 3\sqrt{\frac{1}{n(n-1)}\sum_{i=1}^{n}v_i^2}\end{aligned}\right\} \tag{3-22}$$

由式(3-20)可知，测量结果的标准误差与测量列的标准误差成正比，而与重复测量次数的平方根成反比。因而，在测量列精密度一定的情况下，增加测量的次数，可以提高测量结果的精密度(即减少测量结果的误差)。但是，要使测量结果的误差降低到原有的十分之一(即测量结果的有效数字增加一位)，就必须使测量次数增大至原有的一百倍，这就需要花费大量的精力和时间。由式(3-20)及式(3-21)可知，$\frac{\sigma_L}{\sigma} = \frac{\gamma_L}{\gamma} = \frac{\delta_L}{\delta} = \frac{1}{\sqrt{n}}$，因此，为了作进一步的分析，对于不同的 n，计算的 $\frac{1}{\sqrt{n}}$ 值如下：

n	1	2	3	4	6	8	10	16	25	50	100
$\frac{1}{\sqrt{n}}$	1	0.71	0.58	0.50	0.41	0.35	0.32	0.25	0.20	0.14	0.10

在 $n \sim \frac{1}{\sqrt{n}}$ 坐标系中，上述数据表现为一系列离散的点(因为 n 只能取整数)，为便于研

究变化规律，将这些点连成一条曲线，如图 3.5 所示。由图可见，$\dfrac{1}{\sqrt{n}}$ 将随 n 的增大而减小，但减小的速度则越来越低（曲线的斜率越来越小）。当 $n>10\sim15$ 时，$\dfrac{1}{\sqrt{n}}$ 减小得很慢。这时，为了进一步提高测量结果的精密度，应设法提高测量列的精密度，单纯增加测量次数，将是不经济的。

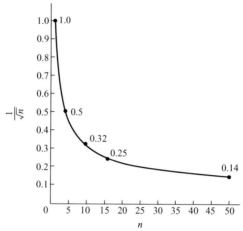

图 3.5　在一定的测量条件下，测量结果精密度参数与测量次数的关系

当然，重复测量的次数也不能太少。因为测量次数过少，我们就无法确定整个测量列的性质，用式 (3-18) 及式 (3-19) 估计测量列的精密度参数就会有较大的误差。在一般试验测量工作中，建议将重复测量的次数取为 $10\sim15$。

3.3.4　测量仪器应有的分辨率

如前所述，在讨论测定值及随机误差正态分布规律时，我们把它们都看作连续随机变量。这就意味着，测定值的变化即使微小到接近于零，也能够在测量仪器上察觉出来。实际上，由于测量仪器灵敏度的限制，测定值及随机误差的有效数字的位数，都将是有限的。数值不等的许多个测定值之间，有一个最小的差值(其他任何差值都是这个最小差值的整数倍)，这个最小差值称为测量仪器的分辨率，或称灵敏度阈。

大量的试验证明，只有当测量的灵敏度足够高(即分辨率足够小)时，测量列的实际分布才能与理论的分布相一致。由于分辨率不接近于零，在计算测量列精密度参数时，就会引起误差。在极端的情况下，当分辨率大于随机误差的极限值时，多次重复测量所得的测定值将完全相同，随机误差无法显示出来。

在测量精密度相同的情况下，如以 σ 表示分辨率接近于零时测量列的标准误差，以 σ_* 表示分辨率不接近于零时测量列的标准误差，则 σ 和 σ_* 具有下列近似关系

$$\sigma^2 = \sigma_*^2 - \dfrac{\omega^2}{12} \tag{3-23}$$

式中，ω——测量仪器的分辨率。

在一般测量工作中，测量列的标准误差的有效数字不超过两位，因此，如果 σ_* 与 σ 之差

不超过第三位有效数字的一半(即 $0.005\sigma_*$)时，用 σ_* 代替 σ 而引起的误差，实际上可以忽略不计。由 $\sigma_* - \sigma < 0.005\sigma_*$，可得 $0.995\sigma_* < \sigma$，即 $0.990025\sigma_*^2 < \sigma^2$，代入式(3-23)，解得 $\omega < 0.35\sigma_*$，或者近似地写作

$$\omega < \frac{1}{3}\sigma \tag{3-24}$$

式(3-24)表明测量仪器所应具有的分辨率。如式(3-24)不能满足，应设法提高测量的灵敏度，或者按式(3-23)对计算结果进行修正。

3.3.5 不等精密度测量——加权平均值

在实际工作中，还可能遇到这样的情况：在测量过程中，更换了测量仪器或操作、观测人员；测量条件有所变动等。显然，这是一些不等精密度测量的情况。需要我们研究的问题是，如何求得被测参数的最可信赖值，并估计它的误差。

设 X 为被测参数的真值，l_1、l_2、$\cdots$、l_n 为彼此独立的测定值，Δ_1、Δ_2、$\cdots$、Δ_n 为测定值所包含的随机误差，则 $l_i = X + \Delta_i (i=1,2,\cdots,n)$。显然，最可信赖值 L_0 是测定值 l_i 的某种组合，即

$$L_0 = F(l_1, l_2, \cdots, l_n) \tag{3-25}$$

在最理想的情况下

$$F(l_1, l_2, \cdots, l_n) = X \tag{3-26}$$

由式(3-26)可得

$$\frac{\partial F(l_1, l_2, \cdots, l_n)}{\partial X} = \frac{\partial X}{\partial X} = 1$$

而

$$\frac{\partial F(l_1, l_2, \cdots, l_n)}{\partial X} = \frac{\partial F}{\partial l_1}\frac{\partial l_1}{\partial X} + \frac{\partial F}{\partial l_2}\frac{\partial l_2}{\partial X} + \cdots + \frac{\partial F}{\partial l_n}\frac{\partial l_n}{\partial X}$$

因为 $\frac{\partial l_i}{\partial X} = 1$，所以

$$\frac{\partial F}{\partial l_1} + \frac{\partial F}{\partial l_2} + \cdots + \frac{\partial F}{\partial l_n} = 1 \tag{3-27}$$

因为任何一列 $l_i(i=1,2,\cdots,n)$ 都应满足上式，所以偏导数 $\frac{\partial F}{\partial l_i}$ 是一些与 l_i 的具体取值无关的常数，即

$$F(l_1, l_2, \cdots, l_n) = c_1 l_1 + c_2 l_2 + \cdots + c_n l_n + c$$

由式(3-27)可知，$c_1 + c_2 + \cdots + c_n = 1$。考虑 $l_i = X$ 的特殊情况，由上式可以解得 $c = 0$。假设系数 c_1、c_2、$\cdots$、c_n 均为正数，则这些系数必为小于 1 的真分数，因而可以写作

$$c_i = \frac{W_i}{W} \qquad (i=1,2,\cdots,n)$$

由于 $\sum_{i=1}^{n} c_i = 1$，故 $W = \sum_{i=1}^{n} W_i$，于是被测参数的最可信赖值可用下式表示

$$L_0 = \frac{1}{W}(W_1 l_1 + W_2 l_2 + \cdots + W_n l_n) = \frac{W_1 l_1 + W_2 l_2 + \cdots + W_n l_n}{W_1 + W_2 + \cdots W_n} = \frac{\sum_{i=1}^{n} W_i l_i}{\sum_{i=1}^{n} W_i} \qquad (3\text{-}28)$$

式中，W_i 称为测定值的权，L_0 又称为加权平均值，$W = \sum_{i=1}^{n} W_i$ 称为测量结果（加权平均值）的权。

式(3-28)的意义是，在不等精密度测量中，我们不应该对各测定值一视同仁，而必须对那些比较可靠的测定值，给予更多的重视，即给予较大的权。应该指出，权的数值没有绝对的意义而只具有相对的意义。

在特殊的情况下，令 $W_1 = W_2 = \cdots = W_n$，则式(3-28)就与算术平均值的计算公式相同。这就是前面所讨论的等精密度测量的情况，既然测量的精密度相同，我们就没有理由重视一部分测定值而轻视另一部分测定值。

要应用式(3-28)进行计算，首先必须确定各测定值的权。这时，应该对测定值进行全面的分析，考虑到测量仪器的精度和技术状况，操作、观察人员的水平和熟练程度，外界环境及稳定情况等各种因素的影响，给各测定值以适当的权。这是一项十分困难的工作，只有实际经验比较丰富的人，才可能做到恰如其分。如果对各测定值 l_i 的标准误差 σ_i 可以作出某种估计的话，那么各测定值的权 W_i 可与标准误差的平方 σ_i^2 成反比。

以加权平均值(最可信赖值)作为测量结果，来代替被测参数的真值，必然会有误差。与等精密度测量的情况相似，不等精密度测量结果(加权平均值)也是一个随机变量，它的随机误差 λ 可用下式表示

$$\lambda = L_0 - X = \frac{\sum_{i=1}^{n} W_i l_i}{\sum_{i=1}^{n} W_i} - X = \frac{\sum_{i=1}^{n} W_i (X + \Delta_i)}{\sum_{i=1}^{n} W_i} - X = \frac{\sum_{i=1}^{n} W_i \Delta_i}{\sum_{i=1}^{n} W_i} \qquad (3\text{-}29)$$

这就是说，测量结果(加权平均值)的随机误差，等于各测定值随机误差的加权平均值。

不等精密度测量结果（加权平均值）的精密度参数，按贝塞尔法计算时，其公式如下：

$$\left. \begin{array}{l} \hat{\sigma}_{L_0} = \sqrt{\dfrac{1}{n-1} \dfrac{\sum_{i=1}^{n} W_i v_i^2}{\sum_{i=1}^{n} W_i}} \\ \\ \hat{\gamma}_{L_0} = 0.6745 \hat{\sigma}_{L_0} = 0.6745 \sqrt{\dfrac{1}{n-1} \dfrac{\sum_{i=1}^{n} W_i v_i^2}{\sum_{i=1}^{n} W_i}} \end{array} \right\} \qquad (3\text{-}30)$$

式中，$\hat{\sigma}_{L_0}$——加权平均值的标准误差的估计值；

$\hat{\gamma}_{L_0}$——加权平均值的概然误差的估计值；

v_i——各测定值的残差，$v_i = l_i - L_0$；

n——测定值的数目；

W_i——各测定值的权。

3.4 直接测量参数测定值的处理

3.4.1 测量结果的表达

测量工作的目的，就是要确定被测量参数的数值。

通过有限次重复测量，我们不可能获得被测参数的真值 X，但是可以用测定值的算术平均值 L 或加权平均值 L_0 来近似地代替它。这时，测量结果可以表达为

$$X \approx L \quad \text{或} \quad X \approx L_0 \tag{3-31}$$

这种表达方式常用于粗略的测量中。

运用数理统计学中区间估计的方法，可以求得被测参数的真值在某个置信概率下的置信区间。

设测定值 l_1、l_2、$\cdots$、l_n 组成一个有限的等精密度测量列，由测量条件决定的标准误差为 σ。按照贝塞尔公式，标准误差的标估计值为 $\hat{\sigma}\sqrt{\dfrac{1}{n-1}\sum_{i=1}^{n}(l_i - L)^2}$。测定值的算术平均值 L 服从正态分布，即 $L \sim N\left(X, \dfrac{\sigma}{\sqrt{n}}\right)$，所以，$\dfrac{L-X}{\dfrac{\sigma}{\sqrt{n}}}$ 是一个标准化正态分布的随机变量，而 $(n-1)\dfrac{\hat{\sigma}^2}{\sigma^2} = \dfrac{1}{\sigma^2}\sum_{i=1}^{n}(l_i-L)^2$ 则是一个自由度为 $f = n-1$ 的 χ^2 分布随机变量，这两个随机变量互相独立，所以

$$t = \dfrac{(L-X)\big/\dfrac{\sigma}{\sqrt{n}}}{\hat{\sigma}/\sigma} = \dfrac{L-X}{\dfrac{\hat{\sigma}}{\sqrt{n}}}$$

是一个自由度为 $f = n-1$ 的 t 分布随机变量。如预先选定置信概率 p，即可由 t 分布表查得 $t_p(f)$，使得 $P\{|t| \leq t_p(f)\} = p$，由此可得

$$|L - X| \leq \dfrac{\hat{\sigma}}{\sqrt{n}} t_p(f) = \hat{\sigma}_L t_p(f)$$

于是，测量结果可以表达为

$$X = L \pm \dfrac{\hat{\sigma}}{\sqrt{n}} t_p(f) = L \pm \hat{\sigma}_L t_p(f) \tag{3-32}$$

它的含义是：被测参数的真值 X 在置信区间 $\left[L-\hat{\sigma}_L t_p(f), L+\hat{\sigma}_L t_p(f)\right]$ 内的置信概率为 p。或者说，我们以置信概率 p 确信，以算术平均值 L 代替真值 X 时，误差不超过 $\hat{\sigma}_L t_p(f)$。在实际工作中，如预先选定真值及置信区间，则可由 t 分布表确定对应的置信概率 p。

上述区间估计的方法，可以推广到不等精密度测量的情况。这时，测量结果可以表达为

$$X = L_0 \pm \hat{\sigma}_{L_0} t_p(f) \tag{3-33}$$

式中，L_0——测定值的加权平均值；

$\hat{\sigma}_{L_0}$——加权平均值 L_0 的标准误差的估计值，由式(3-30)计算；

f——自由度，等于测定值的数目减 1。

如果重复测量的次数较多，则 $\hat{\sigma}$ 与 σ 的差别可以忽略不计，$\dfrac{L-X}{\hat{\sigma}_L}$ 可近似地看作标准化正态分布的随机变量。这时，测量结果可以表达为

$$\left.\begin{array}{ll} X = L \pm \hat{\lambda}_{\lim} & \text{或} \quad X = L_0 \pm \hat{\lambda}_{\lim(L_0)} \quad (p=0.997) \\ X = L \pm \hat{\gamma}_L & \text{或} \quad X = L_0 \pm \hat{\gamma}_{L_0} \quad (p=0.50) \\ X = L \pm \hat{\sigma}_L & \text{或} \quad X = L_0 \pm \hat{\sigma}_{L_0} \quad (p=0.68) \\ X = L \pm \hat{\delta}_L & \text{或} \quad X = L_0 \pm \hat{\delta}_{L_0} \quad (p=0.58) \end{array}\right\} \tag{3-34}$$

式中，$\hat{\lambda}_{\lim}$、$\hat{\gamma}_L$、$\hat{\sigma}_L$、$\hat{\delta}_L$ 分别为算术平均值 L 的极限误差估计值、概然误差估计值、标准误差估计值和平均算术误差估计值。

显然，置信区间的宽度取决于给定的置信概率(或者说，置信概率取决于给定的置信区间)，因此，用式(3-32)～式(3-34)表达测量结果时，必须注明相应的置信概率。

为便于应用，现将处理直接测量参数测定值的公式，按使用时的顺序汇总(表3-2)。

表 3-2 处理直接测量参数测定值的公式

计 算 公 式		注　释
(1) $L = \dfrac{1}{n}\sum\limits_{i=1}^{n} l_i$ $L_0 = \dfrac{1}{\sum\limits_{i=1}^{n} W_i}\left(\sum\limits_{i=1}^{n} W_i l_i\right)$		l_i——各测定值 n——测量次数 L——测定值的算术平均值 L_0——测定值的加权平均值 W_i——各测定值的权 v_i——各测定值的残差 i——$1, 2, \cdots, n$
(2) $v_i = l_i - L$ 或 $v_i = l_i - L_0$		
(3) 测量列的精密度参数	贝塞尔法	$\hat{\sigma} = \sqrt{\dfrac{\sum\limits_{i=1}^{n} v_i^2}{n-1}}$ $\hat{\gamma} = 0.6745\hat{\sigma} \approx \dfrac{2}{3}\hat{\sigma}$ $\hat{\delta} = 0.7979\hat{\sigma} \approx \dfrac{4}{5}\hat{\sigma}$	$\hat{\sigma}$——测量列标准误差的估计值 $\hat{\gamma}$——测量列概然误差的估计值 $\hat{\delta}$——测量列平均算术误差的估计值

(续)

		计 算 公 式	注 释
(3) 测量列的精密度参数	佩特斯法	$\hat{\delta} = \dfrac{\sum\limits_{i=1}^{n}|v_i|}{n(n-1)}$ $\hat{\sigma} = 1.2533\hat{\delta} \approx \dfrac{5}{4}\hat{\delta}$ $\hat{\gamma} = 0.8453\hat{\delta} \approx \dfrac{11}{13}\hat{\delta}$	$\hat{\sigma}$ ——测量列标准误差的估计值 $\hat{\gamma}$ ——测量列概然误差的估计值 $\hat{\delta}$ ——测量列平均算术误差的估计值
		$\hat{\Delta}_{\lim} = 3\hat{\sigma}$	$\hat{\Delta}_{\lim}$ ——测量列极限误差的估计值
(4) 测量结果的精密度参数		$\hat{\sigma}_L = \dfrac{\hat{\sigma}}{\sqrt{n}}$ $\hat{\gamma}_L = 0.6745\hat{\sigma}_L$ $\hat{\delta}_L = 0.7979\hat{\sigma}_L$ $\hat{\sigma}_{L_0} = \sqrt{\dfrac{1}{n-1} \dfrac{\sum\limits_{i=1}^{n} W_i v_i^2}{\sum\limits_{i=1}^{n} W_i}}$ $\hat{\gamma}_{L_0} = 0.6475\hat{\sigma}_{L_0}$ $\hat{\delta}_{L_0} = 0.7979\hat{\sigma}_{L_0}$	$\hat{\sigma}_L$ ——算术平均值标准误差的估计值 $\hat{\gamma}_L$ ——算术平均值概然误差的估计值 $\hat{\delta}_L$ ——算术平均值平均算术误差的估计值 $\hat{\sigma}_{L_0}$ ——加权平均值标准误差的估计值 $\hat{\gamma}_{L_0}$ ——加权平均值概然误差的估计值 $\hat{\delta}_{L_0}$ ——加权平均值平均算术误差的估计值
		$\hat{\lambda}_{\lim} = 3\hat{\sigma}_L$ $\hat{\lambda}_{\lim(L_0)} = 3\hat{\sigma}_{L_0}$	$\hat{\lambda}_{\lim}$ ——算术平均值极限误差的估计值 $\hat{\lambda}_{\lim(L_0)}$ ——加权平均值极限误差的估计值
(5) 测量结果表达式		$X \approx L;\quad X \approx L_0$ $\left.\begin{array}{l} X = L \pm \hat{\sigma}_L t_p(f) \\ X = L_0 \pm \hat{\sigma}_{L_0} t_p(f) \end{array}\right\}\ (p)$ $\left.\begin{array}{l} X = L \pm \hat{\gamma}_L \\ X = L_0 \pm \hat{\gamma}_{L_0} \end{array}\right\}\ (p=0.50)$ $\left.\begin{array}{l} X = L \pm \hat{\sigma}_L \\ X = L_0 \pm \hat{\sigma}_{L_0} \end{array}\right\}\ (p=0.68)$ $\left.\begin{array}{l} X = L \pm \hat{\delta}_L \\ X = L_0 \pm \hat{\delta}_{L_0} \end{array}\right\}\ (p=0.58)$ $\left.\begin{array}{l} X = L \pm \hat{\lambda}_{\lim} \\ X = L_0 \pm \hat{\lambda}_{\lim(L_0)} \end{array}\right\}\ (p=0.997)$	X ——被测参数的真值 p ——置信概率 $t_p(f)$ ——由置信概率 p 及自由度 $f=n-1$ 决定的 t 分布数值 注：对等精密度测量，用算术平均值 L 表示测量结果； 对不等精密度测量，用加权平均值 L_0 表示测量结果

3.4.2 有效数字与舍入法则

1) 有效数字的概念

如果我们用一个分度为 10N 的磅秤，去秤某物体的重量，得到测定值为 123N。这时，个位上的数字 3，是根据磅秤指针的位置估计出来的，因而是可疑的、近似的(或者说具有某种不确定性)。而前面两位数字 12 则是可靠的(或确定的)。对于这种数字，即除了末位数可疑外,其余各位数字都是可靠的,我们称之为有效数字。如无特殊说明,通常可以认为,有效数字在末位上可有±1 的误差,或在下一位上有±5 的误差。前例,测定值 123N,表明该物体重量为 122.5~123.5N。

有效数字的位数可以这样计算:从左向右数,第一个不等于零的数字,是第一位有效数字。例如,0.00904 为三位有效数字,1248 为四位有效数字。为了明确地表示有效数字的位数,有时需要把数字写成 $a\times10^b$ 的形式(其中,a 为有效数字),如 12500 表示五位有效数字,而 12.5×10^3 表示三位有效数字。显然,有小数点的数,末位的零是不允许任意抹掉(或添加)的,因为 0.6320 是四位有效数字,表明该数在 0.63195~0.63205 之间,而 0.632 是三位有效数字,表明该数在 0.6315~0.6325 之间,这两个数具有不同的测量精密度。值得注意的是,有效数字的位数与小数点的位置无关,因为小数点的位置只取决于所用的单位,如前例,123N 也可以写作 0.123kN,或写作 1.23×10^5 mN,它们都是三位有效数字。

因为测量误差是不可能完全避免的,所以,通过测量所得到的数据,包括测定值、测量结果、精密度参数等,都具有某种不确定性,它们的有效数字位数都是有限的,并且取决于测量的精密度。为了确切地反映这种精密度,不应该任意地增加(或减少)有效数字的位数。而那些与测量无关的数字,如自然数 2、5,分数 $\frac{1}{2}$、$\frac{1}{4}$,无理数 $\sqrt{3}$、$\sqrt{5}$,自然常数 π、e 等,其有效数字的位数,可以认为是无限的。

2) 舍入法则

与测量有关的数据,根据测量的精密度确定有效数字的位数后,就必须对多余的部分进行处理。设有效数字的位数为 n,则第 n 位以后的数字应予舍弃,同时第 n 位数字,或者保持不变(即通常所谓的"舍"),或者增加 1(即通常所谓的"入")。由于舍或入而引起的误差,称为舍入误差。在确定舍入法则的时候,应使舍入误差尽可能小,确切地说,就是使舍入误差的数学期望值为零。

古典的"四舍五入"法则,是一种不理想的法则,因为舍入误差的数学期望不等于零。现在我们来分析这个问题。设有效数字位数为 n,而数据有 $n+1$ 位数字。如第 $n+1$ 位为 4,舍去后,舍入误差为 –4(以第 $n+1$ 位的单位计,下同);如第 $n+1$ 位为 6,进入后,舍入误差为 +4;依次计算,可得舍入误差值(表 3-3)。

表 3-3 第 $n+1$ 位数字的舍入误差值

第 $n+1$ 位的数字	0	1	2	3	4	5	6	7	8	9
舍入误差值 (以第 $n+1$ 位单位计)	0	–1	–2	–3	–4	+5	+4	+3	+2	+1

第 $n+1$ 位数字的取值范围为:0,1,2,…,9。这 10 个数字出现的概率是相等的,都是 $\frac{1}{10}$,所以舍入误差的数学期望等于 $\frac{1}{10}[(-1)+(-2)+(-3)+(-4)+5+4+3+2+1]$,等于 $\frac{1}{2}$。

产生这种情况的原因是:第 $n+1$ 位数字出现 1 与 9 时,舍入误差为 –1 与 +1,可以抵消,出现 2 与 8 时,舍入误差为 –2 与 +2,可以抵消,……,而第 $n+1$ 位数字等于 5 时,舍入误差为 +5,无法消除。如果第 $n+1$ 位数字等于 5 时,有一半予以舍去,另一半予以进入,则舍入误差的数学期望将等于零。

根据上述分析，可以确定一种新的比较理想的舍入法则。设有效数字的位数取为 n，则：①如舍弃部分第一位数字小于 5，第 n 位数字保持不变；②如舍弃部分第一位数字大于 5，或第一位数字等于 5 而以后各位数字不全为零，则第 n 位数字加 1；③如舍弃部分第一位数字等于 5 而以后各位数字均等于零，则应使第 n 位数字变为偶数，即原为偶数者不变，原为奇数者加 1。上述舍入法则可简化为如下口诀："五以下舍，五以上入，遇五取偶数"。采用这种舍入法则，可使舍入误差的数学期望值等于零。

【例 3-1】 将下列各数化为四位有效数字。

135.649→135.6；10.0261→10.03；

4.462501→4.463；4.462500→4.462；

4.461500→4.462；1.1075→1.108。

3) 数字运算法则

对精密度不同的数据进行运算时，必须遵循一定的法则，才能达到既保证精度，又便于计算的目的。常用的数字运算法则如下。

(1) 作加减运算时，各数保留的小数点后的位数，可与所给各数中，小数点后位数最少者相同。例如，19.45，0.0074，1.623 三数相加，可以写作：19.45+0.01+1.62=21.08。因为 19.45 这个数，百分位上的 5 已是可疑数字，所以其他各数千分位万分位上的数字，即使可靠也没有多大意义了。

(2) 作乘除运算时，各数保留的有效数字的位数，可与所给各数中，有效数字位数最少者相同。例如，1.42，45.74，0.15782 三数相乘，可以写作，$1.42 \times 45.7 \times 0.158 = 10.3$。如某数第一位有效数字等于或大于 8，则该数的有效数字可多计一位。例如 9.13，可以看作四位有效数字。

(3) 如果运算的次数较多，为了避免误差的累积，在运算过程中应多保留一位数字。

(4) 计算一组测定值的平均值时，开始时应多保留几位数字，以便使大多数测定值的残差有两位数字。平均值最终应取几位有效数字，取决于它的概然误差的数量级。例如，某零件尺寸平均值，开始计算时为 123.4572mm，而它的概然误差为 0.02mm，则平均值最终应取 123.46mm，即五位有效数字。

(5) 在对数运算中，对数的位数应与真数有效数字的位数相等。

3.4.3 直接测量参数定值处理举例

【例 3-2】 在某发动机处于稳定工作情况下，对输出扭矩进行了 10 次测量，得到如下测定值：143，143，145，143，138，140，144，145，143，140(N·m)。试表达测量结果，并进行分析。

解：发动机稳定工作时，可以认为输出扭矩的真值保持不变，假定测量是等精密度的，则按表 3-2 的公式，计算如下：

(1) 算术平均值

$$L = \frac{1}{n}\sum_{i=1}^{n} l_i = \frac{1424}{10} = 142.4 \text{ (N·m)}$$

(2) 测定值的残差 $v_i = l_i - L$，计算结果如表 3-4 所示。因为 $\sum_{i=1}^{n} v_i = 0$，可以验证算术平均值 L 计算无误。

表 3-4 发动机输出扭矩测定值及残差

测量次序	测定值 l_i	残差 v_i	v_i^2
1	143	+0.6	0.36
2	143	+0.6	0.36
3	145	+2.6	6.76
4	143	+0.6	0.36
5	138	−4.4	19.36
6	140	−2.4	5.76
7	144	+1.6	2.56
8	145	+2.6	6.76
9	143	+0.6	0.36
10	140	−2.4	5.76
$\sum_{i=1}^{n}$	1424	0	48.40

(3) 测量列标准误差

$$\hat{\sigma} = \sqrt{\frac{1}{n-1}\sum_{i=1}^{n} v_i^2} = \sqrt{\frac{48.40}{9}} = 2.32 \text{ (N·m)}$$

(4) 测量列极限误差

$$\hat{\Delta}_{\lim} = 3\hat{\sigma} = 6.96 \text{ (N·m)}$$

检查各测定值的残差，其绝对值均未超过 $\hat{\Delta}_{\lim}$，可知测量工作正常，各测定值没有包含过失误差。

(5) 算术平均值的标准误差 $\hat{\sigma}_L = \frac{\hat{\sigma}}{\sqrt{n}} = \frac{2.32}{\sqrt{10}} = 0.73$ (N·m)，概然误差 $\hat{\gamma}_L = 0.6745\hat{\sigma}_L = 0.49$ (N·m)。

(6) 选定两个置信概率 $p = 0.9973$ 和 $p = 0.50$，按自由度 $f = n - 1 = 9$ 查 t 分布表，得 $t_{0.9973}(9) = 4.09$，$t_{0.5}(9) = 0.703$。

(7) 测量结果的表达（置信区间的估计）

$$X = L \pm t_p(n-1) \cdot \hat{\sigma}_L = 142.4 \pm 4.09 \times 0.73 = 142.4 \pm 3.0 \text{ (N·m)} \quad (p = 0.9973)$$

$$X = L \pm t_p(n-1) \cdot \hat{\sigma}_L = 142.4 \pm 40.703 \times 0.73 = 142.4 \pm 0.5 \text{ (N·m)} \quad (p = 0.5)$$

这就是说，发动机输出扭矩的真值虽然无法求得，但可用 142.4N·m 近似地代表它，并且我们以 0.9973 的概率确信，真值在 139.4～145.4N·m 范围内(以 0.50 的概率确信，真值在 141.9～142.9N·m 范围内)。

(8) 为比较起见，按正态分布作近似计算

$$X = L \pm \hat{\lambda}_{\lim} = L \pm 3\hat{\sigma}_L = 142.4 \pm 2.2 \text{ (N·m)} \quad (p = 0.9973)$$

$$X = L \pm \hat{\gamma}_L = 142.4 \pm 0.5 \text{ (N·m)} \quad (p = 0.50)$$

由此可见，按正态分布计算的置信区间，小于按 t 分布计算的置信区间。这就是说，按正态分布作近似计算时，将造成一种错觉——测量的精密度较高。只有在重复测量次数较多（$n \geqslant 10$），置信概率取为 0.50 时，两种计算方法所得的结果大体相同。因此，按正态分布作近似计算时，习惯上采用下列表达方式：$X = L \pm \hat{\gamma}_L$（$p = 0.50$）。

3.5 间接测量参数（函数）的误差分析

由 3.1 节可知，间接测量参数 Y 可用下式表示

$$Y = F(X_1, X_2, \cdots, X_m)$$

式中，X_1、X_2、$\cdots$、X_m 为彼此独立的可以直接测量的参数（简称自变量）。如前所述，通过有限次测量是无法求得 X_1、X_2、$\cdots$、X_m 的真值的，所以参数 Y（简称函数）的真值也是无法求得的。

现在的问题是，根据 X_1、X_2、$\cdots$、X_m 的最可信赖值 L_1、L_2、$\cdots$、L_m 及相应的概然误差 γ_{L1}、γ_{L2}、$\cdots$、γ_{Lm}，如何求得 Y 的最可信赖值 L_y 及相应的概然误差 γ_{Ly}；或者根据参数 Y 所要求的测量精密度，如何确定 X_1、X_2、$\cdots$、X_m 所应有的测量精密度。要解决这些问题，必须求得参数 Y 的误差与参数 $X_i (i = 1, 2, \cdots, m)$ 的误差之间的关系，这就是平均误差传递（积累）定律。

3.5.1 平均误差传递（积累）定律

已知 $Y = F(X_1, X_2, \cdots, X_m)$。假设对 X_1、X_2、$\cdots$、X_m 各进行 n 次测量，则将测定值代入上述函数式，可得 l_{y1}、l_{y2}、$\cdots$、l_{yn}，组成一个间接测量列。如以 $\sigma_i (i = 1, 2, \cdots, m)$ 表示 X_i 的测量列的标准误差，以 σ_y 表示参数 Y 的测量列的标准误差，则 σ_y 一定是 σ_i 的某种组合。现在来寻求这种组合的函数形式。

根据多元函数泰勒级数展开式，并考虑到测量误差数值较小，因而可以忽略二次以上各项，则得

$$\Delta Y = \frac{\partial F}{\partial X_1} \Delta X_1 + \frac{\partial F}{\partial X_2} \Delta X_2 + \cdots + \frac{\partial F}{\partial X_m} \Delta X_m \tag{3-35}$$

将上式平方得

$$\Delta Y^2 = \left(\frac{\partial F}{\partial X_1}\right)^2 \Delta X_1^2 + \left(\frac{\partial F}{\partial X_2}\right)^2 \Delta X_2^2 + \cdots + \left(\frac{\partial F}{\partial X_m}\right)^2 \Delta X_m^2$$
$$+ 2\frac{\partial F}{\partial X_1}\frac{\partial F}{\partial X_2} \Delta X_1 \Delta X_2 + 2\frac{\partial F}{\partial X_1}\frac{\partial F}{\partial X_3} \Delta X_1 \Delta X_3 + \cdots$$

对 X_i 进行 n 次重复测量，可得类似的 n 个方程式。将这 n 个方程相加，若 $n \to \infty$，由于正负误差可以抵消，因而上式中的非平方项相加等于零。故得

$$\sum_{j=1}^{n}\Delta Y_j^2 = \left(\frac{\partial F}{\partial X_1}\right)^2 \sum_{j=1}^{n}(\Delta X_1)_j^2 + \left(\frac{\partial F}{\partial X_2}\right)^2 \sum_{j=1}^{n}(\Delta X_2)_j^2 + \cdots + \left(\frac{\partial F}{\partial X_m}\right)^2 \sum_{j=1}^{n}(\Delta X_m)_j^2$$

式中，j 为重复测量的序号。以 $\dfrac{1}{n}$ 乘上式的两端，则得

$$\sigma_y^2 = \left(\frac{\partial F}{\partial X_1}\right)^2 \sigma_1^2 + \left(\frac{\partial F}{\partial X_2}\right)^2 \sigma_2^2 + \cdots + \left(\frac{\partial F}{\partial X_m}\right)^2 \sigma_m^2 = \sum_{i=1}^{m}\left(\frac{\partial F}{\partial X_1}\right)^2 \sigma_i^2 \tag{3-36}$$

令 $\dfrac{\partial F}{\partial X_i} = \alpha_i$，并称为误差传递（积累）系数，则式(3-36)可改写为

$$\sigma_y = \sqrt{\alpha_1^2\sigma_1^2 + \alpha_2^2\sigma_2^2 + \cdots + \alpha_m^2\sigma_m^2} = \sqrt{\sum_{i=1}^{m}\alpha_i^2\sigma_i^2} \tag{3-37}$$

假设参数 Y 的间接测定值 l_y 服从正态分布（已知 X_i 的测定值服从正态分布，且由概率论可知，正态分布随机变量的线性组合，也是一个正态分布随机变量，因此，若 Y 是 X_i 的线性组合时，这个假设是正确的。否则只是一个近似)，则式(3-37)可以扩展为

$$\xi_y = \sqrt{\alpha_1^2\xi_1^2 + \alpha_2^2\xi_2^2 + \cdots + \alpha_m^2\xi_m^2} = \sqrt{\sum_{i=1}^{m}\alpha_i^2\xi_i^2} \tag{3-38}$$

式中，ξ 可以代表测量列的精密度参数 σ、γ、δ，也可以代表测量结果的精密度参数 σ_L、γ_L、δ_L 等，也就是代表与 σ 有线性联系的任何误差。

式(3-38)表达了参数 Y 的平均误差与参数 X_i 的平均误差之间的函数关系，称为平均误差传递（积累）定律。应该指出的是，这里所谓的"平均"误差，是指随机误差总体的精密度参数，而不是某个具体的随机误差。进一步分析式(3-38)可知，$\alpha_1\xi_1$ 实际上就是：只有 X_1 具有平均误差 ξ_1（其他自变量 X_1、X_2、$\cdots$、X_m 均无误差）时，函数 Y 所具有的平均误差，因此 $\alpha_i\xi_i$ 又称为部分误差。式(3-38)表明，函数的平均误差等于各部分误差的几何和。在这里，系数 α 起到了将自变量的误差传递给函数的作用，这就是把 α 称为误差传递系数的原因。

在式(3-38)中，ξ_i 的单位与 X_i 的单位相同，而 ξ_y 的单位与 Y 的单位相同，都属于绝对误差的范畴。如以相对误差的形式表示，参数 Y 的相对误差 $\xi_{0y} = \dfrac{\xi_y}{Y}$，而 X_i 的相对误差 $\xi_{0i} = \dfrac{\xi_i}{X_i}$，则式(3-38)可改写为

$$\begin{aligned}\xi_{0y} = \frac{\xi_y}{Y} &= \sqrt{\alpha_1^2\left(\frac{X_1}{Y}\right)^2\xi_{01}^2 + \alpha_2^2\left(\frac{X_2}{Y}\right)^2\xi_{02}^2 + \cdots + \alpha_m^2\left(\frac{X_m}{Y}\right)^2\xi_{0m}^2} \\ &= \sqrt{\sum_{i=1}^{m}\alpha_i^2\left(\frac{X_i}{Y}\right)^2\xi_{0i}^2}\end{aligned} \tag{3-39}$$

应该指出的是，式(3-39)中，ξ_{0y} 和 ξ_{0i} 都是无单位的量。

3.5.2 间接测量参数测定值的处理

1）间接测量参数的最可信赖值

对各自变量 $X_i(i=1,2,\cdots,m)$ 进行 n 次重复测量，将测定值代入间接测量函数式 $Y = F(X_1,$

$X_2,\cdots,X_m$),即得参数 Y 的 n 个间接测定值。在等精密度测量的情况下,参数 Y 的最可信赖值就是间接测定值的算术平均值 L_y。根据式(3-35),参数 Y 的间接测定值 l_y 可用下式表示

$$l_y = Y + \Delta Y = F(X_1, X_2, \cdots, X_m) + \frac{\partial F}{\partial X_1}\Delta X_1 + \frac{\partial F}{\partial X_2}\Delta X_2 + \cdots + \frac{\partial F}{\partial X_m}\Delta X_m \qquad (3\text{-}40)$$

将 n 个这样的方程式相加并除以 n,则得

$$L_y = Y + \frac{1}{n}\sum_{j=1}^{m}\Delta Y_j = F(X_1, X_2, \cdots, X_m) + \frac{\partial F}{\partial X_1}\frac{1}{n}\sum_{j=1}^{m}(\Delta X_1)_j$$
$$+ \frac{\partial F}{\partial X_2}\frac{1}{n}\sum_{j=1}^{m}(\Delta X_2)_j + \cdots + \frac{\partial F}{\partial X_m}\frac{1}{n}\sum_{j=1}^{m}(\Delta X_m)_j$$

式中,j——重复测量的序号。

上式可改写为

$$L_y = Y + \lambda_y = F(X_1, X_2, \cdots, X_m) + \frac{\partial F}{\partial X_1}\lambda_1 + \frac{\partial F}{\partial X_2}\lambda_2 + \cdots + \frac{\partial F}{\partial X_m}\lambda_m \qquad (3\text{-}41)$$

式中,$\lambda_y = \frac{1}{n}\sum_{j=1}^{m}\Delta Y_j$——参数 Y 的算术平均值 L_y 的随机误差;

$\lambda_i = \frac{1}{n}\sum_{j=1}^{m}(\Delta X_i)_j$——参数 $X_i (i=1,2,\cdots,m)$ 的算术平均值的随机误差。

另外,将 X_i 的算术平均值 L_i 代入间接测量函数式

$$\begin{aligned}F(L_1, L_2, \cdots, L_m) &= F(X_1 + \lambda_1, X_2 + \lambda_2, \cdots, X_m + \lambda_m) \\ &= F(X_1, X_2, \cdots, X_m) + \frac{\partial F}{\partial X_1}\lambda_1 + \frac{\partial F}{\partial X_2}\lambda_2 + \cdots + \frac{\partial F}{\partial X_m}\lambda_m\end{aligned} \qquad (3\text{-}42)$$

比较式(3-41)和式(3-42),可得

$$L_y = Y + \lambda_y = F(L_1, L_2, \cdots, L_m) \qquad (3\text{-}43)$$

由此可见,只要将直接测量参数 X_i 的算术平均值 L_i 代入间接测量函数式,即可求得参数 Y 的算术平均值 L_y。

2) 间接测量结果的表达

通过有限次重复测量,我们不可能获得间接测量参数的真值 Y,但是可以用间接测定值的算术平均值 L_y 来近似地代替它。这时,测量结果可以表达为

$$Y \approx L_y \qquad (3\text{-}44)$$

这种表达方式常用于粗略的测量中。

间接测量参数的真值 Y 的区间估计,是一个比较复杂的问题。如果间接测定值 l_y 服从正态分布,而且重复测量次数较多,那么,$\dfrac{L_y - Y}{\hat{\sigma}_{L_y}}$ 可近似地看作标准化正态分布的随机变量,这时,间接测量结果可以表达为

$$Y = L_y \pm \hat{\sigma}_{L_y} \quad (p = 0.68) \\ Y = L_y \pm \hat{\gamma}_{L_y} \quad (p = 0.50) \Bigg\} \tag{3-45}$$

式中，$\hat{\sigma}_{L_y}$ ——算术平均值 L_y 的标准误差的估计值；

$\hat{\gamma}_{L_y}$ ——算术平均值 L_y 的概然误差的估计值；

p ——置信概率。

将各自变量的算术平均值 L_i 的标准误差的估计值 $\hat{\sigma}_{L_i}$，或概然误差的估计值 $\hat{\gamma}_{L_i}$，代入式 (3-38)，当间接即可求得 $\hat{\sigma}_{L_y}$ 或 $\hat{\gamma}_{L_y}$。

当间接测量函数式取乘除形式时，即

$$Y = F(X_1, X_2, \cdots, X_m) = K X_1^{\alpha_1} X_2^{\alpha_2} \cdots X_m^{\alpha_m}$$

这时，误差传递系数 α_i 为

$$\alpha_i = \frac{\partial F}{\partial X_i} = \alpha_i K X_1^{\alpha_1} X_2^{\alpha_2} \cdots X_m^{\alpha_m} X_m^{\alpha_m} X_i^{(\alpha_i - 1)}$$

如用式 (3-38) 直接计算 ξ_{L_y} 比较繁琐，而用式 (3-39) 先计算 ξ_{0L_y} 则比较方便。因为这时，$\alpha_i \dfrac{X_i}{Y} = \alpha_i$，式 (3-39) 可以写作

$$\xi_{0L_y} = \sqrt{\alpha_1^2 \xi_{0L_1}^2 + \alpha_2^2 \xi_{0L_2}^2 + \cdots + \alpha_m^2 \xi_{0L_m}^2} = \sqrt{\sum_{i=1}^{m} \alpha_i^2 \xi_{0L_i}^2} \tag{3-46}$$

求得 ξ_{0L_y} 后，则 ξ_{L_y} 不难求出，因为 $\xi_{L_y} = Y \xi_{0L_y}$。

对于工程技术测量，有时只需要指出极限误差即可，这时，间接测量结果可用下式表达

$$Y = L_y \pm \lambda_{y \lim} \tag{3-47}$$

式中，$\lambda_{y\lim}$ ——参数 Y 的算术平均值 L_y 的绝对极限误差，可用下式表示

$$\lambda_{y\lim} = \left|\frac{\partial F}{\partial X_1}\lambda_{1\lim}\right| + \left|\frac{\partial F}{\partial X_2}\lambda_{2\lim}\right| + \cdots + \left|\frac{\partial F}{\partial X_m}\lambda_{m\lim}\right| = \sum_{i=1}^{n}|\alpha_i \lambda_{i\lim}| \tag{3-48}$$

也可以先计算 L_y 的相对极限误差 $\lambda_{0y\lim}$，再按 $\lambda_{y\lim} = Y \lambda_{0y\lim}$ 计算，这时

$$\lambda_{0y\lim} = \frac{\lambda_{y\lim}}{Y} = \sum_{i=1}^{n}\left|\alpha_i \frac{X_i}{Y}\lambda_{0i\lim}\right| \tag{3-49}$$

式 (3-48) 和式 (3-49) 中，$\lambda_{i\lim}$ 和 $\lambda_{0i\lim}$ 分别为各自变量算术平均值 L_i 的绝对极限误差和相对极限误差。式 (3-48) 和式 (3-49) 反映了这样一种最不利的组合：L_i 的随机误差都达到极限值（最大可能值），且因此而引起的函数误差都具有相同的符号，这时，部分误差以绝对值相加的方式相叠加。

应该指出，只有在重复测量次数很多的情况下，才可以用式 (3-45) 表示间接测量参数 Y 的置信区间。如果测量次数较少，用式 (3-47) 表达测量结果比较合适。在极端的情况下，如果对每个自变量只进行一次测量，那时，我们只能根据测量仪器的精密度，估计各自变量的极限误差，并用式 (3-47) 表达间接测量的结果。

为便于应用，现将处理间接测量参数测定值的公式，汇总见表3-5。

表3-5　处理间接测量参数测定值的公式

计　算　公　式	注　　解
$(1) L_y = F(L_1, L_2, \cdots, L_m)$ $\quad\quad = F(L_i) \quad (i=1,2,\cdots,m)$	$Y = F(X_i)$——间接测量参数的函数式 X_i——各自变量的真值 i——各自变量的序号 L_i——各自变量的算术平均值（按表3-2计算） L_y——参数Y的算术平均值
$(2) \alpha_i = \dfrac{\partial F}{\partial X_i}$	α_i——误差传递函数
$(3) \hat{\xi}_{L_y} = \sqrt{\sum_{i=1}^{n} \alpha_i^2 \xi_{L_i}^2}$ $\hat{\xi}_{L_y} = Y\hat{\xi}_{0L_y} = Y\sqrt{\sum_{i=1}^{n} \alpha_i^2 \left(\dfrac{X_i}{Y}\right)^2 \xi_{0L_i}^2}$ $\quad \approx L_y \sqrt{\sum_{i=1}^{n} \alpha_i^2 \left(\dfrac{X_i}{Y}\right)^2 \xi_{0L_i}^2}$ $\hat{\xi}_{0L_i} = \dfrac{\hat{\xi}_{L_i}}{X_i} \approx \dfrac{\hat{\xi}_{L_i}}{L_i}$	$\hat{\xi}_{L_i}$——各自变量算术平均值L_i的精密度参数的估计值（按表3-2计算） $\hat{\xi}_{L_y}$——参数Y的算术平均值L_y的精密度参数的估计值 $\hat{\xi}_{0L_i}$——各自变量算术平均值L_i的相对精密度参数的估计值 $\hat{\xi}_{0L_y}$——参数Y的算术平均值L_y的相对精密度参数的估计值 Y——间接测量参数的真值
$(4) \hat{\lambda}_{y\lim} = \sum_{i=1}^{m} \left|\alpha_i \hat{\lambda}_{i\lim}\right|$ $\hat{\lambda}_{y\lim} = Y\hat{\lambda}_{0y\lim} = Y \sum_{i=1}^{m} \left|\alpha_i \left(\dfrac{X_i}{Y}\right) \hat{\lambda}_{0i\lim}\right|$ $\quad \approx L_y \sum_{i=1}^{m} \left|\alpha_i \left(\dfrac{X_i}{Y}\right) \hat{\lambda}_{0i\lim}\right|$ $\hat{\lambda}_{0i\lim} = \dfrac{\hat{\lambda}_{i\lim}}{X_i} \approx \dfrac{\hat{\lambda}_{i\lim}}{L_i}$	$\hat{\lambda}_{i\lim}$——各自变量算术平均值L_i的极限误差的估计值（按表3-2计算） $\hat{\lambda}_{y\lim}, \hat{\lambda}_{0y\lim}$——参数$Y$的算术平均值$L_y$的绝对和相对极限误差的估计值 $\hat{\lambda}_{0i\lim}$——各自变量算术平均值L_i的相对极限误差的估计值
$(5) Y \approx L_y$ $Y = L_y \pm \hat{\sigma}_{L_y} \quad (p=0.68)$ $Y = L_y \pm \hat{\gamma}_{L_y} \quad (p=0.50)$ $Y = L_y \pm \hat{\lambda}_{y\lim}$	$\hat{\sigma}_{L_y}$——参数Y的算术平均值L_i的标准误差的估计值 $\hat{\gamma}_{L_y}$——参数Y的算术平均值L_y切的概然误差的估计值 p——置信概率

【例3-3】 用水力测功器测量发动机输出的功率。摆锤秤量程为0～1600N，转速表量程为0～2400r/min，精度均为一级。在某一时刻，摆锤秤读数$P=510\text{N}$，转速n为1210r/min。试表达并分析测量结果。

解： 发动机输出功率函数式为

$$N = CPn, \text{ kW}$$

式中，P——摆锤秤读数，N；
$\quad\quad n$——转速，r/min；

C——水力测功器常数，7.498×10^{-5}。

因为对各自变量只测量了一次，将测定值代入函数式即得测量结果

$$N = 9.498\times10^{-5}\times510\times1210 = 46.27(\text{kW})$$

现在分析测量结果的极限误差。因为函数式取乘除的形式，按式(3-49)先计算相对极限误差比较方便：

$$\lambda_{0N\lim} = |\lambda_{0P\lim}| + |\lambda_{0n\lim}| = \left|\frac{\Delta P_{\lim}}{P}\right| + \left|\frac{\Delta n_{\lim}}{n}\right|$$

$\Delta P_{\lim}$ 和 $\Delta n_{\lim}$ 可根据测量仪器的精度等级予以估计，即 $\Delta P_{\lim} = 1600\times1\% = 16(\text{N})$，而 $\Delta n_{\lim} = 2400\times1\% = 24(\text{r/min})$，于是

$$\lambda_{0N\lim} = \left|\frac{16}{510}\right| + \left|\frac{24}{1210}\right| = 0.03 + 0.02 = 0.05$$

$$\lambda_{N\lim} = N\lambda_{0N\lim} = 46.27\times0.05 = 2.3(\text{kW})$$

发动机输出功率测量结果最终可以表达为

$$N = 46.3\pm2.3(\text{kW})$$

即发动机输出功率的真值我们无法求得，但可以确信，它在 44.0~48.6kW 范围内。

测量结果的相对极限误差高达 5%（因而置信区间宽为 4.6kW）的原因是：不恰当地选用一个制动能力较大的水力测功器，来试验功率较小的发动机。此外，因为没有做重复测量，只能根据仪器的精度等级估计极限误差，这种估计的数值往往偏大。

3.5.3 函数误差的分配

我们已经讨论了根据自变量的误差计算函数误差的方法，也就是处理已经得到的测量数据的方法。现在我们要讨论一个相反的问题，为了保证间接测量结果的精密度，各自变量所应具有的测量精密度，也就是将给定的函数误差，分配给各自变量。这是试验设计的重要内容之一。

设间接测量的一般函数式为

$$Y = F(X_1, X_2, \cdots, X_m)$$

根据平均误差传递定律，可得

$$\xi_y = \sqrt{\alpha_1^2\xi_1^2 + \alpha_2^2\xi_2^2 + \cdots + \alpha_m^2\xi_m^2} = \sqrt{\sum_{i=1}^{m}\alpha_i^2\xi_i^2}$$

现在的问题是：在已知函数式 $F(X_i)$ 和给定 ξ_y 的情况下，如何求 ξ_1、ξ_2、$\cdots$、ξ_m。显然，这个问题的解将是不定的，因为方程只有一个，而未知数却有 m 个。

为了解决这个问题，需要作出各种假设，以便列出补充方程式。经常应用的是等效法则，认为各自变量引起的函数误差相等，即

$$\alpha_1\xi_1 = \alpha_2\xi_2 = \cdots = \alpha_m\xi_m$$

将上式代入式(3-38)，可得

$$\xi_y = \sqrt{m}\alpha_i \xi_i$$

因而
$$\xi_i = \frac{\xi_y}{\sqrt{m}\alpha_i} \quad (i=1,2,\cdots,m) \tag{3-50}$$

应用等效法则时，没有考虑各自变量测量工作的难易，所以按式(3-50)求得的 $\xi_i(i=1,2,\cdots,m)$ 不一定是合理的。这就需要根据具体情况进行调整，即给那些容易测得精密的自变量以较小 ξ_i，给那些不容易测得精密的自变量以较大的 ξ_i。

如以相对平均误差的形式表示，则如式(3-39)所示

$$\xi_{0y} = \sqrt{\sum_{i=1}^{m} \alpha_i^2 \left(\frac{X_i}{Y}\right)^2 \xi_{0i}^2}$$

这时，等效法则表现为

$$\alpha_1 \frac{X_1}{Y}\xi_{01} = \alpha_2 \frac{X_2}{Y}\xi_{02} = \cdots = \alpha_m \frac{X_m}{Y}\xi_{0m}$$

代入式(3-39)，解得

$$\xi_{0i} = \frac{\xi_{0y}}{\sqrt{m}} \frac{Y}{X_i} \frac{1}{\alpha_i} \quad (i=1,2,\cdots,m) \tag{3-51}$$

同理，也需要在求得的 ξ_{0i} 之间进行必要的调整。

如以极限误差的形式表示，按等效法则可以求得：

$$\lambda_{i\lim} = \frac{\lambda_{y\lim}}{m}\frac{1}{\alpha_i} \quad (i=1,2,\cdots,m) \tag{3-52}$$

$$\lambda_{0i\lim} = \frac{\lambda_{0y\lim}}{m}\frac{Y}{X_i}\frac{1}{\alpha_i} \quad (i=1,2,\cdots,m) \tag{3-53}$$

式中，$\lambda_{i\lim}$ 和 $\lambda_{0i\lim}$ 分别为各自变量算术平均值的绝对极限误差和相对极限误差；$\lambda_{y\lim}$ 和 $\lambda_{0y\lim}$ 分别为函数的算术平均值的绝对极限误差和相对极限误差，其数值已经给定。同理，也需要在求得的 $\lambda_{i\lim}$（或 $\lambda_{0i\lim}$）之间，进行必要的调整。

【例 3-4】 某圆柱体的直径 d 约为 25mm，高 h 约为 60mm，今要求测量体积的相对误差不超过 1%，试分配 d 和 h 的测量误差。

解： 圆柱体的体积 $V = \frac{\pi}{4}d^2h$。因为 π 的有效数字位数可以取足够多，使 π 取近似值而造成的误差，小到可以忽略不计，所以自变量数目 m 等于 2。根据等效法则，按式(3-53)计算时，以 $\frac{V}{d}\frac{1}{\alpha_d} = \frac{1}{2}$，$\frac{V}{h}\frac{1}{\alpha_h} = 1$ 代入，即得

$$\lambda_{0d\lim} = \frac{1\%}{2\times 2} = 0.25\%, \quad \lambda_{d\lim} = 25 \times 0.25\% = 0.0625(\text{mm})$$

$$\lambda_{0h\lim} = \frac{1\%}{2} = 0.50\%, \quad \lambda_{h\lim} = 60 \times 0.50\% = 0.3(\text{mm})$$

由此可见，直径 d 的测量要求较高，用一般游标卡尺不能满足要求，于是作如下调整：

令

$$\lambda_{0d\lim} = 0.4\%, \quad \lambda_{d\lim} = 25 \times 0.4\% = 0.1 (\mathrm{mm})$$

$$\lambda_{0h\lim} = 0.2\%, \quad \lambda_{h\lim} = 60 \times 0.2\% = 0.12 (\mathrm{mm})$$

这时，直径 d 和高 h，均可用一般游标卡尺测量，保证体积 V 的相对误差不超过 1%。

3.5.4 最有利的测量条件

现在我们要讨论这样一个问题：如何确定最有利的测量条件。也就是说，在什么条件下进行测量，可以使函数的误差为最小。这也是试验设计的一个重要内容。

讨论最有利的测量条件，一般从相对误差出发。由式(3-39)和式(3-49)可知：当 $\xi_{0i} \to 0$ 或 $\lambda_{0i\lim} \to 0$ 时，函数的误差将趋近于零。但这不是我们所要讨论的问题，因为这种情况意味着降低测量误差，而不是改善测量条件。我们要研究的是，在各自变量具有一定的测量误差的前提下，寻求最有利的测量条件。

确定最有利的测量条件，实际上就是求式(3-39)及式(3-49)所表达的函数取极小值的条件。对于单元函数(即只有一个独立的自变量)而言，一阶导数等于零且二阶导数大于零时，函数有极小值，这就是最有利的测量条件。对于多元函数而言，对各自变量的一阶偏导数等于零是函数有极值的必要条件，因此令

$$\frac{\partial \xi_{0y}}{\partial X_i} = 0 \quad (i = 1,2,\cdots,m) \tag{3-54}$$

或

$$\frac{\partial \lambda_{0y\lim}}{\partial X_i} = 0 \quad (i = 1,2,\cdots,m) \tag{3-55}$$

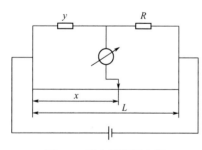

图 3.6 用电桥测量电阻

根据这 m 个方程式，解出 X_1、X_2、$\cdots$、X_m，这就是函数取极值的必要条件。要判断函数是否有极小值，数学计算比较繁琐。有时根据具体情况进行分析即可作出判断。

【例 3-5】 用图 3.6 所示的电桥，测量电阻 y，试求最有利的测量条件。

解： 根据电桥平衡条件可得

$$y = \frac{x}{L-x} R$$

设标准电阻 R 及滑线电阻总长度 L 为已知，且不考虑它们的误差，这时可以把被测电阻 y 看作 x 的单元函数，如测量长度 x 时的极限误差为 $\lambda_{x\lim}$，则

$$\lambda_{y\lim} = \frac{LR}{(L-x)^2} \lambda_{x\lim}$$

$$\lambda_{0y\lim} = \frac{L}{x(L-x)} \lambda_{x\lim}$$

令 $\dfrac{\mathrm{d}[\lambda_{0y\lim}]}{\mathrm{d}x}=0$，解得 $x=\dfrac{L}{2}$，此时二阶导数大于零，故函数 $\lambda_{0y\lim}$ 取极小值。这就是说，最有利的测量条件是：标准电阻 R 的阻值，应尽可能接近于被测电阻 y 的阻值。

3.6 系统误差

在讨论随机误差的过程中，我们曾假定系统误差、过失误差已被消除。但在实际工作中，系统误差往往不容易发现，而被人们所忽视。如果测定值中包含有系统误差，这时，用表 3-2 和表 3-5 所列公式处理测量数据，将失去意义。因此，测量工作人员必须重视系统误差的研究，以便尽可能地消除系统误差。本节我们将讨论系统误差的性质，发现和消除系统误差的方法。

3.6.1 系统误差及其分类

保持一定数值或按一定规律变化的误差，称为系统误差。系统误差是有规律的，它体现在每一次具体的测量中。因此，通过试验找到这种规律之后，就可以对测定值进行修正，以消除系统误差的影响。设被测参数的真值为 X，系统误差为 θ，包含有系统误差的测定值为 m，在不考虑随机误差的情况下，可得

$$m = X + \theta \tag{3-56}$$

于是

$$X = m - \theta = m + c \tag{3-57}$$

这就是说，为了获得被测参数的真值，需要在测定值上加上一项 c，也就是用 c 来修正测定值，因此 c 被称为更正值（或更正项）。由式(3-57)可知

$$c = -\theta$$

研究系统误差，就是要寻找它的规律，并确定更正值的数值。系统误差与测量系统的情况有密切的关系，必须根据具体情况作具体分析，为了考察各种因素的影响，往往需要分别进行各种专门的试验。

系统误差根据其性质可以分为两类：固定的系统误差和变化的系统误差。

1) 固定的系统误差

在整个测量过程中，数值大小和正负号都保持不变的系统误差，称为固定的系统误差。

例如，仪器标尺的刻度（或标定）误差，就是一种常见的固定的系统误差。仪器使用温度与标定温度不同而引起的误差，在使用温度保持不变的条件下，也具有这种性质。

2) 变化的系统误差

在测量过程中，数值大小或正负号发生变化的系统误差，称为变化的系统误差。根据变化规律的不同，又可分为以下几类。

（1）累进的系统误差，是指测量过程中不断增大（或减小）的系统误差，其中最简单的一种是线性系统误差。

(2) 周期性的系统误差，是指周期性地改变数值或正负号的系统误差。

(3) 复杂的系统误差，是指变化规律比较复杂的系统误差。

下面我们将根据这种分类方法，讨论系统误差问题。

3.6.2 系统误差对测量的影响

对未知参数 X 作 n 次重复测量，取得一个测量列。在一般情况下，测定值中既包含有随机误差，也包含有系统误差。设 m_1、m_2、$\cdots$、m_n 为未更正的(即包含有系统误差和随机误差的)各测定值，l_1、l_2、$\cdots$、l_n 为更正后的(即消除了系统误差但仍含有随机误差的)各测定值，M 为未更正的测定值的算术平均值，L 为更正后的测定值的算术平均值。现在分别讨论固定的和变化的系统误差对测量的影响。

1) 设测定值中只含有固定的系统误差和随机误差

为了讨论方便，考虑两个因素引起的固定的系统误差，并以 θ_1 和 θ_2 表示。根据测量误差的定义可得

$$\left.\begin{array}{l} m_1 = X + \Delta_1 + \theta_1 + \theta_2 = l_1 + \theta_1 + \theta_2 \\ m_2 = X + \Delta_2 + \theta_1 + \theta_2 = l_2 + \theta_1 + \theta_2 \\ \vdots \\ m_n = X + \Delta_n + \theta_1 + \theta_2 = l_n + \theta_1 + \theta_2 \end{array}\right\} \tag{3-58}$$

式中，$\Delta_i(i=1,2,\cdots,n)$ 为随机误差。将上式相加并除以 n，即得

$$M = L + \theta_1 + \theta_2$$

或

$$L = M - \theta_1 - \theta_2 = M + c_1 + c_2 \tag{3-59}$$

由此可见，固定的系统误差可以独立地予以消除。对未更正的测定值的算术平均值 M，引入各更正值，即可求得更正后的测定值的算术平均值 L——最可信赖的测量结果。

更正后的测定值的残差 $v_i = l_i - L$，将式(3-58)及式(3-59)代入，则得

$$v_i = l_i - L = (m_i - \theta_1 - \theta_2) - (M - \theta_1 - \theta_2)$$

即

$$v_i = m_i - M = v_i' \tag{3-60}$$

这就是说，更正后的测定值的残差 v_i 与未更正的测定值的残差 v_i' 相等。也就是，固定的系统误差的存在，将不会影响测量的精密度参数。因此，用表 3-2 和表 3-5 所列公式处理测量数据时，将不可能发现固定的系统误差的存在。这就是固定的系统误差特别危险的原因。

2) 设测定值中只含有变化的系统误差和随机误差

为了讨论方便，考虑两个因素引起的变化的系统误差，并以 θ_{1i}、θ_{2i} 表示。根据测量误差的定义，可得

$$m_i = l_i + \theta_{1i} + \theta_{2i} \quad (i=1,2,\cdots,n) \tag{3-61}$$

将上式相加并除以 n，即得

$$M = L + \frac{1}{n}\sum_{i=1}^{n}\theta_{1i} + \frac{1}{n}\sum_{i=1}^{n}\theta_{2i}$$

或

$$L = M - \frac{1}{n}\sum_{i=1}^{n}\theta_{1i} - \frac{1}{n}\sum_{i=1}^{n}\theta_{2i} = M + c_1 + c_2 \tag{3-62}$$

式中，$c_1 = -\frac{1}{n}\sum_{i=1}^{n}\theta_{1i}$ 为消除系统误差 θ_{1i} 而引入的更正值。$\frac{1}{n}\sum_{i=1}^{n}\theta_{1i}$ 表示系统误差 θ_{1i} 的算术平均值。由此可见，为了求得更正后的测定值的算术平均值 L，可以根据变化的系统误差的平均值，对未更正的测定值的算术平均值 M 引入更正值。

更正后的测定值的残差 $v_i = l_i - L$，将式(3-61)和式(3-62)代入，并令 $\theta_i = \theta_{1i} + \theta_{2i}$，则得

$$v_i = m_i - M + \left(\frac{1}{n}\sum_{i=1}^{n}\theta_i - \theta_i\right) = v_i' + \left(\frac{1}{n}\sum_{i=1}^{n}\theta_i - \theta_i\right) \tag{3-63}$$

这就是说，更正后的测定值的残差 v_i 与未更正的测定值的残差 v_i' 并不相等。也就是，变化的系统误差的存在，将影响测量的精密度参数。因此，用表 3-2 和表 3-5 所列公式处理测量数据时，将有可能发现变化的系统误差的存在。

3.6.3 系统误差的发现

通过测量取得测定值以后，首先需要检查测定值中是否包含有系统误差。这是一项极为重要的工作。这里，我们将简要地介绍几种常用的方法，其他方法可参阅有关书籍。

1) 残差分析法

根据式(3-63)，未更正的各测定值的残差 v_i' 可以写作

$$v_i' = m_i - M = v_i + \left(\theta_i - \frac{1}{n}\sum_{i=1}^{n}\theta_i\right) \tag{3-64}$$

式中，$\frac{1}{n}\sum_{i=1}^{n}\theta_i$ 表示变化的系统误差的平均值。对于一个已经实现的测量列而言，这是一个确定的数值，而 θ_i 则是一个变量。在随机误差小于系统误差的情况下，v_i' 的正负号将主要取决于 θ_i。因此，根据未更正的测定值的残差 v_i' 的符号，可以发现变化的系统误差的存在。具体的检验准则如下。

准则一 将未更正的测定值按测量的先后次序排列，如残差 v_i' 的代数值有规则地向一个方向变化，即符号为(-、-、-、-、+、+、+、+、+、+)或(+、+、+、+、+、+、-、-、-、-)，则该测量列包含有累进的系统误差。

准则二 将未更正的测定值按测量的先后次序排列，如残差 v_i' 的符号有规律地交替变化，则该测量列包含有周期性的系统误差。

如果在测量列的一部分测定值中包含有固定的系统误差,而其余测定值不包含这种误差,那么，就整个测量列而言，这是一种变化的系统误差，可以用残差分析法发现它的存在。其检验准则如下。

准则三 在一个测量列中,当存在某些测量条件时,测定值的残差 v'_i 基本上保持相同的符号,而不存在这些条件(或条件改变)时,残差 v'_i 均变号,则该测量列包含有随测量条件的改变而出现(或消失)的固定的系统误差。

显然,系统误差的数值不超过随机误差时,用上述三项准则,将不能发现系统误差的存在。这时,如重复测量的次数 n 足够多,可以采用下述准则。

准则四 将未更正的测定值按测量的先后次序排列,如前一半测定值的残差和与后一半测定值的残差和之差显著地不等于零,则该测量列包含有累进的系统误差。

准则五 在一个测量列中,如条件改变前测定值的残差和与条件改变后测定值的残差和之差显著地不等于零,则该测量列包含有随测量条件的改变而出现(或消失)的固定的系统误差。

2) 分布检验法

因为随机误差服从正态分布,所以只包含随机误差的测定值也服从正态分布。如果发现测定值不服从正态分布,我们就有理由怀疑测定值中包含有变化的系统误差,这就是分布检验法的基本思想。显然,只有在重复测量次数 n 足够多时,分布检验法才有意义。

为了检验一个测量列是否服从正态分布,可以应用图 3.7 所示的正态概率纸。这是一种特殊的坐标纸,横坐标按等距分度与普通坐标纸一样,而纵坐标则按正态分布的规律分度。具体地说,设纵坐标的标度为 y,那么该标度至横坐标轴的距离 $y' = \Phi^{-1}(y)$,即

$$\Phi(y') = \int_{-\infty}^{y'} \frac{1}{\sqrt{2\pi}} e^{-\frac{t^2}{2}} dt = y$$

当 $y = 0.50$ 时, $y' = \Phi^{-1}(0.50) = 0$,于是标度为 50%的横线就是横坐标轴。如果随机变量 ξ 服从正态分布 $N(\mu, \sigma)$,那么

$$F(x) = P(\xi < x) = \Phi\left(\frac{x-\mu}{\sigma}\right)$$

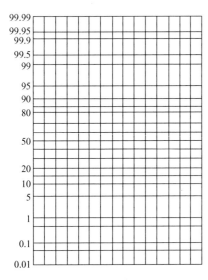

图 3.7 正态概率纸

以 x 为横坐标,以概率分布函数 $y = F(x)$ 为纵坐标,则点 (x, y) 的几何位置将是 $(x, \Phi^{-1}[F(x)]) = \left(x, \frac{x-\mu}{\sigma}\right)$。所以,对一切 x 而言, (x, y) 在正态概率纸上表现为一条直线,即

$$y' = \frac{x-\mu}{\sigma}$$

因此,将测定值的波动范围分成若干组,然后计算各组内测定值出现的频数、相对频数和累计相对频数。重复测量次数 n 足够多时,累计相对频数可以看作概率分布函数 $F(x)$ 的一个试验结果。根据累计相对频数的数值,在正态概率纸上画点,如果测定值服从正态分布,则这些点应在一条直线上。由于样本的随机波动,多少有些偏差是允许的。一般来说,中间

的点离直线的偏差不能过大,两端的点允许有稍大的偏差。如果偏差过大,则应怀疑总体不服从正态分布。

【例 3-6】 对某参数重复测量了 100 次,将测定值分为 10 组,各组内测定值出现的频数见表 3-6 第三列,试检验该测量列是否包含有系统误差。

解: 根据测定值在各组内出现的频数,计算相对频数和累计相对频数,并将计算结果列入表 3-6 的第四列和第五列。

以各组右端点的数值为横坐标,以该组的累计相对频数为纵坐标,在正态概率纸上画点。

表 3-6 测定位的分布

分组序号	各组右端点数值	频数	相对频数(%)	累计相对频数(%)
1	1.295	1	1	1
2	1.325	4	4	5
3	1.355	7	7	12
4	1.385	22	22	34
5	1.415	24	24	58
6	1.445	24	24	82
7	1.475	10	10	92
8	1.505	6	6	98
9	1.535	1	1	99
10	1.565	1	1	100

由图 3.8 可见,这些点基本上在一条直线上,因而可以判定该测量列服从正态分布。这说明测定值中不包含变化的系统误差。

因为固定的系统误差的存在,不会影响测定值的分布情况,所以用这种方法无法判定是否有固定的系统误差存在。

3) 方差分析法

对同一个参数进行测量,取得 m 个独立的测量列。为了检验各测量列之间是否存在系统误差,可以采用方差分析法。

设 m 个测量列的测定值如下所示

第一个测量列:$l_{11}, l_{12}, \cdots, l_{1n_1}$,均值 L_1,测定值个数 n_1;

第二个测量列:$l_{21}, l_{22}, \cdots, l_{2n_2}$,均值 L_2,测定值个数 n_2;

⋮

第 i 个测量列:$l_{i1}, l_{i2}, \cdots, l_{in_i}$,均值 L_i,测定值个数 n_i;

⋮

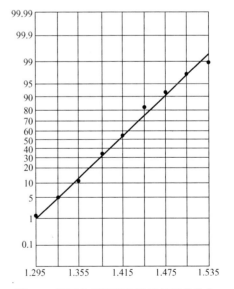

图 3.8 用正态概率纸检验测量列的分布

第 m 个测量列：$l_{m1}, l_{m2}, \cdots, l_{mn_m}$，均值 L_m，测定值个数 n_m。

以 l_{ij} 表示第 i 个测量列中第 j 个测定值，则所有测定值的总均值 $L = \dfrac{1}{N} \sum\limits_{i=1}^{m} \sum\limits_{j=1}^{n_i} l_{ij}$，其中 $N = \sum\limits_{i=1}^{m} n_i$ 为测定值的总个数。

由统计学可知，所有测定值的总偏差平方和 S 可用下式计算：

$$S = \sum_{i=1}^{m} \sum_{j=1}^{n_i} (l_{ij} - L)^2 \tag{3-65}$$

总偏差平方和 S 等于列间偏差平方和 S_1 和列内偏差平方和 S_2 之和。S_1、S_2，分别用下式计算：

$$S_1 = \sum_{i=1}^{m} n_i (L_i - L)^2 \tag{3-66}$$

$$S_2 = \sum_{i=1}^{m} \sum_{j=1}^{n_i} (l_{ij} - L_i)^2 \tag{3-67}$$

为了检验是否有系统误差存在，可以应用统计学中的假设检验法。

首先作原假设 H_0：测定值服从正态分布且各测量列之间不存在系统误差，即 $l_{ij} \sim N(\mu, \sigma)$。在这种假设下，$\dfrac{S_1}{\sigma^2}$ 为自由度等于 $m-1$ 的 χ^2 随机变量，$\dfrac{S_2}{\sigma^2}$ 为自由度等于 $N-m$ 的 χ^2 随机变量，而 S_1、S_2 互相独立，故

$$F = \dfrac{\dfrac{S_1}{m-1}}{\dfrac{S_2}{N-m}} \tag{3-68}$$

为自由度等于 $(m-1, N-m)$ 的 F 分布随机变量。

选取信度 α（又称显著性水平，一般取 $\alpha = 0.05$），并根据自由度 $(m-1, N-m)$ 查表，得临界值 F_α，则 $F \geq F_\alpha$ 的概率为 α。因为 α 是一个很小的数，所以 $F \geq F_\alpha$ 是一个小概率事件，如果在一次试验中居然发生了 $F \geq F_\alpha$ 的情况，那么我们就有理由拒绝原假设，即怀疑各测量列之间存在系统误差。若 $F < F_\alpha$，则接受原假设，即认为各测量列之间不存在系统误差。

固定的系统误差只有在改变测量条件的情况下，才可能被发现。所以，在测量工作中，必须人为地改变测量条件，取得两个或更多的测量列，对这些测量列进行检验，以发现固定的系统误差。方差分析就是一种常用的检验方法。

3.6.4 系统误差的消除

产生系统误差的原因是多方面的，它与测量系统的情况有密切的关系。因此，消除系统误差也没有统一的方法，必须根据具体情况，采取适当的措施。作为一般的原则，消除系统误差可以从以下两方面着手：

1) 防止系统误差的产生

采用完善的测量方法，正确地安装和使用测量仪器、设备，保持稳定的测量条件，防止外界的干扰等，可以避免系统误差的产生。例如，在应变片电测技术中，采用稳压电源、温度补偿、抗干扰的屏蔽线连接等。

2) 掌握系统误差的规律，对测定值引入更正值

在测量工作之前，对测量仪器和设备进行校正，取得仪器示值与准确值之间的关系，确定各种更正公式或更正值曲线，以便对测定值引入更正值，消除系统误差的影响。

上述两个原则在工程技术测量中已得到广泛应用。

3.7 异常数据的取舍

3.7.1 过失误差与异常数据

由于测量工作中的错误、疏忽大意等原因引起的误差，称为过失误差。一般来说，过失误差远大于随机误差和系统误差。过失误差使测定值明显地被歪曲，因而，包含过失误差的测定值是不可信赖的，应予舍弃。

为了发现过失误差，可以对测定值作必要的检查和校核。例如，采用其他方法和仪器对未知参数进行校核性测量。

在一个测量列中，可能出现个别的过大或过小的测定值，这种包含有巨大误差的测定值，通常称为异常数据。异常数据往往是由过失误差引起的，也可能是由巨大的随机误差所引起的。

异常数据的取舍必须十分慎重。如果有充分的根据可以判定异常数据是由过失误差引起的，则应予舍弃。对于原因不明的异常数据，只能用统计学的准则决定取舍。仅仅根据某个测定值与其他测定值有较大的差别而予以舍弃，这种主观的判定是没有道理的。

3.7.2 异常数据的取舍准则

用统计学的方法决定异常数据的取舍，其基本思想是：数值超过某一界限的测定值(即残差超过某个极限值)，出现的概率很小，是个小概率事件。如果在一个容量不大的测量列中，居然出现了这种测定值，我们有理由认为，这是由过失误差引起的异常数据，因而予以舍弃。

由此可见，异常数据取舍的具体准则，表现为测定值的残差是否超过某个极限值。而这个问题又取决于概率小到什么程度才被认为是小概率，不同的标准可以得出不同的残差极限值。这里，我们将介绍三种常用的取舍准则。

1) 拉依达(PauTa)准则

在一个有限的等精密度测量列中，随机误差服从正态分布，即 $\Delta \sim N(0,\sigma)$，其中 σ 为测量列的标准误差，可用残差 v 予以估计，即 $\hat{\sigma} = \sqrt{\dfrac{1}{n-1}\sum_{i=1}^{n}v_i^2}$。如测量次数 n 足够多，残差亦

服从正态分布，即 $v \sim N(0, \sigma')$，其中 $\sigma' = \sqrt{\dfrac{1}{n}\sum_{i=1}^{n} v_i^2}$。显然，$\sigma'$ 近似于 $\hat{\sigma}$，因而可用 $\hat{\sigma}$ 代替 σ'。

由概率积分表可知，绝对值大于 $3\sigma'$（近似于 $3\hat{\sigma}$）的残差，出现的概率仅为 0.0027，这是一个小概率事件。因此，残差的绝对值大于 $3\hat{\sigma}$（即残差极限值 $v = 3\hat{\sigma}$）的测定值，可以看作是过失误差引起的异常数据，应予舍弃。这就是拉依达准则。

【例 3-7】测量某零件尺寸得表 3-7 第二列数据 l_i，试按拉依达准则决定异常数据的取舍。

解： 计算算术平均值 L、残差 v_i 及 v_i^2 列入表 3-7。

表 3-7

序号	l_i/mm	v_i	v_i^2	v_{ci}	v_{ci}^2
1	20.42	+0.016	0.000256	+0.009	0.000081
2	43	+0.026	0.000676	+0.019	0.000361
3	40	−0.004	0.000016	−0.011	0.000121
4	43	+0.026	0.000676	+0.019	0.000361
5	42	+0.016	0.000256	+0.009	0.000081
6	43	+0.026	0.000676	+0.019	0.000361
7	39	−0.014	0.000196	−0.021	0.000441
8	30	−0.104	0.018016	—	—
9	40	−0.004	0.000016	−0.011	0.000121
10	43	+0.026	0.000676	+0.019	0.000361
11	42	+0.016	0.000256	+0.009	0.000081
12	41	+0.006	0.000036	−0.001	0.000001
13	39	−0.014	0.000196	−0.021	0.000441
14	39	−0.014	0.000196	−0.021	0.000441
15	40	−0.004	0.000016	−0.011	0.000121
∑	306.06		0.014960		0.003374
	$L = 20.404$			$L_c = 20.411$	

$$\hat{\sigma} = \sqrt{\dfrac{1}{15-1}\sum_{i=1}^{15} v_i^2} = \sqrt{\dfrac{1}{14} \times 0.014960} = 0.033 \text{(mm)}$$

因为 $|v_8| = 0.104 > 3\hat{\sigma} = 0.099$，故舍弃测定值 l_8。对剩下的 14 个测定值，再计算算术平均值 L_c、残差 v_{ci} 及 v_{ci}^2，列于表 3-7 的右部，则

$$\hat{\sigma}_c = \sqrt{\dfrac{1}{14-1}\sum_{i=1}^{14} v_{ci}^2} = \sqrt{\dfrac{1}{13} \times 0.003374} = 0.016 \text{(mm)}$$

这时，14 个测定值的残差的绝对值均未超过 $3\hat{\sigma}_c$（0.048），已无过失误差引起的异常数据。

2) 肖维纳(Chauvenet)准则

对未知参数作 n 次重复测量。如残差超过某个极限值的测定值，出现的概率等于或小于

$\frac{1}{2n}$，可以认为是小概率事件。也就是说，在 n 次测量中，这种测定值出现的次数等于或小于 $\frac{1}{2}$，因而不应该发生。如果出现了这种测定值，可以认为是过失误差引起的异常数据而予以舍弃。这就是肖维纳准则。

设残差服从正态分布，且分布参数 σ' 可用测量列的标准误差 σ 近似代替。于是，肖维纳准则可用下式表示：

$$1-\frac{2}{\sqrt{2\pi}}\int_0^{K_n} e^{-\frac{t^2}{2}} dt = 1-\Phi(K_n) = \frac{1}{2n} \tag{3-69}$$

式中，$K_n = \frac{v_{ch}}{\sigma}$；$v_{ch}$ 为肖维纳准则的残差极限值；σ 为测量列的标准误差。

由式(3-69)可知，$\Phi(K_n) = \frac{2n-1}{2n}$。因此根据测量次数 n，可以求得 $\Phi(K_n)$，然后查概率积分表即可求出 K_n 值。于是，$v_{ch} = K_n \hat{\sigma}$。

在实际工作中，可根据测量次数 n，直接由表 3-8 查得 K_n 值。

表 3-8

n	K_n	n	K_n	n	K_n	n	K_n
3	1.38	10	1.96	17	2.17	24	2.31
4	1.53	11	2.00	18	2.20	25	2.33
5	1.65	12	2.03	19	2.22	30	2.39
6	1.73	13	2.07	20	2.24	40	2.49
7	1.80	14	2.10	21	2.26	50	2.58
8	1.86	15	2.13	22	2.28	75	2.71
9	1.92	16	2.15	23	2.30	100	2.81

【例 3-8】 测量数据同例 3-7，试按肖维纳准则决定异常数据的取舍。

解：根据 $n=15$，由表 3-8 得 $K_n=2.13$，于是残差极限值

$$v_{ch} = K_n \hat{\sigma} = 2.13 \times 0.033 = 0.070 (\text{mm})$$

因 $|v_8| = 0.104 > v_{ch}$，故测定值 l_8 应予舍弃。

l_8 舍弃后

$$n_c = 14，K_{n(c)} = 2.10$$

$$v_{ch(c)} = K_{n(c)} \hat{\sigma}_c = 2.10 \times 0.016 = 0.034 (\text{mm})$$

剩下的 14 个测定值的残差均未超过 $v_{ch(c)}$，故已无过失误差引起的异常数据。

3）格拉布斯(Grubbs)准则

设测定值服从正态分布，即 $l \sim N(X,\sigma)$。根据贝塞尔方法，分布参数 σ 可用测定值的残差予以估计，即

$$\hat{\sigma} = \sqrt{\frac{1}{n-1}\sum_{i=1}^{n}v_i^2}$$

一个有限的测量列,可以看作从测定值总体中抽取的随机样本。如果令 $G = \frac{v_i}{\hat{\sigma}}$,则 G 是一个随机变量。格拉布斯推导了随机变量 G 的概率密度函数,因而选定信度(显著性水平)α,就可得到临界值 G_0,使得

$$P(G \geqslant G_0) = \alpha$$

其中,α 是一个很小的数值,一般取为 0.05、0.025 或 0.01。

临界值 G_0 是测量次数 n 和信度 α 的函数,它的数值如表 3-9 所示。

表 3-9 临界值 G_0

α \ G_0 \ n	0.05	0.026	0.01	α \ G_0 \ n	0.05	0.025	0.01	α \ G_0 \ n	0.05	0.025	0.01
3	1.15	1.15	1.15	13	2.33	2.46	2.61	23	2.62	2.78	2.96
4	1.46	1.48	1.49	14	2.37	2.51	2.66	24	2.64	2.80	2.99
5	1.67	1.71	1.75	15	2.41	2.55	2.71	25	2.66	2.82	3.01
6	1.82	1.89	1.94	16	2.44	2.59	2.75	30	2.75	2.91	3.10
7	1.94	2.02	2.10	17	2.47	2.62	2.79	35	2.82	2.98	3.18
8	2.03	2.13	2.22	18	2.50	2.65	2.82	40	2.87	3.04	3.24
9	2.11	2.21	2.32	19	2.53	2.68	2.85	45	2.92	3.09	
10	2.18	2.29	2.41	20	2.56	2.71	2.88	50	2.96	3.13	
11	2.23	2.36	2.48	21	2.58	2.73	2.91	60	3.03	3.20	
12	2.29	2.41	2.55	22	2.60	2.76	2.94	70	3.09	3.26	

在一个测量列中,最大的或最小的测定值的残差,如超过残差极限值 v_G,即

$$|v_i| \geqslant v_G = G_0 \hat{\sigma} \tag{3-70}$$

则认为该测定值是一个包含过失误差的异常数据,应予舍弃。这样做,犯错误(把不是过失误差引起的异常数据弃去)的概率为 α。

【例 3-9】 测量数据同例 3-7,试按格拉布斯准则,决定异常数据的取舍。

解:选定信度 $\alpha = 0.05$,根据 $n = 15$,由表 3-9 查得 $G_0 = 2.41$,于是残差的极限值 v_G 为

$$v_G = G_0 \times \hat{\sigma}_c = 2.41 \times 0.033 = 0.080 \text{(mm)}$$

$$|v_8| = 0.104 > v_G$$

故测定值 l_8 应予舍弃。

l_8 舍弃后,$n_c = 14$,由表 3-9 得

$$G_{0(c)} = 2.37$$

$$v_{G(c)} = G_{0(c)} \times \hat{\sigma}_c = 2.37 \times 0.016 = 0.038 \text{(mm)}$$

剩下的 14 个测定值的残差均未超过 $v_{G(c)}$,故已无过失误差引起的异常数据。

4) 三种取舍准则的讨论

拉依达准则与肖维纳准则是在测定值的残差服从正态分布的假设下推导的。在计算残差极限值时，以测量列的标准误差的估计值 $\hat{\sigma}$ 作为残差分布参数 σ' 的近似值。因此，这两种准则具有一定的近似性。拉依达准则将信度 α 取为 0.0027，而肖维纳准则将信度 α 取为 $\dfrac{1}{2n}$，其中 n 为重复测量次数。当重复测量次数 n 较多时，这两种准则的残差极限值比较接近，而在 n 较少时，肖维纳准则的信度较大，因而残差极限值较小，将筛去较多的异常数据。信度 α 的数值较小，表示犯第一类错误(又称去真错误，也就是把不是过失误差造成的异常数据弃去)的概率较小，但同时增加了犯第二类错误(又称存伪错误，也就是把含有过失误差的异常数据保留下来)的概率。

格拉布斯准则以统计量 $\dfrac{v}{\hat{\sigma}}$ 的概率分布为基础，并根据测量工作的具体情况选择适当的信度 α，因此，是一种比较准确、有根据的取舍准则。大量的模拟试验证明，用格拉布斯准则取舍异常数据，效果良好。因此，格拉布斯准则得到了日益广泛的应用。

思考题

1．测量误差理论的任务是什么？
2．等精密度测量的最可信赖值是什么？试证明。
3．测量列的精密度参数有哪些？有限次测量时，测量列精密度如何估计？
4．举例说明直接测量参数如何进行定值处理？
5．举例说明间接测量参数如何进行定值处理？
6．如何发现系统误差？
7．什么是异常数据？异常数据的取舍应遵循什么原则？

第 4 章

正交试验设计

教学目标

通过本章的学习，掌握正交试验的概念；学会正交表的设计方法；掌握正交试验及有交互作用的试验设计的基本方法；理解试验数据的结构与作用；掌握试验数据方差分析的基本方法；了解利用并列法、拟水平法构造正交表的方法。

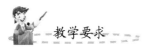

教学要求

知识要点	能力要求	相关知识	权重
正交表	掌握正交试验设计的概念及正交表的构造	正交试验设计法、有关名词与术语，正交表的定义与变换及构造方法	20%
正交试验设计	掌握正交试验设计的基本方法	正交试验方案的设计、试验结果的直观分析法、定性指标的转化、多指标试验的分析	20%
交互作用的试验设计	掌握有交互作用的试验设计方法	交互作用的概念、试验方案的设计、试验结果的极差分析法	10%
试验数据结构	清楚试验数据的结构与作用	试验数据的结构，试验指标的估计、短缺数据的弥补	20%
试验数据的方差分析	掌握试验数据的方差分析的基本方法，并了解其应用	方差分析的基本方法、重复试验（采样）的方差分析、极差在方差分析中的应用	20%
正交表的灵活应用	了解各种正交表的构造方法	并列法、拟水平法	10%

4.1 概　　述

在生产和科学研究工作中，为了寻找最优生产条件或最优设计，往往需要进行试验。对于一个比较复杂的问题，影响试验结果的因素很多，有些因素单独起作用，有些因素则互相制约联合起作用。如果试验安排得好，通过少数几个试验，就能获得所需的信息，得出明确的结论。如果试验方案安排得不好，即使做了大量的试验，仍然得不到所需的结论。因此，如何合理地安排试验，是试验工作者必须考虑的一个重要问题。

试验设计是统计数学的一个重要分支。它指导人们合理地设计试验方案，科学地分析试验数据，以便尽可能地减少试验次数，迅速而圆满地得到所需的结论。试验设计的方法很多，内容也很丰富。这里，我们简要地介绍一种常用的方法——正交试验设计法。

正交试验设计法（又称正交试验法，或正交设计法）是一种安排多因素试验的数学方法。它应用正交表设计试验方案，应用数理统计方法分析试验数据。对于因素多、周期长的各种试验问题，是一种行之有效的方法，得到了广泛的应用。

现在我们用一个具体例子，说明正交试验法的有关名词和术语。

【例 4-1】　改革轴承座圈退火工艺，提高产品硬度合格率。

在一项试验中，用来衡量试验效果的，称为试验指标。产品的性能、质量、产量、成本等都可以作为试验指标。用数量表示的试验指标，称为定量指标；不能直接用数量表示的，称为定性指标或非数量指标。在本例中，产品硬度合格率就是一种定量的试验指标。

在试验中需要考察的，对试验指标可能有影响的因素，简称为因素。在本例中，可以把加热温度、保温时间、出炉温度等作为因素。通常用大写字母 A、B、C、…等代表各因素。

因素在试验中所处的状态，称为因素的水平。某个因素在试验中需要考察 K 种状态，就称为 K 水平的因素。通常用下标 1、2、3、…表示因素的不同水平。在本例中，三个因素各考察两个水平，因此可得因素水平，见表 4-1。

表 4-1　轴承座圈退火工艺试验的因素水平表

水平 \ 因素	A 加热温度	B 保温时间	C 出炉温度
一水平	A_1　800℃	B_1　6h	C_1　400℃
二水平	A_2　820℃	B_2　8h	C_2　500℃

如果两个因素不同水平的搭配，对试验指标有影响，即互相制约联合起作用，则称这两个因素具有交互作用。

每个因素各选一个水平组成一种试验条件，如 $A_1B_1C_1$、$A_1B_2C_2$、…等。本例是一项三个二水平因素的单指标试验，共有 $2^3=8$ 种不同组合的试验条件。对所有不同组合的试验条件进行试验，称为全面试验。随着因素和水平的增多，全面试验所包含的试验条件的数目将大为增加。例如，一项七个三水平因素的试验，全面试验将包含 2187（即 3^7）种不同条件的试验。要逐个进行试验，显然是比较困难的。为了减少试验次数，只能从所有不同组合的试验条件中，选择一部分进行试验，称为部分试验。

正交试验法应用正交表设计试验方案（也就是选择试验条件）。正交表的种类很多，最简单的是 $L_4(2^3)$。其中，L 表示正交表；下标 4 表示这个表有四行，每一行表示一种试验条件，因此需要做四种不同条件的试验；括号中的指数 3，表示这个表有三列，每一列安排一个因素，因此最多可以安排三个因素；括号中的底数 2，表示每个因素可以考虑两个水平。同理，$L_8(4 \times 2^4)$ 正交表，最多可以安排一个四水平因素和四个两水平因素，需要作八种不同条件的试验。表中各列都是二水平的正交表，称为二水平正交表，$L_4(2^3)$ 就是其中的一种。表中各列具有不同水平的正交表，称为混合水平正交表，$L_8(4 \times 2^4)$ 就是其中的一种。各种类型的正交表，可以在有关书籍中找到。

4.2 正交表的构造

正交表是正交试验设计法的一个重要工具，它给出了试验设计的总体安排。正交表的构造问题是一个组合数学问题。不同类型的正交表，有不同的构造方法。在这一节里，我们只介绍一种可以安排交互作用的正交表的构造方法，这种正交表通常用 $L_{t^u}(t^q)$ 表示。其中，t 为水平数，限定为素数或素数幂；u 为基本列数，可以取任意正整数。给定 t、u 这两个基本参数后，正交表的试验号数即为 t^u，而正交表的总列数 $q = \dfrac{t^u - 1}{t - 1}$。常用的正交表，如 $L_4(2^3)$，$L_8(2^7)$，$L_9(3^4)$，$L_{16}(4^5)$ 等，都是这种类型的正交表。

4.2.1 正交表的定义与变换

为了使试验结果具有综合可比性，用正交表安排多因素试验时，对全体因素来说是一种部分试验，但对任意两个因素来说，则是重复次数相等的全面试验。因此，任何一张正交表都应该具有这样的性质：在任意两列中，同一行的两个数组成一个有序数对，各种可能的数对都出现了，且出现的次数相等。这就是正交表的定义。

两个二水平因素可以有四种不同的搭配，因此，根据正交表的定义可知，二水平正交表的试验号数必然是四的倍数。同理三水平正交表的试验号数必然是九的倍数。

因为正交表各列的地位是平等的，所以各列之间可以置换（即列号可以任意安排），而不影响表的正交性。在试验过程中，可以打乱试验号的顺序，随机进行试验，这就是说，正交表的各行之间也可以置换。对于每个因素来说，各水平的序号可以任意选定，也就是同一列的各水平之间可以置换。正交表的行间置换、列间置换和同一列的水平间置换，称为正交表的三种初等变换。经过初等变换所得到的一切正交表都是等价的。因此，同一张正交表可以具有不同的形式。

4.2.2 二水平正交表的构造

构造 $L_{t^u}(t^q)$ 型正交表，需要应用有限域的运算规则。所谓有限域，简单地说，就是对有限个元素组成的集合，定义了某种加法、乘法规则。如果用 0 和 1 表示两个不同的水平，这时有限域只有两个元素，它们的运算规则定义为

加法　$0+0=0$，　$0+1=1+0=1$，　$1+1=0$

乘法　$0\times 0=0$，　$0\times 1=1\times 0=0$，　$1\times 1=1$

构造正交表时，凡是提到加法和乘法，都是指这种有限域的运算规则。

现在，我们以 $L_8(2^7)$ 正交表为例，介绍二水平正交表的构造方法。对于 $L_8(2^7)$ 正交表，其基本参数是 $t=2$，$u=3$，总列数 $q=\dfrac{t^u-1}{t-1}=\dfrac{8-1}{2-1}=7$。

$L_8(2^7)$ 正交表的第一列是将八个试验号分成两半，前一半是 0 水平，后一半是一水平，称为二分列，列名记为 a（表 4-2）。第二列是将第一列的四个 0 水平试验号和四个一水平试验号各分成两半，前一半是 0 水平，后一半是一水平，形成两个 0 水平和两个一水平交替排列，称为四分列，列名记为 b。第四列是将第二列相连的两个 0 水平和两个一水平再一分为二，形成一个 0 水平和一个一水平交替排列，称为八分列，列名记为 c。至此，将八个试验号分割完毕。二分列、四分列、八分列是 $L_8(2^7)$ 正交表的基本列。正交表中其他各列，是通过列间运算得到的。例如，第三列是由第一列和第二列相应的水平相加得到的（以后简称两列相加），而列名则是第一、二列两个列名的乘积，记为 ab。第五、六、七列是由第一、二、三列分别和第四列相加得到的，其列名为相应两列列名的乘积，即 ac、bc、abc。将表 4-2 中的数字分别加 1，即将 0 换成 1，将 1 换成 2，就是通常所用的 $L_8(2^7)$ 正交表。任意两列相加所得到的列，是这两列的交互作用列。所以，第一、二列的交互作用列是第三列，第二、四列的交互作用列是第六列。

表 4-2　正交表 $L_8(2^7)$ 的构造

列号 试验号	1	2	3	4	5	6	7
1	0	0	0+0=0	0	0+0=0	0+0=0	0+0=0
2	0	0	0+0=0	1	0+1=1	0+1=1	0+1=1
3	0	1	0+1=1	0	0+0=0	1+0=1	1+0=1
4	0	1	0+1=1	1	0+1=1	1+1=0	1+1=0
5	1	0	1+0=1	0	1+0=1	0+0=0	1+0=1
6	1	0	1+0=1	1	1+1=0	0+1=1	1+1=0
7	1	1	1+1=0	0	1+0=1	1+0=1	0+0=0
8	1	1	1+1=0	1	1+1=0	1+1=0	0+1=1
列名	a	b	ab	c	ac	bc	abc

列名按指数规则运算。指数相加或相乘，均按有限域所定义的加法或乘法规则进行。有了这种运算规则，就可以根据列名的运算，求出任意两列的交互作用列。例如，第五列的列名是 ac，第六列的列名是 bc，这两列的交互作用列的列名是 $ac\cdot bc=abc^{1+1}=abc^0=ab$，即第三列。第一、七列的交互作用列为 $a\cdot abc=a^{1+1}bc=a^0 bc=bc$，即第六列。依此类推，即可得到表 4-3 所示的交互作用列表。

表 4-3　$L_8(2^7)$ 正交表两列间的交互作用列

列号	2	3	4	5	6	7
1	3	2	5	4	7	6
2		1	6	7	4	5
3			7	6	5	4
4				1	2	3
5					3	2
6						1

利用类似的方法，可以构造基本列数为 u 的二水平正交表和相应的交互作用列表。$L_{2^u}(2^q)$ 正交表，有 u 个基本列，分别为第一列，第二列，第四列，……，第 2^{u-1} 列，列名分别为：a，b，c，…。各基本列按顺序为二分列、四分列、八分列、……，2^u 分列。至第 2^{u-1} 列恰好将 2^u 个试验号分割完毕。

除第一个基本列外，每个基本列后面的列由该基本列与前面所有各列(从第一列开始)依次相加而得，列名则为相应两列列名的乘积。任意两列间的交互作用列，必定是 q 列中的某一列，可以用列名运算法找出这一列，依次运算即得交互作用列表。

以 $L_{2^u}(2^q)$ 型正交表为基础，通过并列法，可以构造成各种混合水平正交表，其方法参考本书第 4.7 节所述。

4.2.3 三水平正交表的构造

三水平正交表的构造原理与二水平正交表相似，只是交互作用列和列名运算有些差别。

如果用 0、1、2 表示三个不同的水平，这时有限域有三个元素，它们的运算规则定义为

加法　　$0+0=0$，$0+1=1+0=1$，$0+2=2+0=2$，
　　　　$1+1=2$，$1+2=2+1=0$，$2+2=1$

乘法　　$0×0=0$，$0×1=1×0=0$，$0×2=2×0=0$，
　　　　$1×1=1$，$1×2=2×1=2$，$2×2=1$

这种运算规则还可以用表 4-4 及表 4-5 表示。

表 4-4　三水平加法表

水平＼水平	0	1	2
0	0	1	2
1	1	2	0
2	2	0	1

表 4-5　三水平乘法表

水平＼水平	0	1	2
0	0	0	0
1	0	1	2
2	0	2	1

现在我们以 $L_9(3^4)$ 正交表为例，介绍三水平正交表的构造方法。对于 $L_9(3^4)$ 正交表，其基本参数是 $t=3$，$u=2$，总列数 $q=\dfrac{t^u-1}{t-1}=\dfrac{9-1}{3-1}=4$。

$L_9(3^4)$ 正交表的第一列是将九个试验号均分为三组，第一组为 0 水平，第二组为一水平，第三组为二水平，称为三分列，列名记为 a。第二列是将第一列的每个组在分为一个 0 水平，一个一水平，一个二水平，成为九分列，列名记为 b。至此，将九个试验号分割完毕。三分列、九分列是 $L_9(3^4)$ 正交表的基本列。正交表中其他各列，是通过列间运算得到的。例如，第三列是由第一列和第二列相加得到的，而列名则是第一、二两个列名的乘积，记为 ab。第四列是将第一列的每个水平乘以 2，然后与第二列相加得到的，可用 $2×①+②$ 表示，列名记为 a^2b。运算过程如表 4-6 所示。

由此可见，在二水平正交表中，任意两列只能造出另外一列，而在三水平正交表中，任意两列可以造出不同的另外两列。由任意两列造出的列，是它们的交互作用列，所以二水平列的交互作用列只有一列，而三水平列的交互作用列有两列。

表 4-6　$L_9(3^4)$ 正交表的构造

列号 试验号	1	2	3	4	①+2×②
1	0	0	0+0=0	2×0+0=0	0+2×0=0 ⇒ 0
2	0	1	0+1=1	2×0+1=1	0+2×1=2 ⇒ 1
3	0	2	0+2=2	2×0+2=2	0+2×2=1 ⇒ 2
4	1	0	1+0=1	2×1+0=2	1+2×0=1 ⇒ 2
5	1	1	1+1=2	2×1+1=0	1+2×1=0 ⇒ 0
6	1	2	1+2=0	2×1+2=1	1+2×2=2 ⇒ 1
7	2	0	2+0=2	2×2+0=1	2+2×0=2 ⇒ 1
8	2	1	2+1=0	2×2+1=2	2+2×1=1 ⇒ 2
9	2	2	2+2=1	2×2+2=0	2+2×2=0 ⇒ 0
列名	a	b	ab	a^2b	$ab^2 \equiv a^2b$

将第二列的每个水平乘以 2，然后与第一列相加，所得到的列可用①+2×②表示，其列名应记为 ab^2。由表 4-6 的右半部分可见，对 ab^2 列进行水平置换，令 $0 \Rightarrow 0$，$1 \Rightarrow 2$，$2 \Rightarrow 1$，即得左半部分的第四列，这就是说，ab^2 列等价于 a^2b 列，记为 $ab^2 \equiv a^2b$。可以直接验证，$a^2b^2 \equiv ab$，即第一列、第二列每个水平分别乘以 2 然后相加所得到的列，与第一列、第二列直接相加所得到的列(表 4-6 的第三列)等价。上述结果可以推广为：任何一列，与其列名平方所得到的列等价。

一个列名，如果它的最后一个字母的指数是 1，则称它为标准化列名。表 4-6 所示的 $L_9(3^4)$ 正交表的各列 a、b、ab、a^2b 都是标准化列名。对三水平正交表而言，任何一个非标准化列名，先平方后化简，即可得到与其等价的标准化列名。例如，$a^2 \equiv (a^2)^2 = a^{2 \times 2} = a$，$ab^2 \equiv (ab^2)^2 = a^2b^{2 \times 2} = a^2b$，等。

根据上述列名运算规则，可以找出任意两列的交互作用列，其方法是：将前一列列名乘后一列列名得到一个交互作用列；将前一列列名平方再乘后一列列名得到另一个交互作用列。例如，第三、四列的交互作用列为

(1) $ab \cdot a^2b = a^{1+2}b^{1+1} = b^2 \equiv (b^2)^2 = b^{2 \times 2} = b$　…第二列

(2) $(ab)^2 \cdot a^2b = a^{2+2}b^{2+1} = ab^0 = a$　…第一列

对 $L_9(3^4)$ 正交表而言，任意两列的交互作用列，就是另外两列。

将表 4-6 中的数字分别加 1，即将 0 换成 1，将 1 换成 2，将 2 换成 3，就是通常所用的 $L_9(3^4)$ 正交表。

利用类似的方法，可以构造基本列数为 u 的三水平正交表和相应的交互作用列表。$L_{3^u}(3^q)$ 正交表，有 u 个基本列，分别为第一列，第二列，第五列，…，第 $\frac{3^{u-1}-1}{2}+1$ 列，列名分别为：a，b，c，…。各基本列按顺序为三分列，九分列，二十七分列，…，3^u 分列。至第 $\frac{3^{u-1}-1}{2}+1$ 列，恰好将 3^u 个试验号分割完毕。除第一个基本列外，在每个基本列后面，依次安排该基本列与前面所有各列(从第一列开始)的交互作用列。任意两列间的交互作用列，必定是 q 列中的某两列，可以用列名运算法找出这两列，依次运算即得交互作用列表。

以 $L_{3^U}(3^q)$ 型正交表为基础，通过并列法，可以构造成各种混合水平正交表，其方法见本书第 4.7 节所述。

4.2.4 构造 $L_{t^u}(t^q)$ 型正交表的一般方法

$L_{t^u}(t^q)$ 型正交表，有 u 个基本列，每个列有 t 个水平，试验号数为 t^u，总列数 $q = \dfrac{t^u - 1}{t - 1}$。

用 0、1、2、…、$t-1$ 表示 t 个不同的水平，它们的运算规则由有限域理论定义，可以在有关书籍中找到。

u 个基本列，分别为第 1 列，第 2 列，第 $\dfrac{t^2-1}{t-1}+1$ 列，第 $\dfrac{t^3-1}{t-1}+1$ 列，…，第 $\dfrac{t^{u-1}-1}{t-1}+1$ 列，各列名分别为 a，b，c，…。各基本列按顺序为 t 分列，t^2 分列，…，t^u 分列，至第 $\dfrac{t^{u-1}-1}{t-1}+1$ 列，恰好将 t^u 个试验号分割完毕。

除第一列外，在每个基本列后面，依次安排该基本列与前面所有各列（从第一列开始）的交互作用列。对 $L_{t^u}(t^q)$ 型正交表而言，任意两列间的交互作用列有 $t-1$ 个，其构造方法是：将前一列的每个水平分别乘以 1、2、3、…、$t-1$，然后分别与后一列相加。交互作用列的列名为前一列列名分别自乘 1 次、2 次、…、$t-1$ 次方后再与后一列列名相乘。

列名按指数规则运算。指数相加或相乘，均按 t 元素有限域所定义的加法或乘法规则进行。任何一个非标准化列名，可以自乘适当的方次后，化简成与其等价的标准化列名。自乘的方次，以运算后列名的最后一个字母的指数等于 1 为准，可以从乘法表中查出。

任意两列间的交互作用列，可以根据列名运算法找到，它必定是 q 列表中的某 $t-1$ 列。依次运算即得交互作用列表。

以 $L_{t^u}(t^q)$ 型正交表为基础，通过并列法，可以构造成含有 t^2 水平列，t^3 水平列，……的各种混合水平正交表。

4.3 正交试验设计的基本方法

4.3.1 试验方案的设计

我们仍以轴承座圈退火工艺试验这个最简单的例子，说明用正交表设计试验方案的基本方法。在本节中，我们假设各因素之间没有交互作用，即各因素对试验指标的影响是相互独立的。

要进行一项试验，首先必须明确试验目的，确定试验指标。然后根据实践经验，确定试验中需要考察的因素和各因素应选取的水平，列出如表 4-1 所示的因素水平表。

本例是一项三个二水平因素的试验，因而可以用表 4-7 所示的 $L_4(2^3)$ 正交表设计试验方案。

表 4-7 $L_4(2^3)$ 正交表

试验号＼列号	1	2	3
1	1	1	1
2	1	2	2
3	2	1	2
4	2	2	1

正交表的每一列可以安排一个因素。将试验中需要考察的各个因素，分别安排到正交表的各列，称为表头设计。在不考虑交互作用的情况下，各因素可以任意安排，如将三个因素 A、B、C 依次安排到 1、2、3 列。考虑因素间的相互作用时，表头设计就有一定的限制，这个问题将在 4.4 节中讨论。

表头设计完成后，将各列中的数字 1 和 2，换成对应因素的一水平和二水平，就可以得到表 4-8 所示的试验方案表。这时，每一行表示一种试验条件。在本例中，需要做四种试验，其条件分别为 $A_1B_1C_1$、$A_1B_2C_2$、$A_2B_1C_2$ 和 $A_2B_2C_1$。在无重复试验的情况下，试验次数等于试验号数；在有重复试验的情况下，试验次数等于试验号数乘重复次数。

从表 4-7 及表 4-8 可以看出，用正交表设计的试验方案，具有以下两个特点：

(1) 在正交表的每一列中，不同的数字出现的次数相等。也就是说，每个因素的各个不同水平，在试验中出现的次数相等。

(2) 在正交表的任意两列中，同一行的两个数组成一个有次序的两位数，每种两位数出现的次数相等。也就是说，任意两个因素之间，各个不同水平的所有可能的搭配都出现了，且出现的次数相等。

表 4-8 轴承座圈退火工艺试验方案表

试验号	因素(列号)	A 加热温度/℃ (1)	B 保温时间/h (2)	C 出炉温度/℃ (3)	试验指标 硬度合格率(%)
1		A_1 800 (1)	B_1 6 (1)	C_1 400 (1)	
2		A_1 800 (1)	B_2 8 (2)	C_2 500 (2)	
3		A_2 820 (2)	B_1 6 (1)	C_2 500 (2)	
4		A_2 820 (2)	B_2 8 (2)	C_1 400 (1)	

由此可见，用正交表设计的试验方案，对全体因素来说是一种部分试验，但对任意两个因素来说，却是重复次数相等的全面试验。试验条件是均衡搭配的，具有很强的代表性。因此，既可以减少试验次数，又能够比较全面地反映各因素的不同水平对试验指标的影响。

综上所述，用正交表设计试验方案的步骤，可以归纳如下。

(1) 明确试验目的，确定试验指标。

(2) 确定需要考察的因素，选取适当的水平。根据实践经验，排除那些对指标影响不大，或已经掌握的因素，将它们固定在适当的水平上。选择那些对指标可能有较大影响，而又没有完全掌握的因素，加以考察，并选取适当的水平。

(3) 选用适当的正交表。根据因素和水平的多少进行选择，在一般情况下，选用较小的正交表，以减少试验工作量。

(4) 进行表头设计。

(5) 列出试验方案表。安排因素的各列，将列中的数字，换成对应因素的各个水平。没有安排因素的列，称为空列，它的作用将在以后各节予以介绍。

试验方案决定后，可以按照试验号的顺序逐个进行试验，也可以任意打乱次序(随机地)进行试验。为了减少外界条件引起的系统误差，应尽可能采用后一种方法。

试验结束后，将试验结果填入试验指标栏内(表 4-8)，以便进一步分析。

4.3.2 试验结果的直观分析法(极差分析法)

通过对试验结果的分析，希望解决以下两个问题：①在我们所考察的因素中，哪个因素对指标的影响最大？哪个因素次之？哪个因素影响最小？②在我们所选取的水平中，各因素取哪个水平最为有利？最优生产条件(或最优设计)是什么？

我们仍以轴承座圈退火工艺试验为例，说明试验结果的直观分析法(极差分析法)。在本例中，按四种不同条件进行了试验，试验结果以 $y_i(i=1\sim4)$ 表示，其中 i 代表正交表的各行，即试验号。

首先分析各因素的不同水平对试验指标的影响。从表 4-9 可见，因素 A 的一水平 A_1 出现在第一号、第二号试验中，这一组(两次)试验的指标平均值为 $\bar{y}_{A_1}=\frac{1}{2}(y_1+y_2)=\frac{1}{2}(100+85)=92.5$，因素 A 的二水平 A_2 出现在第三号、第四号试验中，这一组(两次)试验的指标平均值为 $\bar{y}_{A_2}=\frac{1}{2}(y_3+y_4)=\frac{1}{2}(45+70)=57.5$。包含 A_1 或 A_2 的各组试验中，B、C 两个因素的两种水平都出现了，且出现的次数相等，但它们的搭配情况并不相同。因此，在 B、C 两个因素没有交互作用的条件下，$\bar{y}_{A_1}$ 和 $\bar{y}_{A_2}$ 的差异反映了因素 A 的不同水平对试验指标的影响。正交试验法的这种性质，称为试验结果的综合可比性。由表 4-9 可见，$\bar{y}_{A_1} > \bar{y}_{A_2}$，所以因素 A 取一水平较为有利。

上述分析方法，可以类推到各个因素，并用一般的形式予以表达。以 y_{j_1} 表示正交表中第 j 列的一水平所对应的各号试验的指标之和，$\bar{y}_{j_1}$ 为其平均值；以 y_{j_2} 表示第 j 列的二水平所对应的各号试验的指标之和，$\bar{y}_{j_2}$ 为其平均值；……。如果试验指标的数值越大(或越小)越好，则 $\bar{y}_{j_1}, \bar{y}_{j_2}$、…中，数值最大者(或最小者)所对应的水平，就是该因素的最优水平。各因素的最优水平组合起来，即得最优生产条件或最优设计。各项计算可以在试验方案表上进行，并扩展为表 4-9 所示的试验结果分析表。为了检查 $y_{j_1}, y_{j_2}, \cdots$ 的计算是否正确，可以先计算所有各号试验的指标总和 $\sum_{i=1}^{n} y_i$，如 $y_{j_1}, y_{j_2}, \cdots$ 计算正确，则 $y_{j_1}+y_{j_2}+\cdots=\sum_{i=1}^{n} y_i$。其中，$n$ 为正交表的试验号个数。

表 4-9 轴承座圈退火工艺试验结果分析表

因素(列号) 试验号	A 加热温度/℃ (1)	B 保温时间/h (2)	C 出炉温度/℃ (3)	试验指标 y_i 硬度合格率(%)
1	A_1 800 (1)	B_1 6 (1)	C_1 400 (1)	100
2	A_1 800 (1)	B_2 8 (2)	C_2 500 (2)	85
3	A_2 820 (2)	B_1 6 (1)	C_2 500 (2)	45
4	A_2 820 (2)	B_2 8 (2)	C_1 400 (1)	70
y_{j_1}	185	145	170	
y_{j_2}	115	155	130	
$\bar{y}_{j_1}$	92.5	72.5	85	$\sum_{i=1}^{4} y_i = 300$
$\bar{y}_{j_2}$	57.5	77.5	65	
极差 R_j	35	5	20	

在 $\bar{y}_{j_1}, \bar{y}_{j_2}, \cdots$ 中，数值最大者与数值最小者之差，称为因素的极差，以 R_j 表之，$R_j = \max\{\bar{y}_{j_1}, \bar{y}_{j_2}, \cdots\} - \min\{\bar{y}_{j_1}, \bar{y}_{j_2}, \cdots\}$。极差反映了各因素的水平变动时试验指标的变动幅度。极差越大，该因素对指标的影响越大，因而也就越重要。按照极差的大小，可以列出因素的主次顺序。对于主要因素，应该选取最优水平。对于次要因素，可以参考其他情况(如节约成本、减少工时、便于操作等)，选取适当水平。

应该指出的是，这里所说的因素是主次和水平的优劣，只有在试验方案所考察的范围内才有意义。超出这个范围，情况有可能发生变化。

由表 4-9 可知，在轴承座圈退火工艺试验中，各因素的最优水平分别为 A_1、B_2、C_1，将它们组合起来，即得最优生产条件 $A_1B_2C_1$，这个条件没有包括在已进行的四次试验之中。由此可见，用正交表安排的试验方案确实具有很好的代表性，既可以减少试验次数，又可以从所有可能的试验条件中找到最好的条件。

根据极差的大小，可以排列出因素的主次顺序如下：A(加热温度)——C(出炉温度)——B(保温时间)。由于因素 B 的变动对指标的影响很小，同时考虑到缩短保温时间可以提高生产率、节约用电，因此因素 B 也可以选用一水平，把 $A_1B_1C_1$ 作为较优生产条件。实际上这就是第一号试验的条件，由表 4-9 中可见 $y_1 = 100\%$，确实是一个较好的生产条件。

试验结果的极差分析法，是一种计算工作量小、简单易行的分析方法，但是它不能区分试验过程中由于试验条件改变所引起的试验数据的波动和试验误差引起的数据波动。为了解决这个问题，可以用方差分析法处理试验数据，详见 4.6 节。

4.3.3 定性指标的转化

在某些试验问题中，试验指标不能直接用数量予以表示，如电镀件的外观质量根据颜色、光泽等评定，切削加工的排屑情况只能区分为好、一般、不好等不同的状态。这种指标称为定性指标或非数量指标。

为便于分析试验结果，需要将定性指标转化为定量指标。评分法就是常用的一种方法。

现以镀铜试验为例，介绍评分法的应用。假设需要考察的因素有五个，每个因素选取两个不同的水平，则可用 $L_8(2^7)$ 正交表设计试验方案，以镀层色泽作为试验指标。试验完成后，请有经验的若干人(甲、乙、丙、⋯)，对各号试验所得的样品，互不干扰独立的进行鉴定，将镀层色泽分为上、中、下三等，如表 4-10 的左半部分所示。然后按上等得 3 分、中等得 2 分、下等得 1 分的方法，计算各号试验所得的分数，如表 4-10 的右半部分所示。于是，镀层色泽这个硬性指标，就被转化为定量指标(得分)，可以用上述极差法对试验结果进行分析。

表 4-10 定性指标的转化

试验号	镀层色泽鉴定结果					得分
	甲	乙	丙	丁	戊	
1	中中	下中	中中	上上	中下	18
2	中中	中下	中中	下下	中下	17
3	上上	上中	上中	中中	上中	25
4	中上	中中	中上	下中	中中	21
5	下中	中上	中中	中下	中中	19

(续)

试验号	镀层色泽鉴定结果					得分
	甲	乙	丙	丁	戊	
6	上中	上下	上中	中上	中上	24
7	上上	上下	中中	中下	中上	22
8	下下	中中	下下	中下	中下	14

对样品进行鉴定时，应尽可能多分几个等级，否则会影响试验结论的正确性。

4.3.4 多指标试验的分析

前面所介绍的例子中，衡量试验效果的指标只有一个，称为单指标试验。但在实际工作中，经常需要用两个或更多个指标来衡量试验效果，如同时考虑产品的几项性能、产量、成本等，这种试验称为多指标试验。在多指标试验中，由于每个因素对各项指标可能具有不同的影响，在某项指标得到改善的同时，可能使另一项指标恶化，因此，分析多指标试验的结果时，必须兼顾各项指标，寻找使各项指标都尽可能好的条件。这里，通过一个具体例子，介绍两种常用的分析方法：综合平衡法和综合评分法。

1) 综合平衡法

首先，按单指标试验的分析方法，分别对各项指标进行独立的分析，然后进行综合平衡。

【例 4-2】 合理选择履带式水田收获机械行走机构及整机参数，提高通过性能。以滚动阻力、滑转率、下陷深度三项指标衡量收获机械的通过性能。指标的值越小越好。根据实践经验和专业知识，确定试验中需要考察的因素和水平如表 4-11 所示。

表 4-11 水田收获机械试验的因素水平表

因素 水平	A 接地压力	B 履带板形式	C 重心位置
一水平	A_1 18kPa	B_1	C_1 履带接地长度的中点
二水平	A_2 21kPa	B_2	C_2 中点前 120mm
三水平	A_3 23kPa	B_3	C_3 中点后 120mm

本试验是一项三个三水平因素的试验，因此可用 $L_9(3^4)$ 正交表设计试验方案。表头设计时，将 A、B、C 三个因素分别安排到 1、2、4 列。试验结果则填入表 4-12 的试验指标栏内，并以 $(y_i)_K$ 表示第 i 号试验第 K 项指标的试验结果。

表 4-12 水田收获机械试验结果分析表

试验号	因素(列号) A 接地压力 (1)	B 履带型式 (2)	(3)	C 重心位置 (4)	试验指标		
					滚动阻力/kN $(y_i)_1$	滑转率(%) $(y_i)_2$	下陷深度/mm $(y_i)_3$
1	1	1	1	1	5.74	1.6	7.7
2	1	2	2	2	6.94	5.6	10.4
3	1	3	3	3	6.40	4.7	10.8
4	2	1	2	3	7.56	7.7	10.9

(续)

试验号 \ 因素(列号)	A 接地压力 (1)	B 履带型式 (2)	(3)	C 重心位置 (4)	试验指标		
					滚动阻力/kN $(y_i)_1$	滑转率(%) $(y_i)_2$	下陷深度/mm $(y_i)_3$
5	2	2	3	1	7.12	7.3	14.4
6	2	3	1	2	5.77	2.1	12.7
7	3	1	3	2	7.16	7.3	10.7
8	3	2	1	3	8.41	8.4	15.0
9	3	3	2	1	6.21	5.7	11.4
滚动阻力 $(\bar{y}_{j_1})_1$	6.36	6.82	6.64	6.36			
$(\bar{y}_{j_2})_1$	6.82	7.49	6.90	6.62			
$(\bar{y}_{j_3})_1$	7.26	6.13	6.90	7.46			
$(R_j)_1$	0.9	1.36	0.26	1.1			
滑转率 $(\bar{y}_{j_1})_2$	3.97	5.50	4.03	4.87	$\sum_{i=1}^{9}(y_i)_1$ =61.31	$\sum_{i=1}^{9}(y_i)_2$ =50.4	$\sum_{i=1}^{9}(y_i)_3$ =104
$(\bar{y}_{j_2})_2$	5.70	7.13	6.33	5.00			
$(\bar{y}_{j_3})_2$	7.13	4.17	6.43	6.93			
$(R_j)_2$	3.16	2.96	2.40	2.06			
下陷深度 $(\bar{y}_{j_1})_3$	9.63	9.77	11.77	11.17			
$(\bar{y}_{j_2})_3$	12.67	13.27	10.9	11.27			
$(\bar{y}_{j_3})_3$	12.37	11.63	12.0	12.23			
$(R_j)_3$	3.04	3.5	1.1	1.06			

按单指标试验的分析方法，分别对各项指标进行独立的计算。以 $(\bar{y}_{j_i})_K$ 表示第 j 列的一水平所对应的各号试验的第 K 项试验指标的平均值，以 $(R_j)_K$ 表示第 K 项试验指标第 j 列的极差，计算结果列于表 4-12 的下部。第 3 列是空列，空列的数据分析，留待以后各节讨论。

按极差 $(R_j)_K (j=1,2,\cdots)$ 的大小，排列各因素对应于第 K 项指标的主次顺序。选取 $(\bar{y}_{j_1})_K$、$(\bar{y}_{j_2})_K$、$(\bar{y}_{j_3})_K$ 中数值最小者所对应的水平，作为第 j 列第 K 项指标的最优水平，即得表 4-13。

表 4-13　因素的主次顺序与最优水平

试验指标	因素的主次顺序	最优水平
滚动阻力	B，C，A	B_3，C_1，A_1
滑转率	A，B，C	A_1，B_3，C_1
下陷深度	B，A，C	B_1，A_1，C_1

对三项指标进行综合平衡后，可以列出因素的主次顺序为：B、A、C。由表 4-13 可见，因素 A 和 C 应选一水平作为最优水平，而因素 B 则应在 B_3 和 B_1 之间进行比较，考虑到这三项指标中，下陷深度相对的居于次要地位，因此选 B_3 作为最优水平。于是，综合考虑三项指标后，可以得出结论，因素 B(履带板型式)是影响通过性能的主要因素，最优设计条件为：$B_3 A_1 C_1$。

2) 综合评分法

首先，按照某种规则，对各项指标综合评分，将多指标转化为单指标——"综合评分"，然后用单指标分析方法，取得试验结果分析结论。

评分的规则，可随具体情况而异。这里介绍一种一般的方法。

以 y_i^* 表示第 i 号试验的综合评分，则 y_i^* 可用下式表示

$$y_i^* = \alpha_1 (y_i)_1 + \alpha_2 (y_i)_2 + \cdots = \sum_K \alpha_K (y_i)_K \tag{4-1}$$

式中，α_K——将第 K 项试验指标转化为综合评分的系数。α_K 可按下式进行计算

$$\alpha_K = \frac{W_K}{C_K R_K} \tag{4-2}$$

式中，W_K——第 K 项试验指标的权。权的数值取决于该指标的重要程度，它只有相对意义；

R_K——第 K 项试验指标各号试验结果的极差；

C_K——第 K 项试验指标的缩减系数。C_K 数值的选取应使 $\dfrac{y_{K\max}}{C_K R_K}$ 具有大致相同的数量级；

$y_{K\max}$——第 K 项试验指标各号试验结果的最大值。

应该注意的是，如各项指标都是越大（小）越好，则 α_K 都取正号，否则 α_K 应取不同的符号。例如，指标越小越好者 α_K 取正号，指标越大越好者 α_K 取负号，且综合评分越小越好。

现以综合评分法分析例 4-2 的试验结果。考虑各项指标的重要程度，取 $W_1 = 4$，$W_2 = 3$，$W_3 = 2$。根据试验结果可得 $R_1 = 2.67$，$R_2 = 6.8$，$R_3 = 7.3$。各项试验指标的缩减系数可以取为 $C_1 = 2$，$C_2 = 1$，$C_3 = 2$。于是按式(4-2)可得：$\alpha_1 = 0.75$，$\alpha_2 = 0.44$，$\alpha_3 = 0.14$。最后，按式(4-1)计算各号试验的综合评分 y_i^*，并将结果列入表 4-14。

表 4-14 水田收获机械试验结果分析表

因素（列号）试验号	A 接地压力 (1)	B 履带板型式 (2)	(3)	C 重心位置 (4)	滚动阻力 /kN $(y_i)_1$	滑转率 (%) $(y_i)_2$	下陷深度 /mm $(y_i)_3$	综合评分 y_i^*
1	1	1	1	1	5.74	1.6	7.7	6.09
2	1	2	2	2	6.94	5.6	10.4	9.13
3	1	3	3	3	6.40	4.7	10.8	8.38
4	2	1	2	3	7.56	7.7	10.9	10.58
5	2	2	3	1	7.12	7.3	14.4	10.57
6	2	3	1	2	5.77	2.1	12.7	7.03
7	3	1	3	2	7.16	7.3	10.7	10.08
8	3	2	1	3	8.41	8.4	15.0	12.10
9	3	3	2	1	6.21	5.7	11.4	8.76
$\overline{y}_{j_1}^*$	7.87	8.92	8.41	8.47	$R_1 = 2.67$	$R_2 = 6.8$	$R_3 = 7.3$	$\sum y_i^* = 82.72$
$\overline{y}_{j_2}^*$	9.39	10.60	9.49	8.75				
$\overline{y}_{j_3}^*$	10.31	8.06	9.68	10.35				
R_j	2.44	2.54	1.27	1.88				

以 y_i^* 作为单项试验指标,作极差分析。由表 4-14 可见,因素的主次顺序为 B、A、C,最优设计条件为 $B_3A_1C_1$。这个结论与综合平衡法所得结论完全相同。

综合评分法将多指标转化为单指标进行分析,因此无法反映各因素对某项具体指标的影响。综合平衡法可以较充分地反映各因素对各项具体指标的影响,但在一般情况下,矛盾错综复杂,综合平衡时困难较多。

应用综合平衡法和综合评分法分析试验结果时,必须根据实践经验和专业知识,对具体问题做具体分析。单纯依靠数学分析,是不可能得到正确结论的。

4.4 考虑交互作用的试验设计

4.4.1 交互作用的概念

首先,我们说明一下交互作用的概念。设有两个因素 A 和 B,它们各取两个水平 A_1、A_2 和 B_1、B_2,这样 A 和 B 共有四种水平组合,在每一种组合下各做一次试验,试验结果如表 4-15。显然,当 $B=B_1$ 时,A 由 A_1 变到 A_2 使试验指标增加 10。当 $B=B_2$ 时,A 由 A_1 变到 A_2 使试验指标减小 15。可见,因素 A 由 A_1 变到 A_2 时,试验指标的变化趋势相反,与 B 取哪个水平有关;类似地,当因素 B 由 B_1 变到 B_2 时,试验指标的变化趋势也相反,这与 A 取哪个水平有关。这时,可以认为因素 A 和 B 之间有交互作用。将表 4-15 中的数据描述如图 4.1 所示,可以看到两条直线明显相交,这是交互作用很强的一种表现。

表 4-16 和图 4.2 给出了一个无交互作用的例子。由表 4-16 可以看出,A 或 B 对试验指标的影响与另一个因素取哪个水平无关;在图 4.2 中两直线是平行的。但是由于试验误差的存在,如果两直线近似相互平行,也可认为两因素间无交互作用,或交互作用可以忽略。

表 4-15 判别交互作用试验数据表

	A_1	A_2
B_1	25	35
B_2	30	15

表 4-16 判别交互作用试验数据表

	A_1	A_2
B_1	25	35
B_2	30	40

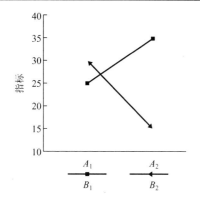

图 4.1 有交互作用的关系

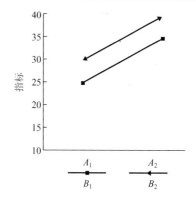

图 4.2 无交互作用的关系

一般来说，因素 A 和因素 B 的搭配情况对试验指标有影响，则称因素 A 和因素 B 具有交互作用，并以 $A \times B$ 表示这种交互作用。

交互作用反映了因素之间互相促进或互相制约的作用。这种作用是普遍存在的。因此，因素之间总是存在或大或小的交互作用。在实际工作中，如果两个因素之间的交互作用，远小于因素对指标的单独作用，则这种交互作用可以忽略不计，在 4.3 节中所讨论的问题，就属于这种情况。

在多因素试验问题中两个因素之间的交互作用(如 $A \times B, A \times C, B \times C$ 等)称为一级交互作用，三个因素之间的交互作用(如 $A \times B \times C, B \times C \times D$ 等)称为二级交互作用。二级以上的交互作用，统称高级交互作用。在一般情况下，高级交互作用可以忽略不计。

4.4.2 试验方案的设计

如果在一项试验中，不仅要考察因素 A 和因素 B 对试验指标的影响，而且要考察它们的交互作用 $A \times B$ 对指标的影响，那么，在设计试验方案时，可以把 $A \times B$ 当作一个因素看待。但是，在表头设计时，各因素以及它们的交互作用不能任意安排，而有一定的限制。

一般正交表都有一张附表——"两列间的交互作用列表"，通过它可以找到任意两列间的交互作用列。例如，$L_{16}(2^{15})$ 正交表的两列间的交互作用列表如表 4-17 所示。表中所有的数字，都是正交表的列号。由表 4-17 可见，对于 $L_{16}(2^{15})$ 正交表而言，第一列与第二列的交互作用列是第三列，因而表头设计时，如果将因素 A、B 分别安排在第一、二列，则交互作用 $A \times B$ 应该安排在第三列。两列间的交互作用列表，是根据正交表构造原理得到的，详见 4.2 节。

表 4-17 $L_{16}(2^{15})$ 正交表两列间的交互作用列

列号	1	2	3	4	5	6	7	8	9	10	11	12	13	14	15
(1)	(1)	3	2	5	4	7	6	9	8	11	10	13	12	15	14
(2)		(2)	1	6	7	4	5	10	11	8	9	14	15	12	13
(3)			(3)	7	6	5	4	11	10	9	8	15	14	13	12
(4)				(4)	1	2	3	12	13	14	15	8	9	10	11
(5)					(5)	3	2	13	12	15	14	9	8	11	10
(6)						(6)	1	14	15	12	13	10	11	8	9
(7)							(7)	15	14	13	12	11	10	9	8
(8)								(8)	1	2	3	4	5	6	7
(9)									(9)	3	2	5	4	7	6
(10)										(10)	1	6	7	4	5
(11)											(11)	7	6	5	4
(12)												(12)	1	2	3
(13)													(13)	3	2
(14)														(14)	1

现在，我们分析一项考虑交互作用的试验设计问题。

【例 4-3】 虚拟样车平顺性分析的正交试验。

在汽车平顺性的分析过程中，系统的输入主要是由汽车以一定的速度驶过随机路面产生的不平度所引起的，此"输入"经过由轮胎、悬架、衬套等弹性和阻尼元件构成的振动系统传递到悬架质量——车体或人体。

在正交试验设计过程中，首先确定对平顺性影响的关键部件，并将其作为试验因素，同时根据可能选择的参数确定其水平数。所分析的衬套均为非线性，其特性由图 4.3～图 4.6 提供的非线性刚度值确定。根据实践经验，确定试验中需要考察的因素和水平如表 4-18 所示。

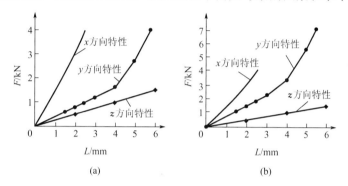

图 4.3　后悬架纵摆臂衬套特性曲线

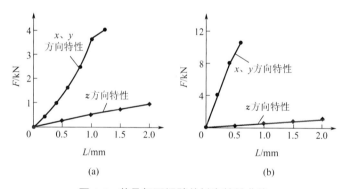

图 4.4　前悬架下摆臂前衬套特性曲线

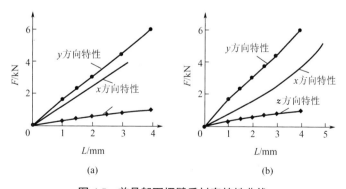

图 4.5　前悬架下摆臂后衬套特性曲线

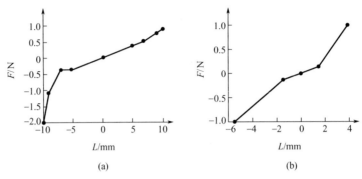

图 4.6 前滑柱上支撑衬套轴向刚度

表 4-18 虚拟样车平顺性分析试验的因素水平表

水平 \ 因素	A 前螺旋弹簧	B 后螺旋弹簧	C 后悬架纵摆臂衬套	D 前悬架下摆臂前衬套	E 前悬架下摆臂后衬套	F 前滑柱上支撑衬套
一水平	A_1 3.5N/m	B_1 47.2N/m	C_1 图 4.3(a)	D_1 图 4.4(a)	E_1 图 4.5(a)	F_1 图 4.6(a)
二水平	A_2 30N/m	B_2 52N/m	C_2 图 4.3(b)	D_2 图 4.4(b)	E_2 图 4.5(b)	F_2 图 4.6(b)

在试验设计中,选择六因素,二水平,同时考虑到各因素的交互作用会对共振频率产生影响,考虑 AB、AE、BC、DF、AF 的交互作用。共考虑 6 个因素和 5 个交互作用,相当于考虑 11 个因素,故选用正交表 $L_{16}(2^{15})$,如表 4-19 所示。6 个因子和 5 个交互作用共占 11 列,余 4 列空白作误差用。在仿真分析时,由于不存在试验条件的改变所引起的数据波动,因而不考虑误差的作用。根据正交表 $L_{16}(2^{15})$ 确定的各因子水平分别修改对应悬架弹簧刚度和衬套属性建立 16 组样车。在 B 级路面、按车速为 50km/h 匀速直线行驶状况进行仿真。于是表头设计如表 4-19 所示。

表 4-19 合理的表头设计

列号	1	2	3	4	5	6	7	8	9	10	11	12	13	14	15
因素或交互作用	A	B	AB	C	D	BC		F	AF	AE	E		DF		

这种表头设计是合理的,因为各个因素和需要考察的交互作用分别占据正交表的某一列,便于分析试验结果。如果任意地安排各个因素,如把它们依次安排在一~六列,则表头如表 4-20 所示。

表 4-20 不合理的表头设计

列号	1	2	3	4	5	6	7	8	9	10	11	12	13	14	15
因素或交互作用	A BC	B DF	C AB	D AE	E	F	AF								

这时因素 A 和交互作用 $B \times C$ 同时被安排在第一列,它们对试验指标的影响,将混杂在一起。同时,因素 C 和交互作用 $A \times B$,因素 B 和 $D \times F$ 也发生了混杂。

避免混杂是一项重要的原则。所以,在设计表头时,应先安排涉及交互作用较多的因素,然后安排涉及交互作用较少的和不考虑交互作用的因素。有时还被迫选用较大的正交表,以增加试验号数(次数)为代价,达到避免混杂的目的。

值得注意的是，对 K 水平正交表而言，任意两列间的交互作用列有 $K-1$ 列，因素的水平越多，交互作用所占的列数也越多。因此，在多水平试验问题中，为了避免混杂现象，必须选用较大的正交表。

表头设计完成后，将安排因素的各列中的数字，换成该因素相应的水平，即得试验方案表。因为交互作用不是一个具体的因素，所以安排交互作用的各列对试验条件不发生影响，它们只是用来分析因素之间的搭配情况对试验指标的影响。

4.4.3 试验结果的极差分析法

试验结束后，将试验结果填入指标栏内，然后计算各列的极差。我们把交互作用当作一个因素看待，同样可以计算它所在列的极差。根据极差的大小，安排因素和交互作用的主次顺序。如果某个交互作用在正交表上占有好几列，则以极差最大的列为准。

表 4-21 为例 4-3 的试验结果分析表。例中，根据路面统计分析，路面不平激励主要集中在 0～20Hz 区域，且暂未考虑发动机激励，同时考虑到人体及车振动平顺性响应中主要关心低频振动，故截断频率 $f_c = 20$ Hz，对座椅(驾驶人)质心垂直加速进行傅里叶变换，得出其加速度谱如图 4.7 所示。

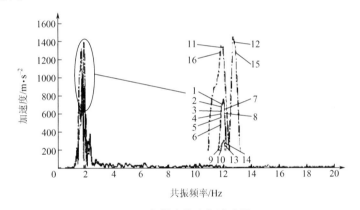

图 4.7 各样车仿真加速度谱

由图 4.7 可见，各样车共振频率差别较小。故试验采用传递给座椅(驾驶人)的最大加速度响应即加速度共振振幅作为评价指标，对共振频率及共振振幅统计如表 4-21 所列。

表 4-21 虚拟样车平顺性分析试验结果分析表

因素 试验号	A 1	B 2	AB 3	C 4	D 5	BC 6	 7	F 8	AF 9	AE 10	E 11	 12	DF 13	 14	 15	试验指标	
																共振 频率	振 幅
1	1	1	1	1	1	1	1	1	1	1	1	1	1	1	1	1.91	0.979
2	1	1	1	1	1	1	1	2	2	2	2	2	2	2	2	1.92	0.976
3	1	1	1	2	2	2	2	1	1	1	1	2	2	2	2	1.91	0.993
4	1	1	1	2	2	2	2	2	2	2	2	1	1	1	1	1.93	0.990
5	1	2	2	1	1	2	2	1	1	2	2	1	1	2	2	1.92	0.967
6	1	2	2	1	1	2	2	2	2	1	1	2	2	1	1	1.91	0.972

(续)

因素 试验号	A 1	B 2	AB 3	C 4	D 5	BC 6	7	F 8	AF 9	AE 10	E 11	12	DF 13	14	15	试验指标	
																共振频率	振幅
7	1	2	2	2	2	1	1	1	1	2	2	2	2	1	1	1.91	0.982
8	1	2	2	2	2	1	1	2	2	1	1	1	1	2	2	1.92	0.985
9	2	1	2	1	2	1	2	1	2	1	2	1	2	1	2	1.94	0.709
10	2	1	2	1	2	1	2	2	1	2	1	2	1	2	1	1.93	0.771
11	2	1	2	2	1	2	1	1	2	1	2	2	1	2	1	1.90	1.393
12	2	1	2	2	1	2	1	2	1	2	1	1	2	1	2	1.95	1.396
13	2	2	1	1	1	2	2	1	2	2	1	1	2	2	1	1.93	0.706
14	2	2	1	1	1	2	2	2	1	1	2	2	1	1	2	1.93	0.710
15	2	2	1	2	2	1	1	1	2	1	2	2	1	1	2	1.96	1.395
16	2	2	1	2	2	1	1	2	1	2	1	1	2	2	1	1.90	1.315
$(\bar{y}_{j_1})_1$	1.92	1.923	1.958	1.924	1.92	1.924	1.92	1.923	1.92	1.915	1.928	1.925	1.925	1.93	1.915	$\sum_{i=1}^{16}(y_i)_1$	$\sum_{i=1}^{16}(y_i)_2$
$(\bar{y}_{j_2})_1$	1.93	1.922	1.923	1.923	1.925	1.923	1.925	1.924	1.926	1.931	1.919	1.921	1.921	1.916	1.931	=30.77	=16.24
$(R_j)_1$	0.014	0.001	0.035	0.001	0.005	0.001	0.005	0.001	0.006	0.016	0.009	0.004	0.004	0.014	0.016		
$(\bar{y}_{j_1})_2$	0.981	1.026	1.008	0.84	1.174	1.014	1.016	1.015	1.014	1.007	1.025	1.006	1.024	1.017	1.014		
$(\bar{y}_{j_2})_2$	1.05	1.004	1.080	1.19	0.856	1.016	1.014	1.014	1.016	1.023	1.005	1.024	1.005	1.013	1.016		
$(R_j)_2$	0.069	0.022	0.072	0.35	0.318	0.002	0.002	0.001	0.0016	0.016	0.02	0.018	0.019	0.004	0.002		

由仿真结果知，各虚拟样车车身共振频率均在 1.90～1.96Hz 之间，由于人体对振动的感觉很难精确量化，故在共振频率基本接近的情况下，以共振峰幅作为分析对象进行极差分析。

根据共振振幅指标极差的大小，因素和交互作用的主次顺序如下。

C，D，$A \times B$，A，B，E，$D \times F$，$A \times E$，$B \times C$，$A \times F$，F。

试验结果分析。

（1）由试验可知，人体上下振动的共振频率接近 4～8Hz。如果在共振点上加振，人的抗振能力就会严重下降，故在设计过程中应尽可能减小频率为 4～8Hz 的振动。该试验采用的 16 组虚拟样车共振频率均为 1.93Hz 左右，并根据 1/3 倍频带评价可知，各组试验样车均满足 ISO 2631 相关规定。由此可以判断该型汽车结构和各种参数的选择满足基本的平顺性要求。

（2）由图 4.7 可以看出，对于该款车型，设计人员提供的因素水平在前后悬架刚度变化不大的情况下，试验因素 C、D 即纵摆臂衬套和下摆臂前衬套对共振峰值影响最大。选择合理的衬套属性能有效地提高样车的平顺性和乘坐舒适性。根据正交试验结果选择样车 13 为最优解，即选择 $A_2B_2C_1D_2E_1F_1$ 作为各因素的最优水平。

但是，试验中因素 A 和 B 的交互作用 $A \times B$ 对指标的影响很大，超过 A 或 B 单独对指标的影响，因此，A 和 B 之间的搭配情况必须认真考虑。

现在我们讨论最优生产条件(也就是各因素最优水平)的选择问题。显然，不涉及交互作用或交互作用很小的因素，例如本例中的因素 D 和 C，可按 4.3 节中所述的方法，根据 $\bar{y}_{j_1}$ 和 $\bar{y}_{j_2}$ 的数值，直接选取最优水平。在本例中，试验指标越小越好，故因素 D 和 C 应该分别取 D_2 和 C_1 作为最优水平。交互作用较大的因素应该根据最好的搭配条件，确定各因素的最优水平。

两个二水平因素之间，一共有四种不同的搭配情况，即 A_1B_1、A_1B_2、A_2B_1、A_2B_2。由表 4-21 可见，包含 A_1B_1 这种搭配情况的，是第一号到第四号试验，这一组(四个号)试验的指标平均值为 $\bar{y}_{A_1B_1} = \frac{1}{4}(y_1 + y_2 + y_3 + y_4) = \frac{1}{4}(0.979 + 0.976 + 0.993 + 0.99) = 0.9845$。$A_1B_2$ 出现在第五号至第八号试验中，这一组(四个号)试验的指标平均值为 $\bar{y}_{A_1B_2} = \frac{1}{4}(y_5 + y_6 + y_7 + y_8) = \frac{1}{4}(0.967 + 0.972 + 0.982 + 0.985) = 0.9765$。同理，$\bar{y}_{A_2B_1} = 1.06725$，$\bar{y}_{A_2B_2} = 1.0315$，…。不同搭配条件下试验指标平均值如表 4-22 所示。

在四组试验中，除了 A 和 B 的搭配情况不同外，C、D、E、F 四个因素的两种水平都出现了，且出现的次数相等。因此，$\bar{y}_{A_1B_1}, \bar{y}_{A_1B_2}, \cdots$ 的差异反映了因素 A 和 B 的搭配情况对试验指标的影响。根据这种计算，可以做出表 4-22 所示的二元表。由二元表(图)可见，A_1B_2 是最好的搭配条件，因此，应取 A_1 和 B_2 作为因素 A 和 B 的最优水平。同样，作为因素 F 的水平应取 F_2。

表 4-22 不同搭配条件下试验指标平均值

因素	B_1	B_2
A_1	0.9845	0.9765
A_2	1.06725	1.0315

至此，各因素的最优水平应为 $A_1B_2C_1D_2E_2F_2$。

(3) 在整车进行平顺性分析时，有的衬套等弹性元件的交互作用对相关性能的影响并不明显，在以后的相关分析过程中，如果要求精度不是很高，可以忽略，以利于提高设计分析的效率。

通过上述分析与研究可知，基于正交试验的虚拟样车平顺性分析是选择样车参数的有效方法，可以根据需要进行相关参数的分析和选择。由此可以利用虚拟样车进行车辆的平顺性试验，并用于已有车型的性能快速评价和新设计车型的性能预估及参数选择，以提高汽车设计质量，缩短设计周期。

必须指出，在交互作用较大的情况下，不考虑因素间的搭配情况，可能导致错误的结论。

最后，我们讨论一下空列的问题。在表头设计时，没有安排因素或交互作用的列，称为空列。按理说，空列的极差应该为零，但实际上却往往不等于零。这个问题可以这样来解释：①如果空列的极差很小，可以认为是由试验误差引起的；②如果空列的极差较大，实际上反映了某个交互作用的影响，因为正交表的任何一列，一定是某两列的交互作用列。在例 4-3 中，第七列是空列，由表 4-21 可知第七列是第一、六列的交互作用列，同时也是第二、五列，第三、四列的交互作用列，第八、十五列，第九、十四列，第十、十三列，第十一、十二列的交互作用列，因而第七列的极差实际上反映了上述各列交互作用的影响。在本例中，如果第七列的极差很小，一方面说明因素 B 和 D 之间没有交互作用，另一方面反映了试验误差的情况，这一点在试验数据的方差分析中还要用到。

4.5 试验数据的结构

试验过程中，各种因素的干扰和测量工作所引起的误差，统称为试验误差。试验误差是不可能完全避免的。任何一个试验数据，既包括试验条件的影响，也包括试验误差的影响。因此，掌握试验数据的结构，是深入分析试验结果的前提。

4.5.1 试验数据的结构

如果以 m_i 表示第 i 号试验条件下，试验指标应有的数值（习惯上又称试验指标理论值），以 ε_i 表示试验误差，则第 i 号试验结果（又称试验指标实测值）y_i 可用下式表示

$$y_i = m_i + \varepsilon_i \ (i=1,2,\cdots,n) \tag{4-3}$$

式中，n——正交表的试验号个数。

在系统误差已经消除的情况下，ε_i 是一个随机（偶然）误差。可以认为，ε_i 是一个数学期望为零的正态分布的随机变量，记作 $\varepsilon_i \sim N(0,\sigma)$。

为了分析各因素及它们的交互作用对试验指标的影响，需要将 m_i 做进一步的分解。

以 μ 表示各号试验指标理论值的平均值，则

$$\mu = \frac{1}{n}\sum_{i=1}^{n} m_i \tag{4-4}$$

就每个因素而言，各个水平在正交表上出现的次数相等，所以，μ 可以看作各因素都取"平均"水平时，试验指标应有的数值。

以 m_{A_k} 表示因素 A 取 k 水平，其他因素取"平均"水平时，试验指标应有的数值，则

$$a_k = m_{A_k} - \mu \tag{4-5}$$

称为因素 A 取 k 水平时的效应。它表明因素 A 由"平均"水平变为 k 水平时，指标理论值的增量。

显然，指标理论值的平均值 μ 还可用下式表示

$$\mu = \frac{1}{K}\sum_{k=1}^{K} m_{A_k} \tag{4-6}$$

式中，K——因素 A 的水平数。

于是，效应 α_k 的代数和等于零：

$$\sum_{k=1}^{K} a_k = \sum_{k=1}^{K}(m_{A_k} - \mu) = \sum_{k=1}^{K} m_{A_k} - K\mu = 0 \tag{4-7}$$

同理，以 $m_{A_k B_l}$ 表示因素 A 取 k 水平因素 B 取 l 水平，其他因素取"平均"水平时，试验指标应有的数值，则

$$(ab)_{kl} = m_{A_k B_l} - \mu - a_k - b_l \tag{4-8}$$

称为因素 A 取 k 水平，因素 B 取 l 水平时，交互作用 $A \times B$ 的效应，它反映交互作用引起的指标理论值的增量。设因素 A 的水平数为 K，因素 B 的水平数为 L，则

$$\left.\begin{aligned} m_{A_k} &= \frac{1}{L}\sum_{l=1}^{L} m_{A_k B_l} \\ m_{B_l} &= \frac{1}{K}\sum_{k=1}^{K} m_{A_k B_l} \end{aligned}\right\} \tag{4-9}$$

于是，交互效应 $(ab)_{kl}$ 对 k（或 l）的代数和等于零：

$$\begin{aligned}
\sum_{k=1}^{K}(ab)_{kl} &= \sum_{k=1}^{K}[m_{A_kB_l} - \mu - a_k - b_l] \\
&= \sum_{k=1}^{K} m_{A_kB_l} - K\mu - Kb_l \\
&= Km_{B_l} - K\mu - Kb_l \\
&= K(m_{B_l} - \mu - b_l) = 0 \\
\sum_{l=1}^{L}(ab)_{kl} &= \sum_{l=1}^{L}[m_{A_kB_l} - \mu - a_k - b_l] \\
&= \sum_{l=1}^{L} m_{A_kB_l} - L\mu - La_k \\
&= Lm_{A_k} - L\mu - La_k \\
&= L(m_{A_k} - \mu - a_k) = 0
\end{aligned} \quad (4\text{-}10)$$

综上所述，第 i 号试验条件下，试验指标理论值 m_i 可以表达为：平均值 μ 和该条件下各因素及它们的交互作用的效应的代数和。

【例 4-4】 某正交试验如表 4-23 所示。

表 4-23 某正交试验结果分析表

因素 试验号	A (1)	B (2)	A×B (3)	C (4)	(5)	B×C (6)	D (7)	试验指标 y_i 合格率(%)
1	1	1	1	1	1	1	1	86
2	1	1	1	2	2	2	2	95
3	1	2	2	1	1	2	2	91
4	1	2	2	2	2	1	1	94
5	2	1	2	1	2	1	2	91
6	2	1	2	2	1	2	1	96
7	2	2	1	1	2	2	1	83
8	2	2	1	2	1	1	2	88
$\bar{y}_{j_1}$	91.5	92	88	87.8	90.2	89.8	89.8	$\sum_{i=1}^{8} y_i = 724$
$\bar{y}_{j_2}$	89.5	89	93	93.2	90.8	91.2	91.2	
R_j	2.0	3.0	5.0	5.4	0.6	1.4	1.4	

写出各号试验的数据结构表达式。

第一号试验的条件是：$A_1B_1C_1D_1$，同时考虑交互作用 $(A\times B)_{11}$ 和 $(B\times C)_{11}$，所以试验结果 y_1 可以写作

$$\left.\begin{aligned}
y_1 &= \mu + a_1 + b_1 + (ab)_{11} + c_1 + (bc)_{11} + d_1 + \varepsilon_1 \\
y_2 &= \mu + a_1 + b_1 + (ab)_{11} + c_2 + (bc)_{12} + d_2 + \varepsilon_2 \\
y_3 &= \mu + a_1 + b_2 + (ab)_{12} + c_1 + (bc)_{21} + d_2 + \varepsilon_3 \\
y_4 &= \mu + a_1 + b_2 + (ab)_{12} + c_2 + (bc)_{22} + d_1 + \varepsilon_4 \\
y_5 &= \mu + a_2 + b_1 + (ab)_{21} + c_1 + (bc)_{11} + d_2 + \varepsilon_5 \\
y_6 &= \mu + a_2 + b_1 + (ab)_{21} + c_2 + (bc)_{12} + d_1 + \varepsilon_6 \\
y_7 &= \mu + a_2 + b_2 + (ab)_{22} + c_1 + (bc)_{21} + d_1 + \varepsilon_7 \\
y_8 &= \mu + a_2 + b_2 + (ab)_{22} + c_2 + (bc)_{22} + d_2 + \varepsilon_8
\end{aligned}\right\} \quad (4\text{-}11)$$

由式(4-11)可见，试验指标理论值是平均值 μ 和各因素及交互作用的效应的一种线性组合，因此，这种数据结构的数学模型，称为线性模型。

有了试验数据结构表达式，就可以更深刻地认识试验结果的极差分析法。在本例中，因素 D 的极差(即第七列的极差)可用下式计算

$$R_D = R_7 = \bar{y}_{71} - \bar{y}_{72} = \frac{1}{4}(y_1 + y_4 + y_6 + y_7) - \frac{1}{4}(y_2 + y_3 + y_5 + y_8)$$
$$= (d_1 - d_2) + \frac{1}{4}[(\varepsilon_1 + \varepsilon_4 + \varepsilon_6 + \varepsilon_7) - (\varepsilon_2 + \varepsilon_3 + \varepsilon_5 + \varepsilon_8)]$$

由此可见，极差 R_D 一方面反映了因素 D 的两个水平之间的差异，另一方面受到试验误差的干扰，降低了分析的精度。

同理，可以计算空列(第五列)的极差。

$$\begin{aligned}
R_5 &= \bar{y}_{51} - \bar{y}_{52} = \frac{1}{4}(y_1 + y_3 + y_6 + y_8) - \frac{1}{4}(y_2 + y_4 + y_5 + y_7) \\
&= \frac{1}{4}[(\varepsilon_1 + \varepsilon_3 + \varepsilon_6 + \varepsilon_8) - (\varepsilon_2 + \varepsilon_4 + \varepsilon_5 + \varepsilon_7)]
\end{aligned} \quad (4\text{-}12)$$

这就说明了空列的极差是由试验误差引起的。必须指出，第五列实际上是因素 A 和 C、B 和 D 的交互作用列，但式(4-11)是在不考虑交互作用 $A \times C$ 和 $B \times D$ 的前提下写出的，所以式(4-12)中没有包含 $A \times C$ 和 $B \times D$ 的交互效应。如果因素 A 和 C 以及 B 和 D 之间存在交互作用，则第五列极差除了反映试验误差以外，还将反映 $A \times C$ 和 $B \times D$ 的极差，因而具有较大的数值。

如果因素 A 和交互作用 $B \times C$ 被安排在同一列上，根据试验数据的线性模型可知，这个列的极差将是因素 A 的极差和和交互作用 $B \times C$ 的极差的代数和，这就是混杂现象。

有了试验数据的线性模型，可以更好地理解因素和交互作用的自由度。在一组数据中，独立的数据的个数称为自由度。在本例中，因素 A 有两个水平，它们对试验结果的影响，可以用效应 a_1 和 a_2 表示。由式(4-7)可知， $a_1 + a_2 = 0$ ，所以独立的效应只有一个。于是，因素 A 的自由度等于 1。一般来说，因素 A 有 K 个水平，就有 K 个效应，因为有一个约束方程式 $\sum_{k=1}^{K} a_k = 0$ ，所以自由度等于 $K-1$ 。对于交互作用可以作类似的分析。在本例中， $A \times B$ 共有四个效应，即 $(ab)_{11}, (ab)_{12}, (ab)_{21}, (ab)_{22}$ ，由式(4-10)可知

$$(ab)_{11} + (ab)_{12} = 0 \quad (ab)_{21} + (ab)_{22} = 0$$
$$(ab)_{11} + (ab)_{21} = 0 \quad (ab)_{12} + (ab)_{22} = 0$$

这四个约束方程中,只有三个是独立的,因而独立的效应数为 4−3=1,即 $A×B$ 的自由度等于 1。一般来说,因素 A 有 K 个水平,因素 B 有 L 个水平,则交互作用 $A×B$ 有 KL 个效应,约束方程式共有 $K+L$ 个,即

$$\sum_{k=1}^{K}(ab)_{kl}=0 \quad (l=1,2,\cdots,L)$$

$$\sum_{l=1}^{L}(ab)_{kl}=0 \quad (k=1,2,\cdots,K)$$

其中只有 $K+L-1$ 个是独立的,所以 $A×B$ 的自由度等于 $KL-(K+L-1)=(K-1)×(L-1)$,等于因素 A 和因素 B 的自由度的乘积。对 K 水平正交表而言,每一列的自由度为 $K-1$,任意两列间的交互作用的自由度为 $(K-1)(K-1)$,因此交互作用将占据正交表的 $K-1$ 列。

对于一个试验号数为 n 的正交表,共有 n 个试验结果,由式(4-4)可知,$\frac{1}{n}\sum_{i=1}^{n}m_i=\mu$,所以独立的数据只有 $n-1$ 个,因而正交表的总自由度等于 $n-1$。常用正交表的总自由度还可以用各列自由度之和表示,其结果相同。

4.5.2 试验指标的估计

由 4.3 节可知,通过试验结果的分析,可以找到最优生产条件或最优设计,尽管这种条件可能没有包括在已进行的试验之中。这就提出了一个问题,是否可以根据已进行的试验,预测最优生产条件下的试验指标值。

根据试验数据的结构,试验结果可以表达为 $y_i = m_i + \varepsilon_i$。其中,试验指标理论值 m_i,是指标理论值的平均值 μ 和各因素及交互作用的效应的一种线性组合。因此,只要求得 μ 和各个效应的数值,就可以计算各种条件下的试验指标理论值 m_i。

由于试验误差的存在,m_i 的真值用试验的方法是无法求得的。因此,我们只能应用最小二乘法原理,根据实测值 y_1、y_2、$\cdots$、y_n,求出平均值 μ 和各个效应的估计值。设 m_i 的估计值为 $\hat{m}_i$,则 $\hat{m}_i$ 应使偏差平方和 $S=\sum_{i=1}^{n}(y_i-\hat{m}_i)^2$ 为最小。于是,令 S 对各效应估计值的一阶偏导数为零,即可求得各效应的估计值。

我们仍以例 4-4 为例,计算 $\hat{\mu}$、$\hat{a}_1$、$\hat{b}_1$、$\cdots$,并预测最优生产条件下的试验指标值。

参照(4-11)的形式,可得

$$\hat{m}_1 = \hat{\mu} + \hat{a}_1 + \hat{b}_1 + \widehat{(ab)}_{11} + \hat{c}_1 + \widehat{(bc)}_{11} + \hat{d}_1$$
$$\vdots$$
$$\hat{m}_8 = \hat{\mu} + \hat{a}_2 + \hat{b}_2 + \widehat{(ab)}_{22} + \hat{c}_2 + \widehat{(bc)}_{22} + \hat{d}_2$$

将上式代入 $S=\sum_{i=1}^{8}(y_i-\hat{m}_i)^2$,令 $\frac{\partial S}{\partial \hat{\mu}}=0$,并考虑到 $\hat{a}_1+\hat{a}_2=0$,$\hat{b}_1+\hat{b}_2=0$,$\cdots$,$\widehat{(ab)}_{11}+\widehat{(ab)}_{12}=0$,$\widehat{(ab)}_{21}+\widehat{(ab)}_{22}=0$,$\cdots$,可得

$$\hat{\mu} = \frac{1}{8}\sum_{i=1}^{8} y_i = \bar{y} \tag{4-13}$$

同理，令 $\frac{\partial S}{\partial \hat{a}_1} = 0$，可得

$$\hat{a}_1 = \frac{1}{4}(y_1 + y_2 + y_3 + y_4) - \bar{y} = \bar{y}_{A_1} - \bar{y} \tag{4-14}$$

式中，$\bar{y}_{A_1}$——因素 A 的一水平所对应的各号试验的指标平均值。类似的，可得

$$\widehat{(ab)}_{11} = \bar{y}_{A_1B_1} - \bar{y} - \hat{a}_1 - \hat{b}_1 \tag{4-15}$$

式中，$\bar{y}_{A_1B_1}$——A_1B_1 水平所对应的各号试验的指标平均值。

可以认为，试验误差 ε_i 是一个数学期望为零的正态分布的随机变量，即 $E(\varepsilon_i) = 0$，因此

$$E(\hat{\mu}) = E\left(\frac{1}{8}\sum_{i=1}^{8} y_i\right) = \mu$$

$$E(\hat{a}_1) = E(\bar{y}_{A_1} - \bar{y}) = a_1$$

$$E\widehat{(ab)}_{11} = E(\bar{y}_{A_1B_1} - \bar{y} - \hat{a}_1 - \hat{b}_1) = (ab)_{11}$$

由此可见，式(4-13)、式(4-14)、式(4-15)所表达的各参数的各估计值，是各相应参数的一种无偏估计。这些表达式虽然是从一个具体例子得到的，但它们的结论却具有普遍的意义。

根据式(4-13)、式(4-14)、式(4-15)和表 4-23 所列的 y_i 的数值，可以求得：$\hat{\mu} = 90.5\%$，

$\hat{a}_1 = -\hat{a}_2 = 1.0\%$，$\hat{b}_1 = -\hat{b}_2 = 1.5\%$，$\hat{c}_1 = -\hat{c}_2 = -2.75\%$，$\hat{d}_1 = -\hat{d}_2 = -0.75\%$，

$\widehat{(ab)}_{11} = \widehat{(ab)}_{22} = -\widehat{(ab)}_{12} = -\widehat{(ab)}_{21} = -2.5\%, \widehat{(bc)}_{11} = \widehat{(bc)}_{22} = -\widehat{(bc)}_{12} = -\widehat{(bc)}_{21} = -0.75\%$

最优生产条件为 $A_2B_1C_2D_2$，在此条件下，试验指标估计值 $\hat{m}$ 可用下式计算

$$\begin{aligned}\hat{m} &= \hat{\mu} + \hat{a}_2 + \hat{b}_1 + \widehat{(ab)}_{21} + \hat{c}_2 + \widehat{(bc)}_{12} + \hat{d}_2 \\ &= 90.5\% - 1.0\% + 1.5\% + 2.5\% + 2.75\% + 0.75\% + 0.75\% \\ &= 97.75\%\end{aligned}$$

可以用类似的方法，预测任何试验条件下试验指标的数值。

4.5.3 短缺数据的弥补

对试验结果进行统计分析时，必须有完整的数据。由于某种原因(试验失败或数据丢失等)使某号试验数据短缺时，必须重做试验予以补齐。如果客观条件不允许重做试验，在不得已的情况下，可以用数学的方法弥补短缺的数据。弥补短缺数据的方法很多，这里只介绍一种最简单的方法。

以水田收获机械通过性试验为例。试验方案及试验结果如表 4-24 所示。试验指标已转化为综合评分。

表 4-24 水田收获机械试验结果表

试验号 \ 因素(列号)	A 接地压力 (1)	B 履带板型式 (2)	(3)	C 重心位置 (4)	试验指标 y_i (综合评分)
1	1	1	1	1	6.09
2	1	2	2	2	9.13
3	1	3	3	3	8.38
4	2	1	2	3	10.58
5	2	2	3	1	10.57
6	2	3	1	2	7.03
7	3	1	3	2	10.08
8	3	2	1	3	12.10
9	3	3	2	1	8.76

如果第四号试验数据短缺，可用下述方法予以弥补。

第四号试验数据 y_4 的结果可以表达为

$$y_4 = \mu + a_2 + b_1 + c_3 + \varepsilon_4$$

计算上式中各参数的估计值：

$$\hat{\mu} = \bar{y} = \frac{1}{9}\sum_{i=1}^{9} y_i = \frac{1}{9}(72.14 + y_4) = 8.02 + \frac{y_4}{9}$$

$$\hat{a}_2 = \bar{y}_{A_2} - \bar{y} = \frac{1}{3}(y_4 + y_5 + y_6) - \bar{y} = 5.87 + \frac{y_4}{3} - \bar{y}$$

$$\hat{b}_1 = \bar{y}_{B_1} - \bar{y} = \frac{1}{3}(y_1 + y_4 + y_7) - \bar{y} = 5.39 + \frac{y_4}{3} - \bar{y}$$

$$\hat{c}_3 = \bar{y}_{C_3} - \bar{y} = \frac{1}{3}(y_3 + y_4 + y_8) - \bar{y} = 6.83 + \frac{y_4}{3} - \bar{y}$$

写出 y_4 的估计值，并认为 $\hat{y}_4 = y_4$，则

$$\hat{y}_4 = \hat{\mu} + \hat{a}_2 + \hat{b}_1 + \hat{c}_3 = \bar{y} + 18.08 + y_4 - 3\bar{y} = y_4$$

整理上式，即可解出 $y_4 = 9.225$。

必须指出，由于试验误差的存在，估计的指标值与实测的数值不可能完全相同。此外，上述 y_4 是根据其他数据估计出来的，它不是一个独立的数据，因而误差的自由度将减少 1，相应的正交表的总自由度也要减少 1。在本例中，第三列是空列，它反映了试验误差的情况，如果试验数据是实测的独立数据，误差的自由度应为 2，现 y_4 不是一个独立的数据，因而误差的自由度由 2 减为 1，正交表的总自由度则由 8 减为 7。

4.6 试验数据的方差分析

根据试验数据的结构，第 i 号试验条件下的试验结果 y_i 可用下式表示

$$y_i = m_i + \varepsilon_i \quad (i=1,2,\cdots,n)$$

由此可知，y_1、y_2、$\cdots$、y_n 的差异，是由两方面的原因造成的：①由于试验条件的不同，引起指标理论值 m_i 的不同；②因为试验误差是个随机变量，即使 ε_1、ε_2、$\cdots$、ε_m 具有相同的分布，但它们的具体取值不可能完全相同。

通过方差分析，可以在一定程度上，将上述两种原因引起的数据变动加以区分，然后在一定意义下，对它们进行比较，以判断各因素的不同水平对试验指标影响的大小。

4.6.1 方差分析的基本方法

现在，我们对例 4-4 的试验结果进行方差分析。数据的计算如表 4-25 所示，原始数据是从表 4-23 中抄来的。

表 4-25 某产品试验方差计算表

试验号 \ 因素	A (1)	B (2)	$A \times B$ (3)	C (4)	(5)	$B \times C$ (6)	D (7)	试验指标 y_i 合格率(%)
1	1	1	1	1	1	1	1	86
2	1	1	1	2	2	2	2	95
3	1	2	2	1	1	2	2	91
4	1	2	2	2	2	1	1	94
5	2	1	2	1	2	1	2	91
6	2	1	2	2	1	2	1	96
7	2	2	1	1	2	2	1	83
8	2	2	1	2	1	1	2	88
y_{j_1}	366	368	352	351	361	359	359	$\sum_{i=1}^{8} y_i = 724$
y_{j_2}	358	356	372	373	363	365	365	$\bar{y} = 90.5$
$y_{j_1}^2$	133956	135424	123904	123201	130321	128881	128881	
$y_{j_2}^2$	128164	126736	138384	139129	131769	133225	133225	
$\frac{1}{4}(y_{j_1}^2 + y_{j_2}^2)$	65530	65540	65572	65582.5	65522.5	65526.5	65526.5	$\frac{1}{8}\left(\sum_{i=1}^{8}(y_i)\right)^2 = 65522$
S_j	8	18	50	60.5	0.5	4.5	4.5	

通过试验得到的八个数据，这八个数据的算术平均值 $\bar{y} = \frac{1}{8}\sum_{i=1}^{8} y_i = 90.5$。每个数据与平均值之差，称为偏差。因此，这一组八个数据的偏差平方和 S 可用下式计算

$$S = \sum_{i=1}^{8}(y_i - \bar{y})^2 = \sum_{i=1}^{8} y_i^2 - \frac{1}{8}\left(\sum_{i=1}^{8} y_i\right)^2 = 146$$

S 又称为试验结果的总偏差平方和，它的自由度等于试验号数减 1，即 $f = 8 - 1 = 7$。

因素 A 被安排在第一列，因此第一列的偏差平方和称为因素 A 的偏差平方和。可以用 A_1 水平所对应的各号试验的指标平均值 $\bar{y}_{A_1}$，代表四个 A_1 水平对指标的影响；用 A_2 水平所对应的各号试验的指标平均值 $\bar{y}_{A_2}$，代表四个 A_2 水平对指标的影响。于是，因素 A 的偏差平方和 S_A

可用下式计算：

$$S_A = 4(\bar{y}_{A_1} - \bar{y})^2 + 4(\bar{y}_{A_2} - \bar{y})^2 = 4\left(\frac{y_{A_1}}{4} - \frac{\sum_{i=1}^{8} y_i}{8}\right)^2 + 4\left(\frac{y_{A_2}}{4} - \frac{\sum_{i=1}^{8} y_i}{8}\right)^2$$

$$= \frac{1}{4}[(y_{A_1})^2 + (y_{A_2})^2] - \frac{1}{8}\left(\sum_{i=1}^{8} y_i\right)^2 = 8$$

同理，可得：$S_B = 18$，$S_C = 60.5$，$S_D = 4.5$，$S_{A\times B} = 50$，$S_{B\times C} = 4.5$。

在二水平正交表中，各列的自由度均为 1，所以

$$f_A = f_B = f_C = f_D = f_{A\times B} = f_{B\times C} = 1$$

第五列是空列，因此第五列的偏差平方和反映试验误差的偏差平方和，以 S_e 表之，则

$$S_e = S_5 = \frac{1}{4}[(y_{5_1})^2 + (y_{5_2})^2] - \frac{1}{8}\left(\sum_{i=1}^{8} y_i\right)^2 = 0.5$$

自由度 f_e 也等于 1。

由上述计算可见

$$S = S_A + S_B + S_C + S_D + S_{A\times B} + S_{B\times C} + S_e$$

同时

$$f = f_A + f_B + f_C + f_D + f_{A\times B} + f_{B\times C} + f_e$$

这说明试验结果的总偏差平方和 S 可以分解为两部分，即因素的偏差平方和与试验误差的偏差平方和。总自由度 f 等于因素的自由度与误差的自由度之和。这是一个普遍的规律，可以用来检查各偏差平方和与自由度的计算是否正确。对常用的正交表而言，在没有重复试验与重复取样的情况下，总偏差平方和等于各列偏差平方和之和，总自由度等于各列自由度之和。

在一般情况下，对试验号数为 n 的 K 水平正交表而言，总偏差平方和 S 可按下式计算

$$S = \sum_{i=1}^{n}(y_i - \bar{y})^2 = \sum_{i=1}^{n} y_i^2 - \frac{1}{n}\left(\sum_{i=1}^{n} y_i\right)^2 = W - P \tag{4-16}$$

式中

$$W = \sum_{i=1}^{n} y_i^2 \tag{4-17}$$

$$P = \frac{1}{n}\left(\sum_{i=1}^{n} y_i\right)^2 \tag{4-18}$$

各列偏差平方和 S_j 可按下式计算

$$S_j = \frac{n}{K}[(\bar{y}_{j_1} - \bar{y})^2 + (\bar{y}_{j_2} - \bar{y})^2 + \cdots + (\bar{y}_{j_K} - \bar{y})^2]$$
$$= \frac{K}{n}[y_{j_1}^2 + y_{j_2}^2 + \cdots + y_{j_K}^2] - P \tag{4-19}$$

对于二水平正交表而言，S_j 的计算公式还可以写成更为简单的形式

$$S_j = \frac{1}{n}(y_{j_1} - y_{j_2})^2 \qquad (4\text{-}20)$$

各因素与交互作用的偏差平方和，等于所在列的偏差平方和。如果交互作用占据正交表的某几列，则交互作用偏差平方和等于所占各列偏差平方和之和，其自由度也等于所占各列自由度之和。

试验误差的偏差平方和 S_e，等于总偏差平方和与各因素（包括交互作用）偏差平方和之差，也就是各空列偏差平方和之和。如果某因素所在列的偏差平方和很小，与空列的偏差平方和相接近，这就说明，该因素对试验指标的影响很小，因而可以将该列的偏差平方和作为试验误差偏差平方和的一部分。

第 i 号试验条件下的试验结果 $y_i = m_i + \varepsilon_i$。因为 ε_i 是一个服从正态分布的随机变量，$\varepsilon_i \sim N(0, \sigma)$，所以 y_i 也是一个正态分布的随机变量，$y_i \sim N(m_i, \sigma)$。于是，根据 y_i 计算的各列偏差平方和 S_j 是一个随机变量。在本例中，因素 A 的偏差平方和 S_A 的数学期望可按下式计算

$$\begin{aligned}
E(S_A) &= E\left[\frac{1}{8}(y_{A_1} - y_{A_2})^2\right] \\
&= \frac{1}{8}E(y_1 + y_2 + y_3 + y_4 - y_5 - y_6 - y_7 - y_8)^2 \\
&= \frac{1}{8}E(4a_1 - 4a_2 + \varepsilon_1 + \varepsilon_2 + \varepsilon_3 + \varepsilon_4 - \varepsilon_5 - \varepsilon_6 - \varepsilon_7 - \varepsilon_8)^2 \\
&= \frac{1}{8}[16(a_1 - a_2)^2 + 8\sigma^2] \\
&= 2(a_1 - a_2)^2 + \sigma^2
\end{aligned}$$

由此可见，S_A 反映了 A_1、A_2 水平的差异，也包含了试验误差的影响。同理，可以计算试验误差的偏差平方和 S_e 的数学期望

$$E(S_e) = E(S_5) = E\left[\frac{1}{8}(y_{5_1} - y_{5_2})^2\right] = \frac{1}{8}E(y_1 + y_3 + y_6 + y_8 - y_2 - y_4 - y_5 - y_7)^2$$
$$= \frac{1}{8}E(\varepsilon_1 + \varepsilon_3 + \varepsilon_6 + \varepsilon_8 - \varepsilon_2 - \varepsilon_4 - \varepsilon_5 - \varepsilon_7)^2 = \sigma^2$$

由此可见，S_e 是 σ^2 的无偏估计。

为了检验各因素对试验指标是否有显著的影响，可以应用统计学中的假设检验法。

首先作原假设 H_0：因素 A 对试验指标没有影响，即效应 $a_1 = a_2 = 0$。根据这个假设，S_A 将只受试验误差的影响，是 σ^2 的无偏估计。这时，$\dfrac{S_A}{\sigma^2}$ 是一个自由度为 f_A 的 χ^2 分布随机变量，$\dfrac{S_e}{\sigma^2}$ 是一个自由度为 f_e 的 χ^2 分布随机变量，两者互相独立，所以统计量

$$F_A = \frac{S_A/f_A \cdot \sigma^2}{S_e/f_e \cdot \sigma^2} = \frac{S_A/f_A}{S_e/f_e} \qquad (4\text{-}21)$$

是一个自由度为 (f_A, f_e) 的 F 分布随机变量。

然后，选取信度 α（又称显著性水平），由 F 分布表查得临界值 $F_\alpha(f_A, f_e)$，使概率 $P[F_A > F_\alpha(f_A, f_e)] = \alpha$。$\alpha$ 是一个很小的数，因此，$F_A > F_\alpha(f_A, f_e)$ 是一个小概率事件，在一次试验中，一般是不会发生的。如果在一次试验中，居然发生了 $F_A > F_\alpha(f_A, f_e)$ 的情况，那么，我们有 $1-\alpha$ 的把握拒绝接受原假设，并认为因素 A 对试验指标有影响，这时犯错误的概率为 α。

在一般情况下，信度 α 选为 0.01、0.05、0.10。如 $F_A > F_{0.01}(f_A, f_e)$，则称因素 A 对试验结果有高度显著的影响，记作**；如 $F_{0.01}(f_A, f_e) > F_A > F_{0.05}(f_A, f_e)$，则称因素 A 对试验结果有显著的影响，记作*；如 $F_{0.05}(f_A, f_e) > F_A > F_{0.10}(f_A, f_e)$，则称因素 A 对试验结果有一定影响，记作○。

对其他因素及因素间的交互作用，可以作类似的分析。

综上所述，方差分析的过程，可用表 4-26 表示。在本例中，S_6, S_7 数值很小，故将其归入 S_e 中。由表 4-26 可见，因素 C 和交互作用 $A \times B$ 对试验指标有显著影响。因素 B 对试验指标虽有一定影响，但它的影响不如交互作用 $A \times B$ 显著，因此，应该根据 A 和 B 的最优搭配，决定因素 A 和 B 的最优水平。其他因素和交互作用对试验指标的影响不大，可以参考其他要求选取适当水平。

表 4-26 某产品试验方差分析表

方差来源	偏差平方和	自由度	平均偏差平方和（偏差平方和/自由度）	F	显著性
A	$S_A = S_1 = 8$	1	8	2.5	
B	$S_B = S_2 = 18$	1	18	5.63	○
C	$S_C = S_4 = 60.5$	1	60.5	18.9	*
$A \times B$	$S_{A \times B} = S_3 = 50$	1	50	15.6	*
误差	$S_e = S_5 + S_6 + S_7 = 9.5$	3	3.2		
总和	$S = 146$	7	$F_{0.01}(1,3) = 34.1$; $F_{0.05}(1,3) = 10.1$; $F_{0.10}(1,3) = 5.54$		

用 F 检验法对各因素作显著性检验，首先要求出试验误差的方差 σ^2 的估计值 $\dfrac{S_e}{f_e}$，而 S_e 是通过空列求得的，所以，选用正交表时必须注意留出一定的空列。如果正交表的各列都被因素或交互作用所占据，就无法得到 σ^2 的估计值。这时，可根据类似试验的资料，确定 σ^2 的数值，并认为其自由度为 ∞。于是，$F_A = \dfrac{S_A/f_A}{\sigma^2}$，临界值则为 $F_\alpha(f_A, \infty)$。如果没有类似的试验资料可以参考，那就需要选用较大的正交表安排试验，或者进行重复试验，以求得 σ^2 的估计值。

由统计学理论可知，自由度 f_e 很小时，F 检验法的灵敏度很低，即使因素对指标有显著影响，用 F 检验法却无法判定。为了提高检验的灵敏度，应设法增加试验误差的自由度 f_e。为此，可以将数值较小的 S_j 归入 S_e，或者选用较大的正交表以增加空列的数目，或者进行重复试验。如这些方法都难以实现，可以将信度 α 选为 0.20，并将方差分析所得结论，在进一步试验或实践中加以验证。

4.6.2 重复试验(采样)的方差分析

在实际工作中,可能遇到重复试验与重复采样的问题。所谓重复试验,就是将同一号试验重复进行若干次。而重复采样,则是在同一次试验中,同时抽取若干个样本。显然,重复试验时,试验数据的差异是由试验误差引起的。因此,重复试验的数据可以用来估计试验误差。在重复采样时,试验数据的差异也是由试验误差引起的,但这种误差只是局部的试验误差,称为试样误差。在一般情况下,试验误差大于试样误差。在一定的条件下,也可以用试样误差来估计试验误差。

首先,讨论重复试验时试验数据的方差分析。

如果用试验号数为 n 的 K 水平正交表安排试验,每一号试验作 T 次重复试验,以 y_{it} 表示第 i 号试验第 t 次试验的结果,则试验数据总平均值 $\bar{y}$ 可用下式计算

$$\bar{y} = \frac{1}{nT} \sum_{i=1}^{n} \sum_{t=1}^{T} y_{it} \tag{4-22}$$

与式(4-16)相似,试验数据总偏差平方和 S 可按下式计算

$$S = \sum_{i=1}^{n}\sum_{t=1}^{T}(y_{it}-\bar{y})^2 = \sum_{i=1}^{n}\sum_{t=1}^{T} y_{it}^2 - \frac{1}{nT}\left(\sum_{i=1}^{n}\sum_{t=1}^{T} y_{it}\right)^2 = W - P \tag{4-23}$$

式中

$$W = \sum_{i=1}^{n}\sum_{t=1}^{T} y_{it}^2 \tag{4-24}$$

$$P = \frac{1}{nT}\left(\sum_{i=1}^{n}\sum_{t=1}^{T} y_{it}\right)^2 \tag{4-25}$$

在 nT 个试验数据中,独立的数据只有 $nT-1$ 个,所以总自由度 $f = nT-1$。

各列偏差平方和 S_j 则按下式计算

$$\begin{aligned}S_j &= T\frac{n}{K}[(\bar{y}_{j1}-\bar{y})^2 + (\bar{y}_{j2}-\bar{y}) + \cdots + (\bar{y}_{jk}-\bar{y})^2]\\ &= \frac{K}{Tn}[y_{j1}^2 + y_{j2}^2 + \cdots + y_{jk}^2] - P\end{aligned} \tag{4-26}$$

式中,y_{j1}——第 j 列一水平所对应的所有各次试验的指标之和;

$\bar{y}_{j1}$——y_{j1} 的平均值。

对于二水平正交表,S_j 的计算公式还可以简化为

$$S_j = \frac{1}{Tn}(y_{j1} - y_{j2})^2 \tag{4-27}$$

与无重复试验的情况相似,各列的自由度仍按 $f_j = K-1$ 计算,各列自由度之和 $\sum_j f_j = n-1$。

由此可见,在重复试验的情况下,总自由度 f 不等于各列自由度之和 $\sum_j f_j$,总偏差平方和 S 也不等于各列偏差平方和之和 $\sum_j S_j$。

现在我们来考虑试验误差的偏差平方和。如以 $\bar{y}_i$ 表示第 i 号试验条件下，T 次重复试验数据的平均值，即 $\bar{y}_i = \frac{1}{T}\sum_{t=1}^{T} y_{it}$，则第 i 号试验 T 个数据的偏差平方和 S_i 和相应的自由度 f_i 可用下式计算：

$$S_i = \sum_{t=1}^{T}(y_{it} - \bar{y}_i)^2 \qquad (i=1,2,\cdots,n)$$

$$f_i = T - 1 \qquad (i=1,2,\cdots,n)$$

显然，S_i 完全是由试验误差造成的，可用来估计试验误差的方差。因此，在重复试验的情况下，试验误差的偏差平方和 S_e，将由两部分组成，即由空列反映的 S_{e1} 和由 $\sum_{i=1}^{n} S_i$ 反映的 S_{e2} 组成，$S_e = S_{e1} + S_{e2}$。

为便于计算 S_{e2}，可以将总偏差平方和 S 分解为行内偏差平方和与行间偏差平方和。行内偏差平方和就是上述的 S_i，各行内偏差平方和之和等于 S_{e2}：

$$S_{e2} = \sum_{i=1}^{n} S_i = \sum_{i=1}^{n}\sum_{t=1}^{T}(y_{it} - \bar{y}_i)^2 \qquad (4\text{-}28)$$

$$f_{e2} = n(T-1) \qquad (4\text{-}29)$$

行间偏差平方和 S_G 是由试验条件的改变而引起的，S_G 与相应的自由度 f_G 可按下式计算：

$$S_G = T\sum_{i=1}^{n}(\bar{y}_i - \bar{y})^2 \qquad (4\text{-}30)$$

$$f_G = n - 1 \qquad (4\text{-}31)$$

显然，行间偏差平方和 S_G 等于各列偏差平方和之和 $\sum_{j} S_j$。按照这种分解方法，$S_{e2} = S - S_G$。将式(4-23)和式(4-30)代入并加以整理，即得

$$S_{e2} = \sum_{i=1}^{n}\sum_{t=1}^{T} y_{it}^2 - T\sum_{i=1}^{n} \bar{y}_i^2 = \sum_{i=1}^{n}\sum_{t=1}^{T} y_{it}^2 - \frac{1}{T}\sum_{i=1}^{n}\left(\sum_{t=1}^{T} y_{it}\right)^2 \qquad (4\text{-}32)$$

只要稍加整理就可以发现，式(4-32)与式(4-28)是完全相同的。这就说明，总偏差平方和 S 分解为行间偏差平方和 S_G 与行内偏差平方和 $\sum_{i=1}^{n} S_i$ 是完全正确的。

根据上述分析可知，在重复试验的情况下，如正交表上没有空列，可以用 $\dfrac{S_{e2}}{f_{e2}}$ 估计试验误差的方差，对各因素作显著性检验。如正交表上有空列，为了提高检验的灵敏度，可以用 $\dfrac{S_e}{f_e} = \dfrac{S_{e1} + S_{e2}}{f_{e1} + f_{e2}}$ 估计试验误差的方差。显著性检验的具体方法，则与无重复试验的情况完全相同。

在重复采样的情况下，可以用同样的方法计算 S_{e2}，但这时 S_{e2} 只反映了局部的试验误差——试样误差。在一般情况下，试样误差小于试验误差，因此不能用 S_{e2} 对各因素作显著性

检验。但是，为了充分利用重复采样所提供的信息，在一定的条件下，也可以把试样误差当作试验误差。例如：

（1）如试样误差的平均偏差平方和 $\dfrac{S_{e2}}{f_{e2}}$，与试验误差的平均偏差平方和 $\dfrac{S_{e1}}{f_{e1}}$ 没有显著的差别，则可将试样误差当作试验误差。具体地说，就是对 S_{e1} 和 S_{e2} 作显著性检验，令

$$F = \dfrac{S_{e1}/f_{e1}}{S_{e2}/f_{e2}}$$

对给定的信度 α，如有 $F < F_\alpha(f_{e1}, f_{e2})$，则认为试样误差与试验误差无显著差异。这时，可以把 $S_e = S_{e1} + S_{e2}$ 作为试验误差的偏差平方和，对各因素作显著性检验。

（2）对试验误差的来源作具体分析，如试验过程中干扰较少，试验重复性较好，试验误差主要是由试样误差决定的，则可将试样误差当作试验误差。

【例 4-5】 电解腐蚀试验。考察三个三水平的因素。以产品质量作为试验指标，并用综合评分表示。用 $L_9(3^4)$ 正交表安排试验，每号试验重复采样三次，试验结果与方差计算列于表 4-27。

表 4-27 电解腐蚀试验方差计算表

试验号 \ 因素（列号）	A (1)	B (2)	(3)	C (4)	试验指标 y_i（综合评分）			变换后的指标			$\sum\limits_{i=1}^{3} y'_{it}$
					y_{i_1}	y_{i_2}	y_{i_3}	y'_{i_1}	y'_{i_2}	y'_{i_3}	
1	1	1	1	1	65	60	70	−1	−2	0	−3
2	1	2	2	2	70	65	85	0	−1	3	2
3	1	3	3	3	65	70	80	−1	0	2	1
4	2	1	2	3	55	60	80	−3	−2	2	−3
5	2	2	3	1	50	45	70	−4	−5	0	−9
6	2	3	1	2	40	40	40	−6	−6	−6	−18
7	3	1	3	2	90	70	65	4	0	−1	3
8	3	2	1	3	85	85	80	3	3	2	8
9	3	3	2	1	50	65	65	−4	−1	−1	−6
y'_{j_1}	0	−3	−13	−18	$\sum\limits_{i=1}^{9}\sum\limits_{t=1}^{3} y'_{it} = -25$						
y'_{j_2}	−30	1	−7	−13	$W' = \sum\limits_{i=1}^{9}\sum\limits_{T=1}^{3} y'^2_{it} = 243$						
y'_{j_3}	5	−23	−5	6	$p' = \dfrac{1}{3\times 9}\left(\sum\limits_{i=1}^{9}\sum\limits_{t=1}^{3} y'_{it}\right)^2 = 23.15$						
S'_j	79.63	36.74	3.85	35.63							

试验数据作线性变换，对方差分析没有影响，为便于计算，令

$$y'_{it} = \dfrac{1}{5}(y_{it} - 70)$$

总偏差平方和 S' 可按式(4-23)计算

$$S' = \sum_{i=1}^{9}\sum_{t=1}^{3} y_{it}'^2 - \frac{1}{3\times 9}\left(\sum_{i=1}^{9}\sum_{t=1}^{3} y_{it}'\right)^2 = W' - P' = 219.85$$

各因素及试验误差(空列)的偏差平方和按式(4-26)计算

$$S_j' = \frac{K}{Tn}[y_{j_1}'^2 + y_{j_2}'^2 + y_{j_3}'^2] - P'$$

于是

$$S_A' = S_1' = 79.63$$
$$S_B' = S_2' = 36.74$$
$$S_C' = S_4' = 35.63$$
$$S_{e_1}' = S_3' = 3.85$$
$$f_A = f_B = f_C = f_{e_1} = 2$$

试样误差的偏差平方和 S_{e_2}' 可按式(4-32)计算

$$S_{e_2}' = \sum_{i=1}^{9}\sum_{t=1}^{3} y_{it}'^2 - \frac{1}{3}\sum_{i=1}^{9}\left(\sum_{t=1}^{3} y_{it}'\right)^2 = 64$$

因为

$$\frac{S_{e_1}'}{f_{e_1}} = \frac{3.85}{2} = 1.92 < \frac{S_{e_2}'}{f_{e_2}} = \frac{64}{18} = 3.56$$

所以可以判定试样误差与试验误差没有差异，于是试验误差的偏差平方和

$$S_e' = S_{e_1}' + S_{e_2}' = 67.85$$
$$f_e = f_{e_1} + f_{e_2} = 2 + 18 = 20$$

对各因素作显著性检验，如表 4-28 所示。

表 4-28 电解腐蚀试验方差分析表

方差来源	偏差平方和	自由度	平均偏差平方和 （偏差平方和/自由度）	F	显著性
A	$S_A' = S_1' = 79.63$	2	39.82	11.7	**
B	$S_B' = S_2' = 36.74$	2	18.37	5.42	*
C	$S_C' = S_4' = 35.63$	2	17.82	5.26	*
误差	$S_e' = S_{e_1}' + S_{e_2}' = 67.85$	20	3.39		
总和	$S' = 219.85$	26	$F_{0.01}(2,20) = 5.85$；$F_{0.05}(2,20) = 3.49$		

4.6.3 极差在方差分析中的应用

对试验数据作方差分析，首先要求得到方差的估计量。用平均偏差平方和估计方差，是一种比较好的方法。但是，这种方法要计算一系列数据的偏差平方和，计算工作量较大。为了简化计算，可以用极差来估计方差。

设 y_1、y_2、$\cdots$、y_M 是从正态分布的总体中随机抽取的容量为 M 的样本，则总体的标准差 σ，可用样本的极差予以估计。具体方法是：将 M 个数据分成若干组，并使每个组的数据个数小于 12，设各组数据极差的平均值为 $\bar{R}$，则标准差的估计值与相应的自由度可按下式计算

$$\hat{\sigma} = \frac{\bar{R}}{d(u,v)} \tag{4-33}$$

$$f = \varphi(u,v) \approx 0.90v(u-1) \tag{4-34}$$

式中，u——每组内数据的个数；
v——组数；
$d(u,v)$、$\phi(u,v)$——由 u 和 v 两个参数决定的系数，它们的数值可在有关书籍中找到。在实际应用时，可按四舍五入的方法，将自由度取为整数。

例如，从正态总体抽得 16 个数据组成的随机样本：1.40，1.49，1.38，1.41，1.40，1.31，1.43，1.42，1.41，1.39，1.37，1.35，1.43，1.37，1.36。将它们分成四组：

$$1.40，1.49，1.38，1.41，R_1 = 0.11$$
$$1.40，1.31，1.43，1.42，R_2 = 0.12$$
$$1.41，1.39，1.37，1.35，R_3 = 0.06 \quad\quad \bar{R} = 0.09$$
$$1.43，1.37，1.41，1.36，R_4 = 0.07$$

由 $u=4, v=4$，查表得 $d(4,4) = 2.11$，于是 $\hat{\sigma} = \dfrac{\bar{R}}{d(u,v)} = \dfrac{0.09}{2.11} = 0.0427$。而按偏差平方和计算，则 $\hat{\sigma} = 0.0407$。由此可见，两者是相当接近的。

现在我们将这种方法应用于试验数据的方差分析。如果用试验号数为 n 的 K 水平正交表安排试验，每一号试验作 T 次重复试验。以 y_{it} 表示第 i 号试验第 t 次试验的结果，则各行的极差 $R_i = \max\{y_{it}; t=1,2,\cdots,T\} - \min\{y_{it}; t=1,2,\cdots,T\}$。以 $\bar{y}_{jk}$ 表示第 j 列的 k 水平所对应的所有各次试验结果的平均值，则各列的极差

$$R_j = \max\{\bar{y}_{jk}; k=1,2,\cdots,K\} - \min\{\bar{y}_{jk}; k=1,2,\cdots,K\}$$

试验误差的标准差和各列的标准差可按下式估计：

$$\hat{\sigma}_{e_2} = \frac{\bar{R}}{d(T,n)}; \bar{R} = \frac{1}{n}\sum_{i=1}^{n} R_i \tag{4-35}$$

$$\hat{\sigma}_j = \frac{R_j}{d(K,1)}\sqrt{T\frac{n}{K}} \tag{4-36}$$

$$\hat{\sigma}_{e_1} = \frac{\bar{R}_l}{d(K,l)}\sqrt{T\frac{n}{K}} \tag{4-37}$$

式中，l——空列数；
$\bar{R}_l$——各空列极差的平均值。

于是试验误差的方差可按下式估计

$$\hat{\sigma}_e^2 = \frac{f_{e_1}\hat{\sigma}_{e_1}^2 + f_{e_2}\hat{\sigma}_{e_2}^2}{f_{e_1} + f_{e_2}} \tag{4-38}$$

各因素及交互作用的显著性,仍用 F 检验法检验。这时

$$F_j = \frac{\hat{\sigma}_j^2}{\hat{\sigma}_e^2} \tag{4-39}$$

用极差估计试验数据的方差,计算简便,而其结果与偏差平方和法相近,因此,在工程试验中,值得推广。

作为比较,我们对例 4-5 的试验结果,用极差估计方差进行分析。

各列的标准差的估计值 $\hat{\sigma}_j$ 按式(4-36)计算,$\hat{\sigma}_{e_2}$ 则按式(4-35)计算,计算结果列于表 4-29。因为 $\hat{\sigma}_{e_1} = \hat{\sigma}_3 = 6.97 < \hat{\sigma}_{e_2} = 9.04$,故将试样误差与试验误差合并考虑,按式(4-38)可得 $\hat{\sigma}_e^2 = 78.23$,于是可作方差分析如表 4-30 所示。

表 4-29 电解腐蚀试验方差估计表

试验号	因素 (列号)	A (1)	B (2)	(3)	C (4)	试验指标 y_i (综合评分)			极差 R_i
						y_{i_1}	y_{i_2}	y_{i_3}	
1		1	1	1	1	65	60	70	10
2		1	2	2	2	70	65	85	20
3		1	3	3	3	65	70	80	15
4		2	1	2	3	55	60	80	25
5		2	2	3	1	50	45	70	25
6		2	3	1	2	40	40	40	0
7		3	1	3	2	90	70	65	25
8		3	2	1	3	85	85	80	5
9		3	3	2	1	50	65	65	15
$\bar{y}_{j_1}$		70	68.33	62.78	60	$\bar{R} = \frac{1}{9}\sum_{I=1}^{9} R_i = 15.56$			
$\bar{y}_{j_2}$		53.33	70.56	66.11	62.78				
$\bar{y}_{j_3}$		72.78	57.22	67.22	73.33	$\hat{\sigma}_{e_2} = \frac{\bar{R}}{d(3,9)} = 9.04$			
R_j		19.45	13.34	4.44	13.33				
$\hat{\sigma}_j$		30.55	20.95	6.97	20.94	$d(3,1)=1.91$; $d(3,9)=1.72$ $\phi(3,1)=2.0$; $\phi(3,9)=16.585\approx 17$			

表 4-30 电解腐蚀试验方差分析表

方差来源	方　差	自　由　度	F	显　著　性
A	933.30	2	11.93	* *
B	438.90	2	5.61	*
C	438.48	2	5.60	*
误差	78.23	19		

$$F_{0.01}(2,19) = 5.93; \quad F_{0.05}(2,19) = 3.52$$

由表 4-28 及表 4-30 可见,用极差估计方差和用偏差平方和估计方差,所得结论完全相同。事实上,考虑到表 4-28 的平均偏差平方和是按线性变换后的数据计算的,其数值缩小了

$5^2 = 25$ 倍，因此 $\dfrac{S_A}{f_A} = \dfrac{S'_A}{f_A} \times 25 = 39.82 \times 25 = 995.38$，而表 4-30 的相应数值为 $\hat{\sigma}_A^2 = 933.30$，两者是相当接近的。

4.7 正交表的灵活应用

前面已经讨论了正交试验设计的一般方法，即处理水平数相同的多因素试验问题。但在实际工作中，往往遇到各因素水平数不同的情况。这时，除了直接套用混合水平正交表外，还可以根据具体情况，灵活运用各种正交表进行试验设计。

4.7.1 并列法

将 K 水平正交表的某两列合并，同时划去相应的交互作用列，组成一个 K^2 水平的新列，这种方法称为并列法。

为简便计，以二水平正交表 $L_{16}(2^{15})$ 为例。在正交表中任取两列，如取一、二两列，这时，同一行的两个数组成一个有次序的两位数（又称有序数对），这种两位数共有四种可能，即(1，1)，(1，2)，(2，1) (2，2)。以每种两位数表示一种新的水平，并令：

$$(1, 1) \to 1, \quad (1, 2) \to 2, \quad (2, 1) \to 3, \quad (2, 2) \to 4$$

则第一、二列合并成为一个四水平的新列。第一、二列的交互作用列是第三列，由正交表构造原理可知（见 4.2 节），第三列是由第一、二列相加得来的，因此将一、二列合并为一个新列时，必须将第三列划去。这样，三个二水平列换成一个四水平列。从自由度的角度看，一个二水平列的自由度为 1，一个四水平列的自由度为 3，因此一个四水平列应该占据三个二水平列的位置。经过并列后，$L_{16}(2^{15})$ 被改造成为 $L_{16}(4 \times 2^{12})$。

由表 4-31 可见，并列后的 $L_{16}(4 \times 2^{12})$ 是一个混合水平正交表。因为它具有一般正交表的特性：①任一列中各水平出现的次数相同；②任意两列之间，各种不同水平的所有可能的搭配都出现了，且出现的次数相等。

继续进行并列，则可将正交表 $L_{16}(2^{15})$ 改造成 $L_{16}(4^2 \times 2^9)$，$L_{16}(4^3 \times 2^6)$，$L_{16}(4^4 \times 2^3)$，$L_{16}(4^5)$。

对于表 4-31 所示的并列后的正交表 $L_{16}(4 \times 2^{12})$，任意两个二水平列的交互作用列，仍可由 $L_{16}(2^{15})$ 的交互作用列表查得。它的四水平列与任意一个二水平列的交互作用列都有三列，就是原来的一、二、三列与该列的交互作用列。

同理，可以将其他二水平正交表改造成混合水平正交表。对于三水平正交表，任意两列的交互作用列有两列，因此四个三水平列（任意两列及它们的两个交互作用列）换成一个九水平列。例如，正交表 $L_{27}(3^{18})$ 可以改造成 $L_{27}(9 \times 3^9)$。

用混合水平正交表设计试验方案，同样可用极差法或方差分析法分析试验结果。需要指出的是，在一般情况下，水平取得较多的因素，其极差较大，因此，水平数不同的因素之间，根据极差的大小只能粗略地估计各因素的主次。为了更准确地判断因素的主次，可以采用方差分析法。在方差分析中用式(4-19)和式(4-26)计算各列偏差平方和 S_j 时，式中的水平数 K 对于不同的列应取不同的数值。例如，表 4-31 所示的 $L_{16}(4\times 2^{12})$，第 $1'$ 列 $K=4$，其余各列 $K=2$。因为二水平列用式(4-20)和式(4-27)计算比较简便，为了统一公式，也可以用原来三个二水平列的偏差平方和之和，表示四水平新列的偏差平方和，即 $S_1' = S_1 + S_2 + S_3$。

表 4-31 将 $L_{16}(2^{15})$ 改造成 $L_{16}(4\times 2^{12})$

列号\试验号	(1	2	3)⇒1′	4	5	6	7	8	9	10	11	12	13	14	15
1	1	1	1	1	1	1	1	1	1	1	1	1	1	1	1
2	1	1	1	1	1	1	1	2	2	2	2	2	2	2	2
3	1	1	1	1	2	2	2	1	1	1	1	2	2	2	2
4	1	1	1	1	2	2	2	2	2	2	2	1	1	1	1
5	1	2	2	2	1	1	2	1	1	2	2	1	1	2	2
6	1	2	2	2	1	1	2	2	2	1	1	2	2	1	1
7	1	2	2	2	2	2	1	1	1	2	2	2	2	1	1
8	1	2	2	2	2	2	1	2	2	1	1	1	1	2	2
9	2	1	2	3	1	2	1	1	2	1	2	1	2	1	2
10	2	1	2	3	1	2	1	2	1	2	1	2	1	2	1
11	2	1	2	3	2	1	2	1	2	1	2	2	1	2	1
12	2	1	2	3	2	1	2	2	1	2	1	1	2	1	2
13	2	2	1	4	1	2	2	1	2	2	1	1	2	2	1
14	2	2	1	4	1	2	2	2	1	1	2	2	1	1	2
15	2	2	1	4	2	1	1	1	2	2	1	2	1	1	2
16	2	2	1	4	2	1	1	2	1	1	2	1	2	2	1

【例 4-6】 在一项试验中，需要考察一个四水平因素 A，三个二水平因素 B、C、D，以及交互作用 $A\times B$，$A\times C$。

解：需要考察的因素和交互作用的总自由度为 12，小于 15，因此可用由 $L_{16}(2^{15})$ 改造成为的 $L_{16}(4\times 2^{12})$ 正交表安排试验。表头设计如下：

因素	A	B	$A\times B$			C	$A\times C$			D			
列号	1, 2, 3⇒1′	4	(5	6	7)	8	(9	10	11)	12	13	14	15

因素 A 的偏差平方和可按新列计算，也可按原来各列计算，即

$$S_A = S_1' = S_1 + S_2 + S_3$$

$$S_B = S_4$$

$$S_{A\times B} = S_5 + S_6 + S_7$$

$$S_C = S_8$$

$$S_{A\times C} = S_9 + S_{10} + S_{11}$$

$$S_D = S_{12}$$

$$S_e = S_{13} + S_{14} + S_{15}$$

在无重复试验或重复采样的情况下,总偏差平方和

$$S = S_A + S_B + S_{A \times B} + S_C + S_{A \times C} + S_D + S_e$$

自由度

$$f_A = f_{A \times B} = f_{A \times C} = f_e = 3$$

$$f_B = f_C = f_D = 1$$

4.7.2 拟水平法

前面介绍的并列法,是在水平数较少的正交表上安排水平数较多因素的一种方法,而拟水平法,则是在水平数较多的正交表上安排水平数较少的因素的一种方法。

对水平数较少的因素,虚拟一个或几个水平,使之与正交表的水平相等,这种方法称为拟水平法。例如,在一项试验中,需要考察一个二水平因素 A,三个三水平因素 B、C、D。如直接套用混合水平正交表 $L_{18}(2 \times 3^7)$,至少需要做 18 次试验。这时,如对因素 A 虚拟一个第三水平 A_3,则可用 $L_9(3^4)$ 正交表安排试验。通常取因素 A 中需要重点考察的那个水平,作为虚拟的水平。如以 A_2 作为虚拟的水平 A_3,则试验方案如表 4-32 所示。需要指出的是,因素 A 虽然虚拟了第三水平,但实际上仍是一个二水平因素,所以用拟水平法改造后的表 4-32,不再是一张正交表了。

虽然表 4-32 不是一张正交表,但它仍有一定的可比性。例如,包含 A_1 水平的三个试验号中,B、C、D 三个因素的三个水平各出现了一次,而包含 A_2 水平的六个试验号中,B、C、D 三个因素的三个水平各出现二次。正是由于这种可比性,我们仍然可以用极差法和方差分析法,对试验数据进行分析。

应用极差法时,极差

$$R_j = \max\{\bar{y}_{j_k}, k = 1, 2, \cdots, K\} - \min\{\bar{y}_{j_k}, k = 1, 2, \cdots, K\}$$

其中,

$$\bar{y}_{j_k} = \frac{y_{j_k}}{TZ_{j_k}}$$

表 4-32 对 $L_9(3^4)$ 正交表作拟水平处理

列号 试验号	A $1 \Rightarrow 1'$	B 2	C 3	D 4
1	1	1	1	1
2	1	2	2	2
3	1	3	3	3
4	2	1	2	3
5	2	2	3	1
6	2	3	1	2
7	3	1	3	2
8	3	2	1	3
9	3	3	2	1

式中,y_{j_k} —— 第 j 列 k 水平所对应的所有各次试验的指标之和;

Z_{j_k} —— 相应的试验号的个数;

T —— 每个试验号重复试验的次数。

需要注意的是,对于拟水平的各列,各水平具有不同的 Z_{j_k}。例如,由表 4-32 可见,$Z_{A_1} = 3$,$Z_{A_2} = 6$。与并列法的情况相似,水平数不同的因素之间,根据极差的大小,只能粗略地估计各因素的主次。

对试验数据作方差分析时,未经拟水平处理的各因素的偏差平方和,仍等于所在列的偏差平方和 S_j,可按式(4-19)和式(4-26)计算。而对拟水平的各因素,其偏差平方和 S_N 应按下

式计算

$$S_N = \frac{1}{T}\left[\frac{y_{N_1}^2}{Z_{N_1}} + \frac{y_{N_2}^2}{Z_{N_2}} + \cdots + \frac{y_{N_K}^2}{Z_{N_K}}\right] - P \tag{4-40}$$

由式(4-25)得到

$$P = \frac{1}{nT}\left(\sum_{i=1}^{n}\sum_{t=1}^{T} y_{it}\right)^2$$

式中，$y_{N_k}(k=1,2,\cdots,K)$ 表示拟水平因素 N 的实际水平 k 所对应的所有各次试验的指标之和；Z_{N_k} 为相应的试验号的个数；T 为每个试验号重复试验的次数，K 为拟水平因素的实际水平数。其他符号的意义同前。

需要注意的是，拟水平因素的自由度，等于实际水平数减 1，小于所在列的自由度。按式(4-40)计算的拟水平因素的偏差平方和 S_N，也小于按式(4-26)计算的所在列的偏差平方和 S_j。这就是说，拟水平因素虽然占了正交表的某一列，却没有占满，所以，所在列的自由度与拟水平因素自由度之差，为试验误差的自由度，所在列的偏差平方和与拟水平因素偏差平方和之差，为试验误差的偏差平方和。在本例中，总自由度 $f=8$，$f_B=f_C=f_D=2$，而 $f_A=1$，因此 $f_e=f-f_A-f_B-f_C-f_D=1$，相应的 $S_e=S-S_A-S_B-S_C-S_D$。由此可见，采用拟水平法时，在既无空列又无重复试验的情况下，仍然可以求得试验误差的偏差平方和，它等于总偏差平方和减去各因素的偏差平方和。

在实际工作中，可以同时运用并列法和拟水平法，以扩大正交表的使用范围。

灵活运用正交表的方法还有很多，如部分追加法、裂区试验法等，本书限于篇幅，不再一一介绍，读者如有需要，可参阅有关书籍。

思考题

1. 正交试验的步骤有哪些？
2. 多指标试验分析的方法有哪些？每种方法有什么特点？
3. 正交试验设计有哪些优点？
4. 试验数据的方差分析有什么作用？
5. 分析试验数据的结构有什么作用？举例说明。

第 5 章

均匀试验设计

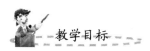
教学目标

通过本章的学习，了解均匀试验设计的特点；掌握均匀试验方案设计的方法及试验结果的计算与分析的方法；掌握不等水平均匀设计及混合因素均匀设计的方法；了解均匀试验设计的工程应用。

教学要求

知识要点	能力要求	相关知识	权重
均匀试验设计	了解均匀试验设计(表)的特点，掌握均匀试验方案设计的方法	均匀设计表与使用表、均匀设计表的特点、均匀试验方案设计、注意的问题	30%
试验结果的计算与分析	掌握试验结果的计算与分析的方法	线性回归或逐步回归方法	20%
不等水平均匀设计	掌握不等水平均匀设计的方法	不等水平均匀设计表、拟水平法	15%
混合因素均匀设计	掌握混合因素均匀设计的方法	虚拟变量、定性因素均匀设计、混合均匀设计	15%
均匀试验设计的应用	了解均匀试验设计的工程应用	发动机、汽车制造	20%

均匀试验设计是我国数学工作者对试验设计技术发展的一大贡献。它是根据数论在多维数值积分中的应用原理，构造一套均匀设计表，用来进行均匀试验设计。

5.1 概　　述

5.1.1 均匀性

均匀性原则是试验设计优化的重要原则之一。在试验设计的方案设计中，使试验点按一定规律充分均匀地分布在试验区域内，每个试验点都具有一定的代表性，则称该方案具有均匀性。

如前所述，正交表是正交试验设计优化的基本工具。它是利用正交表来安排试验的。正交表具有"均衡分散、综合可比"这两大特点。均衡分散性即均匀性，可使试验点均匀地分布在试验范围内，每个试点都具有一定的代表性。这样，即使正交表各列均排满，也能得到比较满意的结果；综合可比性即整齐可比性，由于正交表具有正交性，任一列各水平出现的次数都相当，任两列间所有可能的组合出现的次数都相等，这样，使每一因素所有水平的试验条件相同，可以综合比较各因素不同水平数对试验指标的影响，从而分析各因素及其交互作用对指标的影响大小及变化规律。

在正交试验设计中，对任意两个因素来说，为保证综合可比性，必须是全面试验，而每个因素的水平必须有重复，这样一来试验点在试验范围内就不可能充分地均匀分散，试验点的数目就不能过少。显然，用正交表安排试验，均匀性受到一定限制，因而试验点的代表性不够强。若在试验设计中，不考虑综合可比性的要求，完全满足均匀性的要求，让试验点在这种完全从均匀性出发的试验设计方法，称为均匀试验设计。

具有均匀性特点的均匀试验的试验点的代表性很强，例如，对于5^3试验，即三因素五水平的试验来说，在正交试验设计中可选择$L_{25}(5^6)$正交表安排试验，试验次数最少做 25 次，其水平重复数$r = n/m_j = 5$次。若每个水平只做一次，同样做 25 次试验，在试验范围内，将每个因素分成 25 个水平，则试验分布得更均匀。图 5.1 所示的是当试验因素$N = 2$时，正交试验设计与均匀试验设计的比较。正交试验设计取 5 个水平，每个水平重复 5 次，而均匀试验设计取 25 个水平，每个水平只做 1 次。显然，均匀试验设计的试验点较之正交试验设计的试验点分布得更均匀，代表性更强。对于这项5^3试验，利用均匀设计表$U_5(5^4)$安排试验，在使各因素的水平数不少于 5 的前提下，可以方便地安排试验次数n为$5 \leq n \leq 25$的均匀试验。图 5.2 表示$N = 2$、$m = 5$、$n = 5$的均匀试验。显然，均匀试验设计的试验点代表性较正交试验设计的试验点强得多。

5.1.2 均匀试验设计的优点

均匀试验设计相对于全面试验和正交试验设计的最主要的优点，是大幅度地减少试验次数，缩短试验周期，从而大量节约人工和费用。对于三因素五水平即5^3试验，如果进行全面试验需做 125 次试验，利用正交表$L_{25}(5^6)$安排试验至少要做 25 次，但用均匀设计表$U_5(5^4)$安排试验，只须做 5 次试验即可。再如，对于7^6试验，若进行全面试验，须做 117649次试验，若进行均匀试验设计，选取$U_7(7^6)$均匀设计表，只须做 7 次试验即可，重复一次，也不过做 14 次试验。因此，对于试验因素较多，特别是对于因素的水平多而又希望试验次数少的试验，对于筛选因素或收缩试验范围进行逐步择优的场合，对于复杂数学试验的择优计算等，均匀试验设计是非常有效的试验设计方法。

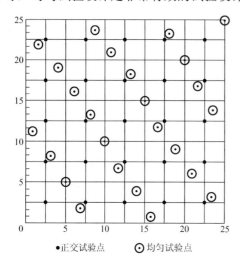

图 5.1　正交试验与均匀试验比较
（试验点数相等）

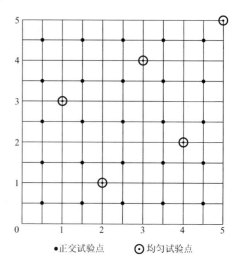

图 5.2　正交试验与均匀试验比较
（试验点数不等）

5.1.3　均匀试验设计的应用

由于均匀试验设计使试验周期大大缩短，能节省大量的费用，所以均匀试验设计方法一出现就在工业生产中得到应用，也取得有效的成果。例如，利用均匀试验设计方法对汽车前轮罩板的成形参数进行设计。该研究是均匀试验设计方法在板料成形领域的应用。目的是找出零件拉伸成形的最优参数，能够有效降低企业的设计和生产成本，大大增加新产品的研发能力和企业的市场竞争能力，前轮罩板工艺参数的优化分析，重点在于冲压技术的合理应用。通过对前轮罩板工艺分析，初步制定该零件的制造工艺，通过比较方案，预测缺陷，通过模拟仿真调整参数加以避免。前轮罩板成形的重要参数包括凸凹模间隙、侧壁角度、凹模圆角、模具闭合高度、压力机公称压力和材料的性能参数等。通过分析设计可以为其实际生产提供一定的参考价值，缩短反复试验的时间，提高模具设计的可靠性，降低一定的成本。

此外，国防工业上已在飞航导弹的设计以及车用发动机等领域上得到有效的应用。

5.2　均匀设计表及其使用表

5.2.1　均匀设计表与使用表

与正交试验设计相似，均匀设计也是通过一套精心设计的表格来安排试验的，这种表格称为均匀设计表。

均匀设计表是根据数论方法在多重数值积分中的应用原理构造的，它分为等水平和混合水平两种。

均匀设计表是一种规格化的表格，是均匀试验设计的基本工具。均匀设计表仿照正交表以 $U_n(m^k)$ 表示。表中 U 是均匀设计表代号，n 表示行数即试验次数，m 表示每纵列中的不同字码的个数，即每个因素的水平数，k 表示列数，即该均匀设计表最多安排的因素数。表 5-1 是一张 $U_7(7^6)$ 均匀设计表，可安排 7 个水平 6 个因素的试验，只做 7 次试验即可。表 5-2 也是一张均匀设计表。比较 $U_7(7^6)$ 和 $U_6(6^6)$ 可以看出，两表有一定的关系，即 $U_6(6^6)$ 是将表 $U_7(7^6)$ 的最后一行划去而得的。$U_7(7^6)$（表 5-1）称为水平数为奇数的均匀设计表，而 $U_6(6^6)$（表 5-2）称为水平数为偶数的均匀设计表。

表 5-1　$U_7(7^6)$

列号\试验号	1	2	3	4	5	6
1	1	2	3	4	5	6
2	2	4	6	1	3	5
3	3	6	2	5	1	4
4	4	1	5	2	6	3
5	5	3	1	6	4	2
6	6	5	4	3	2	1
7	7	7	7	7	7	7

表 5-2　$U_6(6^6)$

列号\试验号	1	2	3	4	5	6
1	1	2	3	4	5	6
2	2	4	6	1	3	5
3	3	6	2	5	1	4
4	4	1	5	2	6	3
5	5	3	1	6	4	2
6	6	5	4	3	2	1

均匀设计表任意两列之间不一定是平等的。例如，表 $U_6(6^6)$ 的第 2、第 5 列和第 1、第 6 列各水平的组合分别画在平面格子上，如图 5.3 所示，可以看出图 5.3(a) 中点子分布均匀，而图 5.3(b) 中的点子均匀性就较差。因此，在均匀试验设计时应选择均匀性比较好的列，应按均匀设计表的使用表来进行表头设计。使用表可帮助我们在均匀试验设计时，选择合适的列来安排试验因素。表 5-3 所示的是 $U_7(7^6)$ 的使用表。由表可知，在选择 $U_7(7^6)$ 进行均匀试验设计时，若只有两个因素，安排在第 1、第 3 列；若有 3 个因素，安排在第 1、第 2、第 3 列；若有 4 个或 5 个因素，则分别安排在第 1、第 2、第 3、第 6 列和第 1、第 2、第 3、第 4、第 6 列；最后，若有 6 个因素，则 6 列全安排。实际中使用的每个均匀设计表，都附带一个使用表，在均匀试验设计时，所选的因素只有按规定的列进行表头设计时，才能取得较好的效果。

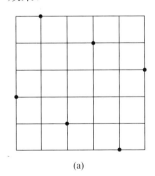
(a)

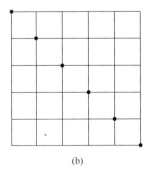
(b)

图 5.3　不同列组合的均匀性

表 5-3　$U_7(7^6)$ 的使用表

因素数	列					
2	1	3				
3	1	2	3			
4	1	2	3	6		
5	1	2	3	4	6	
6	1	2	3	4	5	6

附带说明，水平数为奇数与水平数为偶数的均匀设计表具有确定的关系。将奇数表划去最后一行就得到水平数比原奇数表少 1 的偶数表，相应地，试验次数也少 1，而使用表不变。例如，将 $U_7(7^6)$ 表划去最后一行就得到 $U_6(6^6)$，使用表不变。因此，一般仅提供水平数为奇数的均匀设计表。

$U_5(5^4)$、$U_9(9^6)$ 及它们的使用表如表 5-4～表 5-7 所示。

表 5-4　$U_5(5^4)$

列号 试验号	1	2	3	4
1	1	2	3	4
2	2	4	1	3
3	3	1	4	2
4	4	3	2	1
5	5	5	5	5

表 5-5　$U_5(5^4)$ 的使用表

因素数	列　号			
2	1	2		
3	1	2	4	
4	1	2	3	4

表 5-6　$U_9(9^6)$

列号 试验号	1	2	3	4	5	6
1	1	2	4	5	7	8
2	2	4	8	1	5	7
3	3	6	3	6	3	6
4	4	8	7	2	1	5
5	5	1	2	7	2	4
6	6	3	6	3	6	3
7	7	5	1	8	4	2
8	8	7	5	4	2	1
9	9	9	9	9	9	9

表 5-7　$U_9(9^6)$ 使用表

因素数	列　号					
2	1	3				
3	1	3	5			
4	1	2	3	5		
5	1	2	3	4	5	
6	1	2	3	4	5	6

5.2.2 均匀设计表的特点

均匀设计表具有以下的特点。

(1) 表中安排的因素及其水平的每个因素的每个水平只做一次试验，即每 1 列无水平重复数。

(2) 试验分点分布得比较均匀。图 5.3(a) 所列的 $U_6(6^6)$ 表就是表 5-2 的第 2 列和第 5 列各水平组合在平面格子点上的分布，每列每行都恰好有 1 个点。

(3) 均匀设计表的试验次数与水平数相等，即 $n=m$，因而水平数和试验次数是等量的增加，这和 $L_n(m^k)$ 型正交表大不相同。例如，水平数从 7 水平增加到 8 水平时，对于均匀试验设计，试验次数从 7 次增加到 8 次，但对于正交试验设计，则试验次数从 49 次增加到 64 次，按平方关系增加。均匀试验设计增加因素的水平，使试验工作量增加不多，这是均匀试验设计的最大优点。

(4) 均匀设计表中各列的字码次序不能随意改动，而只能依原来的次序进行平滑，即将原来的最后 1 个水平与第 1 个水平衔接起来，构成一个封闭圈，再从任一开始定为第 1 水平，按原方向或反方向排出第 1 水平、第 3 水平等，图 5.4 表示 $U_{10}(10^{10})$ 第 1 列因素水平的平滑。

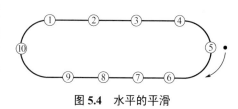

图 5.4　水平的平滑

5.2.3　均匀试验方案设计

均匀试验设计时主要根据因素水平来选用均匀设计表，并按均匀设计表的使用表来安排试验方案。但要注意，方案设计时不考虑因素间的交互作用。

【例 5-1】　羧甲基纤维钠是一种代替淀粉的化学原料。为寻找它的最佳生产条件，运用均匀试验设计技术进行 5^3 因素试验。

解：（1）因素与水平的选取。

根据专业理论联系实际知识的实践经验，选择影响试验结果的三个主要因素，并确定它们的变化范围：碱化时间（120～180min）；烧碱波美度（25～29）（°Be'）；醚化时间（90～150min）。将各因素均分为五个水平，其因素与水平如表 5-8 所示。

表 5-8　因素水平表

水平 \ 因素	A 碱化时间 /min	B 烧碱波美度 /°Be'	C 醚化时间 /min
1	120	25	90
2	135	26	105
3	150	27	120
4	165	28	135
5	180	29	150

对于 5^3 因素试验，若进行全面试验需要做 125 次试验。因为无 $m=5$ 的正交表，因此，不能运用正交试验设计技术。现在选用均匀设计表 $U_5(5^4)$ 进行均匀试验设计，来寻找最佳生产条件。

（2）选择均匀设计表及表头设计。

本试验是 5^3 因素试验，即 $R=3, m=5$ 的多因素多水平的试验。查均匀试验设计表 $U_5(5^4)$，该表最多可安排 4 个因素，每个因素取 5 个水平。因此，本试验可选用 $U_5(5^4)$ 表完成表头设计。本试验的表头设计如表 5-9 所示。

表 5-9　表头设计

因　素	A	B		C
列　号	1	2	3	4

（3）确定试验方案。

表头设计结束后开始填表。因素按表头设计规定，水平按"对号入座"的原则填到 $U_5(5^4)$ 表中，得到均匀试验设计的试验方案，如表 5-10 所示。

由表 5-10 可见，第 3 列是空列，此列不能像正交表那样可以安排交互作用、也可以对试验误差进行估计，只能空闲着不用。

表 5-10 $U_5(5^4)$ 试验方案

试验号 \ 因素列号	A	B		C
	1	2	3	4
1	1(120)	2(26)	3	4(135)
2	2(135)	4(28)	1	3(120)
3	3(150)	1(25)	4	2(105)
4	4(165)	3(27)	2	1(90)
5	5(180)	5(29)	5	5(150)

5.2.4 试验方案设计中的几个问题

(1) 增加试验次数问题

【例 5-1】试验的试验范围很宽，仅做 5 次试验是太少了，这将影响试验的精度，当然也影响对结果分析得出结论的可靠性。为提高试验的精度，可采用拟水平法，选用 $U_{10}(10^{10})$ 的使用表安排试验方案，如表 5-11 所示。

表 5-11 表明，第 1~10 号各因素的水平均重复 1 次，这样，试验的结论会更可靠些。

表 5-11 $U_{10}(10^{10})$ 拟水平试验方案

试验号 \ 因素列号	A/min	B/(°Bé)	C/min
	1	5	7
1	1(120)	5(29)	7(105)
2	2(135)	10(29)	3(120)
3	3(150)	4(28)	10(150)
4	4(165)	9(28)	6(90)
5	5(180)	3(27)	2(105)
6	6(120)	8(27)	9(135)
7	7(135)	2(26)	5(150)
8	8(150)	7(26)	1(90)
9	9(165)	1(25)	8(120)
10	10(180)	6(25)	4(135)

(2) 因素的水平细分问题

为提高试验的可靠性，可以每个因素在同一试验范围内分成 10 个水平，这样试验次数虽然仍为 10 次，但试验点分布得更均匀。可是在实际应用中有时做不到。本例，因素 B（烧碱浓度）一般不能按半度来划分水平，只能将其分为 5 个水平，而因素 A（碱化时间，min）和因素 C（醚化时间，min）可分成 10 个水平，仍选 $U_{10}(10^{10})$ 表进行均匀试验设计，如表 5-12 所示。

由于在均匀试验设计中，因素的水平划分十分灵活，使试验方案的安排非常简便。本例可以选用 $U_5(5^4)$、$U_{10}(10^{10})$ 表，也可以选用 $U_{11}(11^{10})$ 表，如表 5-12 和表 5-13 所示。

表 5-12 $U_{10}(10^{10})$ 试验方案

试验号 \ 因素列号	A/min	B/(°Be′)	C/min
	1	5	7
1	1(120)	5(29)	7(132)
2	2(127)	10(29)	3(104)
3	3(134)	4(28)	10(153)
4	4(141)	9(28)	6(125)
5	5(148)	3(27)	2(97)
6	6(155)	8(27)	9(146)
7	7(162)	2(26)	5(118)
8	8(169)	7(26)	1(90)
9	9(176)	1(27)	8(139)
10	10(183)	6(27)	4(111)

表 5-13 $U_{11}(11^{10})$

试验号 \ 因素列号	A/min	B/(°Be′)	C/min
	1	5	7
1	1(120)	5(27)	7(126)
2	2(126)	10(29.5)	3(102)
3	3(132)	4(26.5)	10(144)
4	4(138)	9(29)	6(120)
5	5(144)	3(26)	2(96)
6	6(150)	8(28.5)	9(138)
7	7(156)	2(25.5)	5(114)
8	8(162)	7(28)	1(90)
9	9(168)	1(25)	8(132)
10	10(174)	6(27.5)	4(108)
11	11(180)	11(30)	11(150)

(3) 因素水平顺序平滑问题

均匀设计表中水平数为奇数的表的最末一个试验都是各因素高水平相遇，这样有时会产生不良后果。表 5-13 最后一次试验是所有因素的第 11 水平相遇。为避免这种情况发生，将因素的水平次序作适当调整，例如表 5-13 中将因素 A 的水平顺序进行平滑如下：

| 120 | 126 | 132 | 138 | 144 | 150 | 156 | 162 | 168 | 174 | 180 |
| 6 | 7 | 8 | 9 | 10 | 11 | 1 | 2 | 3 | 4 | 5 |

这样，最后 1 号试验条件为 $A_5B_{11}C_{11}$，可有效地避开因素高水平相遇而产生不良的后果。

5.3　试验结果的计算与分析

均匀试验设计的试验结果一般采用类似于正交试验设计直观分析法而不采用方差分析法，这是因为均匀试验设计时每个因素水平较多，而试验次数又较少的缘故。此外，采用均匀设计表不具有正交性，因此，试验数据的处理比较复杂，对结果的计算分析最好运用回归分析方法，一般采用线性回归或逐步回归的方法。

【例 5-2】 某啤酒厂在啤酒生产过程中进行某项试验。选择的因素有 z_1（底水）和 z_2（吸氨时间），均取 9 个水平，如表 5-14 所示。试验考核的指标 y 为吸氨量(g)。

这是 1 个二因素九水平的试验，选择 $U_9(9^6)$ 较合适。由 $U_9(9^6)$ 的使用表知，因素 z_1 和因素 z_2 安排在第 1 列和第 3 列，试验方案安排及试验结果，如表 5-15 所示。

表 5-14　因素水平表

因素 水平	z_1 底水/g	z_2 吸氨时间/min
1	136.5	170
2	137.0	180
3	137.5	190
4	138.0	200
5	138.5	210
6	139.0	220
7	139.5	230
8	140.0	240
9	140.5	250

表 5-15　试验方案及试验结果

因素 列号 试验号	$x_1(z_1)$ 1	$x_2(z_2)$ 3	试验结果 y/g
1	1(136.5)	4(200)	5.8
2	2(137.0)	8(240)	6.3
3	3(137.5)	3(190)	4.9
4	4(138.0)	7(230)	5.4
5	5(138.5)	2(180)	4.0
6	6(139.0)	6(220)	4.5
7	7(139.5)	1(170)	3.0
8	8(140.0)	5(210)	3.6
9	9(140.5)	9(250)	4.1

解：(1) 简化计算。

为计算简便，对因素 z_1 及因素 z_2 的各水平作线性变换：

$$x_{i1} = \frac{z_{i1}-136}{0.5} \qquad i=1,2,\cdots,9$$

$$x_{i1} = \frac{z_{i2}-160}{10} \qquad i=1,2,\cdots,9$$

即

$$x_{11} = \frac{z_{11} - 136}{0.5} = \frac{136.5 - 136}{0.5} = 1$$

其余类推；

$$x_{21} = \frac{z_{21} - 136}{0.5} = \frac{137 - 136}{0.5} = 2$$

$$x_{12} = \frac{z_{12} - 160}{10} = \frac{200 - 160}{10} = 4$$

其余类推；

$$x_{22} = \frac{z_{22} - 160}{10} = \frac{240 - 160}{10} = 8$$

计算结果表明，经过线性变换后因素水平值恰好是均匀设计表 $U_9(9^6)$ 中相应列的水平数字，如表 5-15 表示。

(2) 建立回归方程。

① 表 5-15 的合计值计算：

$$\sum_{i=1}^{9} x_{i1} = 1 + 2 + \cdots + 9 = 45$$

$$\sum_{i=1}^{9} x_{i2} = 4 + 8 + \cdots + 9 = 45$$

$$\sum_{i=1}^{9} y_i = 5.8 + 6.3 + \cdots + 4.1 = 41.6$$

② 平均值计算：

$$\overline{x}_{i1} = \frac{1}{n} \sum_{i=1}^{n} x_{i1} = \frac{1}{9} \sum_{i=1}^{9} x_{i1} = 5$$

$$\overline{x}_{i2} = \frac{1}{n} \sum_{i=1}^{n} x_{i2} = \frac{1}{9} \sum_{i=1}^{9} x_{i2} = 5$$

$$\overline{y} = \frac{1}{n} \sum_{i=1}^{n} y_i = \frac{1}{9} \sum_{i=1}^{9} y_i = 4.62$$

③ 回归系数计算：

$$l_{11} = \sum_{i=1}^{9} (x_{i1} - \overline{x}_{i1})^2 = 60$$

$$l_{22} = \sum_{i=1}^{9} (x_{i2} - \overline{x}_{i2})^2 = 60$$

$$l_y = \sum_{i=1}^{9} (y_i - \overline{y})^2 = 9.235$$

$$l_{1y} = \sum_{i=1}^{9} (x_{i1} - \overline{x}_{i1})(y_i - \overline{y}) = -19.6$$

$$l_{2y} = \sum_{i=1}^{9} (x_{i2} - \overline{x}_{i2})(y_i - \overline{y}) = 11.0$$

$$l_{12}=l_{21}=\sum_{i=1}^{9}(x_{i1}-\overline{x}_{i1})(x_{i2}-\overline{x}_{i2})=6.0$$

则正规方程组为

$$\begin{cases} l_{11}b_1+l_{12}b_2=60b_1+6b_2=-19.6 \\ l_{21}b_1+l_{22}b_2=6b_1+60b_2=11.0 \end{cases}$$

解联立方程组，得

$$b_1=-0.348$$
$$b_2=0.218$$
$$b_0=\overline{y}-b_1\overline{x}_1-b_2\overline{x}_2=5.27$$

因而，有回归方程为

$$\hat{y}=b_0+b_1x_1+b_2x_2=5.27-0.348x_1+0.218x_2$$

（3）回归方程的显著性检验。

① 计算回归平方和 S_u 与剩余平方和 S_e 以及它们的自由度 f_u、f_e：

$$S_u=b_1\cdot l_{1y}+b_2b_y=(-0.348)\times(-19.6)+0.218\times11=9.219$$
$$f_u=2$$
$$S_e=l_{yy}-S_u=9.235-9.219=0.016$$
$$f_e=6$$

② 计算回归均方和 S_u/f_u 与剩余均方和 S_e/f_e 以及 F 值：

$$F=\frac{S_u/f_u}{S_e/f_e}=\frac{90219/2}{0.016/6}=1707.41$$

③ 列方差分析表（表 5-16），进行 F 比值检验。

计算得 F 值为 1707.41 后进行检验，取显著水平 $\alpha=0.01$，从相关表上查出临界值 $F_{0.01}(2,6)=10.92$，比较 F 与 $\overline{F}_{0.01}(2,6)$，故回归方程高度显著。

最后，经过线性变换，得回归方程为

$$\hat{y}=96.44-0.696z_1+0.022z_2$$

由上式看出，指标 $\hat{y}$ 随因素 z_1 增加而减少，随因素 z_2 的增加而增加，利用此方程可寻找试验范围内的最优工艺条件，也可以对指标 $\hat{y}$ 进行预测和控制。

表 5-16 方差分析表

方差来源	平方和 S	自由度 f	方差 V	F 比值	显著性
回归	$S_u=9.219$	$f_u=2$	$V_u=4.61$	$F=1707.41$	**
剩余	$S_e=0.016$	$f_e=6$	$V_e=0.0027$		
总计	$S_T=9.235$	$f_T=8$			
$F_\alpha(2,n-3):F_{0.01}(2,6)=10.92$					

5.4 不等水平均匀设计

前述的均匀设计都是选用等水平均匀设计表 $U_a^*(b^c)$ 或 $U_a(b^c)$ 进行的设计。但在实际应用过程中，常常遇到多因素试验中因素水平不等的情形。例如，在一个 $3^2 \times 2^1$ 的三因素试验中，因素 A 和 B 为三水平，因素 C 为二水平。显然，该项试验可选用正交表 $L_{18}(2 \times 3^7)$ 来安排，但实际上是进行全面试验，并且不可能找到比 $L_{18}(2 \times 3^7)$ 更小的正交表来安排这项试验。很明显，选用均匀设计表 $U_a^*(b^c)$ 或 $U_a(b^c)$ 来直接安排这项试验也行不通。

运用拟水平法可以将等水平 $U_a(b^c)$ 表改造成不等水平 $U_a(b_1^{c_1} \times b_2^{c_2})$ 表。拟水平技术的具体做法如下。

(1) 选用适宜的等水平均匀设计表。
(2) 根据该 U 表的使用表所推荐的列号选定与试验因素数相等的列。
(3) 将试验因素安排在选定的各列上，并分别对各列的不同水平进行合并，组成新的水平即拟水平，任一列拟水平数应与安排在该列上的因素水平数相等。

【例 5-3】 对 $3^2 \times 2^1$ 试验进行均匀设计。

首先选用 $U_6^*(6^6)$ 表，如表 5-17，按使用表的推荐用前三列：第 1、第 2 和第 3 列。将因素 A 和 B 放在前 2 列，因素 C 放在第 3 列。将第 1、第 2 两列的水平分别合并为三水平：$(1,2) \Rightarrow 1$，$(3,4) \Rightarrow 2$，$(5,6) \Rightarrow 3$，同时将第 3 列水平合并为二水平：$(1,2,3) \Rightarrow 1$，$(4,5,6) \Rightarrow 2$，即得表 $U_6(3^2 \times 2^1)$，如表 5-18 所示。由于 A 列和 C 列、B 列和 C 列的二因素所有组合都出现，正好组成它们的全面试验方案。A 列和 B 列的二因素设计中没有重复试验，可见表 $U_6(3^2 \times 2^1)$ 具有很好的均衡性。具有好的均匀性也是对用拟水平法改造成的不等水平均匀设计表 $U_a(b_1^{c_1} \times b_2^{c_2})$ 的基本要求。若将 $U_6(3^2 \times 2^1)$ 各列上的不同数字用相应列上的因素 A、B、C 的各水平置换，即成为该项试验的均匀设计。

表 5-17 $U_6^*(6^6)$ 前三列

试验号 \ 列号	1	2	3
1	1	2	3
2	2	4	6
3	3	6	2
4	4	1	5
5	5	3	1
6	6	5	4

表 5-18 拟水平设计 $U_6(3^2 \times 2^1)$

试验号 \ 列号	(1) A	(2) B	(3) C
1	(1) 1	(2) 1	(3) 1
2	(2) 1	(4) 2	(6) 2
3	(3) 2	(6) 3	(2) 1
4	(4) 2	(1) 1	(5) 2
5	(5) 3	(3) 2	(1) 1
6	(6) 3	(5) 3	(3) 2

【例 5-4】 对 $5^2 \times 2^1$ 试验进行均匀设计。

该项试验可选用 $L_{50}(2 \times 5^6)$ 进行正交设计，但试验次数太多。若用均匀设计来安排，可选用 $U_{10}^*(10^{10})$，按其使用表选定 1, 5, 7 三列。对 1, 5 列采用水平合并：$(1,2) \Rightarrow 1, \cdots, (9,10) \Rightarrow 5$；对 7 列采用水平合并：$(1,2,3,4,5) \Rightarrow 1$，$(6,7,8,9,10) \Rightarrow 2$，于是得表 5-19。这个设计中 A 和 C

两列组合,有2个(2,2),但没有(2,1),有2个(4,1),但没有(4,2),显然,$U_{10}(5^2 \times 2^1)$其均衡性不好。

如果选用 $U_{10}^*(10^{10})$ 的 1,2,5 列,用同样的拟水平技术便可以获得如表5-20所列的 $U_{10}^*(5^2 \times 2^1)$ 表。显然,它有较好的均衡性。

表5-19 拟水平设计 $U_{10}(5^2 \times 2^1)$

列号 试验号	(1) A	(2) B	(3) C
1	(1) 1	(5) 3	(7) 2
2	(2) 1	(10) 5	(2) 1
3	(3) 2	(4) 2	(10) 2
4	(4) 2	(9) 5	(6) 2
5	(5) 3	(3) 2	(2) 1
6	(6) 3	(8) 4	(9) 2
7	(7) 4	(2) 1	(5) 1
8	(8) 4	(7) 4	(1) 1
9	(9) 5	(1) 1	(8) 2
10	(10) 5	(6) 3	(4) 1

表5-20 拟水平设计 $U_{10}^*(5^2 \times 2^1)$

列号 试验号	(1) A	(2) B	(3) C
1	(1) 1	(2) 1	(5) 1
2	(2) 1	(4) 2	(10) 2
3	(3) 2	(6) 3	(4) 1
4	(4) 2	(8) 4	(9) 2
5	(5) 3	(10) 5	(3) 1
6	(6) 3	(1) 1	(8) 2
7	(7) 4	(3) 2	(2) 1
8	(8) 4	(5) 3	(7) 2
9	(9) 5	(7) 4	(1) 1
10	(10) 5	(9) 5	(6) 2

上两例表明,拟水平设计时应充分考虑 U 表的均衡性,而不必拘于使用表推荐列的限制。

5.5 混合因素均匀设计

5.5.1 虚拟变量

定性因素也称状态因素、状态变量。在实际试验中,试验因素有时会是定性的,即:其水平仅是几个孤立的状态,相互间也可能无联系,如小麦品种、材料种类、仪器型号、性别、地域等。定性因素在正交设计、区组设计中都可以合理地安排。在均匀设计中,由于试验数据分析主要依靠回归分析,因此,首先必须把定性因素定量化,即将一个定性因素表示成一个或多个虚拟变量,再建立含有虚拟变量的回归模型,进行回归分析。

下面举例说明定性因素如何表示成虚拟变量。

【例5-5】 通过实际种植试验考察三个优良稻种 (A_1, A_2, A_3) 与产量 y 之间的关系。试验干扰基本可以控制。每个品种两次重复(两个地块)的六个试验产量 y 分别为 897.5kg、902.5kg、948kg、952kg、996kg、1004kg。这一简单例子可以用"直接看"或"算一算"的方法判别品种的优良程度。但若求稻种 A 与产量 y 之间的关系时,用回归方法进行分析,则首先需将定性因素表示成虚拟变量。

显然,六次试验设计的水平列向量为 (1 1 2 2 3 3)。对应状态因素为 $(A_1\ A_1\ A_2\ A_2\ A_3\ A_3)$。事实上可以认为它们对应着三个特征变量 (1 1 0 0 0 0)、(0 0 1 1 0 0) 和 (0 0 0 0 1 1),分别称为 A 因素六次试验的水平或状态 A_1、A_2、A_3 的特征向量,亦称为虚拟变量或伪变量,用 Z_1、Z_2、

Z_3 标记，则有

$$\begin{cases} Z_1 + Z_2 + Z_3 = 1 \\ Z_i Z_j = 0, i \neq j; i,j = 1,2,3 \\ Z_i^2 = Z_i, i = 1,2,3 \end{cases} \quad (5\text{-}1)$$

显然，这三个虚拟变量中只有两个是线性独立的。设回归模型为

$$y = \beta_0 + \beta_1 Z_1 + \beta_2 Z_2 + \varepsilon \quad (5\text{-}2)$$

式中，β_1、β_2、β_3——待估计参数，其估计值分别为 $\hat{\beta}_0$、$\hat{\beta}_1$、$\hat{\beta}_2$；

ε——试验误差，为服从 $N(0,\sigma^2)$ 分布的随机变量。

将式(5-2)变为矩阵式，并代入具体数据，得

$$\begin{pmatrix} 897.5 \\ 902.5 \\ 948.0 \\ 952.0 \\ 996.0 \\ 1004.0 \end{pmatrix} = \begin{pmatrix} 1 & 1 & 0 \\ 1 & 1 & 0 \\ 1 & 0 & 1 \\ 1 & 0 & 1 \\ 1 & 0 & 0 \\ 1 & 0 & 0 \end{pmatrix} \begin{pmatrix} \beta_0 \\ \beta_1 \\ \beta_2 \end{pmatrix} + \begin{pmatrix} \varepsilon_1 \\ \varepsilon_2 \\ \varepsilon_3 \\ \varepsilon_4 \\ \varepsilon_5 \\ \varepsilon_6 \end{pmatrix} \quad (5\text{-}3)$$

解得 $\hat{\beta}_0 = -1000$，$\hat{\beta}_1 = -100$，$\hat{\beta}_2 = -50$，相关系数 $R = 0.9974$，$F_{回}(2,3) = 285.7$，回归方程很显著，于是得到回归方程

$$\hat{y} = 1000 - 100 Z_1 - 50 Z_2$$

由上例可看出虚拟变量在定性因素量化过程中的作用。如果某定性因素有 b 个水平，它可以用通常因素水平的安排法进行设计。但在分析时，它不是对应一个连续变量，而是对应 $b-1$ 个相对独立的虚拟变量。

5.5.2 定性因素均匀设计

下面讨论一项试验中试验因素全是定性因素的情况。

【例 5-6】 对 3×2^2 三个定性因素 A、B、C 的试验进行均匀设计。

因素 A 为三水平，因素 B、C 皆为二水平，这是三个因素混合水平的均匀设计。可从 $U_6(3 \times 2^2)$ 中选三列，第 1 列对应 A 因素 A_1、A_2、A_3，第 2 列对应 B 因素 B_1、B_2，第 3 列对应 C 因素 C_1、C_2，均匀设计方案及试验结果 y 如表 5-21 所示。

表 5-21　$U_6(3 \times 2^2)$ 设计

列号 试验号	(1) A	(2) B	(3) C	y
1	(1)A_1	(1)B_1	(1)C_1	592
2	(2)A_2	(2)B_2	(1)C_1	646
3	(3)A_3	(2)B_2	(2)C_2	550
4	(2)A_2	(1)B_1	(2)C_2	501
5	(3)A_3	(1)B_1	(1)C_1	608
6	(1)A_1	(2)B_2	(2)C_2	532

根据虚拟变量法，定性因素 A 对应三个虚拟变量 Z_{11}、Z_{12}、Z_{13}，可选其中 Z_{11}、Z_{12} 两个；因素 B 对应两个虚拟变量 Z_{21}、Z_{22}，选 Z_{21} 一个；因素 C 对应两个虚拟变量 Z_{31}、Z_{32}，选 Z_{31} 一个。于是可列出含有四个虚拟变量的回归模型为

$$y = \beta_0 + \beta_{11}Z_{11} + \beta_{12}Z_{12} + \beta_{21}Z_{21} + \beta_{31}Z_{31} + \varepsilon \tag{5-4}$$

即

$$\begin{pmatrix} 592 \\ 646 \\ 550 \\ 501 \\ 608 \\ 532 \end{pmatrix} = \begin{pmatrix} 1 & 1 & 0 & 1 & 1 \\ 1 & 0 & 1 & 0 & 1 \\ 1 & 0 & 0 & 0 & 0 \\ 1 & 0 & 1 & 1 & 0 \\ 1 & 0 & 0 & 1 & 1 \\ 1 & 1 & 0 & 0 & 0 \end{pmatrix} \begin{pmatrix} \beta_0 \\ \beta_{11} \\ \beta_{12} \\ \beta_{21} \\ \beta_{31} \end{pmatrix} + \begin{pmatrix} \varepsilon_1 \\ \varepsilon_2 \\ \varepsilon_3 \\ \varepsilon_4 \\ \varepsilon_5 \\ \varepsilon_6 \end{pmatrix} \tag{5-5}$$

解得回归方程为

$$\hat{y} = 549.5 - 17Z_{11} - 5.5Z_{12} - 43Z_{21} + 102Z_{31} \tag{5-6}$$

该方程非常显著，$F_{回}=3573.6$，相关系数 $R=1$。

根据回归方程(5-6)，可用如下方法估计最佳状态组合：

若记第 i 个定性因素有 b_i 个状态，此时令 $U = \max(\beta_{i1}, \beta_{i2}, \cdots, \beta_{ib_i-1})$，若有 $U_i = \beta_{ik} > 0$，则第 i 因素的最佳状态为 K 水平；若 $U_i \leq 0$，则第 i 因素的最佳状态为 b_i 水平。对上例，

若 $U_1 = \max(\hat{\beta}_{11}, \hat{\beta}_{12}) = -5.5 < 0$　　　　则取 $i = 3$；

若 $U_2 = \hat{\beta}_{21} = -43 < 0$　　　　则取 $i = 2$；

若 $U_3 = \hat{\beta}_{13} = 102 > 0$　　　　则取 $i = 1$。

故本项试验最佳状态组合为 $(A_3\ B_2\ C_1)$，此点的估计值为

$$\hat{y}_m = \beta_0 + 0 + 0 + \beta_{31} = 651.5$$

5.5.3 混合均匀设计

在多因素试验场合，有时还会遇到试验因素中既有定性因素，同时又有定量因素的情形，若采用正交试验设计试验次数较多时，也可以用混合因素均匀设计。

【例 5-7】 对同时含有两个定量因素和两个定性因素的 $12^1 \times 6^1 \times 4^1 \times 3^1$ 的四因素试验进行均匀设计。

试验因素水平如表 5-22 所示，定量因素用 X_1、X_2 标记，定性因素用 A、B 标记，试验指标 y 为农作物产量。

表 5-22　因素水平表

水平 因素	1	2	3	4	5	6	7	8	9	10	11	12
X_1(平均施肥量)	70	74	78	82	86	90	94	98	102	106	110	114
X_2(种前浸种时间)	1	2	3	4	5	6						
A(土壤类别)	A_1	A_2	A_3	A_4								
B(种子品种)	B_1	B_2	B_3									

选可安排定性因素的不等水平混合均匀设计表 $U_{12}(12\times 6\times 4\times 3\times 3^2\times 2^2)$，如表 5-23 所示，取其前四列安排试验并得结果如表 5-24 所示。

表 5-23 $U_{12}(12\times 6\times 4\times 3\times 3^2\times 2^2)$

列号 试验号	1	2	3	4	5	6	7
1	1	1	1	2	3	1	2
2	2	2	2	3	2	2	1
3	3	3	3	2	1	1	2
4	4	4	4	3	1	2	2
5	5	5	1	1	2	2	2
6	6	6	2	3	2	1	1
7	7	1	3	1	1	1	1
8	8	2	4	3	3	2	1
9	9	3	1	1	3	2	2
10	10	4	2	2	2	1	2
11	11	5	3	1	1	1	1
12	12	6	4	2	3	2	2

表 5-24 混合因素均匀设计

列号 试验号	X_1	X_2	A	B	y
1	70	1	A_1	B_2	771
2	74	2	A_2	B_3	901
3	78	3	A_3	B_2	899
4	82	4	A_4	B_3	927
5	86	5	A_1	B_1	1111
6	90	6	A_2	B_3	1271
7	94	1	A_3	B_1	1052
8	98	2	A_4	B_3	1069
9	102	3	A_1	B_1	1187
10	106	4	A_2	B_3	1220
11	110	5	A_3	B_1	1062
12	114	6	A_4	B_2	974

若考虑回归模型

$$y = \beta_0 + \beta_{11}X_1 + \beta_{21}X_2 + \beta_{31}Z_{31} + \beta_{32}Z_{32} + \beta_{33}Z_{33} + \beta_{41}Z_{41} + \beta_{42}Z_{42} + \varepsilon$$

其中，Z_{31}、Z_{32}、Z_{33} 为定性因素 A（土壤类型）的三个虚拟变量；Z_{41}、Z_{42} 为定性因素 B（作物品种）的两个虚拟变量。

用回归模型矩阵式，使用相应软件可得 $\hat{\beta}_0 = 158.96$，$\hat{\beta}_{11} = 8.54$，$\hat{\beta}_{21} = 12.625$，$\hat{\beta}_{31} = 231.09$，$\hat{\beta}_{32} = 208.98$，$\hat{\beta}_{33} = 144.45$，$\hat{\beta}_{41} = -124.50$，$\hat{\beta}_{42} = -168.875$，相关系数 $R = 0.8735$，$F_{回} = 1.84$。可见，回归方程不显著，因此需要进一步考虑高阶回归项。

若再考虑 X_1^2 和交互作用 X_2Z_{32}，则有

$$y = \beta_0 + \beta_{11}X_1 + \beta_{21}X_2 + \beta_{31}Z_{31} + \beta_{32}Z_{32} + \beta_{33}Z_{33} + \beta_{41}Z_{41} + \beta_{42}Z_{42} + \beta_{12}X_1^2 + \beta_{21}^{(32)}X_2Z_{32} + \varepsilon$$

即

$$\begin{pmatrix} 711 \\ 901 \\ 899 \\ 927 \\ 1111 \\ 1271 \\ 1053 \\ 1069 \\ 1187 \\ 1220 \\ 1062 \\ 974 \end{pmatrix} = \begin{pmatrix} 1 & 70 & 1 & 1 & 0 & 0 & 0 & 1 & 70^2 & 0 \\ 1 & 74 & 2 & 0 & 1 & 0 & 0 & 0 & 74^2 & 2 \\ 1 & 78 & 3 & 0 & 0 & 1 & 0 & 1 & 78^2 & 0 \\ 1 & 82 & 4 & 0 & 0 & 0 & 0 & 0 & 82^2 & 0 \\ 1 & 86 & 5 & 1 & 0 & 0 & 1 & 0 & 86^2 & 0 \\ 1 & 90 & 6 & 0 & 1 & 0 & 0 & 0 & 90^2 & 6 \\ 1 & 94 & 1 & 0 & 0 & 1 & 1 & 0 & 94^2 & 0 \\ 1 & 98 & 2 & 0 & 0 & 0 & 0 & 0 & 98^2 & 0 \\ 1 & 102 & 3 & 1 & 0 & 0 & 1 & 0 & 102^2 & 0 \\ 1 & 106 & 4 & 0 & 1 & 0 & 0 & 1 & 106^2 & 4 \\ 1 & 110 & 5 & 0 & 0 & 1 & 1 & 0 & 110^2 & 0 \\ 1 & 114 & 6 & 0 & 0 & 0 & 0 & 1 & 114^2 & 0 \end{pmatrix} \begin{pmatrix} \beta_0 \\ \beta_{11} \\ \beta_{21} \\ \beta_{31} \\ \beta_{32} \\ \beta_{33} \\ \beta_{41} \\ \beta_{42} \\ \beta_{12} \\ \beta_{21}^{(32)} \end{pmatrix} + \begin{pmatrix} \varepsilon_1 \\ \varepsilon_2 \\ \varepsilon_3 \\ \varepsilon_4 \\ \varepsilon_5 \\ \varepsilon_6 \\ \varepsilon_7 \\ \varepsilon_8 \\ \varepsilon_9 \\ \varepsilon_{10} \\ \varepsilon_{11} \\ \varepsilon_{12} \end{pmatrix} \quad (5\text{-}7)$$

解得

$$\begin{aligned} y = & -3898.36 + 98.86X_1 + 9.86X_2 + 199.99Z_{31} + 144.79Z_{32} + 101.69Z_{33} \\ & -91.32Z_{41} - 41.69Z_{42} - 0.49X_1^2 + 11.06X_2Z_{32} \end{aligned} \quad (5\text{-}8)$$

回归方程非常显著，$F_{回} = 14170.59$，相关系数 $R=1$。根据式(5-8)用分离变量群法可得最佳状态组合为 $(100.13, 6, A_2, B_3)$，此时指示最大估计值为

$$\hat{y}_m = 1321.45$$

5.6 均匀试验设计应用实例

5.6.1 汽车翼子板成形过程中工艺参数的优化设计

汽车冲压件的成形质量受诸多因素的影响，在给定冲压机床、零件几何形状、材料的情形下，工艺参数就成为影响成形质量的主要因素。冲压过程的主要工艺参数有压边力、凸模运动速度、摩擦因数。压边力太大或者太小会使板料被拉裂或者起皱和拉延不充分；凸模运动速度过大会使局部变形加剧，当板料来不及向需要的地方流动时，就会出现局部破裂；模具和板料之间的摩擦因数也是影响流动的一个重要因素。

1）工艺参数的确定

以板料之间的摩擦因数(通过改变润滑条件来改变)、压边力、冲压速度为工艺参数，在模拟计算设计中将其作为因子 A、B、C，假定各因子之间是相互独立的，根据经验和简单的

理论计算，确定各因子大概的取值范围。摩擦因数 0.08~0.17，间隔 0.01 取一个水平；压边力 700~1600kN，间隔 100kN 取一个水平；冲压速度 1~10m/s，间隔 1m/s 取一个水平。以板的成形极限图(FLD)和厚度变化量为考核指标。

根据文献资料，为保证翼子板在拉延过程中不发生破裂，规定成形裕度大于(等于)8%，同时保证压边圈的有效性及考虑到后续的回弹影响，选择压边间隙 $\delta \leq 1.1t$ (t 为板料厚度)，确定 1.1 倍板厚的间隙。为避免筒形件在后续的使用过程中强度不足，板料的厚度变化应尽量小并且变化均匀，选择实际冲压件的典型截面线进行厚度的测量，检验冲压模拟的正确性，在此基础上寻求更优化的参数组合。

2) 均匀设计表的选择

均匀设计表的选取需要考虑到工艺因数的个数，各因素的水平数，以及均匀度的偏差。本文主要考察上述 3 个工艺因素，每个因素含 10 个水平。因此选择均匀 $U_{10}^*(10^8)$ 设计表的 1、5、6 列。表 5-25 和表 5-26 为均匀设计表和可供选用的设计表，偏差 $D=0.1681$，D 值越小表明均匀度越好。表 5-27 为第 1 批模拟方案和模拟结果。

表 5-25 均匀设计表

试验号	列 号							
	1	2	3	4	5	6	7	8
1	1	2	3	4	5	7	9	10
2	2	4	6	8	10	3	7	9
3	3	6	9	1	4	10	5	8
4	4	8	1	5	9	6	3	7
5	5	10	4	9	3	2	1	6
6	6	1	7	2	8	9	10	5
7	7	3	10	6	2	5	8	4
8	8	5	2	10	7	1	6	3
9	9	7	5	3	1	8	4	2
10	10	9	8	7	6	4	2	1

表 5-26 可供选用的设计表

列 数 量	列 号	偏 差
2	1、6	0.1125
3	1、5、6	0.1681
4	1、3、4、5	0.2236
5	1、3、4、5、7	0.2414
6	1、2、3、5、6、8	0.2994

3) 模拟结果分析

对于仿真过程中没有破裂的参数组合，成形裕度值见表 5-27，可以发现，最恶劣点的成形裕度都超过了 8.5%，满足前面大于 8%的要求，可认为仿真模拟是成功的。考虑板料厚度变化尽量小的原则，选择第 3 次模拟作为第 1 批模拟的最佳方案，图 5.5 为其 FLD 图(成形极限图)，采用工程应变，从图上可以看到板料单元没有超出破裂趋势线，因此认为仿真是成功的。

表 5-27　第一批模拟方案和模拟结果

模拟次序	A	B /kN	C /m·s^{-1}	最大增厚率 (%)	最大减薄率 (%)	成形裕度 (%)	成形状况
1	0.08	1100	4	15.1	30.2	9.35	完好+充分
2	0.09	1600	8	15.0	49	不考虑	破裂
3	0.1	1000	1	12.3	26.1	8.5	完好+充分
4	0.11	1500	5	17.0	55.7	不考虑	破裂
5	0.12	900	9	14.9	29.8	10	完好+充分
6	0.13	1400	2	24.2	53.4	不考虑	破裂
7	0.14	800	6	14.1	28.9	9.1	完好+充分
8	0.15	1300	10	12.3	65.3	不考虑	破裂
9	0.16	700	3	11.5	27.8	不考虑	破裂
10	0.17	1200	7	20.5	45.6	不考虑	起皱+不充分

从表 5-27 可以看出，10 种组合下翼子板的成形状况有好有坏，板料厚度增加和减小的最大值之间差别也较大，从发生破裂的板料参数组合来看，其压边力较大，板料流动比较困难，同时冲压速度过大致使板料来不及流动，导致最后破裂，大的摩擦因数也进一步阻止了板料的流动。

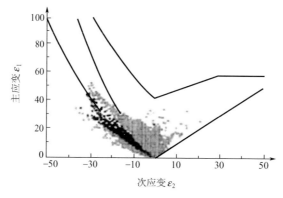

图 5.5　FLD 图

为了进一步验证模型仿真分析的正确性，对该冲压件进行了关键部位的厚度测量。图 5.6 为覆盖件实物图，图 5.7 为仿真图，在图线标记处测量厚度。

Ⅰ号线以圆孔的中心为原点，图 5.6 中尖形对称部位为轴线，每隔 50mm 取一个点，共 12 个点；Ⅱ号线以Ⅰ号线的最后一个点为原点，距右侧最外面 10mm 画线，每隔 50mm 取一个点，共 6 个点；Ⅲ号线以Ⅱ号线的延长线外 30mm 处为原点，距上侧最外面 10mm 画线，每隔 50mm 取一个点，共 6 个点。板料厚度仿真和实测结果的对比如图 5.8 所示。

从图 5.8(a)可以看到，计算值与试验值相差最大的为距原点正向 50mm 处，其差值为 0.026，误差不超过 5%，该处误差较大主要是因为这一部位测量较困难。因此要想更加真实地反映情况，建议采用高精度的测厚仪。其余点的模拟结果基本和实测值接近，说明有限元模拟结果较合理。

图 5.6 覆盖件实物图

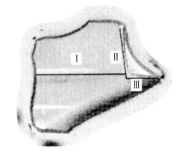

图 5.7 覆盖件仿真图

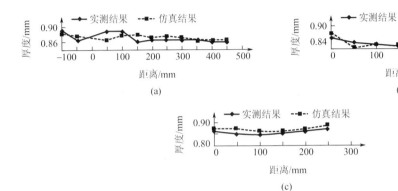

图 5.8 仿真结果与试验结果

图 5.8(b)中在离原点 50mm 处实测值比仿真值大，相差 0.02mm，该点靠近转角处，不容易测量正确，其余各点的实测值和仿真值基本一致。

图 5.8(c)中实测结果都低于仿真值，各点的偏差值基本一致，原因是测量的是一个实际已经成为零件的覆盖件，修边、整形等工序已经结束，在上述过程中，覆盖件的边缘会发生一定的塑性变形，由此导致了该边缘整体厚度的进一步降低。综合上面的结论，可以认为本次仿真模拟是正确可信的。

从表 5-27 看出，第 1、3、5、7 次模拟结果较理想。在寻找优化组合时参照上述情况，同时为保证冲压件的表面质量，在压料面上涂润滑油，使摩擦力降低。此外，由表可见，压边力对板料成形质量的影响最明显，而冲压速度的影响并不明显，因此，在后续的进一步研究中只考虑改变压边力。

根据前面的分析，可以看出第 3 次模拟的数据最理想，安排如表 5-28 所示的第二批模拟以寻求更优的方案。

表 5-28 第二批模拟方案和模拟结果

模拟次序	A	B/kN	C/m·s^{-1}	模拟结果		
				最大增厚率(%)	最大减薄率(%)	成形状况
1	0.1	800	1	12.1	26.1	完好+充分
2	0.1	900	1	12.4	25.9	完好+充分
3	0.1	1000	1	12.3	26.1	完好+充分
4	0.1	1100	1	24.1	29.3	完好+充分
5	0.1	1200	1	27.6	33.8	破裂

由表 5-28 可知，在仅改变压边力情况下，厚度变化量相对较大。当 A、B、C 分别为 0.1、900kN、1m/s 时，厚度增加及减小的最大变化率分别为 12.4%和 25.9%，因此成形后厚度最均匀且厚度也较大，同时成形裕度为 8.7%，保证了冲压成形的可靠性，凸缘处的起皱也有一定程度的降低。图 5.9 是在该成形条件下的翼子板厚度图。

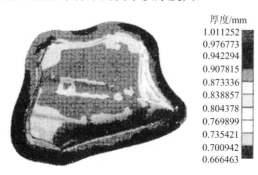

图 5.9 翼子板的厚度分布图

5.6.2 弹用航空发动机性能试验研究

新型发动机在研制过程中要检验各系统共同工作能力的协调性，测定各系统的有关参数，考核各系统在最大工作时间内性能参数的稳定性、结构可靠性以及调整系统参数满足发动机性能指标。通常，完成这些工作所依赖的手段是发动机性能试验。对于航空涡喷、涡扇发动机则是进行地面台架试验，由台架试验数据获取发动机的各项性能曲线，为发动机的使用和再设计提供依据。

弹用航空发动机是导弹的主要部件，由于其特殊的环境和性能要求使其具有体积小、设计寿命短的特点。要求既要减少试验次数又要得到可靠的性能数据，这就需要一种科学实用的试验设计来解决该矛盾。

传统的试验设计手段有全面试验和多次单因素试验。对于 6 因素 5 水平的全面试验至少要做 15625 次，这显然是不可取的。正交设计法，对于 6 因素 5 水平的试验只需要 25 次即可得到满意的结果，但对于 10 水平的试验需要做 100 次，仍然不能满足要求，而均匀试验设计法能成功地解决这个问题。

均匀试验设计的关键和难点是处理数据结果。在工程上，一般采用回归分析，既可以采用线性回归也可以采用非线性回归。具体采用何种模型要依据实际试验的具体性质来确定。

对于具有因素参数 $x = [1.0, x_1, x_2, \cdots, x_m]$，测量参数 $y = [y_1, y_2, \cdots, y_l]$ 的试验系统，其线性模型为

$$y = x \cdot \boldsymbol{B} + \boldsymbol{\varepsilon} \tag{5-9}$$

式中，$\boldsymbol{B} = \begin{bmatrix} \beta_{01} & \beta_{02} & \cdots & \beta_{0l} \\ \beta_{11} & \beta_{12} & \cdots & \beta_{1l} \\ \vdots & \vdots & \cdots & \vdots \\ \beta_{m1} & \beta_{m2} & \cdots & \beta_{ml} \end{bmatrix}$ 是系数矩阵；$\boldsymbol{\varepsilon} = [\varepsilon_1, \varepsilon_2, \cdots, \varepsilon_l]$ 是误差矩阵。

通常，一个试验所进行的次数 n 总大于因素参数个数 m，即 $n > m$，因此方程

变为

$$y = x \cdot B + \varepsilon$$

$$Y = X \cdot B + E \tag{5-10}$$

式中

$$Y = \begin{bmatrix} y_{11} & y_{21} & \cdots & y_{l1} \\ y_{12} & y_{22} & \cdots & y_{l2} \\ \vdots & \vdots & \cdots & \vdots \\ y_{1n} & y_{2n} & \cdots & y_{ln} \end{bmatrix}$$

$$X = \begin{bmatrix} 1 & x_{11} & \cdots & x_{m1} \\ 1 & x_{12} & \cdots & x_{m2} \\ \vdots & \vdots & \cdots & \vdots \\ 1 & x_{1n} & \cdots & x_{mn} \end{bmatrix}$$

$$E = \begin{bmatrix} \varepsilon_{11} & \varepsilon_{21} & \cdots & \varepsilon_{l1} \\ \varepsilon_{12} & \varepsilon_{22} & \cdots & \varepsilon_{l2} \\ \vdots & \vdots & \cdots & \vdots \\ \varepsilon_{1n} & \varepsilon_{2n} & \cdots & \varepsilon_{ln} \end{bmatrix}$$

由于 $n > m$；方程(5-10)是冗余方程，可以采用最小二乘法对 B 进行估计，记

$$Q(B) = E' \cdot E = (Y - X \cdot B)' \cdot (Y - X \cdot B)$$

$$\partial Q(B) / \partial B = -2X' \cdot Y + 2X' \cdot X \cdot B = 0$$

得

$$B = (X' \cdot X)^{-1} \cdot X' \cdot Y \tag{5-11}$$

此式即为方程(5-9)所定义的线性模型的回归系数矩阵。

要进行的是某发动机在高空模拟试车台上的性能试验。对于该试验其测量参数有高压涡轮后燃气温度 T、燃油流量 q、推力 F；因素参数有模拟高度 H、高压转子转速 n、模拟马赫数 M_a。因此，性能试验的目的就是得出关系曲线 $Y = f(H, n, M_a)$，式中 $Y = [T, q, F]$，给发动机的使用和再设计提供依据。试验对各因素参数的试验范围及水平间隔的要求列于表 5-29。

表 5-29 各因素参数的试验范围及水平间隔的要求

因素	下限	上限	最大水平间隔	最少水平数
H /km	0.0	5.0	0.5	11
$n / (10^4 \text{r} \cdot \text{min}^{-1})$	46100	50100	500	9
$M_a / (10^{-1})$	0.4	0.8	0.05	9

从表 5-29 看出，该试验属于多水平多因素的情况。全面试验需要 891 次试验，正交设计需要 121 次试验，都不可取。而用均匀试验设计来安排试验，每个因素取 11 个水平，采用

$U_{11}(11^{10})$ 表安排试验，每个试验重复一次，结果取两次试验的平均值，共需要进行 22 次试验，所取试验点及试验结果如表 5-30 所示。

表 5-30 试验点及试验结果

序号	1	2	3	4	5	6	7	8	9	10	11
因素参数设计试验点											
H	0.0	0.5	1.0	1.5	2.0	2.5	3.0	3.5	4.0	4.5	5.0
n	47700	49700	47300	49300	46900	48900	46500	48500	46100	48100	50100
M_a	0.64	0.48	0.76	0.60	0.44	0.72	0.56	0.40	0.68	0.52	0.80
测量参数试验结果											
T	1190	1306	1166	1285	1161	1263	1140	1253	1118	1232	1335
q	254.35	305.27	232.18	282.29	195.47	261.29	176.86	213.54	159.71	188.70	256.19
F	224.9	307.5	193.7	273.1	206.8	244.1	175.2	231.9	142.4	194.7	233.9

数据处理采用前面介绍的线性模型，但考虑到实际的发动机特性曲线不是线性的，根据经验采用因素参数补充法，取 $x = [1.0, H, H^2, n, n^2, M_a, M_a^2]$, $Y = [T, q, F]$，由式 (5-11) 可以得到

$$B = \begin{bmatrix} -0.017294 & 0.026195 & -0.0369175 \\ 4.46756 & -11.3553 & -0.641105 \\ -0.143688 & -0.871209 & -2.16939 \\ -0.00353683 & -0.0188491 & -0.0195963 \\ 6.03439 \times 10^{-7} & 4.96993 \times 10^{-7} & 5.24661 \times 10^{-7} \\ -13.5456 & 20.5686 & -28.8137 \\ -16.2186 & 24.6033 & -34.5539 \end{bmatrix}$$

最终，得出试验结果为

$$[T, \quad q, \quad F] = [1.0, H, H^2, n, n^2, M_a, M_a^2] \tag{5-12}$$

式 (5-12) 即为试验用发动机的特性曲线关系式。为了检验提供的试验设计方法及数据处理模型的可靠性，图 5.10 给出了用式 (5-12) 得出 $H = 0$, $M_a = 0.7$ 的特性曲线图，图中同时给出了发动机做 $H = 0$, $M_a = 0.7$ 的地面联管试验的试验结果，以及与之相对应的误差曲线。

由图 5.10 可以看出，关系曲线 (5-12) 与实际试验的数据相差很小，误差在 3 %以下。这说明运用均匀试验设计方法选取的试验点具有很强的代表性。所给出的回归模型是合适的，因为采用的回归模型不含因素参数的交叉项，只能得出测量参数随因素参数在试验范围内的独立影响。在大多数实际试验中，都是有交叉影响的，需要在回归模型中补充交叉项。另外，有些测量参数与因素参数的关系不是简单的多项式关系需要补充指数项、对数项或其他类型的函数关系。因此，不但要有一个好的试验设计手段，还要有一个好的试验数据处理手段，尤其对均匀试验设计法。均匀试验设计的应用推广将取决于与之配套的数据处理工具，数据工具的提高是均匀试验设计的发展方向。

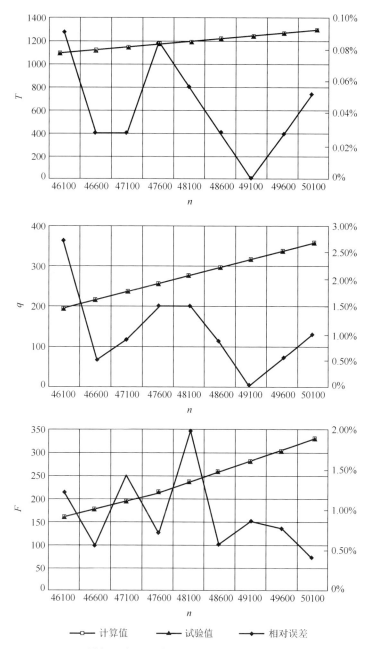

―□― 计算值　―▲― 试验值　―◆― 相对误差

图 5.10　燃气温度 T、燃油流量 q、推力 F 与转速的关系

5.6.3　柴油机多变量优化研究

柴油机的优化是一个系统工程，不仅涉及的因素较多而且许多因素间还存在交互作用，所以优化过程的工作量一般较大。均匀试验设计法，通过合理设计试验过程，使试验点具有"均匀分散"的特点，不但使试验的安排更有代表性，而且可减少试验次数，易于安排多水平试验。以往均匀试验设计方法在柴油机上的应用多是针对两个因素，本研究对多因素、多水

平的柴油机优化中进行尝试。由于台架试验的不确定因素较多，所以先在发动机模拟软件上做探索性研究。

现有多种成熟的发动机模拟软件，均具有较高的精度和可靠性。本研究采用 AVL boost 商用软件对 YC4112 电控柴油机标定工况转速进行了模拟计算。根据发动机的结构及台架布置，建立模型的框架，如图 5.11 所示。燃烧室部分选择 AVL MCC 燃烧放热率模型、Woschni 1978 传热模型，增压器选择简单模式。通过参数修正使模拟结果与原机接近。模拟过程考虑四个因素：喷孔直径、喷油压力、喷油提前角和燃烧室压缩比对发动机燃油消耗率、功率和 NO_x 排放的影响。其对应的水平数见表 5-31。

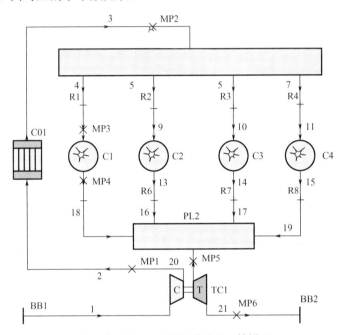

图 5.11 YC4G 四气门柴油机计算模型

表 5-31 因素、水平组合

水平 \ 因素	喷孔直径/mm	喷油定时/CA. deg	喷油压力 x_3/MPa	压缩比 x_4
1	0.18	−16	145	17.5
2	0.19	−12	155	17
3	0.20	−8	165	
4	0.21			
5	0.23			
6	0.24			

如表 5-31 所示，各因素的最大水平数为 6、最小为 2，属于拟水平试验。根据王玉方编写的"均匀设计软件"来选择均匀设计表。选择试验次数为最大水平数两倍的拟水平设计表"12×6×6×2"。方案见表 5-32。

表 5-32 试验方案

喷孔直径/mm	喷油定时/CA. deg	喷油压力/MPa	压缩比
0.21	−16	145	17.5
0.18	−12	155	17.5
0.19	−8	165	17.5
0.20	−16	165	17.5
0.23	−12	145	17.5
0.238	−8	155	17.5
0.21	−16	155	17
0.18	−12	165	17
0.19	−8	145	17
0.20	−16	145	17
0.23	−12	155	17
0.238	−8	165	17

软件模拟结果如表 5-33。根据数学理论，任何连续函数均可用足够高阶的多项式来任意逼近。因此，对于尚不知道的目标函数与优化变量的关系问题，不论其复杂程度，选用多项式回归都可满足要求。以喷孔直径、喷油定时、喷油压力和压缩比为自变量，分别以功率、燃油消耗率和 NO_x 排放为因变量，构造三个多元二项式回归方程，其通用式为

$$y = c_0 + c_1x_1 + c_2x_2 + c_3x_3 + c_4x_4 + c_5x_1x_2 + c_6x_1x_3 + c_7x_1x_4 + c_8x_2x_3 \\ + c_9x_2x_4 + c_{10}x_3x_4 + c_{11}x_1x_1 + c_{12}x_2x_2 + c_{13}x_3x_3 + c_{14}x_4x_4 \tag{5-13}$$

表 5-33 模拟计算结果

喷孔直径/mm	燃油消耗率/(g/kW·h)	NO_x/(g/kW·h)	功率/kW
0.21	216.2802	15.60723	159.99
0.18	215.3757	12.62231	160.65
0.19	218.032	8.550803	158.70
0.20	216.7995	15.10101	159.61
0.23	222.4278	8.456206	155.59
0.238	225.9885	5.858623	153.14
0.21	217.0622	14.87346	159.41
0.18	216.1717	12.10203	160.06
0.19	218.9951	8.155796	158.00
0.20	217.6828	14.21768	158.96
0.23	223.3617	8.103385	154.94
0.238	226.9484	5.651532	152.49

表 5-34 变量对照表

x_1	x_2	x_3	x_4	y_f	y_N	y_P
喷孔直径	喷油定时	喷油压力	压缩比	燃油消耗率	NO_x	功率

使用最小二乘法确定各方程的系数，通过变量筛选和模型显著性检验来获得最显著的回归方程。式(5-14)~式(5-16)分别是喷孔直径、喷油定时、喷油压力和压缩比对燃油消耗率、NO_x 排放和功率的最优回归方程。

$$y_f = -301.8367 + 46.08248x_1 + 15.08232x_2 - 0.09860813x_3 - 2.518475x_4$$
$$+ 0.4943372x_1x_2 + 0.004726339x_1x_3 + 0.04274645x_1x_4 - 0.9803589x_1^2 \quad (5\text{-}14)$$
$$- 0.2509516x_2^2$$

$R^2 = 0.99998$，$F = 11271.3991 > F_{\alpha=0.05}(9,2) = 19.385$，$P = 8.8715 \times 10^{-5} < 0.05$

$$y_N = 637.0791 - 50.15x_1 + 12.26428x_2 - 0.35019x_3 - 3.75876x_4$$
$$- 0.37623x_1x_2 + 0.018094x_1x_3 + 0.252883x_1x_4 + 0.91935x_1^2 \quad (5\text{-}15)$$
$$+ 0.251778x_2^2$$

$R^2 = 0.99969$，$F = 709.1954 > F_{\alpha=0.05}(9,2) = 19.385$，$P = 1.4088 \times 10^{-3} < 0.05$

$$y_P = 546.9065 - 34.53947x_1 + 10.64718x_2 + 0.05387951x_3 + 1.731008x_4$$
$$- 0.3570162x_1x_2 - 0.000735986x_1x_3 + 0.01192948x_2x_4 - 0.002152622x_3x_4 \quad (5\text{-}16)$$
$$+ 0.7159677x_1^2 + 0.1797435x_2^2$$

$R^2 = 1$，$F = 29948.6848 > F_{\alpha=0.05}(10,1) = 241.88$，$P = 0.0044969 < 0.05$

从上述回归方程可以看出 R^2 几乎接近 1，F 远远大于 $F_{\alpha=0.05}(k, n-k-1)$，$P$ 均小于 0.05，故回归显著，回归方程是可用的。

根据 YC4112 柴油机的实际运行情况和设计要求，建立以喷孔直径、喷油压力、喷油定时和压缩比为优化变量，燃油消耗率和 NO_x 排放为优化目标函数，功率为优化约束条件，利用数学上有约束、非线性规划理论建立双目标优化模型。结果如表 5-35 所示。

$$\min \quad y_f(x_1, x_2, x_3, x_4)$$
$$y_N(x_1, x_2, x_3, x_4)$$
$$s.t.: \quad y_P - 157 \leqslant 0$$
$$154 - y_P \leqslant 0$$
$$18 \leqslant x_1 \leqslant 24$$
$$-20 \leqslant x_2 \leqslant 0$$
$$150 \leqslant x_3 \leqslant 175$$
$$16.5 \leqslant x_4 \leqslant 17.5$$

表 5-35 优化结果

喷孔直径/mm	喷油定时/CA. deg	喷油压力/MPa	压缩比	燃油消耗率/(g/kW·h)	NO_x/(g/kW·h)
0.198	−9	171.75	17.4	222.4808	4.7646

表 5-36 是优化结果与 boost 模拟结果对比。可以看出，燃油消耗率的结果比较相近，误差不超过 0.46%，而 NO_x 排放的结果相差较大，不过误差也不超过 9%，这表明回归方程的

拟合效果是准确的。燃油消耗率优化结果的误差较小与式(5-14)中燃油消耗率回归方程更加显著是一致的，证明了研究中采用的对回归方程显著性检验的方法是可靠的。

表 5-36　优化结果与 boost 验证结果对比

燃油消耗率/(g/kW·h)		NO_x/(g/kW·h)	
优化结果	模拟结果	优化结果	模拟结果
222.4808	221.4480	4.9857	5.412646

5.6.4　直喷式柴油机喷油系统的优化

1) 试验设备与试验内容

试验样机为 SD195 型单缸自然吸气式四冲程水冷直喷柴油机，缸径为 95mm，行程为 115mm，在转速为 2000r/min 时标定功率为 8.9kW，所用油泵为 AK 型单体泵。SD195 型柴油机采用对进气旋流不敏感的浅 ω 型燃烧室，所需进气涡流强度较低，而且允许涡流变化范围较大。

为了解喷油系统对柴油机性能的影响，在燃烧室口径为 63mm、深度为 11.6mm、启喷压力为 17MPa、供油提前角为 24°曲轴转角时，做了不同油嘴喷孔直径和柱塞直径对发动机性能的影响的试验。喷孔直径和柱塞直径的变化水平见表 5-37。均匀设计表中因素水平的选取，可以均匀划分，也可以非均匀划分，应用十分方便。选取混合均匀设计表 $U_6(6\times3)$（见表 5-38）进行试验。表中 D 是均匀设计表本身的偏差，这样只做 6 次试验就可以了，而若要选取正交表 $L_{18}(6\times3^4)$，则需要做 18 次试验。

表 5-37　油嘴与柱塞因素水平表　　　　　　　　（单位：mm）

油嘴孔径 x_1	0.26	0.27	0.28	0.29	0.30	0.32
柱塞直径 x_2	8.5	9.0	9.5			

表 5-38　均匀混合设计表 $U_6(6\times3)$　　　　　　（单位：mm）

序号	x_1	x_2
1	0.28(3)	9.5(3)
2	0.32(6)	9.0(2)
3	0.27(2)	8.5(1)
4	0.30(5)	9.5(3)
5	0.26(1)	9.0(2)
6	0.29(4)	8.5(1)
D	0.2361	

2) 试验结果分析

(1) 分析方法

因试验次数较少，均匀试验设计的结果必须采用回归分析。选取因变量时，考虑到柱塞和油嘴对喷油量和油束的作用，实际上有面积的影响和交互作用，因此不仅考虑了柱塞和喷孔直径的一次项，还考虑了它们的平方项和交互作用项。然后以标定工况下转速为 2000r/min、功率为 8.9kW 时的耗油率 b_e 作为主要评价指标，用 SPSS 统计软件进行处理，选用后退法对数据表进行了回归分析，见表 5-39。

表 5-39 均匀设计回归分析表

试验号	X_1	X_2	X_1X_2	X_1^2	X_2^2	$X_1^2X_2^2$	$Y/(g/kW\cdot h)$
1	28	9.5	266.0	784	90.25	70756.00	242.4
2	32	9.0	288.0	1024	81.00	82944.00	251.2
3	27	8.5	229.5	729	72.25	52670.25	248.3
4	30	9.5	285.0	900	90.25	81225.00	247.5
5	26	9.0	234.0	676	81.00	54756.00	240.4
6	29	8.5	246.5	841	72.25	60762.25	252.3
变量	B	e_B	U	T	$sigT$		
X_1	22.215	6.278	10.098	3.539	0.071		
X_1^2	−0.352	0.108	−9.282	−3.256	0.083	$R=0.991$	
X_2^2	−0.422	0.056	0.716	−7.513	0.017	$R^2=0.983$	
常量	−64.964	90.295		−0.719	0.547		

方差来源	平方和	自由度	均方	F	显著性
回归	111.004	3	37.001	38.322	**
误差	1.931	2	0.916		
总和	112.935	5			

表 5-39 中，B 为回归变量的系数，e_B 为回归系数的标准误差，U 为总体回归系数，T 为 t 检验的结果。结果表明回归方程中的 3 个变量都是较为显著的，其中油嘴喷孔直径及平方项对耗油率的作用相对较大，柱塞的平方项影响也大。这是因为油嘴和柱塞主要是通过面积起作用。对回归方程的 F 检验为 38.322，大于 $F_{0.01}$ 的数值，表明回归方程也是十分显著的；回归方程的回归效果由 R^2 表示，根据回归结果可以看到 $R^2=0.983$，相关程度相当高。采用网格点法，根据回归分析得到的回归方程为

$$Y = 22.215X_1 - 0.352X_1^2 - 0.422X_2^2 - 64.964 \tag{5-17}$$

计算出柱塞和油嘴的最佳配合 Y_h 与最差配合 Y_d：

　　$Y_h = 236.6g/(kW\cdot h)$ 时：$x_1=0.26$mm，$x_2=9.5$mm；

　　$Y_d = 255.1g/(kW\cdot h)$ 时：$x_1=0.32$mm，$x_2=9.5$mm。

然后根据回归结果，保证发动机的其他参数不变，分别把柱塞和油嘴调整到最佳和最差状态，做了 2000r/min 时的负荷特性，结果如图 5.12 所示。最差配合标定点的耗油率为 252g/(kW·h)，最佳配合标定点的耗油率为 239g/(kW·h)，实测结果与回归公式的结果基本是相符的。而且还可以发现，在由低负荷到高负荷宽广的负荷范围内，最佳配合的耗油率都优于最差配合。

(2) 柱塞直径对发动机性能的影响

图 5.13 是样机分别采用直径为 8.5mm、9mm、9.5mm 的油泵柱塞时 2000r/min 的负荷特性对比，供油提前角和启喷压力不变，油嘴采用 $4\times\phi 0.27$mm 的型号。

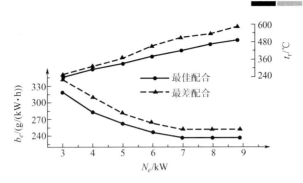

图 5.12 2000r/min 时负荷特性曲线

从图 5.13 可以看到：随喷油泵柱塞直径的增大，在宽广的功率范围内，发动机耗油率呈现出下降的趋势，即负荷特性曲线上柱塞直径为 9mm 的耗油率比柱塞直径为 8.5mm 的相应值低，而柱塞直径为 9.5mm 的耗油率比柱塞直径为 9mm 的低，而且降低的幅度更大。发动机排温 t_r 也可以体现燃烧组织好坏的程度，由图 5.13 可以看到柱塞直径为 9.5mm 的排温比 9mm 的排温要低得多，而柱塞直径为 8.5mm 在标定点的排温达到了 560℃，可见燃烧状况不好。

试验结果证明了均匀设计预测的正确性，在原理上可认为喷油泵柱塞直径影响喷油规律。当柱塞直径大时初期喷油率高，从而使在滞燃期内喷入缸内的燃油量占循环供油量的百分比更高，预混合燃烧的燃料量增多。在供油系统其他参数，如燃烧室结构尺寸及涡流强度的合理匹配下，能够实现快速混合和燃烧，因而提高了热效率，改善燃油经济性并降低排温。

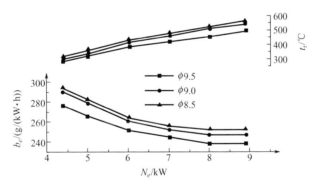

图 5.13 2000r/min 时不同塞柱直径的负荷特性曲线

(3) 油嘴孔径对发动机性能的影响

图 5.14 给出了在标定工况下，耗油率随不同油嘴孔径变化的情况，试验条件是柱塞直径为 9.5mm，启喷压力和供油提前角不变。

由图 5.14 可以看出，随油嘴孔径不断减小，耗油率逐渐下降，从 0.28mm 以后，耗油率的下降趋势变缓，均匀试验设计的结果大体体现了这一规律，即当柱塞直径数值为常数时，式 (5-17) 在油嘴孔径范围段变化的曲线和试验结果类似，这说明均匀设计是一种寻求定量试验规律的试验方法。

由于采用短螺旋进气道、浅 ω 型燃烧系统的柴油机进气涡流比较低，油雾溅到壁面后，难以组织有效的油膜混合燃烧，因此主要采用空间混合燃烧方式。而小型直喷柴油机的燃烧室直径较小，较长的油束贯穿距离总会使少量油雾溅到壁面，采用小孔径的油嘴，不仅可加强油束的碎裂程度,而且可减少其贯穿距离,使之更易混合燃烧,这就是减少油嘴孔径从而降低耗油率的原因。

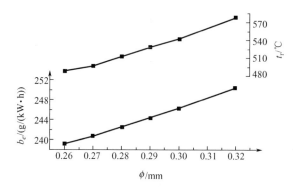

图 5.14 油嘴孔径对耗油率的影响

思考题

1. 均匀设计有什么优点?
2. 均匀设计与正交设计有什么区别?
3. 均匀设计表有什么特点?
4. 均匀试验方案设计中有哪些需要注意的问题?请具体说明。
5. 举例说明均匀设计在车辆工程中的应用。

下 篇

数据处理

试验数据分为确定性和随机性的两类。能够用明确的数学关系描述的称为确定性数据，不能用明确的数学关系描述的称为随机性数据。

确定性数据由确定性现象产生。例如，材料在弹性范围内应力 σ 与应变 ε 的关系，可用胡克定律 $\sigma = E\varepsilon$ 描述。这样一类各物理量之间具有明确函数关系的现象，称为确定性现象。如果对确定性现象进行多次重复试验，则所得试验数据可重复再现，并可由已知的过去状态预测未来时刻的量值。

确定性数据分为周期的和非周期的两类。周期数据包括正弦周期数据和复杂周期数据，非周期数据包括准周期数据和瞬变数据。

周期数据可用下式表示

$$x(t) = x(t + nT) \qquad n = 1, 2, \cdots$$

其中，T 为周期。周期数据中最简单的是正弦数据，它的一般表达式为

$$x(t) = X \sin(2\pi f_0 t + \varphi_0)$$

式中，X ——振幅；
f_0 ——频率；
φ_0 ——初始相位角。

复杂周期数据的时间历程和频谱，由傅里叶级数理论，可把任一周期函数 $x(t)$ 展开成若干简谐函数之和，它的基频 f_1 是 $\dfrac{1}{T}$，各阶谐波的频率都是基频的整数倍 $\dfrac{2}{T}, \dfrac{3}{T}, \cdots$。因此，可以把复杂周期函数看成由若干个频率之比为有理数的正弦波迭加而成。

非周期的确定性数据，虽可用明确的时间函数描述，但不具有周期性。其中，如果它的时间历程波形可由几个频率之比为无理数的正弦波迭加而成，则称为准周期的确定性数据，用下式表达

$$x(t) = \sum_{n=1}^{\infty} X_n \sin(2\pi f_n t + \varphi_n)$$

式中，频率比 $\dfrac{f_n}{f_{n+1}}$ 在任何情况下都不等于有理数。在频谱图上，呈现为间隔不等且间隔之比为无理数的离散谱线如图Ⅱ.1所示。

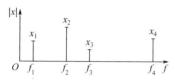

图Ⅱ.1　准周期数据的频谱

非周期数据的另一类型是瞬变数据，例如

$$x(t)=\begin{cases} Ae^{-at}\cos bt & t\geqslant 0 \\ 0 & t<0 \end{cases}$$

就是一例。其图形如图Ⅱ.2所示。它的谱线图已不能用离散线谱表示，而呈现为连续谱。

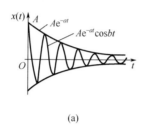
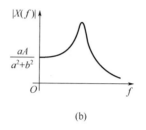

(a)　　　　　　　　　　　(b)

图Ⅱ.2　瞬变数据的时间历程和频谱示例

随机数据由随机现象产生。图Ⅱ.3是汽车在起伏路面上行驶时，测定车架垂直加速度的试验简图。右上角曲线为加速度时间历程记录。如果以同一辆车，在同一路段上无数次地重复试验，测得一系列加速度-时间记录曲线，如图Ⅱ.4所示。通常把这类物理现象称为随机现象。随机现象的进行过程用随机过程来描述。

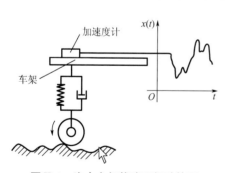
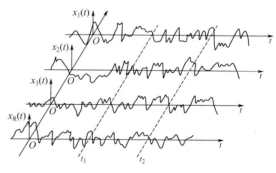

图Ⅱ.3　汽车在起伏路面行驶简图　　　　图Ⅱ.4　汽车车架垂直加速度时间历程记录

随机过程可按其随机统计特征进行分类。有关随机过程的概念在第6章中叙述。

一种物理现象究竟是确定性的还是随机性的，往往难以严格区分。如果对某一物理现象的规律有了足够的认识，在一定的精度范围内，可以用明确的数学公式予以描述，就可以认为该现象是确定性的。如果对某种物理现象的规律没有充分掌握，还不能设计一种试验，使相同条件下的重复试验结果相同，就可认为该现象是随机性的。因此，一个物理现象的属性，取决于对该现象的认识程度，以及测试技术和仪器的水平。在认识的不同阶段，可以对同一物理现象作不同的归类。

本篇主要讨论随机试验数据的处理方法。其中，第6章介绍随机过程的基本概念，是学习以后各章的基础。

第 6 章

随机过程概论

教学目标

通过本章的学习，了解随机过程的一般概念；掌握平稳过程的特征参数；清楚随机过程的相关性、功率谱密度函数、平稳过程的线性变换及线性变换在系统分析中的应用。

教学要求

知识要点	能力要求	相关知识	权重
随机过程	掌握随机过程的一般概念	随机过程的分布律、数字特征、正态(高斯)随机过程	20%
平稳过程	掌握平稳过程的定义及特征	平稳过程及各态历经性、数字特征	20%
相关性	了解随机过程的相关性内涵	相关的概念、量度、相关函数和协方差函数的性质、自相关的应用、互相关	15%
功率谱密度函数	理解掌握谱分析技术	自谱密度、窄带和宽带过程、互谱密度	15%
线性变换	了解平稳过程线性变换的过程	输出过程的数字特征、自谱密度，线性变换的相位分析	15%
线性变换在系统分析中的应用	了解线性变换在系统分析中的应用方法	单输入单输出系统的响应、双输入单输出系统的响应、凝聚(相干)函数	15%

6.1 随机过程的一般概念

随机现象是车辆工作中普遍存在的现象。例如，车辆的振动，行驶时的环境条件——路面起伏、零部件所受的载荷、传动系统的负荷工况等，都是随机现象。即便被认为是确定性的一些现象，由于试验时随机因素的渗入，试验结果也会呈现随机性。

随机现象最重要的特征是：相同条件下的一系列重复试验，其每次试验的可能结果不止一个，试验前不能确切预知。但是，如果进行大量重复试验，其结果就出现某种统计规律性。随机过程理论，就是用概率和统计的方法，揭示随机过程的统计规律性。

随机过程是描述随机现象进行过程的数学抽象。它是一个依赖于时间变量 t（也可以是其它变量）的随机函数 $X(t)$，对于某一个给定时刻 t_0，函数值 $X(t_0)$ 为一随机变量，当 t 取值 t_1、t_2、…、t_n 时，函数值 $X(t_1)$、$X(t_2)$、…、$X(t_n)$ 又成为另一些随机变量。所以，随机过程是一簇（或无穷多个）随机变量的集合。

随机过程可按其随机变量是连续型或离散型，分为连续型随机过程和离散型随机过程，也可按其时间参数是连续或离散，分为连续参数随机过程和离散参数随机过程，后者又称为随机时间序列。

6.1.1 随机过程的分布律

随机过程的统计规律，完全由过程的概率分布所决定。设随机过程 $X(t)$ 在任意给定的时刻 t_1 处的随机变量为 $X(t_1)$，简写为 X_1，则定义事件 $X_1 \leq x_1$ 的概率为随机过程 $X(t)$ 在 t_1 时刻的一维分布函数，记为

$$F_1(x_1;t_1) = P(X_1 \leq x_1) \tag{6-1}$$

其中，$P(X_1 \leq x_1)$ 为事件 $X_1 \leq x_1$ 的概率，x_1 为随机变量 X_1 的可能值集合中的取值。

一维分布函数 $F_1(x_1;t_1)$ 对变量 x_1 的偏导数

$$f_1(x_1;t_1) = \frac{\partial F_1(x_1;t_1)}{\partial x_1} \tag{6-2}$$

定义为随机过程 $X(t)$ 的一维概率密度，记为 $f_1(x_1;t_1)$。

一维分布函数和一维概率密度描绘了过程在各个孤立时刻的统计特征。例如，图Ⅱ.4 所示汽车振动加速度图上，t_1 时刻的加速度值 x_1 是一随机变量，假定它服从正态分布，由概率论知，它的概率密度为

$$f_1(x_1;t_1) = \frac{1}{\sqrt{2\pi}\sigma_{x_1}} e^{-\frac{(x_1-m_{x_1})^2}{2\sigma_{x_1}^2}}$$

其图形如图 6.1 所示。运用概率知识，可得

$$P(x_1' < x_1 < x_1'') = \frac{1}{\sqrt{2\pi}\sigma_{x_1}} \int_{x_1'}^{x_1''} e^{-\frac{(x_1-m_{x_1})^2}{2\sigma_{x_1}^2}} dx$$

它表示汽车振动时，在 t_1 时刻，加速度 $x_1' < x_1 < x_1''$ 的概率为 $P(x_1' < x_1 < x_1'')$（图上阴影面积）。

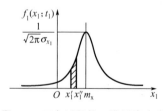

图 6.1　正态过程的一维概率密度

为了描绘不同时刻的随机变量之间的相互关系，需要用高于一维的多维概率分布律。工程上，经常用到二维函数和二维概率密度。

设随机过程 $X(t)$ 在给定时刻 t_1 处的随机变量为 X_1，时刻 t_2 处的随机变量为 X_2，则定义事件 $X_1 \leqslant x_1$，同时事件 $X_2 \leqslant x_2$ 的概率为随机过程的二维分布函数，记为

$$F_2(x_1, x_2; t_1, t_2) = P(X_1 \leqslant x_1; X_2 \leqslant x_2) \tag{6-3}$$

其中，$P(X_1 \leqslant x_1; X_2 \leqslant x_2)$ 为事件 $X_1 \leqslant x_1$ 和 $X_2 \leqslant x_2$ 同时发生的概率；x_1、x_2 分别为随机变量 X_1、X_2 的可能值集合中的取值。同样，可以把二维分布函数 $F_2(x_1, x_2; t_1, t_2)$ 对变量 x_1、x_2 的二阶偏导数定义为二维概率密度，记为

$$f_2(x_1, x_2; t_1, t_2) = \frac{\partial^2 F_2(x_1, x_2; t_1, t_2)}{\partial x_1 \partial x_2} \tag{6-4}$$

不难理解，随机过程的一维或二维(以至多维)分布律通常是时间 t 的函数。

概率分布函数或概率密度在幅值范围内刻划了随机过程的特征，它提供了随机数据的各瞬时量值的发生概率，即从统计意义上说明各量值在总体中所占的比例。考察试验数据量值的概率分布，工程上常称为在幅值域上研究问题。

6.1.2 随机过程的数字特征

分布函数或概率密度虽然完善地刻划了随机过程的统计特征，但在实际应用中要确定它并加以分析往往比较困难。而许多实际问题中，往往只要知道了试验数据的某些特征数字，就可以对产生该试验数据的随机过程有足够的认识。常用的数字特征有以下几种。

1) 数学期望 $m_x(t)$

随机过程的所有样本函数在时刻 t 的平均值

$$E[X(t)] = \int_{-\infty}^{+\infty} x f_1(x; t) dx \tag{6-5}$$

称为随机过程的集平均或数学期望，又称均值，记为 $m_x(t)$。其中，$f_1(x; t)$ 由式(10-2)定义，x 为随机变量可能值集合中的取值。

均值 $m_x(t)$ 表示过程幅值的平均量。它描绘了随机过程的中心趋势，随机过程的一切可能实现围绕它集聚和波动，如图 6.2 所示。由图可知，某一时刻 t_1 的均值 $m_x(t_1)$ 是一个常量，但不同时刻的均值具有不同值。因此，随机过程的均值，一般是时间 t 的函数。

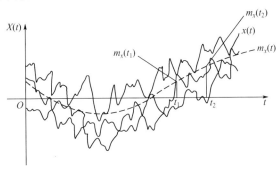

图 6.2 随机过程的中心趋势

2) 方差 $\sigma_x^2(t)$

设 $X(t)$ 为一随机过程，则其离差 $(X(t)-m_x(t))^2$ 的数学期望

$$V[X(t)] = E[(X(t)-m_x(t))^2] = \int_{-\infty}^{+\infty}(x-m_x(t))^2 f_1(x;t)\mathrm{d}x \tag{6-6}$$

称为随机过程的方差，记作 $\sigma_x^2(t)$。显然，方差也是时间 t 的函数。它描述了过程在均值周围的散布程度。方差越小，过程向均值集聚的程度越高。反之，过程较为分散。方差的正平方根 $\sigma_x(t)$ 称为标准差或均方根差。

3) 均方值 $\psi_x^2(t)$

设 $X(t)$ 为一随机过程，则其平方的数学期望

$$E[X^2(t)] = \int_{-\infty}^{+\infty} x^2 f_1(x;t)\mathrm{d}x \tag{6-7}$$

称为均方值，记为 $\psi_x^2(t)$。

均方值是描述随机过程强度的一个数字量，也是随机过程的一个重要数字特征。均方值的平方根 $\psi_x(t)$ 称为均方根值。

均值、方差、均方值刻划了随机过程在各个孤立时刻的统计特征，但它们还不能反映随机过程的另一些重要特征。例如图 6.3(a) 和图 6.3(b) 分别表示了两个随机过程 $X(t)$ 和 $Y(t)$。它们大体上具有相同的均值和方差，但这两个过程的变化规律显然不同。$X(t)$ 的变化较平缓，而 $Y(t)$ 的变化比较剧烈。对于 $X(t)$ 如果在某曲线上 t_1 时刻的值 $x_i(t_1)$ 明显大于均值，那么，在同一曲线上 t_2 时刻的值 $x_i(t_2)$ 很可能也大于均值。这就是说，$X(t)$ 在不同时刻的值具有强烈的依从关系。对于 $Y(t)$，它的每一条曲线都起伏波动很大，如果 t_1 和 t_2 的间隔足够大，则某曲线上 t_1 时刻的值 $y_i(t_1)$ 与 t_2 时刻的值 $y_i(t_2)$，就没有明显的依从关系。由此说明，过程 $X(t)$ 与 $Y(t)$ 虽有相同的均值和方差，但其内部结构却有很大差异。为了描述这种差异，需要建立刻划随机过程在不同时刻间相互依从程度的数字特征。

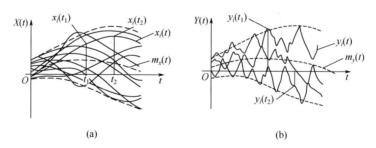

图 6.3 具有两相同均值和方差的两随机过程

4) 自相关函数 $R_x(t_1,t_2)$

设随机过程 $X(t)$ 在任意两个时刻 t_1、t_2 的随机变量为 $X(t_1)$、$X(t_2)$，相应的二维概率密度为 $f_2(x_1,x_2;t_1,t_2)$，则定义

$$R_x(t_1,t_2) = E[X(t_1)X(t_2)] = \int_{-\infty}^{+\infty}\int_{-\infty}^{+\infty} x_1 x_2 f_2(x_1,x_2;t_1,t_2)\mathrm{d}x_1\mathrm{d}x_2 \tag{6-8}$$

为随机过程的自相关函数，简称相关函数。

5) 自协方差函数 $C_x(t_1,t_2)$

设随机过程 $X(t)$ 在任意两个时刻 t_1、t_2 的均值分别为 $m_x(t_1)$ 和 $m_x(t_2)$，则定义

$$\begin{aligned}C_x(t_1,t_2) &= E[(X(t_1)-m_x(t_1))(X(t_2)-m_x(t_2))] \\ &= \int_{-\infty}^{+\infty}\int_{-\infty}^{+\infty}(x_1-m_x(t_1))(x_2-m_x(t_2))f_2(x_1,x_2;t_1,t_2)\mathrm{d}x_1\mathrm{d}x_2\end{aligned} \tag{6-9}$$

为随机过程的自协方差函数。式(6-8)及式(6-9)中，x_1、x_2 的含义同式(6-3)。

自相关函数和自协方差函数都描述了一个过程在不同时刻之间相互依从关系，此值越大，说明过程在不同时刻之间的关联程度越强。反之，过程的关联程度较弱，甚至相互间完全没有联系。$R_x(t_1,t_2)$ 和 $C_x(t_1,t_2)$ 的进一步研究，将在第 6.3 节中介绍。

数字特征虽然不能完整地代表整个随机过程的统计规律，但确实刻划了过程的主要统计特征，而且远较分布律易于观测和运算，因而在解决实际问题中，可以起到重要作用。

6.1.3 正态(高斯)随机过程

工程实践中经常存在一类特殊的随机过程——正态(高斯)随机过程。

一个随机过程 $X(t)$，如果它的任一 n 维联合分布函数都是正态的，就称为正态随机过程。对于正态平稳(见 6.2 节)随机过程，它的统计特征可以用均值 m_x 和相关函数 $R_x(\tau)$ (见第 6.1.2 节)刻划。

由概率论知，若连续型随机变量 X 的概率密度为

$$f(x) = \frac{1}{\sqrt{2\pi}\sigma_x}\mathrm{e}^{-\frac{(x-m_x)^2}{2\sigma_x^2}} \qquad -\infty < x < +\infty$$

则称 X 服从参数为 m_x、σ_x 的正态分布或高斯分布。其中，m_x 及 σ_x 为 X 的均值和标准差。正态分布函数为

$$F(x) = \frac{1}{\sqrt{2\pi}\sigma_x}\int_{-\infty}^{x}\mathrm{e}^{-\frac{(\xi-m_x)^2}{2\sigma_x^2}}\mathrm{d}\xi$$

若两个连续型随机变量 X_1, X_2 的二维联合概率密度为

$$f_2(x_1,x_2) = \frac{1}{2\pi\sigma_{x_1}\sigma_{x_2}\sqrt{1-\rho^2}}\exp\left\{\frac{-1}{2(1-\rho^2)}\cdot\left[\frac{(x_1-m_{x_1})^2}{\sigma_{x_1}^2} - 2\rho\frac{(x_1-m_{x_1})(x_2-m_{x_2})}{\sigma_{x_1}\sigma_{x_2}} + \frac{(x_2-m_{x_2})^2}{\sigma_{x_2}^2}\right]\right\}$$

$$-\infty < x_1 < +\infty, -\infty < x_2 < +\infty$$

则称 X_1，X_2 为具有参数 $m_{x_1}, m_{x_2}, \sigma_{x_1}, \sigma_{x_2}, \rho$ 的二维正态分布。其中，ρ 可见第 6.3 节。

对于任意 n 个随机变量的 n 维联合概率密度为

$$f_n(x_1,x_2,\cdots,x_n) = \frac{1}{2\pi^{\frac{n}{2}}|c|^{\frac{1}{2}}}\exp\left[-\frac{1}{2}(\boldsymbol{X}-\boldsymbol{m}_x)'\boldsymbol{c}^{-1}(\boldsymbol{X}-\boldsymbol{m}_x)\right]$$

时，则称 n 个随机变量的联合分布为 n 维正态分布。其中，X，m_x 为矩阵，即

$$X = \begin{bmatrix} x_1 \\ x_2 \\ \vdots \\ x_n \end{bmatrix}, \quad m_x = \begin{bmatrix} m_{x_1} \\ m_{x_2} \\ \vdots \\ m_{x_n} \end{bmatrix}$$

c 是协方差矩阵，即

$$c = \begin{bmatrix} c_{x_1 x_1} & c_{x_1 x_2} & \cdots & c_{x_1 x_n} \\ c_{x_2 x_1} & c_{x_2 x_2} & \cdots & c_{x_2 x_n} \\ & & \vdots & \\ c_{x_n x_1} & c_{x_n x_2} & \cdots & c_{x_n x_n} \end{bmatrix}$$

矩阵元素 $c_{xi} c_{xj}$（$i,j = 1,2,\cdots,n$）由式(6-9)给出，当 $i = j$ 时，则由式(6-6)给出。$|c|$ 为 c 的行列式，c^{-1} 为 c 的逆阵，$(X - m_x)'$ 为 $(X - m_x)$ 的转置矩阵。

6.2 平 稳 过 程

6.2.1 平稳过程概述

实际中，有一类随机过程，不仅它的现在状态(过程所取的值称为状态)，而且它的过去状态都对未来状态的发生有着强烈的影响。其中，重要的一类就是平稳过程。

所谓平稳过程，就是指它的统计特性不随时间的推移而发生变化的随机过程。具体地说，就是：随机过程 $X(t)$，在任何一组时间 $t_1, t_2, \cdots, t_n$ 的概率规律与 $t_1 + \Delta t, t_2 + \Delta t, \cdots, t_n + \Delta t$（其中 Δt 为时间推移，可取任何值）的概率规律相同，即随机过程的所有 n 维概率密度有

$$\left. \begin{aligned} & f_1(x_1; t_1) = f_1(x_1; t_1 + \Delta t) \\ & f_2(x_1, x_2; t_1, t_2) = f_2(x_1, x_2; t_1 + \Delta t, t_2 + \Delta t) \\ & \qquad\qquad \vdots \\ & f_n(x_1, x_2, \cdots, x_n; t_1, t_2, \cdots, t_n) = \\ & f_n(x_1, x_2, \cdots, x_n; t_1 + \Delta t, t_2 + \Delta t, \cdots, t_n + \Delta t) \end{aligned} \right\} \tag{6-10}$$

则该随机过程称为平稳随机过程，简称平稳过程。

由定义可知，平稳过程的所有一维概率密度为

$$f_1(x_1; t_1) = f_1(x_1; t_1 + \Delta t) = f_1(x) \tag{6-11}$$

而所有二维概率密度为

$$\begin{aligned} f_2(x_1, x_2; t_1, t_2) &= f_2(x_1, x_2; t_1 + \Delta t, t_2 + \Delta t) \\ &= f_2(x_1, x_2; t_2 - t_1) \\ &= f_2(x_1, x_2; \tau) \end{aligned} \tag{6-12}$$

式中，$\tau = t_2 - t_1$。

可见，平稳过程的一维概率度与时间无关，即各时刻的概率分布均相同。二维概率密度不依赖于具体时刻 t_1、t_2，仅与两时刻之差 $\tau = t_2 - t_1$ 有关。

由此，可得到平稳过程的数字特征为

$$m_x(t) = \int_{-\infty}^{+\infty} x f_1(x) \mathrm{d}x = m_x = 常量 \tag{6-13}$$

$$\sigma_x^2(t) = \int_{-\infty}^{+\infty} (x - m_x)^2 f_1(x) \mathrm{d}x = \sigma_x^2 = 常量 \tag{6-14}$$

$$\psi_x^2(t) = \int_{-\infty}^{+\infty} x^2 f_1(x) \mathrm{d}x = \psi_x^2 = 常量 \tag{6-15}$$

$$R_x(t_1, t_2) = \int_{-\infty}^{+\infty} \int_{-\infty}^{+\infty} x_1 x_2 f_2(x_1, x_2; \tau) \mathrm{d}x_1 \mathrm{d}x_2 = R_x(\tau) \tag{6-16}$$

$$c_x(t_1, t_2) = \int_{-\infty}^{+\infty} \int_{-\infty}^{+\infty} (x_1 - m_x)(x_2 - m_x) f_2(x_1, x_2; \tau) \mathrm{d}x_1 \mathrm{d}x_2 = c_x(\tau) \tag{6-17}$$

上述诸式表明，平稳过程的均值、方差、均方值是与时间无关的常量，它的相关函数及协方差是时移 τ 的函数，而与过程的起止时刻 t 无关。所以，平稳过程最重要的特点是过程在不同时刻具有相同的统计特征。

与平稳过程相反的是非平稳过程。它的统计特征随着时间的推移而变化。因此，均值、协方差等均与所取的时刻 t 有关。例如，系统处于过渡阶段的随机过程是呈现非平稳的。非平稳过程的研究无论在理论上还是在计算处理上都十分复杂而困难。本书仅介绍平稳过程。

式(6-13)～式(6-17)是平稳过程的必要条件，但不是充分条件。这就是说，上述诸式的成立，未必能保证大于二维的概率密度函数满足平稳过程的定义式(6-10)。因此通常把仅满足

$$\left. \begin{array}{l} m_x(t) = E[X(t)] = m_x = 常数 \\ c_x(t_1, t_2) = c_x(\tau) \end{array} \right\} \tag{6-18}$$

的随机过程称为宽(广义)平稳过程。把满足式(6-10)的随机过程称为严(狭义)平稳过程。宽平稳过程不一定是严平稳过程，严平稳过程一般情况下必定是宽平稳。对于正态过程，由于其所有 n 维概率密度由均值和自相关函数完全确定，因而，如果均值和自相关函数不随时间推移而变，则各维概率密度也不随时间而变，所以，一个宽平稳的正态过程必定也是严平稳的。

实践中遇到的随机过程大致有以下三种情况：
(1) 由于对外部条件给以某种形式的控制，在足够长的一段时间内表现为平稳的。
(2) 从直观表现以及对被研究对象的经验知识判断，明显是非平稳的。
(3) 过程虽不平稳，但其统计特征随时间的变化十分缓慢，以致可以把该过程分成几个足够短的区间，而每个区间的过程可近似认为是平稳的。

平稳概念的引入，对采集随机试验数据的记录有重要的指导意义。如果被研究的是平稳随机过程，那么，可以只记录任意足够长的一段过程，以获取该过程的统计规律。

6.2.2 平稳过程的各态历经性

在平稳过程中，如果对它的任一时间历程记录按时间平均求得的统计特征，等于该过程集平均的统计特征，则称这样的平稳过程具有各态历经(遍历)性。具体地说，就是：设 $x(t)$ 是

平稳过程 $X(t)$ 一次抽样得到的样本，如果满足条件：

$$\left.\begin{aligned} m_x &= E[X(t)] = \lim_{T\to\infty} \frac{1}{T} \int_0^T x(t)\mathrm{d}t \\ R_x(\tau) &= E[X(t)X(t+\tau)] = \lim_{T\to\infty} \frac{1}{T} \int_0^T x(t)x(t+\tau)\mathrm{d}t \end{aligned}\right\} \quad (6\text{-}19)$$

则平稳过程 $X(t)$ 具有各态历经性。如果随机过程不仅满足式(6-19)，而且按集平均得到的所有统计特征，都可以用单个样本记录按时间平均得到的相应统计特征代表，这样的过程为强各态历经性的。仅满足式(6-19)条件的过程称为弱各态历经性的。

各态历经性在工程及试验上的实际意义在于不需要做大量重复试验，只要根据一份或少数几份时间历程记录，就可以用按时间平均的办法，获得总体的统计特征。

在有关随机过程理论的数学著作中，给出了各态历经性的充要条件，但在实践中，按该条件对试验数据进行检验是十分困难的。工程上往往采用如下方法检验：从产生随机现象的原因和分析试验资料入手，首先假设过程具有各态历经性，并进行数据处理，如处理结果与实际不相符，则修改假设，另作处理。

平稳性和各态历经性是两个不同的概念。平稳性指的是总体统计特征与时间无关；各态历经性指的是总体统计特征可以用总体中的任一样本的统计特征代替。平稳未必各态历经，但是，只有既平稳又各态历经的随机过程，才可以用单个试验的有限时间记录样本获取过程的统计特征。实践证明，表示平稳物理现象的随机过程，一般都可假定为各态历经的。

6.2.3 平稳各态历经过程的数字特征

平稳各态历经随机过程的数字特征，用下列各式计算：

1) 数学期望

$$m_x = \lim_{T\to\infty} \frac{1}{T} \int_0^T x(t)\mathrm{d}t \quad (6\text{-}20)$$

理论上记录时间 T 应趋于无穷，样本的平均值才等于过程的数学期望。实际上，记录时间只可能是有限长，因而，只能根据有限长记录求出样本平均值，作为随机过程数学期望的一种估计，记为 $\hat{m}_x$

$$\hat{m}_x = \frac{1}{T} \int_0^T x(t)\mathrm{d}t \quad (6\text{-}20)'$$

估计值 $\hat{m}_x$ 对真值 m_x 的误差称为统计误差。

2) 均方值

$$\psi_x^2 = \lim_{T\to\infty} \frac{1}{T} \int_0^T x^2(t)\mathrm{d}t \quad (6\text{-}21)$$

$$\hat{\psi}_x^2 = \frac{1}{T} \int_0^T x^2(t)\mathrm{d}t \quad (6\text{-}21)'$$

如果时间历程 $x(t)$ 表示电路中的电压，而该电路的电阻等于1，那么相应的有：

$x(t)$ 的瞬时功率为 $x^2(t)$

$x(t)$ 的总功率为 $\int_0^T x^2(t)\mathrm{d}t$

$x(t)$ 的平均功率为 $\dfrac{1}{T}\int_0^T x^2(t)\mathrm{d}t$

可见，均方值与电路中单位电阻所消耗的平均功率具有同一数学形式。因此，均方值 ψ_x^2 是表征过程强度的一个量。

3）方差

$$\sigma_x^2 = \lim_{T\to\infty}\frac{1}{T}\int_0^T (x(t)-m_x)^2 \mathrm{d}t \tag{6-22}$$

$$\hat{\sigma}_x^2 = \frac{1}{T}\int_0^T (x(t)-\hat{m}_x)^2 \mathrm{d}t = \frac{1}{T}\int_0^T x^2(t)\mathrm{d}t - \hat{m}_x^2 \tag{6-22}'$$

将式(6-21)及式(6-21)′代入式(6-22)及式(6-22)′，得到

$$\sigma_x^2 = \psi_x^2 - m_x^2 \tag{6-23}$$

$$\hat{\sigma}_x^2 = \hat{\psi}_x^2 - \hat{m}_x^2 \tag{6-23}'$$

平稳过程的相关函数及协方差函数将在 6.3 节介绍。

6.3 随机过程的相关性

6.3.1 相关的概念

在确定性现象中，两变量之间可用函数关系描述，即对于一个变量的每一个数值都有另一个变量的一个完全确定的数值与之对应。但是，在随机现象中，两变量之间虽有物理上的某种联系，却并不具有这种函数关系。例如，汽车寿命与使用条件有关，使用条件越恶劣，寿命越短。但寿命与使用条件之间不可能用函数式描述。像这样一些两变量之间的联系称为相关关系。严格来说，对于两随机变量，若对应于其中任一个随机变量的每一可能的取值，都有另一个随机变量的一个确定的概率分布，则称这两个随机变量具有相关关系。不具有这种关系的两变量称为不相关的。

两变量之间所以产生相关关系，有多方面的原因：可能是一个变量直接接受另一个随机变量的影响；或者是两个随机变量相互作用的结果；还可能是两变量本身虽无直接联系，但同受第三个变量的影响。总之，它们之间一方面存在某种物理上的联系，另一方面又存在着某些随机因素的作用。

两随机变量间的相互联系通常用相关性来刻划。对于一个随机过程来说，分析过程在不同时刻的相关性，可以从已知时刻的幅值推断对未知时刻幅值的影响。

6.3.2 相关的量度

在 6.1 节中，曾用相关函数 $R_x(t_1,t_2)$ 和协方差函数 $C_x(t_1,t_2)$ 来描绘随机过程在不同时刻的相互联系。现以 $C_x(t_1,t_2)$ 为例，讨论这两个数字量的值与变量间相关程度的联系。

(1) 如果两随机变量 $X(t_1)$ 和 $X(t_2)$ 相互独立，由概率论知，式(6-9)可写为

$$\begin{aligned} C_x(t_1,t_2) &= E[(X(t_1)-m_x(t_1))(X(t_2)-m_x(t_2))] \\ &= E[X(t_1)-m_x(t_1)]E[X(t_2)-m_x(t_2)] \\ &= 0 \end{aligned} \quad (6\text{-}24)$$

式(6-24)表明，如果过程在不同时刻的随机变量相互独立，因而两两不相关，则其协方差函数为零。

(2) 如果 $X(t_1)$ 和 $X(t_2)$ 具有线性关系，即

$$X(t_2) = aX(t_1) + b$$

式中，a、b 为常数，则

$$\begin{aligned} C_x(t_1,t_2) &= E[(X(t_1)-m_x(t_1))(X(t_2)-m_x(t_2))] \\ &= E[(X(t_1)-m_x(t_1))(aX(t_1)+b-E[aX(t_1)+b])] \\ &= aE[(X(t_1)-m_x(t_1))^2] \\ &= a\sigma_x^2(t_1) \end{aligned}$$

另外，随机变量 $X(t_2)$ 的方差按式(6-6)，有

$$\begin{aligned} \sigma_x^2(t_2) &= E[(X(t_2)-m_x(t_2))^2] \\ &= E[(aX(t_1)+b-E[aX(t_1)+b])^2] \\ &= a^2\sigma_x^2(t_1) \end{aligned}$$

当 $a > 0$ 时

$$C_x(t_1,t_2) = a\sigma_x^2(t_1) = \sigma_x(t_1)\sigma_x(t_2) \quad (6\text{-}25)$$

当 $a < 0$ 时，$X(t_1)$ 和 $X(t_2)$ 符号相反，而 $\sigma_x^2(t_1)$ 及 $\sigma_x^2(t_2)$ 恒为正值，故

$$C_x(t_1,t_2) = -\sigma_x(t_1)\sigma_x(t_2) \quad (6\text{-}26)$$

式(6-25)及式(6-26)表明，当两随机变量间具有线性关系时，其协方差函数的值等于两变量标准差的乘积。若两变量同相(同号)相关，则 $C_x(t_1,t_2)$ 为正；若两变量异相(异号)相关，则 $C_x(t_1,t_2)$ 为负。

(3) 如果两随机变量 $X(t_1)$ 和 $X(t_2)$ 不具有线性关系时，则数学上可以证明

$$|C_x(t_1,t_2)| \leq \sigma_x(t_1)\sigma_x(t_2) \quad (6\text{-}27)$$

即具有一般相关关系的两变量，协方差的绝对值介于 0 与乘积 $\sigma_x(t_1)\sigma_x(t_2)$ 之间。

以上讨论表明，两变量间的线性相关程度，可用协方差(或相关函数)的值来量度。两变量的依从关系越密切(线性相关程度越强)，其协方差值越接近于两变量标准差之积；两变量的依从关系越松弛，其协方差值越接近于 0。

有时，为了方便，可以用标准化协方差函数

$$\rho_x(t_1,t_2) = \frac{C_x(t_1,t_2)}{\sigma_x(t_1)\sigma_x(t_2)} \quad (6\text{-}28)$$

来描述随机过程的相关性。显然，当 $X(t_1)$ 和 $X(t_2)$ 相互独立时，由式(6-24)得到

$$\rho_x(t_1,t_2) = 0 \tag{6-29}$$

当两变量具有线性关系时，由式(6-25)及式(6-26)可得

$$\rho_x(t_1,t_2) = \pm 1 \tag{6-30}$$

在一般情况下，由式(6-27)可得

$$|\rho_x(t_1,t_2)| \leq 1 \tag{6-31}$$

可见，$\rho_x(t_1,t_2)$ 同样也刻画了随机过程不同时刻间的线性相关程度。

6.3.3 相关函数和协方差函数的性质

平稳且各态历经过程的相关函数和协方差函数可由式(6-10)及式(6-18)推得

$$R_x(\tau) = E[X(t)X(t+\tau)]$$
$$= \lim_{T \to \infty} \frac{1}{T} \int_0^T x(t)x(t+\tau)\mathrm{d}t \tag{6-32}$$

$$\hat{R}_x(\tau) = \frac{1}{T} \int_0^T x(t)x(t+\tau)\mathrm{d}t \tag{6-32}'$$

$$C_x(\tau) = E[(X(t)-m_x)(X(t+\tau)-m_x)]$$
$$= \lim_{T \to \infty} \frac{1}{T} \int_0^T (x(t)-m_x)(x(t+\tau)-m_x)\mathrm{d}t \tag{6-33}$$

$$\hat{C}_x(\tau) = \frac{1}{T} \int_0^T (x(t)-m_x)(x(t+\tau)-m_x)\mathrm{d}t \tag{6-33}'$$

其中，$x(t)$ 是过程的任意时间历程样本；τ 为时移，可取不大于 $|T|$ 的任何数；T 为样本长度。

平稳且各态历经过程的自相关函数和自协方差函数具有下列性质：

(1) 由式(6-32)及式(6-33)得

$$C_x(\tau) = E[(X(t)-m_x)(X(t+\tau)-m_x)] = R_x(\tau) - m_x^2 \tag{6-34}$$

(2) 当 $\tau = 0$ 时，由式(6-32)及式(6-21)得

$$R_x(\tau) = R_x(0) = \lim_{T \to \infty} \frac{1}{T} \int_0^T x(t)x(t+0)\mathrm{d}t = \psi_x^2 > 0 \tag{6-35}$$

由式(6-33)及式(6-22)得

$$C_x(\tau) = C_x(0) = \lim_{T \to \infty} \frac{1}{T} \int_0^T (x(t)-m_x)(x(t+0)-m_x)\mathrm{d}t = \sigma_x^2 > 0 \tag{6-36}$$

式(6-35)及式(6-36)表明，过程的均方值和方差就是时移 $\tau = 0$ 时的自相关函数值和自协方差函数值。

(3) 当 τ 取非零的任意值时

$$\left.\begin{array}{l} |R_x(\tau)| \leq R_x(0) \\ |C_x(\tau)| \leq C_x(0) \end{array}\right\} \tag{6-37}$$

证明如下：

从过程的平稳和各态历经的条件，由式(6-34)及式(6-28)得

$$R_x(\tau) = \sigma_x^2 \rho_x(\tau) + m_x^2$$

当 $\tau = 0$ 时，显然有 $\rho_x(0) = 1$，则

$$R_x(0) = \sigma_x^2 + m_x^2$$

当为非零的任意值时，考虑式(6-31)得

$$|R_x(\tau)| \leq \sigma_x^2 + m_x^2 = R_x(0)$$

同理

$$|C_x(\tau)| \leq \sigma_x^2 = C_x(0)$$

(4) $R_x(\tau)$ 和 $C_x(\tau)$ 为偶函数，即

$$\left. \begin{array}{l} R_x(\tau) = R_x(-\tau) \\ C_x(\tau) = C_x(-\tau) \end{array} \right\} \tag{6-38}$$

(5) 当 $\tau \to \infty$ 时，$R_x(\tau) \to m_x^2$，$C_x(\tau) \to 0$。

图 6.4 为某个典型的平稳过程 $X(t)$ 的自相关函数图形。

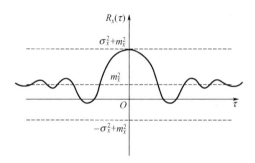

图 6.4　某典型的平稳过程 $x(t)$ 的自相关函数

【例 6-1】 设 $X(t) = X_0 \sin(\omega_0 t + \varphi)$ 为平稳且各态历经的随机相位正弦波，求其自相关函数。

解： 由式(6-32)有

$$\begin{aligned} R_x(\tau) &= \lim_{T \to \infty} \frac{1}{T} \int_0^T X_0 \sin(\omega_0 t + \varphi) X_0 \sin(\omega_0 t + \omega_0 \tau + \varphi) \mathrm{d}t \\ &= \lim_{T \to \infty} \frac{1}{T} \int_0^T \frac{X_0^2}{2} [\cos \omega_0 \tau - \cos(2\omega_0 t + \omega_0 \tau + 2\varphi)] \mathrm{d}t = \frac{X_0^2}{2} \cos \omega_0 \tau \end{aligned} \tag{6-39}$$

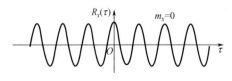

图 6.5　正弦波自相关图

由式(6-39)可知，正弦波的自相关函数是一个余弦函数，它的频率与原正弦波的频率相同，但相位角的信息消失了。这是因为自相关函数与时间 t 无关，只依赖于时移 τ 所致。正弦波的自相关函数图形如图 6.5 所示。

6.3.4 自相关的应用

自相关函数(或协方差函数)可用来检测随机过程中是否混有周期成分。由上例知，周期信号的自相关函数仍为同频率的周期函数，但随机信号的自相关函数，当 $\tau \to \infty$ 时，

$R_x(\tau) \to m_x^2$ 两者的图形显著不同。图 6.6 为四种典型时间历程的自相关图形,图上不但可鉴别有否周期成分,而且,自相关图形收敛的快慢反映了过程中频率成分的丰富程度。因此,可用来初步判断数据的类型。

此外,自相关函数还可作为分析功率谱密度函数的中间参量。

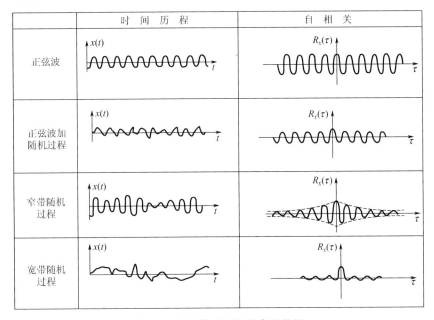

图 6.6 四种典型历程的自相关图

【例 6-2】 图 6.7(a) 为 BJ-212 汽车在搓板路上以 20km/h 的车速行驶时,车身的垂直加速度时间历程图。曲线杂乱而不规则,难于辨认和分析。当对其进行相关分析后,获得图 6.7(b) 所示的自相关图形。可知,该车在搓板路上行驶时,车身上混有 9～10Hz 的周期信号成分。

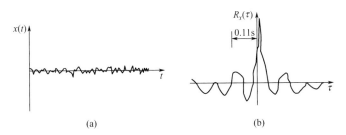

图 6.7 BJ-212 汽车车身加速度时间历程及自相关图

6.3.5 互相关

实际中,有时需要对两个随机过程进行分析,这时,不仅需要研究它们各自的统计特征,还需要研究这两个过程之间的相互关联程度。例如,研究汽车操纵性时,把转动转向盘(角)的过程 $X(t)$ 作为输入,而把汽车绕 Z 轴(垂直地面)的角速度变化过程 $Y(t)$ 作为输出,为了评定汽车追随输入指令的快慢程度,就需要对 $X(t)$ 和 $Y(t)$ 进行互相关分析。

两过程的互相关程度可用互相关函数 $R_{xy}(\tau)$ 或互协方差函数 $C_{xy}(\tau)$ 来刻划。

设两过程 $X(t)$ 和 $Y(t)$ 是平稳且联合各态历经的，则定义

$$\left.\begin{aligned} R_{xy}(\tau) &= E[X(t)Y(t+\tau)] = \lim_{T\to\infty} \frac{1}{T} \int_0^T x(t)y(t+\tau) \mathrm{d}t \\ R_{yx}(\tau) &= E[Y(t)X(t+\tau)] = \lim_{T\to\infty} \frac{1}{T} \int_0^T y(t)x(t+\tau) \mathrm{d}t \end{aligned}\right\} \quad (6\text{-}40)$$

为互相关函数。定义

$$\left.\begin{aligned} C_{xy}(\tau) &= E[(X(t)-m_x)(Y(t+\tau)-m_y)] \\ &= \lim_{T\to\infty} \frac{1}{T} \int_0^T (x(t)-m_x)(y(t+\tau)-m_y) \mathrm{d}t = R_{xy}(\tau) - m_x m_y \\ C_{yx}(\tau) &= E[(Y(t)-m_y)(X(t+\tau)-m_x)] \\ &= \lim_{T\to\infty} \frac{1}{T} \int_0^T (y(t)-m_y)(x(t+\tau)-m_x) \mathrm{d}t = R_{yx}(\tau) - m_y m_x \end{aligned}\right\} \quad (6\text{-}41)$$

为互协方差函数。图 6.8 为上述定义的示意。

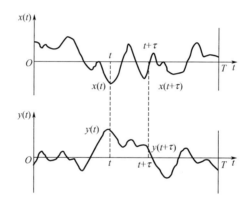

图 6.8　互相关函数的定义示意

类似地，定义

$$\left.\begin{aligned} \rho_{xy}(\tau) &= \frac{C_{xy}(\tau)}{\sigma_x \sigma_y} \\ \rho_{yx}(\tau) &= \frac{C_{yx}(\tau)}{\sigma_y \sigma_x} \end{aligned}\right\} \quad (6\text{-}42)$$

为标准化互协方差函数。类似于自协方差函数的证明，可得：

当 $X(t)$ 和 $Y(t)$ 相互独立时，有 $\rho_{xy}(\tau)=0$；当两者具有线性关系时，有 $\rho_{xy}(\tau)=\pm 1$；一般情况下，有 $|\rho_{xy}(\tau)| \leq 1$。

可见，两个随机过程的互相关函数和互协方差函数，同样也刻划了两过程间在不同时刻的相关性。

互相关函数和互协方差函数具有如下性质：

(1)
$$\left.\begin{aligned} R_{xy}(\tau) &= R_{yx}(-\tau) \\ R_{yx}(\tau) &= R_{xy}(-\tau) \end{aligned}\right\} \quad (6\text{-}43)$$

式(6-43)说明,互相关函数与自相关函数不同,它们是非奇非偶的函数,且 $R_{xy}(\tau) \neq R_{yx}(\tau)$。对于互协方差函数有

$$\left.\begin{array}{l}C_{xy}(\tau) = C_{yx}(-\tau)\\C_{yx}(\tau) = C_{xy}(-\tau)\end{array}\right\} \tag{6-44}$$

即互协方差函数也是非奇非偶的函数。

(2) 由式(6-41)及式(6-42),得

$$R_{xy}(\tau) = \sigma_x \sigma_y \rho_{xy}(\tau) + m_x m_y \tag{6-45}$$

$$C_{xy}(\tau) = \sigma_x \sigma_y \rho_{xy}(\tau) \tag{6-46}$$

图 6.9 绘出两平稳过程的互相关函数图形。由图可知,$R_{xy}(\tau)$ 与 $R_x(\tau)$ 的图形不同,它不一定在 $\tau=0$,而可能在某时移值 $\tau=\tau_0$ 时达到最大值。说明这两过程在 τ_0 处具有最强相关性。这时,若 $\rho_{xy}(\tau_0)=1$,互相关函数 $R_{xy}(\tau_0)=\sigma_x\sigma_y+m_xm_y$,则两过程在 τ_0 处具有完全的同相相关性。若 $\rho_{xy}(\tau_0')=-1$,$R_{xy}(\tau_0')=-\sigma_x\sigma_y+m_xm_y$,两过程具有完全的异相相关性。当 τ 为其他值时,则

$$-\sigma_x\sigma_y + m_xm_y < R_{xy}(\tau) < \sigma_x\sigma_y + m_xm_y$$

由图 6.9 还可以看到,当 $\tau \to \infty$ 时,$R_{xy}(\tau) \to m_x m_y$ [这时相应的 $C_{xy}(\tau) \to 0$],说明随时间的推移,两过程的相关性逐渐减弱以致消失。

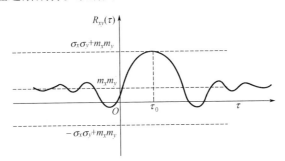

图 6.9 两平稳过程互相关图

随机过程的互相关分析,在工程技术上有许多重要的应用。例如,信号的检测,探测振源,测定振动的传递路线,判断系统对信号的传递时间,线性系统脉冲响应的估计等。

【例 6-3】某汽车以 60km/h 的车速进行脉冲试验,以转向盘转角 $X(t)$ 作为输入信号,汽车的回转角速度 $Y(t)$ 为输出,经过数据处理可得 $Y(t)$ 和 $X(t)$ 的互相关图如图 6.10 所示。由图可知,峰值偏离对称轴线 0.15~0.18s,即输出信号滞后于输入信号 0.15~0.18s。这一时间表明了该汽车操纵反应的快慢程度。

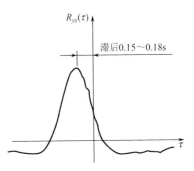

图 6.10 某汽车转向脉冲试验互相关图

6.4 功率谱密度函数

相关和谱分析是数据分析和数据处理中的重要概念。它们一方面反映了数据信号本身的特征，另一方面，也是分析和处理数据的重要手段。"相关"，主要是在时域研究两个数据，或数据自身之间的相互关系，广泛应用于数据处理和检测。"谱"，是指数据信号的某些特征在频域随频率的分布，如幅度、谱相位、谱功率谱等。由于离散傅里叶变换(DFT)的快速算法(FFT)的出现，使得信号频率的计算变得容易实现。因此，谱分析技术在现代科学的很多领域都获得了广泛的应用。

随机过程的分布率和相关性，分别在幅值域和时间域上刻划了过程的统计特性。但是，实践中经常需要了解过程的频率结构。为此，可运用傅里叶变换把时间函数转换为频率函数，以分析过程在频率域上的统计特征。

6.4.1 自谱密度

由平稳的概念知，平稳过程的任一子样 $x(t)$ 会永远进行下去，于是，傅里叶变换的条件式(1-15)不被满足，不能对 $x(t)$ 直接进行傅里叶变换。但是，考虑到随机过程的相关函数 $R_x(\tau)$ 间接地给出了过程的频率信息，且当过程的均值 $m_x = 0$ [若不为零，可对 $X(t)$ 进行中心化，使 $m_x = 0$]时，有 $R_x(\tau \to \infty) = 0$，即 $\int_{-\infty}^{+\infty} |R_x(\tau)| \mathrm{d}\tau < \infty$ 成立。因此，可以通过对 $R_x(\tau)$ 的傅里叶变换，来获取平稳过程的频率信息。

设平稳过程的自相关函数为 $R_x(\tau)$，均值 $m_x = 0$，则定义 $R_x(\tau)$ 的傅里叶变换为平稳过程的自功率谱密度，简称自谱密度，记作 $S_x(f)$。即

$$S_x(f) = \int_{-\infty}^{+\infty} R_x(\tau) \mathrm{e}^{-\mathrm{j}2\pi f \tau} \mathrm{d}\tau \tag{6-47}$$

$$R_x(\tau) = \int_{-\infty}^{+\infty} S_x(f) \mathrm{e}^{\mathrm{j}2\pi f \tau} \mathrm{d}f \tag{6-48}$$

自谱密度的主要性质如下。

1) $S_x(f)$ 是一实、偶函数

将式(1-7)代入式(6-47)，得

$$S_x(f) = \int_{-\infty}^{+\infty} R_x(\tau)(\cos 2\pi f \tau - \mathrm{j}\sin 2\pi f \tau) \mathrm{d}\tau$$

考虑到 $R_x(\tau)$、$\cos 2\pi f \tau$ 为偶函数，$\sin 2\pi f \tau$ 为奇函数，则 $\int_{-\infty}^{+\infty} R_x(\tau) \sin 2\pi f \tau \mathrm{d}\tau = 0$，于是上式可简化为

$$S_x(f) = \int_{-\infty}^{+\infty} R_x(\tau) \cos 2\pi f \tau \mathrm{d}\tau = 2\int_{0}^{+\infty} R_x(\tau) \cos 2\pi f \tau \mathrm{d}\tau \tag{6-49}$$

可见，$S_x(f)$ 为一实、偶函数。

同理，有

$$R_x(\tau) = 2\int_0^{+\infty} S_x(f)\cos 2\pi f\tau \mathrm{d}f \tag{6-50}$$

2) $S_x(f)$ 的物理意义

当 $\tau = 0$ 时，式(6-48)变为

$$R_x(\tau = 0) = \int_{-\infty}^{+\infty} S_x(f)\mathrm{d}f \tag{6-51}$$

式(6-51)与式(6-35)比较，显然

$$\psi_x^2 = \int_{-\infty}^{+\infty} S_x(f)\mathrm{d}f \tag{6-52}$$

式(6-52)说明，平稳过程的均方值 ψ_x^2 等于自谱密度 $S_x(f)$ 曲线与 f 轴所围的图形的面积，如图 6.11 所示。可见 $S_x(f)$ 反映了过程的均方值对频率的变化率，故 $S_x(f)$ 又称为均方谱密度。由前文可知，均方值有平均功率的含义，那么，$S_x(f)$ 就是单位频带宽度内的功率。所以自谱密度表征了过程的功率按频率的分布规律。

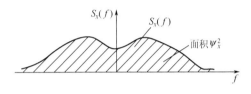

图 6.11　φ_x^2 与 $S_x(f)$ 的关系

3) 单边谱与双边谱的关系

式(6-52)中频率可在 $(-\infty,+\infty)$ 内变化。考虑到物理上的现实可能，经常采用只取正频率的单边功率谱 $G_x(f)$ 概念，即

$$\psi_x^2 = \int_0^{+\infty} G_x(f)\mathrm{d}f \tag{6-53}$$

单边功率谱也是描述均方值对频率的变化率，但它仅对正频率存在，是物理可实现的。为了区别，把式(6-47)定义的 $S_x(f)$ 称为双边功率谱。

单边谱与双边谱的关系可由式(6-52)导得。由 $S_x(f)$ 的偶函数性，式(6-52)可写为

$$\psi_x^2 = 2\int_0^{+\infty} S_x(f)\mathrm{d}f \tag{6-54}$$

与式(6-53)比较，得

$$G_x(f) = 2S_x(f) = 4\int_0^{+\infty} R_x(\tau)\cos 2\pi f\tau \mathrm{d}\tau \tag{6-55}$$

反之

$$R_x(\tau) = \int_0^{+\infty} G_x(f)\cos 2\pi f\tau \mathrm{d}f \quad (6-56)$$

式(6-55)说明，单边功率谱的量值等于双边谱的两倍。图 6.12 表示单边谱和双边谱的数量关系。

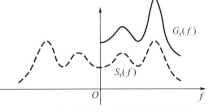

图 6.12　单边谱与双边谱的数量关系

6.4.2 窄带和宽带过程

窄带过程的自谱密度仅仅占据频率轴上很窄的一段范围，它是实际应用中常遇到的一类信号。

现分析窄带过程的均方值及相关函数。

设某平稳过程的自谱密度在 $|f_1|-|f_2|$ 范围内等于常数 S_0，在其他频率范围内为零[图 6.13(c)]。显然这是一个窄带过程。

按式(6-54)，有

$$\psi_x^2 = 2\int_0^{+\infty} S_x(f)\mathrm{d}f = 2S_0(f_2 - f_1) = R_x(\tau = 0) \tag{6-57}$$

按式(6-50)，当 $\tau \neq 0$ 时，有

$$R_x(\tau) = 2\int_0^{+\infty} S_x(f)\cos 2\pi f\tau \mathrm{d}f = 2\int_{f_1}^{f_2} S_0 \cos 2\pi f\tau \mathrm{d}f$$
$$= \frac{2S_0}{\pi\tau}\cos\pi(f_2 + f_1)\tau \sin\pi(f_2 - f_1)\tau \tag{6-58}$$

式(6-57)及式(6-58)说明，窄带过程的自相关函数为一余弦减幅曲线[因为 f_1 与 f_2 的间隔很小，$R_x(\tau)$ 的值主要取决于 $\cos\pi(f_2+f_1)\tau$]。在 $\tau = 0$ 处，$R_x(\tau = 0)$ 有最大值，随着 τ 的增大，其相关性逐渐消失[图 6.13(b)]。从 $S_x(f)$ 是窄带，$R_x(\tau)$ 是余弦减幅曲线，可以推知，该过程的时间历程是一个频率近似为 $f_0 = \dfrac{f_1 + f_2}{2}$ 的非等幅波形[图 6.13(a)]。

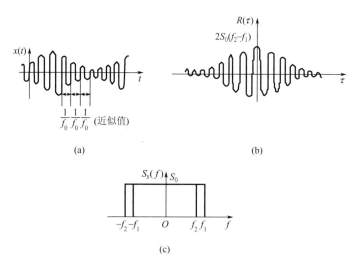

图 6.13 $S_x(f)$ 为常数的窄带过程

宽带过程的自谱密度在频率轴上占据较宽的频带。它的时间历程是此频带内各阶频率谐量相迭加的结果，如图 6.14 所示。比较图 6.13 和图 6.14 可以看出，窄带过程只固定频率(频率变化范围小)而幅值是变化的，宽带过程的频率和幅值都在较大范围内变化，且不重复出现。

在宽带过程中，有一类被称为白噪声的过程在实用中具有重要意义。

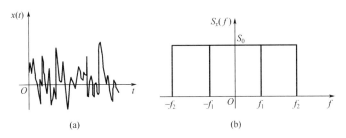

图 6.14 $S_x(f)$ 为常数的宽带过程

一个宽带平稳过程，如果它的均值为零而自谱密度为非零的常数，且其频带充满整个频率轴时，即

$$S_x(f) = S_0 \qquad (-\infty < f < +\infty) \tag{6-59}$$

则称该过程为白噪声过程，简称白噪声。白噪声取名于白光的频谱分析，因为白光具有均匀不变的光谱之故。利用 δ-函数的傅里叶变换式(1-30)，可得白噪声的相关函数为

$$R_x(\tau) = \int_{-\infty}^{+\infty} S_0 e^{j2\pi f \tau} df = S_0 \delta(\tau) \tag{6-60}$$

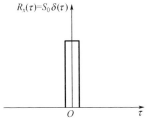

式(6-60)表明，白噪声的自相关函数是一个在原点处的 δ-函数，如图 6.15 所示。由 δ-函数的性质可知，白噪声过程的均方值 $\psi_x^2 = R_x(\tau = 0) = \infty$，而当 $\tau \neq 0$ 时 $R_x(\tau) = 0$，即各时刻间毫不相关。

实际运用中，如果已知某过程的自相关函数 $R_x(\tau) = S_0 \delta(\tau)$，其中 S_0 为大于零的常数，则运用式(1-29)，得

图 6.15 白噪声的自相关

$$S_x(f) = \int_{-\infty}^{+\infty} R_x(\tau) e^{-j2\pi f \tau} d\tau = S_0 \int_{-\infty}^{+\infty} \delta(\tau) e^{-j2\pi f \tau} d\tau = S_0 \tag{6-61}$$

可见该过程为白噪声过程。

白噪声在工程实践上有许多应用。但是，任何实际存在的随机过程，其能量(均方值)不可能无限大，所以白噪声仅仅是一个理论上的概念。实用中，如果一个宽带过程在比实际考虑的有用频带宽得多的范围内具有较平坦的谱密度，则可把此过程近似看成是白噪声。

6.4.3 互谱密度

设 $R_{xy}(\tau)$ 和 $R_{yx}(\tau)$ 是两平稳随机过程 $X(t)$ 和 $Y(t)$ 的两个互相关函数，则定义它们的傅里叶变换

$$\left. \begin{aligned} S_{xy}(f) &= \int_{-\infty}^{+\infty} R_{xy}(\tau) e^{-j2\pi f \tau} d\tau \\ S_{yx}(f) &= \int_{-\infty}^{+\infty} R_{yx}(\tau) e^{-j2\pi f \tau} d\tau \end{aligned} \right\} \tag{6-62}$$

为 $X(t)$ 和 $Y(t)$ 的互功率谱密度函数，简称互谱密度或互谱。互谱的傅里叶逆变换为

$$\left. \begin{aligned} R_{xy}(\tau) &= \int_{-\infty}^{+\infty} S_{xy}(f) e^{j2\pi f \tau} df \\ R_{yx}(\tau) &= \int_{-\infty}^{+\infty} S_{yx}(f) e^{j2\pi f \tau} df \end{aligned} \right\} \tag{6-63}$$

根据经典的傅里叶变换原理，必须满足

$$\int_{-\infty}^{+\infty}\left|R_{xy}(\tau)\right|\mathrm{d}\tau<\infty$$

$$\int_{-\infty}^{+\infty}\left|R_{yx}(\tau)\right|\mathrm{d}\tau<\infty$$

时，才能进行变换。由此，当 $\tau\to\infty$ 时，$X(t)$ 和 $Y(t+\tau)$ 或 $Y(t)$ 和 $X(t+\tau)$ 必须不相关，且 m_x 或 m_y 之一为零时，式(6-63)才能成立。

由于 $R_{xy}(\tau)=R_{yx}(-\tau)$，并考虑共轭复数的概念，由式(6-62)不难证得

$$\left.\begin{array}{l}S_{xy}(f)=\overline{S_{yx}(f)}\\S_{yx}(f)=\overline{S_{xy}(f)}\end{array}\right\} \quad (6\text{-}64)$$

式中，$\overline{S_{xy}(f)}$、$\overline{S_{yx}(f)}$ 分别 $S_{xy}(f)$、$S_{yx}(f)$ 的共轭谱密度。

对于互谱，也采用类似单边自谱 $G_x(f)$ 的单边互谱密度 $G_{xy}(f)$ 的概念。$G_{xy}(f)$ 与 $S_{xy}(f)$ 的关系为

$$G_{xy}(f)=2S_{xy}(f) \quad (0<f<\infty) \quad (6\text{-}65)$$

并可由式(6-62)得

$$\begin{aligned}G_{xy}(f)&=2\int_{-\infty}^{+\infty}R_{xy}(\tau)\mathrm{e}^{-\mathrm{j}2\pi f\tau}\mathrm{d}\tau\\&=2\int_{-\infty}^{+\infty}R_{xy}(\tau)\cos 2\pi f\tau\mathrm{d}\tau-2\mathrm{j}\int_{-\infty}^{+\infty}R_{xy}(\tau)\sin 2\pi f\tau\mathrm{d}\tau\\&=A_{xy}(f)-\mathrm{j}B_{xy}(f)\end{aligned} \quad (6\text{-}66)$$

式中

$$A_{xy}(f)=2\int_{-\infty}^{+\infty}R_{xy}(\tau)\cos 2\pi f\tau\mathrm{d}\tau \quad (6\text{-}67)$$

是复数 $G_{xy}(f)$ 的实部，称为共谱密度函数。它是 f 的实值偶函数。

$$B_{xy}(f)=2\int_{-\infty}^{+\infty}R_{xy}(\tau)\sin 2\pi f\tau\mathrm{d}\tau \quad (6\text{-}68)$$

是复数 $G_{xy}(f)$ 的虚部，称为重谱密度函数。它是 f 的实值奇函数。

$S_{xy}(f)$ 或 $G_{xy}(f)$ 也可用复数极坐标形式表达。按复数的几何表示规则，可写为

$$\left.\begin{array}{l}S_{xy}(f)=\left|S_{xy}(f)\right|\mathrm{e}^{-\mathrm{j}\theta_{xy}(f)} \quad (-\infty<f<\infty)\\G_{xy}(f)=\left|G_{xy}(f)\right|\mathrm{e}^{-\mathrm{j}\theta_{xy}(f)} \quad (0<f<\infty)\end{array}\right\} \quad (6\text{-}69)$$

其中，复数的模

$$\left.\begin{array}{l}\left|S_{xy}(f)\right|=\dfrac{1}{2}\sqrt{A_{xy}^2(f)+B_{xy}^2(f)}\\\left|G_{xy}(f)\right|=\sqrt{A_{xy}^2(f)+B_{xy}^2(f)}\end{array}\right\} \quad (6\text{-}70)$$

称为互振幅谱。复数的幅角

$$\theta_{xy}(f) = \arctan\left[\frac{B_{xy}(f)}{A_{xy}(f)}\right] \quad (6\text{-}71)$$

称为相位谱。互振幅谱和相位谱都是频率的函数。

总之，两平稳随机过程 $X(t)$ 和 $Y(t)$ 的谱特性可以用三个函数 $S_x(f)$、$S_y(f)$、$S_{xy}(f)$ 或四个函数 $S_x(f)$、$S_y(f)$、$A_{xy}(f)$、$B_{xy}(f)$ 来描述。

6.5 平稳过程的线性变换

实际工作中，许多系统是在随机条件下工作的。这时系统的输入是一个随机过程，而输出也必定是一个随机过程。线性变换理论用来研究线性系统在随机输入下的响应特征。数学上可以证明，对于一个线性系统，如果输入是一个平稳各态历经的随机过程，那么其输出也是一个平稳各态历经过程。本节在此前提下，研究输出过程的统计特征。

6.5.1 输出过程的数字特征

图 6.16 所示为一线性系统在随机输入下的响应，输入 $X(t)$ 及输出 $Y(t)$ 均为平稳各态历经过程。图中，$x_1(t)$，$x_2(t)$，…，$x_n(t)$ 是 $X(t)$ 的样本函数，$y_1(t)$，$y_2(t)$，…，$y_n(t)$ 是 $Y(t)$ 的样本函数，$h(t)$ 和 $H(f)$ 分别是线性系统的脉冲响应函数和频率响应函数。

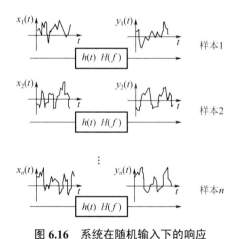

图 6.16 系统在随机输入下的响应

1) 均值

运用式(1-74)′，$Y(t)$ 的均值为

$$m_y = E[Y(t)] = E\left[\int_{-\infty}^{+\infty} h(t')X(t-t')\mathrm{d}t'\right]$$

$$= \int_{-\infty}^{+\infty} h(t')E[X(t-t')]\mathrm{d}t'$$

因为 $m_x = E[X(t)] = E[x(t-t')] = $ 常数，故

$$m_y = m_x \int_{-\infty}^{+\infty} h(t') dt' \tag{6-72}$$

由式(1-81)，当 $f = 0$ 时，有

$$H(f=0) = \int_{-\infty}^{+\infty} h(t') dt' = 常数$$

于是

$$m_y = E[Y(t)] = m_x H(0) = 常数 \tag{6-73}$$

式(6-73)表明，在所设条件下，平稳过程的均值经线性变换后仍为常数，它等于输入过程的均值乘系统在 $f = 0$ 时的频率响应函数。

2) 自相关函数

运用式(1-74)'，得 $Y(t)$ 的自相关函数为

$$\begin{aligned}
R_y(\tau) &= E[Y(t)Y(t+\tau)] \\
&= E\left[\int_{-\infty}^{+\infty} h(t'_1) X(t-t'_1) dt'_1 \cdot \int_{-\infty}^{+\infty} h(t'_2) X(t+\tau-t'_2) dt'_2\right] \\
&= \int_{-\infty}^{+\infty} \int_{-\infty}^{+\infty} h(t'_1) h(t'_2) E[X(t-t'_1) X(t+\tau-t'_2)] dt'_1 dt'_2
\end{aligned}$$

因为 $E[X(t)X(t+\tau)]$ 是 $X(t)$ 的自相关函数 $R_x(\tau)$，所以

$$E[X(t-t'_1) X(t+\tau-t'_2)] = R_x(\tau - t'_2 + t'_1)$$

代入上式，得到

$$R_y(\tau) = \int_{-\infty}^{+\infty} \int_{-\infty}^{+\infty} R_x(\tau - t'_2 + t'_1) h(t'_1) h(t'_2) dt'_1 dt'_2 \tag{6-74}$$

式(6-74)表明，在所设条件下，平稳过程的自相关函数经线性变换后仍是时移 τ 的函数，而与时刻 t 无关。

式(6-73)和式(6-74)也间接地证明，平稳过程(宽)的线性变换仍为平稳过程。

3) 均方值

当 $\tau = 0$ 时，式(6-74)可写为

$$\psi_y^2 = R_y(0) = \int_{-\infty}^{+\infty} \int_{-\infty}^{+\infty} R_x(t'_1 - t'_2) h(t'_1) h(t'_2) dt'_1 dt'_2 \tag{6-75}$$

即线性变换后的均方值仍为常数

6.5.2 输出过程的自谱密度

对式(6-74)两边进行傅里叶变换，得

$$\begin{aligned}
S_y(f) &= \int_{-\infty}^{+\infty} \left[\int_{-\infty}^{+\infty} dt'_1 \int_{-\infty}^{+\infty} R_x(\tau - t'_2 + t'_1) h(t'_1) h(t'_2) dt'\right] e^{-j2\pi f \tau} d\tau \\
&= \int_{-\infty}^{+\infty} dt'_1 \int_{-\infty}^{+\infty} \left[\int_{-\infty}^{+\infty} R_x(\tau - t'_2 + t'_1) e^{-j2\pi f \tau} d\tau\right] h(t'_1) h(t'_2) dt'_2
\end{aligned}$$

令 $\tau' = \tau - t_2' + t_1'$，则 $\tau = \tau' + t_2' - t_1'$，$d\tau = d\tau'$ 代入上式，得

$$S_y(f) = \int_{-\infty}^{+\infty} h(t_1') e^{j2\pi f t_1'} dt_1' \int_{-\infty}^{+\infty} h(t_2') e^{-j2\pi f t_2'} dt_2' \int_{-\infty}^{+\infty} R_x(\tau') e^{-j2\pi f \tau'} d\tau' \qquad (6\text{-}76)$$
$$= \overline{H(f)} H(f) S_x(f)$$

或

$$S_y(f) = |H(f)|^2 S_x(f) \qquad (6\text{-}77)$$

式中，$S_x(f)$ —— $X(t)$ 的自谱密度；

$H(f)$ —— 系统的频率响应函数；

$\overline{H(f)}$ —— $H(f)$ 的共轭复数；

$|H(f)|$ —— 复数 $H(f)$ 的模，$|H(f)| = \sqrt{A^2(f) + B^2(f)}$。

式(6-77)表明，平稳过程经线性变换后，其自谱密度等于原过程的自谱密度乘以系统的增益因子 $|H(f)|$ 的平方。

6.5.3 线性变换的相位分析

式(6-72)～式(6-77)给出了平稳过程线性变换前后各特征值的数量关系，没有给出变换前后的相位关系。为此，需分析两过程间的互相关函数和互谱密度。

1) 互相关函数

考虑式(1-74)′，$X(t)$ 与 $Y(t)$ 的互相关函数为

$$\begin{aligned} R_{xy}(\tau) &= E[X(t)Y(t+\tau)] = E\left[X(t) \int_{-\infty}^{+\infty} h(t') X(t+\tau-t') dt' \right] \\ &= \int_{-\infty}^{+\infty} h(t') E[X(t) X(t+\tau-t')] dt' = \int_{-\infty}^{+\infty} h(t') R_x(\tau-t') dt' \\ &= h(\tau) * R_x(\tau) \end{aligned} \qquad (6\text{-}78)$$

即 $X(t)$ 和 $Y(t)$ 的互相关函数等于 $X(t)$ 的自相关函数与系统脉冲响应函数的卷积，它隐含两过程的相位信息。

2) 互谱密度

对式(6-78)两边进行傅里叶变换，并利用傅里叶变换的卷积定理[式(1-23)]，得

$$S_{xy}(f) = \int_{-\infty}^{+\infty} [h(\tau) * R_x(\tau)] e^{-j2\pi f \tau} d\tau = H(f) S_x(f) \qquad (6\text{-}79)$$

即 $X(t)$ 与 $Y(t)$ 的互谱密度等于 $X(t)$ 的自谱与系统频率响应函数之乘积。式(6-79)实质上包含一对等式，由于 $S_x(f)$ 是实值函数，所以有

$$\left.\begin{aligned} |S_{xy}(f)| &= |H(f)| S_x(f) \\ \phi_{xy}(f) &= \phi(f) \end{aligned}\right\} \qquad (6\text{-}80)$$

式中，$|S_{xy}(f)|$ —— $S_{xy}(f)$ 的模；

$\phi_{xy}(f)$ —— $S_{xy}(f)$ 的相位角；

$\phi(f)$ —— $H(f)$ 的相位角。

可见式(6-79)同时包含了幅值和相位的信息，较完整地描述了 $X(t)$ 与 $Y(t)$ 的相互关系。

又根据式(6-64)，有

$$S_{yx}(f) = \overline{S_{xy}(f)} = \overline{H(f)} S_x(f) \tag{6-81}$$

其中，$|\overline{S_{xy}(f)}|$ 及 $\overline{H(f)}$ 分别为 $S_{xy}(f)$ 及 $H(f)$ 的共轭。把式(6-79)与式(6-81)相除，得到

$$\frac{S_{xy}(f)}{S_{yx}(f)} = \frac{H(f)}{\overline{H(f)}} = e^{-j2\phi(f)} \tag{6-82}$$

式(6-82)确定了频率响应函数 $H(f)$ 的相位角 $\phi(f)$，是试验法测定线性系统相频特性的依据。

6.6 线性变换在系统分析中的应用

平稳过程的线性变换理论，是分析随机输入下，系统响应的重要数学工具。

6.6.1 单输入单输出系统的响应

图 6.17 单输入单输出系统

图 6.17 为单输入单输出的线性系统，$h(t)$ 和 $H(f)$ 分别为该系统的脉冲响应函数和频率响应函数。如果系统受到平稳过程 $X(t)$ 的激励，则其输出 $Y(t)$ 的各统计特征可运用式(6-73)～式(6-82)求得。

实践中，当采用试验法分析系统时，经常遇到三类问题：
（1）已知系统动态特性，通过测定响应推算激励；
（2）已知系统动态特性，通过测定激励推算响应；
（3）通过测定激励和响应(或给定响应要求)，推算系统的动态特性。

【例 6-4】 图 1-21 所示力输入-位移输入的线性系统，若已知输入力 $X(t)$ 为白噪声，其自谱密度 $S_x(f) = S_0$（常数），求输出 $Y(t)$ 的自相关函数、均方值和自谱密度。

解：(1) $Y(t)$ 的自谱密度

由 1.5 节例 1-8 知，该系统的频率响应函数的模为

$$|H(f)| = \frac{1/k}{\sqrt{(1-\lambda^2)^2 + (2\xi\lambda)^2}}$$

代入式(6-77)，得输出 $Y(t)$ 的自谱密度为

$$S_y(f) = |H(f)|^2 S_x(f) = \frac{S_0/k^2}{(1-\lambda^2)^2 + (2\xi\lambda)^2}$$

(2) $Y(t)$ 的自相关函数

从式(6-50)，得 $Y(t)$ 的自相关函数为

$$R_y(\tau) = 2\int_0^\infty S_y(f) \cos 2\pi f \tau \, df$$

$$= \frac{S_0 \pi f_n e^{-2\pi f_n \xi |\tau|}}{2\xi k^2} \left[\cos(2\pi f_n \sqrt{1-\xi^2}\,\tau) + \frac{\xi}{\sqrt{1-\xi^2}} \sin(2\pi f_n \sqrt{1-\xi^2}\,|\tau|) \right]$$

(3) $Y(t)$ 的均方值

上式中当 $\tau = 0$ 时，即得均方值

$$\psi_y^2 = R_y(\tau = 0) = \frac{S_0 \pi f_n}{4\xi k^2}$$

6.6.2 双输入单输出系统的响应

如果线性系统同时经受两个互相独立的平稳过程 $X_1(t)$ 和 $X_2(t)$ 的激励，并具有总的输出 $Y(t)$，如图 6.18 所示。按照线性系统的可加性原理，$Y(t)$ 可分别按式(1-74)′算出相应于 $X_1(t)$ 和 $X_2(t)$ 单独作用时系统的输出 $Y_1(t)$ 和 $Y_2(t)$，然后相加得到。即

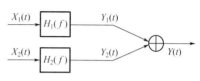

图 6.18 双输入单输出系统

$$\begin{aligned} Y(t) &= Y_1(t) + Y_2(t) \\ &= \int_{-\infty}^{+\infty} h_1(t_1') X_1(t - t_1') dt_1' + \int_{-\infty}^{+\infty} h_2(t_1') X_2(t - t_1') dt_1' \end{aligned} \tag{6-83}$$

$$\begin{aligned} Y(t+\tau) &= Y_1(t+\tau) + Y_2(t+\tau) \\ &= \int_{-\infty}^{+\infty} h_1(t_2') X_1(t+\tau - t_2') dt_2' + \int_{-\infty}^{+\infty} h_2(t_2') X_2(t+\tau - t_2') dt_2' \end{aligned} \tag{6-84}$$

式中，$h_1(t'), h_2(t')$——输入函数 $X_1(t)$、$X_2(t)$ 所作用的基本系统的脉冲响应函数；

$Y(t)$——整个系统的总输出。

下面讨论总输出 $Y(t)$ 的统计特征。

1) 自相关函数

$$\begin{aligned} R_y(\tau) &= E[Y(t) Y(t+\tau)] \\ &= E\bigg[\int_{-\infty}^{+\infty} h_1(t_1') X_1(t-t_1') dt_1' \cdot \int_{-\infty}^{+\infty} h_1(t_2') X_1(t+\tau-t_2') dt_2' \\ &\quad + \int_{-\infty}^{+\infty} h_1(t_1') X_1(t-t_1') dt_1' \cdot \int_{-\infty}^{+\infty} h_2(t_2') X_2(t+\tau-t_2') dt_2' \\ &\quad + \int_{-\infty}^{+\infty} h_2(t_1') X_2(t-t_1') dt_1' \cdot \int_{-\infty}^{+\infty} h_1(t_2') X_1(t+\tau-t_2') dt_2' \\ &\quad + \int_{-\infty}^{+\infty} h_2(t_1') X_2(t-t_1') dt_1' \cdot \int_{-\infty}^{+\infty} h_2(t_2') X_2(t+\tau-t_2') dt_2' \bigg] \end{aligned}$$

考虑到

$$R_{x_1}(\tau - t_2' + t_1') = E\big[X_1(t-t_1') X_1(t+\tau-t_2') \big]$$

$$R_{x_1 x_2}(\tau - t_2' + t_1') = E\big[X_1(t-t_1') X_2(t+\tau-t_2') \big]$$

$$R_{x_2 x_1}(\tau - t_2' + t_1') = E\big[X_2(t-t_1') X_1(t+\tau-t_2') \big]$$

$$R_{x_2}(\tau - t_2' + t_1') = E\big[X_2(t-t_1') X_2(t+\tau-t_2') \big]$$

式中，$R_{x_1}(\tau - t_2' + t_1')$ 和 $R_{x_2}(\tau - t_2' + t_1')$ 分别为 $X_1(t)$ 和 $X_2(t)$ 的自相关函数；

$R_{x_1x_2}(\tau-t_2'+t_1')$ 及 $R_{x_2x_1}(\tau-t_2'+t_1')$ 分别为 $X_1(t)$ 和 $X_2(t)$ 之间的两个互相关函数。在所设条件下，有

$$R_{x_1x_2}=R_{x_2x_1}=0$$

于是总输出的自相关函数可简化为

$$R_y(\tau) = \int_{-\infty}^{+\infty}\int_{-\infty}^{+\infty} h_1(t_1')h_1(t_2')R_{x_1}(\tau-t_2'+t_1')\mathrm{d}t_1'\mathrm{d}t_2' \\ + \int_{-\infty}^{+\infty}\int_{-\infty}^{+\infty} h_2(t_1')h_2(t_2')R_{x_2}(\tau-t_2'+t_1')\mathrm{d}t_1'\mathrm{d}t_2' \tag{6-85}$$

可见，双输入单输出系统的总输出的自相关函数依然是时移 τ 的函数，它通过系统的脉冲响应函数与系统的两个输入 $X_1(t),X_2(t)$ 的自相关函数相联系。

2）自谱密度

根据傅里叶变换性质 1 及式（6-77），立刻可得 $Y(t)$ 的自谱密度

$$S_y(f)=S_{y_1}(f)+S_{y_2}(f)=\left|H_1(f)\right|^2 S_{x_1}(f)+\left|H_2(f)\right|^2 S_{x_2}(f) \tag{6-86}$$

式中，$S_{y_1}(f),S_{y_2}(f)$——$Y_1(t)$ 和 $Y_2(t)$ 的自谱密度；

$S_{x_1}(f),S_{x_2}(f)$——$X_1(t)$ 和 $X_2(t)$ 的自谱密度；

$\left|H_1(f)\right|,\left|H_1(f)\right|$——$X_1(t)$ 和 $X_2(t)$ 所作用的基本系统的增益因子。

3）互谱密度

为了导出 $X_1(t)$ 与 $Y(t)$ 的互谱式。需先推导两者的互相关函数 $R_{x_1,y}(\tau)$。

由式（6-84）知

$$\begin{aligned}R_{x_1,y}(\tau) &= E\left[X_1(t)Y(t+\tau)\right]\\ &= E\left[X_1(t)\int_{-\infty}^{+\infty}h_1(t_2')X_1(t+\tau-t_2')\mathrm{d}t_2'+X_1(t)\int_{-\infty}^{+\infty}h_2(t_2')X_2(t+\tau-t_2')\mathrm{d}t_2'\right]\\ &= \int_{-\infty}^{+\infty}h_1(t_2')E[X_1(t)X_1(t+\tau-t_2')]\mathrm{d}t_2'+\int_{-\infty}^{+\infty}h_2(t_2')E[X_1(t)X_2(t+\tau-t_2')]\mathrm{d}t_2'\\ &= \int_{-\infty}^{+\infty}h_1(t_2')R_{x_1}(\tau-t_2')\mathrm{d}t_2'+\int_{-\infty}^{+\infty}h_2(t_2')R_{x_1x_2}(\tau-t_2')\mathrm{d}t_2'\\ &= h_1(\tau)*R_{x_1}(\tau)+h_2(\tau)*R_{x_1x_2}(\tau)\end{aligned} \tag{6-87}$$

式中，$R_{x_1x_2}(\tau)$——$X_1(t)$ 与 $X_2(t)$ 的互相关函数，在所设 $X_1(t)$ 与 $X_2(t)$ 相互独立的条件下，则有

$$R_{x_1,y}(\tau)=h_1(\tau)*R_{x_1}(\tau) \tag{6-87'}$$

对式（6-87）两边进行傅里叶变换，并运用傅里叶变换的卷积定理（见式（1-23）），可得 $X_1(t)$ 与 $Y(t)$ 的互谱密度

$$S_{x_1,y}(f)=H_1(f)S_{x_1}(f)+H_2(f)S_{x_1x_2}(f) \tag{6-88}$$

式中，$S_{x_1x_2}(f)$ 为 $X_1(t)$ 与 $X_2(t)$ 之间的互谱密度，在所设条件下，有 $S_{x_1x_2}(f)=0$。

于是
$$S_{x_1 y}(f) = H_1(f) S_{x_1}(f) \qquad (6\text{-}89)$$

式(6-85)~式(6-89)给出了双输入(互相独立的)单输出系统的输入-输出关系,是分析研究这类系统的重要理论依据。

对于多于两个以上的多输入线性系统,其输入-输出关系可仿照上述推演,得出相应的结论。

6.6.3 凝聚(相干)函数

实际系统对信号进行线性变换过程中,必然会引入干扰。例如,图 6.19 上,系统地输入端和输出端分别接一个测量仪表,由仪表 A 测得输入信号 $x(t)$ 是由真实输入信号 $u(t)$ 和随机测量误差 $n(t)$ 合成,而表读输出信号 $y(t)$ 是由真实输出信号 $v(t)$ 和随机测量误差 $z(t)$ 合成。显然,$x(t)$ 及 $y(t)$ 并非系统实际的输入及输出信号。为了估计测量精度,需要判断输出量的测定值 $y(t)$ 中,有多大的比例是由真实输入信号 $u(t)$ 所引起的。这类问题称为凝聚分析。

一般来说,如果一个系统有多个输入,当需要判断其中某一个特定输入所引起的输出在总输出 $y(t)$ 中所占的比重时,都可运用凝聚分析的方法。为了下面叙述的方便,把非特定的其他输入,如图 6.19 中的 $n(t)$、$n'(t)$、$z(t)$ 等统称为"噪声"。

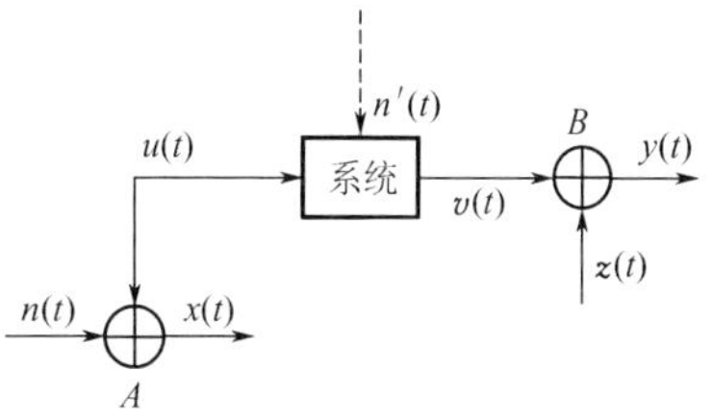

现分析最简单的情况:仅在输出端混入干扰噪声 $z(t)$,并假定 $z(t)$ 与系统真实输出 $v(t)$ 及输入 $x(t)$ 相互独立。表读输出信号 $y(t)$ 由真实信号 $v(t)$ 和噪声 $z(t)$ 合成,即
$$y(t) = v(t) + z(t)$$

图 6.19 具有测量噪声的单输入

$y(t)$ 的自相关函数为
$$\begin{aligned}R_y(\tau) &= E[Y(t)Y(t+\tau)] \\ &= E[(v(t)+z(t))(v(t+\tau)+z(t+\tau))] \\ &= R_v(\tau) + R_{zv}(\tau) + R_{vz}(\tau) + R_z(\tau)\end{aligned}$$

式中,$R_v(\tau)$ —— $v(t)$ 的自相关函数;

$R_z(\tau)$ —— $z(t)$ 的自相关函数;

$R_{zv}(\tau), R_{vz}(\tau)$ —— 分别为 $z(t)$ 与 $v(t)$ 的两个互相关函数。

按所设条件,有 $R_{zv}(\tau) = R_{vz}(\tau) = 0$,故
$$R_y(\tau) = R_v(\tau) + R_z(\tau)$$

对上式两边进行傅里叶变换,并考虑式(1-16)及式(6-77),得到 $y(t)$ 的自谱密度
$$S_y(f) = |H(f)|^2 S_x(f) + S_z(f) \qquad (6\text{-}90)$$

式中,$S_x(f), S_z(f)$ —— $x(t), z(t)$ 的自谱密度。

$y(t)$ 和 $x(t)$ 之间互相关函数为
$$\begin{aligned}R_{xy}(\tau) &= E[X(t)Y(t+\tau)] \\ &= E[X(t)(v(t+\tau)+z(t+\tau))] \\ &= R_{xv}(\tau) + R_{xz}(\tau)\end{aligned}$$

按所设条件，有 $R_{xz}(\tau)=0$，则
$$R_{xy}(\tau)=R_{xv}(\tau)$$
对上式两边进行傅里叶变换，并考虑式(6-79)及式(6-80)，得 $x(t)$ 与 $y(t)$ 的互谱密度为
$$\left.\begin{array}{l}S_{xy}(f)=S_{xv}(f)=H(f)S_x(f)\\|S_{xy}(f)|=|S_{xv}(f)|=|H(f)|S_x(f)\end{array}\right\} \tag{6-91}$$

以式(6-91)代入式(6-90)中，得
$$S_z(f)=S_y(f)(1-K_{xy}^2(f)) \tag{6-92}$$
式中
$$K_{xy}^2(f)=\frac{|S_{xy}(f)|^2}{S_x(f)S_y(f)} \tag{6-93}$$
称为常凝聚函数或常相干函数。

当 $K_{xy}^2(f)=1$ 时，$S_z(f)=0$ 说明系统无干扰噪声，表读输出谱 $S_y(f)$ 就是系统的真实输出谱 $S_v(f)$，即
$$S_y(f)=S_v(f)=|H(f)|^2 S_x(f)$$

当 $K_{xy}^2(f)=0$ 时，$S_z(f)=S_y(f)$，说明输出信号完全由干扰噪声组成。一般情况下，$0\leqslant K_{xy}^2(f)\leqslant 1$。可见，凝聚函数 $K_{xy}^2(f)$ 的数值表征了 $S_y(f)$ 中来自 $S_x(t)$ 所占的比例。反之，干扰噪声谱所占的比例为 $(1-K_{xy}^2(f))$。因此，凝聚函数 $K_{xy}^2(f)$ 给出了线性系统中输入与输出之间在频率域上的相关程度，有时候，也可把 $K_{xy}^2(f)$ 称为谱相关函数。

对于较复杂的图 6.19 所示的系统，假定噪声 $n(t)$ 及 $z(t)$ 与真实信号 $u(t)$、$v(t)$ 两两相互独立，仿照上述推演，可以得到
$$S_{xy}(f)=S_{uv}(f)$$
$$S_y(f)=S_v(f)+S_z(f)=|H(f)|^2 S_u(f)+S_z(f)$$
$$S_x(f)=S_u(f)+S_n(f)$$

把上述三式代入式(6-93)，得到
$$K_{xy}^2(f)=\frac{|S_{uv}(f)|^2}{[S_u(f)+S_n(f)][S_v(f)+S_z(f)]}$$
$$=\frac{K_{uv}^2(f)}{1+\dfrac{S_n(f)}{S_u(f)}+\dfrac{S_z(f)}{S_v(f)}+\dfrac{S_n(f)S_z(f)}{S_u(f)S_v(f)}} \tag{6-94}$$

式中
$$K_{uv}^2(f)=\frac{|S_{uv}(f)|^2}{S_u(f)S_v(f)}$$

当系统中无测量噪声，$S_n(f) = S_z(f) = 0$，则

$$K_{xy}^2(f) = K_{uv}^2(f) = \frac{|S_{uv}(f)|^2}{S_u(f)S_v(f)}$$

将式(6-77)及式(6-80)代入上式，得到

$$K_{xy}^2(f) = K_{uv}^2(f) = 1$$

一般情况下，由于噪声的存在，使$S_n(f) \neq 0$，$S_z(f) \neq 0$，故

$$K_{xy}^2(f) < K_{uv}^2(f) = 1$$

可见，常凝聚函数$K_{xy}^2(f)$表征了谱测量的精度。$K_{xy}^2(f)$值越接近1，测量精度越高。反之，测量精度较低。但是，如果系统是非线性的，或者系统存在未经发现的其他信号输入时，即便测量精度很高，$K_{xy}^2(f)$也不等于1。所以，只有当系统确是线性的，且确无其他输入信号时，用常凝聚函数来判断测量精度才是可靠的。

实用上，如果频率响应函数由试验获得，则可以用常凝聚函数来估计$H(f)$的测量精度。为此，可采用两次测量法。第一次测量$S_x(f)$及$S_y(f)$，并由式(6-77)算得

$$|H(f)|_1^2 = \frac{S_y(f)}{S_x(f)}$$

第二次测量$S_x(f)$及$S_{xy}(f)$，并由式(6-80)算得

$$|H(f)|_2^2 = \frac{|S_{xy}(f)|^2}{S_x^2(f)}$$

两式相比，得到

$$\frac{|H(f)|_2^2}{|H(f)|_1^2} = \frac{|S_{xy}(f)|^2}{S_x(f)S_y(f)} = K_{xy}^2(f) \tag{6-95}$$

如果$K_{xy}^2 \approx 1$，说明对系统频率响应函数(模)的测量精度较高。否则，或者测量误差较大，或者系统的线性假设不可靠。

综上所述，运用凝聚分析，可以：
(1) 估计谱和系统动态特性的测量精度。
(2) 判断系统输出与特定输入的谱相关程度。
(3) 检验系统的线性程度。
(4) 发现系统是否有其他输入干扰。

思考题

1. 随机过程的数字特征有哪些？一般表达式是什么？
2. 举例说明自相关、互相关在车辆工程中的应用。
3. 双输入单输出系统的响应的特点是什么？
4. 什么是凝聚(相干)函数？
5. 凝聚分析有什么作用？

第 7 章

试验数据分析

 教学目标

通过本章的学习,了解数据分析的一般流程;掌握数据采样及预处理的方法;了解模拟数据处理、数字数据处理的过程;了解程序疲劳试验载荷谱的编制方法。

 教学要求

知识要点	能力要求	相关知识	权重
数据分析	了解试验数据的分析与处理的过程和方法	目视分类、随机性检验、平稳性检验	20%
采样及预处理	掌握试验数据的初步整理工作内容	采样定理、频率混淆、野点剔除、趋势项消除	30%
模拟数据处理	掌握统计误差的概念,了解统计参数的模拟处理方法	综合误差、标准误差、偏度误差;统计参数估计值的模拟处理方法	15%
数字数据处理	掌握数字数据处理的方法	均值、概率密度函数、自相关函数、互相关函数	20%
载荷谱编制	了解程序疲劳试验载荷谱的编制方法	载荷谱的概念及测定、工作载荷谱的计数法处理、程序载荷谱的编制	15%

7.1 数据分析的一般流程

试验数据的分析与处理是整个试验过程的一个重要环节，它大体包括三个方面：①数据准备；②数据检验；③数据分析。这三方面的工作给出了数据分析与处理的基本轮廓。

试验时，测量系统所提供的数据，通常是物理量的时间历程，它是隐涵事物内在规律的原始资料。但是，只有经过一定的数据分析和处理，才能从原始记录中获取有用的信息。

数据分析的项目及步骤与数据的最终用途有关，也与数据本身的类型有关。图 7.1 列出了分析工作的主要项目和一般流程，图中实线方框为数据分析的项目，虚线方框为准备性项目。

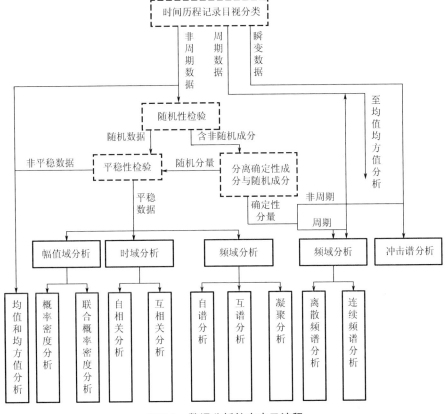

图 7.1 数据分析的内容及流程

数据的类型不同，处理的过程和方法也不同。所以，处理前，首先要鉴别数据类型。通常采用下列步骤进行。

7.1.1 目视分类

一个时间历程记录的类型，可以通过分析测定现场的环境条件，凭直观经验做出初步判断，也可以从时间历程的图形特点进行判断。图 7.2 列出了四种典型试验记录的时间历程图形。图 7.2(a) 为正弦波时间历程，具有明显的周期性，一般情况下，是判断是否为确定性数据的一个较为显著的标志。图 7.2(b)是正弦波加随机过程的时间历程，也隐现一定的周期性，但不如图 7.2(a)那样规则和明显。这种特征暗示该试验数据中可能混有周期性成分。因此，在随机性检验后需把随机分量与周期分量分离，分别进行各自的数据分析项目。图 7.2(c)和图 7.2(d)是窄带和宽带随机过程的时间历程图形，一般用目视很难把它们区别开。

目视分类主要是区分确定性数据或随机数据。如果某时间历程图形虽无明显重复特征，但其形状接近某种函数的图形，那么，可以考虑它是某种确定性数据的可能性较大。如果暂时无法确认是否为确定性数据，可以先进行随机性检验，并尽可能把潜在的周期分量分离出来，以确保进行统计分析的数据中所含的随机成分占绝对优势。

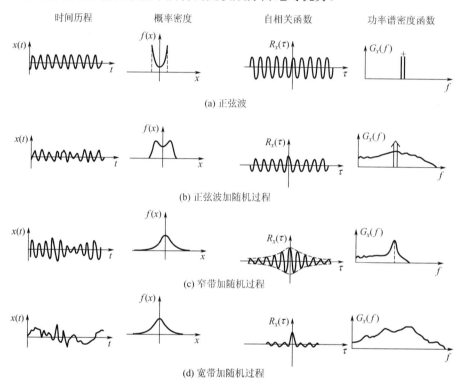

图 7.2 四种典型数据的时间历程及统计特征图形

7.1.2 随机性检验

随机性检验主要是判明数据中是否有隐涵周期成分，所以又称为周期性检验。工程实践中采用以下几种方法进行检验。

1) 功率谱图形检验法

由图 7.2 上的功率谱密度图形可知，当随机信号中混有周期分量时[图 7.2(b)]，其功率谱图形会出现一个尖峰(理论上有一个 δ-函数)。但是，周期分量较弱时，只有采用通带较窄的分析滤波器，才能在功率谱图上显现出周期分量的存在。例如，图 7.3 是一份随机信号中混有正弦波信号的功率谱图形。它的正弦信号功率仅占随机信号的 1/12。当采用通带 $B_e = 50\text{Hz}$ 的分析滤波器时，在功率谱图[图 7.3(a)]上很难辨别出正弦成分的存在。若采用通

带 $B_e=10\text{Hz}$ 的滤波器时，在功率谱图[图 7.3(b)]上已经提示可能含有正弦成分。进一步减小滤波器的通带宽（$B_e=2\text{Hz}$），其功率谱图[图 7.3(c)]上就明显地出现类似于 $\delta-$ 函数的尖峰。由此可见，即使随机信号中含有的周期分量很弱，采用高分辨力的谱分析方法，也会显示周期成分的存在。

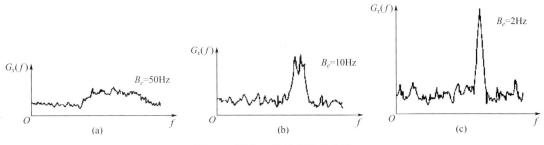

图 7.3　混有正弦波的随机信号

但是，把图 7.3(c)与图 7.2(c)的功率谱图形比较，两者实际上无多大差别。那么，当功率谱图上出现尖峰时，究竟是意味着信号中混有周期成分呢？还是意味着该信号是一个在尖峰处有能量集中的窄带随机过程呢？为了对此进行判别，可以用通带更窄的分析滤波器重复一次功率谱分析：如果谱峰表示周期分量，则峰的带宽总是等于滤波器通带宽，而峰高随滤波器通带宽的减小而正比地增加；如果谱峰意味着窄带过程在该处的能量集中，则当信号带宽大于滤波器通带宽时，它的峰宽及峰高不具有周期成分那样的变化趋势。由此即可判明谱峰的含意。

2) 概率密度图形检验法

由图 7.2 可见，周期信号和随机信号的概率密度图形有明显不同。前者形如盆形，界线明显，后者形如正态分布那样的钟形。如果信号的概率密度图形呈现图 7.2(b)所示的形状，这就提示随机信号中可能混有周期成分。但是，只有当信号中周期分量十分强，且周期成分的频率只是一种或少数几种时，才能较明显地显示图 7.2(b)那样的形状。否则，这种特征会被淹没而无法检验其周期成分的存在。

如果把概率密度图与功率谱图结合起来进行随机性检验，可以获得良好效果。首先用高分辨力的功率谱分析仪找出谱峰的频率范围，然后按其中心频率，对信号做窄带通滤波，并把滤波后的信号做概率密度分析。这时，如果信号中含有周期成分，则其概率密度图形显示如图 7.2(b)那样的典型形状。否则，说明信号中无周期成分。

3) 自相关图形检验法

从图 7.2 的自相关图上可知，如果随机信号中无周期成分，自相关函数值随时移增大而趋于零或均值之平方；如果信号是正弦波或含有周期成分，自相关函数呈现连续振荡状，如图 7.2(a)及图 7.2(b)所示。根据这一特点，也可判断信号的随机性和周期性。

实际处理中，选用何种方法检验随机性，需视设备条件而定。在设备条件许可而单一方案又不能做出肯定结论时，可考虑采用多种方法的综合判断。

上述几种图形检验方法直观、方便，适于工程上运用，但要求数据分析人员有较丰富的实践经验，且不甚严密。如果要求对随机性检验以一定的统计置信度做出判断，可以采用统计检验方法，如轮次(游程)检验法进行。

7.1.3 平稳性检验

试验数据是平稳还是非平稳的、是各态历经还是非各态历经的，数据分析的内容和方法均不同。因此，在具体分析之前，须对数据是否满足平稳和各态历经性条件进行检验。

关于各态历经性检验，实际上应该只能从物理现象的形态做出判断，在本书 6.2 节中已有叙述。

关于平稳性检验，理论上应该以随机过程的总体来检验，显然这是办不到的。因此，工程上所说的平稳过程是指：把单个时间历程记录分成若干段，而每段各自按时间平均的统计特征彼此都一样的随机过程。这一平稳概念与第 6 章所述的平稳概念不同，通常称为自平稳。自平稳概念是数学上平稳概念的近似。

数据的平稳性可根据产生此数据的现象及其物理特性，并结合时间历程图形做出判断。一般来说，只要现象的基本物理因素不随时间变化，就可认为数据是平稳的。反之，数据是非平稳的。假若在时间历程记录上，各分段的均值变化不大，峰谷较为均匀，也可以认为是平稳的。反之，均值波动很大，或有较明显的某种趋势，则数据是非平稳的。

平稳性检验需要一定的实践经验。在不能做出直观判断时，也可运用轮次检验原理（见本书第 8.8 节）进行。

试验数据经分类和检验后，即可转入具体处理阶段。对平稳随机数据可根据需要，做幅值域（均值、概率分布等）、时域（相关函数）及频率域（自谱、互谱）分析。周期性数据可做幅值和频谱分析。瞬变数据需做冲击谱分析。后者已超出本书学习范围。

实际处理时，检验与分析工作往往需要交叉进行。图 7.1 所示流程是一个逻辑过程，执行时需灵活掌握。

数据分析可以用模拟设备或数字设备进行。模拟设备对连续时间历程记录进行运算处理，这种对模拟信号直接进行处理的方法称为模拟处理法。数字设备只能对离散数字进行运算，因此，需把连续记录转化为离散数字序列，所以称为数字处理法。

7.2 采样及预处理

对试验数据进行检验与分析之前，必须做一些初步的整理工作，包括野点的剔除、数据单位的转换、消除趋势项等数据预处理。当采用数字法处理数据时，须把连续信号转换为离散的数字量。

7.2.1 采样定理

将连续信号转换为离散数字量的过程称为采样，常用模-数转换器(A/D 转换器)实现。采样过程的实质是在特定时刻 t_n 读取连续信号上的一个瞬时值 $x_n (n=0,1,2,\cdots,N-1)$，构成一个离散时间序列 $\{x_n\}$。目前，常用的采样方法是等间隔采样法，即以相等间隔 $\Delta t = \dfrac{T_r}{N}$ 读取连续信号上的一个数。

采样得到的离散序列 $\{x_n\}$，应该包括原信号 $x(t)$ 所隐含的全部信息。但是，如果 Δt 过大，

$\{x_n\}$ 相对 $x(t)$ 会失真，影响数据分析的精度；Δt 过小，x_n 的数目剧增，加重了计算工作量，且往往受计算机容量的限制。因此，必须有一个选择采样间隔的准则，以确定 $\{x_n\}$ 不失真的最大允许间隔 Δt。这个准则就是香农(Shannon)采样定理，具体表述如下。

设有时间函数 $x(t)$，如果对大于某一频率 f_c 的所有频率，函数 $x(t)$ 的傅里叶变换为零，那么，当采样间隔 Δt 满足 $\Delta t \leqslant \dfrac{1}{2f_c}$ 时，连续时间函数 $x(t)$ 可以由式

$$x(t) = \frac{\Delta t}{\pi} \sum_{n=-\infty}^{+\infty} x(n\Delta t) \times \frac{\sin\dfrac{\pi}{\Delta t}(t-n\Delta t)}{t-n\Delta t} \tag{7-1}$$

唯一确定。其中，$n = 0, \pm 1, \pm 2, \cdots$；$x(n\Delta t)$ 为图 7.4 上当 $t = n\Delta t$（第 n 点）的函数值 x_n。

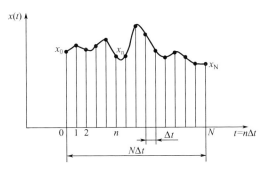

图 7.4　连续信号的采样

证明：参照积分的几何意义，把连续函数 $x(t)$ 的傅里叶变换写为

$$X(f) = \int_{-\infty}^{+\infty} x(t) \mathrm{e}^{-\mathrm{j}2\pi ft} \mathrm{d}t = \lim_{\Delta t \to o} \sum_{n=-\infty}^{\infty} x(n\Delta t) \mathrm{e}^{-\mathrm{j}2\pi f(n\Delta t)} \Delta t$$

当 Δt 充分小时，上式可近似取为

$$X(f) = \Delta t \sum_{n=-\infty}^{\infty} x(n\Delta t) \mathrm{e}^{-\mathrm{j}2\pi f(n\Delta t)} \tag{7-2}$$

在所设条件下，$x(t)$ 的傅里叶逆变换写为

$$x(t) = \int_{-\infty}^{+\infty} X(f) \mathrm{e}^{\mathrm{j}2\pi ft} \mathrm{d}f = \int_{-f_c}^{f_c} X(f) \mathrm{e}^{\mathrm{j}2\pi ft} \mathrm{d}f$$

$$= \Delta t \sum_{n=-\infty}^{\infty} x(n\Delta t) \int_{-f_c}^{f_c} \mathrm{e}^{\mathrm{j}2\pi ft(t-n\Delta t)} \mathrm{d}f$$

$$= \frac{\Delta t}{\pi} \sum_{n=-\infty}^{\infty} x(n\Delta t) \frac{\sin\dfrac{\pi}{\Delta t}(t-n\Delta t)}{t-n\Delta t}$$

顺便提及，式(7-2)通常称为离散傅里叶变换，是数字法数据分析时常用的公式。它的逆变换式为

$$x(n\Delta t) = \int_{-f_c}^{f_c} X(f) \mathrm{e}^{\mathrm{j}2\pi f n\Delta t} \mathrm{d}f \tag{7-3}$$

式(7-2)和式(7-3)组成一对离散傅里叶变换。离散傅里叶变换有多种形式,对于有限区间$[0, T_r]$的离散傅里叶变换对可写成

$$X(k) = \sum_{n=0}^{N-1} x(n\Delta t) e^{-j2\pi kn/N} \tag{7-4}$$

$$x(n\Delta t) = \frac{1}{N}\sum_{k=0}^{N-1} X(k) e^{j2\pi kn/N} \tag{7-5}$$

式中,$f = k\Delta f = \dfrac{k}{N\Delta t}$,$k$ 取 $0 \leqslant k \leqslant N-1$ 的离散整数;$N = \dfrac{T_r}{\Delta t}$;$n$ 取 $0 \leqslant n \leqslant N-1$ 的离散整数。

采样定理表明,$x(t)$ 只要满足 $|f| > f_c$ 时有 $X(f) = 0$,则以 $\Delta t \leqslant \dfrac{1}{2f_c}$ 采得的离散序列 $\{x_n\}$ 能完全表征连续函数 $x(t)$。因此,采样定理提供了选择采样间隔的准则。若以 f_s 表示采样频率,则 $f_s = \dfrac{1}{\Delta t} \geqslant 2f_c$。

7.2.2 频率混淆

当采样间隔 Δt 取得过大,使 $\Delta t > \dfrac{1}{2f_c}$ 时,将发生 $x(t)$ 中的高频成分 $\left(|f| > \dfrac{1}{2\Delta t}\right)$ 被折迭到低频成分 $\left(|f| < \dfrac{1}{2\Delta t}\right)$ 上去的现象,称为频率混淆。

为了解释频率混淆现象的产生原因,假定某连续信号中含有频率为 900Hz、400Hz 及 100Hz 的正弦成分,它们分别示于图 7.5 上。现以 $f_s = 500$Hz 进行采样,并把各图上的采样点(标以×的点)各自以最低频率的正弦线(虚线所示)连接起来。由图可见,只有 100Hz 的波形与采样点正弦线相吻合,其余两组波形与采样点正弦线均有较大差异。因为三条采样点正弦线的频率相同,于是原三种频率波形的采样值相互混淆了:高频信号(900Hz 和 400Hz)的采样值构成一个虚假的低频成分,附加到原低频(100Hz)波形的采样值上,从而使原低频波形采样值发生失真。

混淆现象的产生也可从图 7.6 及图 7.7 上得到证实。两图分别表示以 $\Delta t \leqslant \dfrac{1}{2f_c}$ (图 7.6)和 $\Delta t > \dfrac{1}{2f_c}$ (图 7.7)两种不同采样间隔对同一波形 $x(t)$ 采样的结果。对 $x(t)$ 的采样可看成以一系列 δ - 函数乘以 $x(t)$,得到如两图中(c)所示图形。图 7.6(b)上脉冲间隔较小,故图形 $x(t)\delta(t)$ [图 7.6(c)]大体上反映 $x(t)$ 的形状。而图 7.7(b)上的脉冲间隔较大,$x(t)\delta(t)$ 的图形[图 7.7(c)]很难代表原波形 $x(t)$。如果把上述关系转入频域观察,根据傅里叶变换的卷积定理,采样后的傅里叶变换示于两图中的(f)上。比较图 7.6(f) 及图 7.7(f),前者与 $x(t)$ 的傅里叶变换 $X(f)$ 图形[图 7.6(d)]一致,只是由单个波形变换为每间隔 $\dfrac{1}{\Delta t}(>2f_c)$ 周期重复一次的波形;后者由于 $\dfrac{1}{\Delta t} < 2f_c$,周期重复的 $X(f)$ 波形相互重迭,形成如图 7.7(f)上实线所示波形,这时采样后的傅里叶变换与原始的 $X(f)$ 几乎完全不同了。这就是频率混淆的结果。

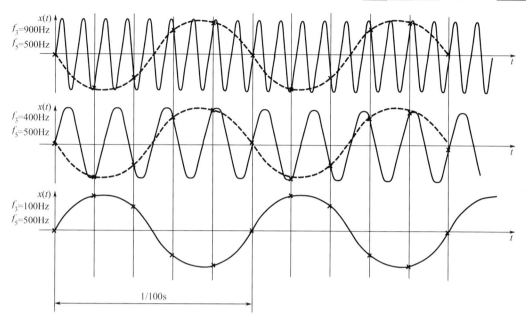

图 7.5 高低频成分的混淆

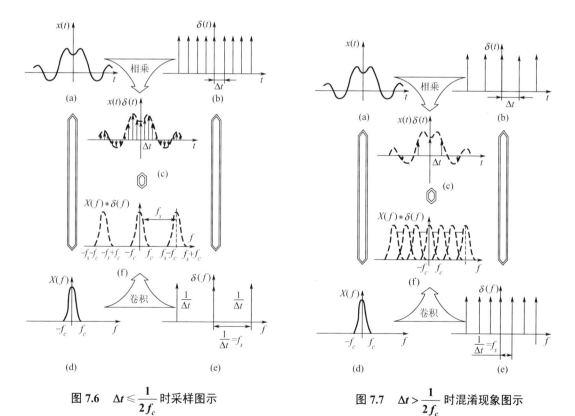

图 7.6 $\Delta t \leqslant \dfrac{1}{2f_c}$ 时采样图示

图 7.7 $\Delta t > \dfrac{1}{2f_c}$ 时混淆现象图示

从图 7.7(f)上可以推知,不产生混淆现象的临界条件是 $f_s = \dfrac{1}{\Delta t} = 2f_c$,或者说,当采样间隔一定时，不发生混淆的信号最高允许频率 $f_c = \dfrac{1}{2\Delta t}$。通常把 f_c 称为截断频率或奈奎斯特频率。

信号中能相互混淆的频率为

$$f_1 = \pm f_2 + Kf_s \qquad (K = 1, 2, \cdots) \tag{7-6}$$

式中，f_1, f_2 ——能相互混淆的频率。

例如，对于图 7.5 的情况，$f_s = 500\text{Hz}$，$f_2 = 100\text{Hz}$ 则能与 f_2 混淆的频率有 400Hz、600Hz、900Hz、1100Hz、$\cdots$。因此，如果信号中含有这些频率成分，就会与 100Hz 低频成分产生混淆。

为了避免混淆，可以采取以下措施。

(1) 控制采样间隔。如果预计信号中最高频率为 f_m，可选取 $f_c = (1.5 \sim 2)f_m$，于是，$\Delta t = \dfrac{1}{(3 \sim 4)f_m}$。

(2) 采样前对 $x(t)$ 施行低通滤波，滤掉信号中影响较弱的高频成分，然后根据滤波后的信号最高频率选取 Δt。

7.2.3 野点剔除

试验数据的测量过程中，有时因突然发生的噪声干扰、信号丢失、传感器失灵等原因，使记录数据引进一些假值。假值的渗入，造成时间历程产生过高或过低的突变点称为野点。如果对此记录进行采样，就会在采样值中出现异常数据，从而歪曲数据分析结果。因此必须对野点作出判断和剔除。

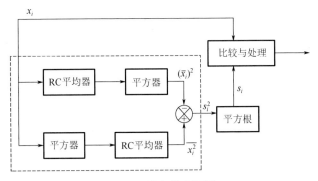

图 7.8 野点处理框图

野点的判断和剔除可参照第 3 章介绍的异常数据处理原理进行。实际中有多种实施方案，图 7.8 所示处理框图为其中之一。图中虚线所围部分连续地产生采样值方差 S_i^2 的更新值，即

$$S_i^2 = \overline{x_i^2} - (\overline{x_i})^2 \tag{7-7}$$

由此得到的 S_i 送入比较器内检查，如果

$$x_i - KS_i < x_{i+1} < x_i + KS_i \tag{7-8}$$

则认为 x_{i+1} 是正常数据。反之，x_{i+1} 是野点，应予以剔除或以适当值代之。处理时，参数 K 通常取为 3～5。

7.2.4 趋势项消除

试验中，如果存在系统性因素的干扰，测量记录就会呈现某种变化趋势。通常把连续信号中周期大于记录时间的频率分量称为趋势项。趋势项的存在，有可能使相关函数及功率谱密度产生畸变，甚至使低频谱值完全失真。因此，消除趋势项是数据预处理的一项重要工作。

工程上常用最小二乘法消除趋势项。图 7.9(a)中，连续信号 $x(t)$ 含有线性趋势项 $Z(t)$。为了消除 $Z(t)$，先用最小二乘法拟合趋势项[图 7.9(c)]，然后在数据中减去趋势项即可[图 7.9(b)]，具体方法如下。

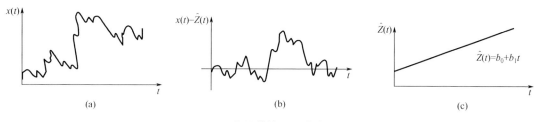

图 7.9 线性趋势项的消除示意

设 $\{x_n\}(n=0,1,2,\cdots,N-1)$ 为连续信号的采样值序列，为了找出趋势项 $Z(t)$，假定以 K 阶多项式

$$Z(t) = \hat{x}_n = \sum_{k=0}^{K} b_k (n\Delta t)^k \tag{7-9}$$

拟合数据序列 $\{x_n\}$。其中 b_k 为待定系数，K 的取值由趋势项的函数类型决定。对于常数趋势项 $K=0$；线性趋势项 $K=1$；二次型趋势项 $K=2$。一般情况下，从时间历程图形的变化趋势，先假定一个 K 值，然后根据拟合情况反复修改 K 值，直至找到恰当的趋势项函数类型。

系数集 $\{b_k\}$ 可用最小二乘法确定，即应使下式取最小值

$$S(b) = \sum_{n=0}^{N-1}(x_n - \hat{x}_n)^2 = \sum_{n=0}^{N-1}\left[x_n - \sum_{k=0}^{K}b_k(n\Delta t)^k\right]^2$$

为此，将上式分别对 $b_l(l=0,1,2,\cdots,K)$ 取偏导数，并令其等于零，得到

$$\frac{\partial S}{\partial b_l} = \sum_{n=0}^{N-1} 2\left[x_n - \sum_{k=0}^{K}b_k(n\Delta k)^k\right]\left[-(n\Delta t)^l\right] = 0$$

或

$$\sum_{k=0}^{K} b_k \sum_{n=0}^{N-1}(n\Delta t)^{k+l} = \sum_{n=0}^{N-1} x_n (n\Delta t)^l \tag{7-10}$$

式中，$l=0,1,2,\cdots,K$。

上式实际上是 $K+1$ 个方程的缩写，解方程组得到 $b_0, b_1, \cdots, b_k$。例如

当 $K=0$ 时，由式(7-10)得到

$$b_0 = \frac{1}{N}\sum_{n=0}^{N-1} x_n$$

当 $K=1$ 时，得到

$$b_0 = \frac{2(2N-1)\sum_{n=0}^{N-1}x_n - 6\sum_{n=0}^{N-1}nx_n}{N(N+1)}$$

$$b_1 = \frac{12\sum_{n=0}^{N-1}nx_n - 6(N-1)\sum_{n=0}^{N-1}x_n}{N(N-1)(N+1)\Delta t}$$

将 b_0、b_1 代入上式(7-9)，求得线性趋势项如图 7.9(c)所示。

对于 $K=2$、$K=3$ 等高阶多项式趋势项，可用类似方法解得。

7.3 模拟数据处理

本节介绍均值、均方值、概率密度函数及相关函数的模拟处理方法。有关功率谱密度的处理方法将在第 8 章介绍。

7.3.1 统计误差的概念

由统计学知，从一个或几个样本只能得到所需参数的估计值。估计值对真值的误差，起因于统计因素，称为统计误差。统计误差越小，参数的估计精度越高。

设 Z 为随机过程 $\{x(t)\}$ 的某统计参数，它可以指代过程的均值、均方值或功率谱等。又设 $\hat{Z}$ 是由 $\{x(t)\}$ 组成的有限长样本得到的 Z 的估计值。不同样本的 $\hat{Z}$ 不相等，所示 $\hat{Z}$ 是一个随机变量。估计值 $\hat{Z}$ 对真值 Z 的估计精度，可用综合误差 ε_z 描述

$$\varepsilon_z = \sqrt{E[(\hat{Z}-Z)^2]} \tag{7-11}$$

展开上式，并考虑到 $E\left[\hat{Z}-E\left[\hat{Z}\right]\right]=0$，得

$$\varepsilon_z = \sqrt{E\left[(\hat{Z}-E[\hat{Z}])^2\right] + E\left[(E\left[\hat{Z}\right]-Z)^2\right]} = \sqrt{\sigma_z^2 + b_z^2} \tag{7-12}$$

式中，$E[\hat{Z}]$ 为 $\hat{Z}$ 的数学期望。

$$\sigma_z = \sqrt{E\left[(\hat{Z}-E[\hat{Z}])^2\right]} = \sqrt{E\left[\hat{Z}^2\right] - \left(E[\hat{Z}]\right)^2} \tag{7-13}$$

称为标准误差，它反映了随机因素的影响。σ_z^2 就是估计值 $\hat{Z}$ 的方差。

$$b_z = \sqrt{E[(E[\hat{Z}]-Z)^2]} = E[\hat{Z}] - Z \tag{7-14}$$

称为偏度误差或系统误差，它表征 $E[\hat{Z}]$ 对真值 Z 的偏差。

式(7-12)表明，综合误差由偶然误差和系统误差组成，是统计误差的度量指标。如果把统计误差表示为被估参数的相对误差，则当 $Z \neq 0$ 时，有

相对标准误差 $\quad\sigma_{0z}=\dfrac{\sigma_z}{Z}$ (7-15)

相对偏度误差 $\quad b_{0z}=\dfrac{b_z}{Z}=\dfrac{E[\hat{Z}]}{Z}-1$ (7-16)

相对综合误差 $\quad \varepsilon_{0z}=\dfrac{\varepsilon_z}{Z}$ (7-17)

7.3.2 统计参数的模拟处理

下面分别讨论统计参数估计值的模拟处理方法，并估计处理精度。测量记录 $x(t)$ 一般以电压的连续模拟信号给出，假定它来自平稳且各态历经过程 $\{x(t)\}$，并经过预处理。

1) 均值

由式(6-20)′得

$$\hat{m}_x=\frac{1}{T}\int_0^T x(t)\mathrm{d}t$$

上述运算可由平均电路完成。实际中有两种平均电路。

第一种电路时把连续电压模拟信号送入真积分电路：具有反馈电容器的运算放大器进行平均运算。图 7.10 为真积分电路的原理图。根据电路原理，这种电路的输出电压 $u_{输出}$ 与输入电压 $u_{信号}$ 之间具有积分关系 $u_{输出}=-\dfrac{1}{RC}\int u_{信号}\mathrm{d}t$。把输出电压除以采样时间，就可以得到信号的平均值。这种方法是 $\hat{m}_x$ 的直接运算，称为真平均。

第二种平均电路是把信号送入低通滤波器(通常是 RC 型)，由它连续平滑信号起伏，经 $3\sim 4$ 个时间常数后，即得到信号均值的连续估计值。这种方法称为 RC 平均。图 7.11 是最简单的 RC 平均电路原理。电阻 R_1 的压降给出了信号电压经整流后的绝对值，然后再经 RC 平均电路得到均值。对于 RC 电路，从电路原理知，如果适当选择 R 及 C 的值，使电容 C 两端的输出电压 $u_{输出}$ 远小于电阻 R 两端电压 u_R，即 $u_{输出}\ll u_R=Ri(t)$，$i(t)$ 为电路中流经 R 的电流，则有

$$u_{信号}=u_R+u_{输出}\approx u_R=Ri(t)$$

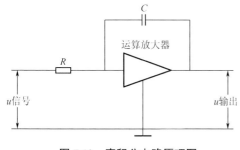

图 7.10 真积分电路原理图

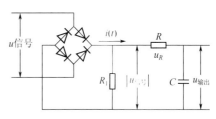

图 7.11 RC 平均电路原理图

于是，电容 C 两端的电压

$$u_{输出}=\frac{1}{C}\int_{-\infty}^t i(t)\mathrm{d}t\approx\frac{1}{RC}\int_{-\infty}^t u_{信号}\mathrm{d}t$$

可见，利用图 7.11 电路并配以适当刻度校正，就可以实现均值运算。实际运算时，由于 RC 电路的充电特性，应使运算的平均时间 $T > (3\sim4)K$（$K = RC$ 称为时间常数），才能保证输出电压趋向稳定。

均值估计时的各项统计误差可由式 (7-11)～式 (7-17) 确定。

由式 (7-14) 得，$\hat{m}_x$ 的偏度误差为

$$b_m = E[\hat{m}_x] - m_x$$

在平稳且各态历经条件下，有

$$b_m = E\left[\frac{1}{T}\int_0^T x(t)\mathrm{d}t\right] - m_x = 0$$

由此可见，均值估计值 $\hat{m}_x$ 是真值 m_x 的无偏估计，代入式 (7-12)，得到 m_x 的综合误差为

$$\varepsilon_m = \sigma_m = \sqrt{E[\hat{m}_x^2] - m_x^2}$$

因此，$\hat{m}_x$ 对 m_x 的统计误差仅由 $\hat{m}_x$ 本身的标准误差形成。

上式中 $E[\hat{m}_x^2]$ 项由式 (6-20)′导得，即

$$E[\hat{m}_x^2] = E\left[\frac{1}{T}\int_0^T x(\xi)\mathrm{d}\xi \cdot \frac{1}{T}\int_0^T x(\eta)\mathrm{d}\eta\right] = \frac{1}{T^2}\int_0^T\int_0^T E[x(\xi)x(\eta)]\mathrm{d}\xi\mathrm{d}\eta$$

令 $\eta = \xi + \tau$，并利用式 (6-32)′ 及式 (6-34)，得到 $\hat{m}_x$ 的方差为

$$\begin{aligned}
\sigma_m^2 &= \frac{1}{T^2}\int_0^T\int_{-\xi}^{T-\xi} C_x(\tau)\mathrm{d}\tau\mathrm{d}\xi \\
&= \frac{1}{T^2}\left\{\int_{-T}^0\left[\int_{-\tau}^T \mathrm{d}\xi\right]C_x(\tau)\mathrm{d}\tau + \int_0^T\left[\int_0^{T-\tau}\mathrm{d}\xi\right]C_x(\tau)\mathrm{d}\tau\right\} \\
&= \frac{1}{T}\int_{-T}^T\left(1 - \frac{|\tau|}{T}\right)C_x(\tau)\mathrm{d}\tau
\end{aligned} \tag{7-18}$$

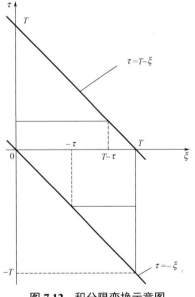

图 7.12 积分限变换示意图

式 (7-18) 推演中积分限的变换可参阅图 7.12。当 T 很大，$|\tau| \ll T$ 时，式 (7-18) 可近似表为

$$\sigma_m^2 \approx \frac{1}{T}\int_{-\infty}^{+\infty} C_x(\tau)\mathrm{d}\tau \tag{7-19}$$

2）均方值

$\{x(t)\}$ 的均方值 ψ_x^2 由式 (6-21)′估计为，即

$$\hat{\psi}_x^2 = \frac{1}{T}\int_0^T x^2(t)\mathrm{d}t$$

上式通过下述运算得到：对信号 $x(t)$ 的瞬时值取平方，然后在采样时间上加以平均。图 7.13 为反馈式均方值电路框图。桥式全波整流电路将信号取绝对值，三个二极管及分压电路构成的平方电路做平方运算，最后由 RC 电路进行平均运算。于是，电容器的输出电压与信号输入电压 $x(t)$ 具有均方值关系。

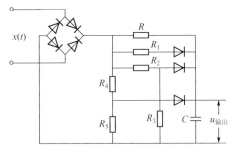

图 7.13 均方值测量电路原理

均方值估计时的偏度误差由公式(7-14)得到

$$b_{\psi^2} = E[\hat{\psi}_x^2] - \psi_x^2 = E\left[\frac{1}{T}\int_0^T x^2(t)\mathrm{d}t\right] - \psi_x^2 = 0$$

所以，$\hat{\psi}_x^2$ 是真值 ψ_x^2 的无偏估计。它的综合误差由式(7-12)得到

$$\varepsilon_{\psi^2} = \sigma_{\psi^2} = \sqrt{E[\hat{\psi}_x^4] - \psi_x^4}$$

或

$$\varepsilon_{\psi^2}^2 = \sigma_{\psi^2}^2 = \frac{1}{T^2}\int_0^T\int_0^T (E[x^2(\xi)x^2(\eta)] - \psi_x^4)\mathrm{d}\xi\mathrm{d}\eta$$

如果 $x(t)$ 是均值 $m_x \neq 0$ 的正态随机信号，则上式中 $E[x^2(\xi)x^2(\eta)]$ 项可看成四维随机变量乘积的均值，按概率论中有关公式，有

$$E[x_1 x_2 x_3 x_4] = E[x_1 x_2]E[x_3 x_4] + E[x_2 x_3]E[x_4 x_1] + E[x_1 x_3][x_2 x_4] - 2m_{x_1}m_{x_2}m_{x_3}m_{x_4}$$

当 $x_3 = x_1$，$x_4 = x_2$，$E[x_1^2] = E[x_2^2] = E[x^2]$，且 $m_{x_1} = m_{x_2} = m_{x_3} = m_{x_4} = m_x$ 时，上式简化为

$$E[x_1^2 x_2^2] = 2(E[x_1 x_2])^2 + (E[x^2])^2 - 2m_x^4$$

令 $x_1 = x(\xi)$，$x_2 = x(\eta)$，并考虑到

$$E[x_1(\xi)x_2(\eta)] = R_x(\eta - \xi) \ \text{及}\ E[x^2] = \psi_x^2$$

则

$$E[x^2(\xi)x^2(\eta)] = 2[R_x^2(\eta - \xi) - m_x^4] + \psi_x^4$$

于是

$$\varepsilon_{\psi^2}^2 = \sigma_{\psi^2}^2 = \frac{2}{T^2}\int_0^T\int_0^T [R_x^2(\eta - \xi) - m_x^4]\mathrm{d}\xi\mathrm{d}\eta$$

因为

$$R_x^2(\eta - \xi) - m_x^4 = C_x^2(\eta - \xi) + 2C_x(\eta - \xi)m_x^2$$

令 $\tau = \eta - \xi$，则

$$\varepsilon_{\psi^2}^2 = \sigma_{\psi^2}^2 = \frac{2}{T^2}\int_0^T\int_{-\xi}^{T-\xi}[C_x^2(\tau) + 2m_x^2 C_x(\tau)]\mathrm{d}\tau\mathrm{d}\xi$$

$$= \frac{2}{T}\int_{-T}^{T}\left(1 - \frac{|\tau|}{T}\right)[C_x^2(\tau) + 2m_x^2 C_x(\tau)]\mathrm{d}\tau$$

(7-20)

式(7-20)推演时积分限变换同图 7.12。当 T 很大，$|\tau| \ll T$ 时，可近似表为

$$\varepsilon_{\psi^2}^2 \approx \frac{2}{T} \int_{-\infty}^{+\infty} [C_x^2(\tau) + 2m_x^2 C_x(\tau)] d\tau \tag{7-21}$$

假定 $C_x^2(\tau)$ 和 $C_x(\tau)$ 在 $(-\infty, +\infty)$ 上绝对可积，则 $T \to \infty$ 时，$\varepsilon_{\psi^2}^2 = \sigma_{\psi^2}^2 \to 0$，所以 $\hat{\psi}_x^2$ 是 ψ_x^2 的一致估计。

【例 7-1】 设信号 $x(t)$ 是有限带宽 B 的正态白噪声，其均值 $m_x = 0$，带宽的中心频率 $f_0 = B/2$，试求其均方值的估计精度。

解： 从白噪声概念知，带宽为 B 的白噪声单边功率谱密度为

$$G_x(f) = \begin{cases} G_0 = 常数 & 0 \le f \le B \\ 0 & 其他 f \end{cases}$$

在 $m_x = 0$，$f_0 = B/2$ 条件下，运用式(6-56)，得

$$C_x(\tau) = R_x(\tau) = \int_0^B G_0 \cos(2\pi f \tau) df = G_0 B \frac{\sin 2\pi B\tau}{2\pi B\tau} = C_x(0) \frac{\sin 2\pi B\tau}{2\pi B\tau}$$

式中

$$C_x(0) = C_x(\tau = 0) = G_0 B$$

代入式(7-21)，在 $m_x = 0$ 条件下得到

$$\varepsilon_{\psi^2}^2 \approx \frac{2}{T} \int_{-\infty}^{\infty} C_x^2(0) \left(\frac{\sin 2\pi B\tau}{2\pi B\tau}\right)^2 d\tau = \frac{C_x^2(0)}{BT}$$

考虑式(6-35)，于是，估计有限带宽白噪声均方值的综合误差近似等于

$$\varepsilon_{\psi^2} \approx \frac{C_x(0)}{\sqrt{BT}} = \frac{R_x(0)}{\sqrt{BT}} = \frac{\psi_x^2}{\sqrt{BT}} \tag{7-22}$$

它的相对综合误差由式(7-17)得

$$\varepsilon_{0\psi^2} = \frac{\varepsilon_{\psi^2}}{\psi_x^2} \approx \frac{1}{\sqrt{BT}} \tag{7-23}$$

式(7-23)说明，均方值处理时，它的统计精度与信号带宽有关，也与积分平均时间有关。这一结论可作为处理时选择分析参数的依据。

3) 概率密度函数

$\{x(t)\}$ 落入区间 $\left[x_i - \frac{W}{2}, x_i + \frac{W}{2}\right]$ 的概率用下式估计

$$\hat{P}[x_i, W] = \hat{P}\left[x_i - \frac{W}{2} \le x(t) \le x_i + \frac{W}{2}\right] = \frac{1}{T} \sum \Delta t_i = \frac{T_{x_i}}{T} \tag{7-24}$$

其中，Δt_j 是 $x(t)$ 第 j 次进入区间 $\left[x_i - \frac{W}{2}, x_i + \frac{W}{2}\right]$ 的时间（图 7.14）；$T_{x_i} = \sum \Delta t_j$。$T_{x_i}$ 是幅值 x_i 的函数，当 $T \to \infty$ 时，$\hat{P}[x_i, W]$ 趋于真值 $P[x_i, W]$，即

$$P[x_i, W] = E[\hat{P}[x_i, W]] = \lim_{T \to \infty} \hat{P}[x_i, W] = \lim_{T \to \infty} \frac{T_{x_i}}{T} \tag{7-25}$$

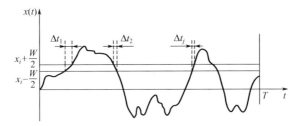

图 7.14　概率测量示意

按照概率密度的定义，有

$$f(x_i) = \lim_{W \to 0} \frac{P[x_i, W]}{W} = \lim_{\substack{W \to 0 \\ T \to \infty}} \frac{\hat{P}[x_i, W]}{W} = \lim_{\substack{W \to 0 \\ T \to \infty}} \hat{f}(x_i) \tag{7-26}$$

式中

$$\hat{f}(x_i) = \frac{\hat{P}[x_i, W]}{W} = \frac{T_{x_i}}{TW} \tag{7-27}$$

是 $f(x_i)$ 的估计值。$\hat{f}(x_i)$ 的测量原理如图 7.15 所示。

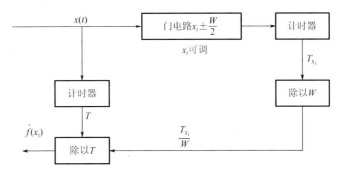

图 7.15　概率密度测量仪原理

图 7.15 的运算流程如下。

(1) 用窗宽为 W 的窄振幅窗对 $x(t)$ 作振幅滤波。

(2) 测量 $x(t)$ 落在该窗内的总时间 T_{x_i}。

(3) 用窗宽 W 除窗内时间，得 $\dfrac{T_{x_i}}{W}$。

(4) 把 $\dfrac{T_{x_i}}{W}$ 除以采样时间 T，得 $\hat{f}(x_i)$。

(5) 改变振幅窗的中心电压，重复上述步骤，即得 $\hat{f}(x)$。

必须指出，按照概率密度的概念，信号 $x(t)$ 落在 $\left[x_i - \dfrac{W}{2}, x_i + \dfrac{W}{2}\right]$ 区间的概率为

$$P[x_i, W] = \int_{x_i - \frac{W}{2}}^{x_i + \frac{W}{2}} f(\xi) \mathrm{d}\xi$$

于是，由式(7-27)及式(7-25)得到

$$E[\hat{f}(x_i)] = \frac{E[\hat{P}[x_i, W]]}{W} = \frac{P[x_i, W]}{W} = \frac{1}{W}\int_{x_i - \frac{W}{2}}^{x_i + \frac{W}{2}} f(\xi)\mathrm{d}\xi$$

因此，对于多数情况，有

$$E[\hat{f}(x_i)] \neq f(x_i)$$

上式说明，$\hat{f}(x)$ 是 $f(x)$ 的有偏估计。它的各项统计误差可按式(7-12)～式(7-17)计算。

4) 联合概率密度函数

设 $x(t)$、$y(t)$ 各来自平稳且各态历经过程 $\{x(t)\}$ 和 $\{y(t)\}$，则 $\{x(t)\}$ 落在区间 $\left[x_i - \frac{W_x}{2}, x_i + \frac{W_x}{2}\right]$，同时 $\{y(t)\}$ 落在区间 $\left[y_q - \frac{W_y}{2}, y_q + \frac{W_y}{2}\right]$ 的联合概率，用下式估计

$$\begin{aligned}\hat{p}[x_i, W_x; y_q, W_y] &= \hat{P}\left[x_i - \frac{W_x}{2} \leq x(t) \leq x_i + \frac{W_x}{2}; y_q - \frac{W_y}{2} \leq y(t) \leq y_q + \frac{W_y}{2}\right] \\ &= \frac{T_{x_i y_q}}{T}\end{aligned} \quad (7\text{-}28)$$

式中，$T_{x_i y_q}$ 在时间 T 内 $x(t)$ 和 $y(t)$ 同时分别落在各自区间内的总时间(图 7.16)。比值 $\frac{T_{x_i y_q}}{T}$ 是 x_i 和 y_q 的函数，当 $T \to \infty$ 时，$\hat{p}[x_i, W_x; y_q, W_y]$ 将趋于真值 $p[x_i, W_x; y_q, W_y]$，即

$$p[x_i, W_x; y_q, W_y] = \lim_{T \to \infty} \hat{P}[x_i, W_x; y_q, W_y] = \lim_{T \to \infty} \frac{T_{x_i y_q}}{T} \quad (7\text{-}29)$$

按联合概率密度的定义，有

$$\begin{aligned}f(x_i, y_q) &= \lim_{\substack{W_x \to 0 \\ W_y \to 0}} \frac{P[x_i, W_x; y_q, W_y]}{W_x W_y} \\ &= \lim_{\substack{W_x \to 0 \\ W_y \to 0 \\ T \to \infty}} \frac{\hat{P}[x_i, W_x; y_q, W_y]}{W_x W_y} \\ &= \lim_{\substack{W_x \to 0 \\ W_y \to 0 \\ T \to 0}} \hat{f}(x_i, y_q)\end{aligned} \quad (7\text{-}30)$$

式中

$$\hat{f}(x_i, y_q) = \frac{\hat{P}[x_i, W_x; y_q, W_y]}{W_x W_y} = \frac{T_{x_i y_q}}{T W_x W_y} \quad (7\text{-}31)$$

是 $f(x_i, y_q)$ 的估计值。

$\hat{f}(x_i, y_q)$ 的运算流程如下。

(1) 用两个窗宽为 W_x 和 W_y 的窄振幅窗对 $x(t)$ 和 $y(t)$ 分别进行振幅滤波。

(2) 测量 $x(t)$ 和 $y(t)$ 同时分别落在各自的振幅窗内的总时间 T_{x_i,y_q}。

(3) 用窗宽乘积 $W_x W_y$ 除 T_{x_i,y_q}，得比值 $\dfrac{T_{x_i,y_q}}{W_x W_y}$。

(4) 上述比值除以采样时间 T，得 $\hat{f}(x_i, y_q)$。

(5) 改变 W_x，W_y 的中心电压，重复上述步骤，即得 $\hat{f}(x, y)$。

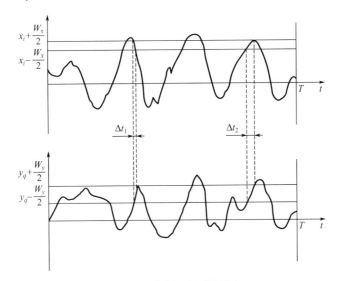

图 7.16 联合概率测量示意

5) 自相关函数

$\{x(t)\}$ 的自相关函数用下式估计：

$$\hat{R}_x(\tau) = \frac{1}{T} \int_0^T x(t) x(t+\tau) \mathrm{d}t$$

可以用模拟相关分析仪实现上述运算。相关分析仪的测量原理如图 7.17 所示。其运算流程如下。

(1) 用时移 τ' 滞后信号 $x(t)$，得 $x(t-\tau')$。

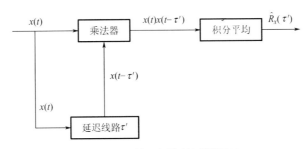

图 7.17 相关分析仪的测量原理

(2) 在任意瞬时把 $x(t)$ 和 τ' 秒前的值 $x(t-\tau')$ 相乘，得 $x(t)\,x(t-\tau')$。

(3) 计算 $x(t)\,x(t-\tau')$ 在采样时间内的平均值，得该时移 τ' 时的 $\hat{R}_x(\tau')$。

(4) 改变 τ'，重复上述步骤，得 $\hat{R}_x(\tau)$。

$\hat{R}_x(\tau)$ 的统计精度可用式(7-12)～式(7-17)计算，其偏度误差为

$$b_R = E[\hat{R}_x(\tau)] - R_x(\tau) = E\left[\frac{1}{T}\int_0^T x(t)x(t+\tau)dt\right] - R_x(\tau) = 0$$

所以，上述方法所得 $\hat{R}_x(\tau)$ 是 $R_x(\tau)$ 的无偏估计。于是，它的统计精度为

$$\varepsilon_R^2 = \sigma_R^2 = E[\hat{R}_x^2(\tau)] - (E[\hat{R}_x(\tau)])^2$$
$$= E\left[\frac{1}{T}\int_0^T x(u)x(u+\tau)du \cdot \frac{1}{T}\int_0^T x(v)x(v+\tau)dv\right] - R_x^2(\tau)$$
$$= \frac{1}{T^2}\int_0^T\int_0^T E[x(u)x(u+\tau)x(v)x(v+\tau)]dudv - R_x^2(\tau)$$

如果 $x(t)$ 服从均值为零的正态分布，则被积函数可看成是四维随机变量乘积的均值。按概率论有关公式，当 $m_x = 0$ 时，有

$$E[x(u)x(u+\tau)x(v)x(v+\tau)]$$
$$= R_x^2(\tau) + R_x(v-u-\tau)R_x(v-u+\tau) + R_x^2(v-u)$$

令 $\xi = v-u$，$d\xi = dv$，则 ε_R^2 可写成

$$\varepsilon_R^2 = \sigma_R^2 = \frac{1}{T^2}\int_0^T\int_{-u}^{T-u}[R_x(\xi-\tau)R_x(\xi+\tau) + R_x^2(\xi)]d\xi du$$
$$= \frac{1}{T}\int_{-T}^{T}\left(1-\frac{|\xi|}{T}\right)[R_x(\xi-\tau)R_x(\xi+\tau) + R_x^2(\xi)]d\xi \tag{7-32}$$

式(7-32)推演时的积分限变换可参照图 7.12（图中须把纵轴以 ξ 代 τ，横轴以 u 代 ξ）。当 T 很大时，上式近似为

$$\varepsilon_R^2 = \sigma_R^2 \approx \frac{1}{T}\int_{-\infty}^{\infty}[R_x^2(\xi) + R_x(\xi-\tau)R_x(\xi+\tau)]d\xi \tag{7-33}$$

在 $\tau = 0$ 处，有

$$\varepsilon_R^2 = \sigma_R^2 \approx \frac{2}{T}\int_{-\infty}^{\infty} R_x^2(\xi)d\xi \tag{7-34}$$

如果 τ 很大时，$R_x(\tau) \to 0$（零均值条件下），则在 $\tau \gg 0$ 处，有

$$R_x^2(\xi) \gg R_x(\xi-\tau)R_x(\xi+\tau)$$

因此，对于很大的 τ 有

$$\varepsilon_R^2 = \sigma_R^2 \approx \frac{1}{T}\int_{-\infty}^{\infty} R_x^2(\xi)d\xi \tag{7-35}$$

6) 互相关函数

设有两平稳过程 $\{x(t)\}$ 和 $\{y(t)\}$，则它们的互相关函数用下式估计

$$\hat{R}_{xy}(\tau) = \frac{1}{T}\int_0^T x(t)y(t+\tau)\mathrm{d}t$$

它的处理流程及统计误差的计算，可参照自相关函数进行。

7.4 数字数据处理

数字处理的优点是精度高，速度快。近年来随着快速、专用数字计算设备的发展，采用数字法处理试验数据的方式日趋广泛。本节讨论均值、概率密度、相关函数的数字处理方法。

7.4.1 均值

设数值序列$\{u_n\}$是由平稳且各态历经过程的样本$u(t)$，经采样得到，可参阅图7.4，图上须把纵坐标轴改为$u(t)$。$\{u(t)\}$的均值由下式估计

$$\hat{m}_u = \bar{u} = \frac{1}{N}\sum_{n=0}^{N-1} u_n \tag{7-36}$$

式中，$N = \dfrac{T_r}{\Delta t}$——数据总数；

T_r——样本记录长度(以 s 为单位)；

Δt——采样间隔。

由统计学知，$\hat{m}_u$是m_u的无偏估计。

在数字计算设备上，计算$\bar{u}$的常用算法有以下几种。

(1) 直接算法。利用算术平均值$\bar{u}$的定义式(7-36)直接计算。

(2) 递推算法。令$\bar{u}_0 = u_0$，对$n = 1, 2, \cdots, N-1$，计算中间均值：

$$\bar{u}_n = \frac{n}{n+1}\bar{u}_{n-1} + \frac{1}{n+1}u_n = \bar{u}_{n-1} + \frac{1}{n+1}(u_n - \bar{u}_{n-1}) \tag{7-37}$$

最后得

$$\bar{u} = \bar{u}_{N-1}$$

(3) 二次均值算法：

$$\bar{u}^* = \bar{u} + \frac{1}{N}\sum_{n=0}^{N-1}(u_n - \bar{u}) \tag{7-38}$$

比较上述三种算法知，直接法的计算量最少；递推法可随时获得一系列中间均值$\bar{u}_n$，便于实时处理；二次均值算式(7-38)中第二项，是为了消除数字计算设备处理时大量数据舍入误差的影响而采取的措施，从而提高了均值计算的精度。但需对原始数据进行二次处理。因此，只有当计算精度要求高，数据量极多时，才宜采用。

实用中，为了简化其他统计量的计算，经常把原始序列$\{u_n\}$转化为零均值序列。令

$$x(t) = u(t) - \bar{u}$$

则 $x(t)$ 就是从原始样本得到的零均值样本，它的数值序列 $\{x_n\}(\hat{m}_x = \bar{x} = 0)$ 为

$$x_n = x(t_0 + n\Delta t) = u_n - \bar{u} \qquad n = 0,1,2,\cdots,N-1 \tag{7-39}$$

本节以后诸式，除另行注明外，均系式(7-39)给出的零均值数值序列。

7.4.2 概率密度函数

$\{x(t)\}$ 的概率密度函数由下式估计

$$\hat{f}(x) = \frac{N_x}{NW} \tag{7-40}$$

其中，W 是以 x 为中心的窄区间，N_x 是数据落入 $x \pm \dfrac{W}{2}$ 的个数，N 为数据总数。

如果要计算数据范围 $[a,b]$ 内的概率密度，可按下列步骤计算：

(1) 将区间 $[a,b]$ 分为 K 个分区间，每个分区间的宽度为

$$W = \frac{b-a}{K}$$

第 i 个区间的上端点为

$$d_i = a + iW, \quad i = 0,1,2,\cdots,K$$

其中，$d_0 = a$；$d_K = b$。

(2) 对数值序列 $\{x_n\}$ 进行分组，设

$$N_0 = [\text{满足} x \leqslant d_0 \text{的数据个数}]$$
$$N_1 = [\text{满足} d_0 < x \leqslant d_1 \text{的数据个数}]$$
$$N_2 = [\text{满足} d_1 < x \leqslant d_2 \text{的数据个数}]$$
$$\vdots$$
$$N_i = [\text{满足} d_{i-1} < x \leqslant d_i \text{的数据个数}]$$
$$\vdots$$
$$N_K = [\text{满足} d_{K-1} < x \leqslant d_K \text{的数据个数}]$$
$$N_{K+1} = [\text{满足} x > d_K \text{的数据个数}]$$

于是数据序列被分成 $K+2$ 组，且

$$N = \sum_{i=0}^{K+1} N_i$$

数字计算机上实现上述分组的方法之一，是依下列步骤检查每个 x_n 的值。

① 如果 $x_n \leqslant a$，对 N_0 加上整数 1。

② 如果 $a < x_n \leqslant b$，计算 $I = (x_n - a)/W$。然后选择 i 为大于或等于 I 的最小整数，对 N_i 加上整数 1。

③ 如果 $x_n > b$，对 N_{K+1} 加上整数 1。

(3) 分组完毕后，即可按式(7-40)计算概率密度

$$\hat{f}(x_i) = \frac{N_i}{NW} = \frac{N_i}{N}\frac{K}{b-a} \quad (i=1,2,\cdots,K) \tag{7-41}$$

式中，x_i 定义在每个分区间的中点上，即 $x_i = a + \left(i - \dfrac{1}{2}\right)W$。

如果需要得到某范围 $[d_{i-1} < x \leq d_i]$ 的概率，可按下式计算

$$\hat{P}[d_{i-1} < x \leq d_i] = \frac{N_i}{N} \quad (i=0,1,2,\cdots,K+1) \tag{7-42}$$

如果需要得到概率分布函数，则按下式计算

$$\hat{F}(d_i) = \hat{P}[x \leq d_i] = \sum_{j=0}^{i} \hat{P}_j = \frac{1}{N}\sum_{j=0}^{i} N_j \quad (i=0,1,2,\cdots,K) \tag{7-43}$$

7.4.3 自相关函数

数字法计算自相关函数，有两种方法：第一种是直接由 $\{x_n\}$ 计算；第二种是先计算功率谱密度，再对功率谱密度进行傅里叶逆变换得到。这里仅介绍第一种方法。

设数值序列 $\{x_n\}$ $(n=0,1,2,\cdots,N-1)$ 得自零均值样本 $x(t)$，则 $\{x(t)\}$ 在时移 $\tau = r\Delta t$ 处的自相关函数由下式估计

$$\hat{R}_r = \hat{R}_x(r\Delta t) = \frac{1}{N-r}\sum_{n=0}^{N-r-1} x_n x_{n+r} \quad (r=0,1,\cdots,m) \tag{7-44}$$

式中，r ——时移数；

m ——最大时移数，$m = \dfrac{\tau_{\max}}{\Delta t}$，$\tau_{\max}$ 是最大时移量。

由统计原理知，式(7-44)确定的 $\hat{R}_r$ 是 R_r 的无偏估计。

7.4.4 互相关函数

互相关函数的计算也有两种方法，这里仅介绍直接计算法。

设 $\{x_n\}$ 和 $\{y_n\}$ 是来自两个平稳样本 $x(t)$ 和 $y(t)$ 的数值序列，它们的互相关函数（在 $\tau = r\Delta t$ 时）用下式计算：

$$\left.\begin{aligned}\hat{R}_{xy}(r\Delta t) &= \frac{1}{N-r}\sum_{n=0}^{N-r-1} x_n y_{n+r} \\ \hat{R}_{yx}(r\Delta t) &= \frac{1}{N-r}\sum_{n=0}^{N-r-1} y_n x_{n+r}\end{aligned}\right\} \tag{7-45}$$

式中，r，m 含义同式(7-44)。

7.5 程序疲劳试验的载荷谱编制

车辆零部件的疲劳寿命，主要用道路试验或室内模拟试验鉴定。早期的室内疲劳试验是一种等幅加载试验。这种试验方法虽然比较简便、快速，但由于车辆在实际工作中，经受的是具有随机特征的变幅载荷，所以，等幅试验的结果只具有比较意义，不能用来确切预估计寿命。随着随机理论及试验技术的进展，在室内试验台上，模拟实际使用条件的疲劳试验技术得到广泛的应用。

目前有多种室内模拟试验方法，其中重要的一种是程序疲劳试验。它是把实际测定的载荷，按不同幅值排列成若干个等幅加载试验，以模拟或逼近零部件的实际使用状况，只要试验时的模拟条件控制得当，试验结果就与实际寿命比较接近，而且可大大缩短试验周期，所以程序疲劳试验是一种简便而有效的近似模拟试验技术。

程序疲劳试验需以车辆的实际载荷作为模拟依据，所以本节介绍实际载荷的统计分析方法。

7.5.1 载荷谱的概念及测定

车辆的实际工作载荷大多属随机载荷，只能进行统计描述。通常，把表示随机载荷统计特征的图形、表格、数字、矩阵等统称为载荷谱。载荷谱常见的形式有：表明各种不同大小载荷出现次数的载荷频次或累积频次图[图7.18(a)]；表示不同频率下载荷能量分布的功率谱图[图7.18(b)]；表示各级载荷相对频次(某一级载荷出现次数与总次数之比)的直方图[图7.18(c)]等。这些图形从不同角度描述了实际载荷的统计规律。

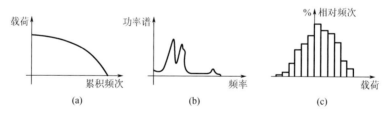

图 7.18　载荷谱的三种图形表示

分析随机载荷变化过程的统计方法有两种。

1) 功率谱法

功率谱法给出载荷幅值的均方值随频率的分布，它保留了载荷的全部信息，是一种较精确、严密的载荷统计方法，但数据处理的工作量大，且要求较复杂的数据处理设备。程序疲劳试验通常不用此法统计载荷。

2) 计数法

计数法是运用概率统计原理，把载荷变化过程中出现的极值(峰或谷)大小及其次数，或幅值(两相邻峰谷间的差)大小及其次数，或穿过某载荷量级的次数进行统计，得到表征载荷量值与其出现次数(频次)关系的载荷频次图。这种统计方法简便易行，数据处理工作量少，所用的数据分析仪器简单、便于实时分析，但不够严密、精确，丧失了载荷随频率变化以及各量级载荷发生次序的信息,是随机载荷的近似描述。程序疲劳试验需用此法统计载荷。

无论采用何种方法统计载荷谱,首先需获取典型条件下的载荷时间历程。载荷时间历程一般采用非电量的电测法测定。

载荷测定时,选择的试验条件应具有足够的典型性。例如,试验路面应选取同一车(机)型的大多数车辆能发生破坏的路面,而且应尽可能使统计上发生的重要事件能足够地出现。为此,试验可以在典型的综合路面上进行,也可以在选定的各种单一状况的路面上进行。试验时,行车速度对载荷大小有较大的影响。如果在综合路面上试验,应按实际使用时的正常速度行驶,并尽量减少驾驶人员人为的速度控制;如果在单一路面上试验,试验车速可根据该路面上实际平均车速选定,并尽量保持稳定,以确保试验数据具有平稳特征。为了提高统计精度,需要在相同条件下重复测定 3~5 次,并注意测量精度。研究表明,实测中如果带有 ±10% 的测量误差,可以导致试验时零件寿命的加倍或减半。

7.5.2 工作载荷谱的计数法处理

获得载荷时间历程记录后,首先应处理成工作载荷,一般可按如下步骤进行。

(1) 载荷过程的平稳性检验。

(2) 对载荷时间历程的峰值或幅值进行分级统计,并绘制单一(或综合)路面的实测载荷累积频次图。

(3) 检测或确定载荷谱的概率分布形。

(4) 各单一路面的载荷累积频次图合成为综合载荷累积频次图。

(5) 确定最大载荷,并绘制扩展载荷累积频次图。

现把实际处理中的某些问题介绍如下。

1) 平稳性检验

平稳性检验可按第 7.1 节中叙述的方法进行。对单一路面所得数据应具有明显的平稳性,否则,应控制试验条件重新测定。

2) 计数方法

有多种从不同角度对载荷时间历程进行计数的方法,目前常用极值计数法。这种方法是把载荷时间历程曲线的极值——正极值(波峰或正峰)和负极值(波谷或负峰)作为实际载荷的特征予以计数。可以对时间历程图上的所有正峰或负峰分别计数[图 7.19(a)],也可以只对大于均值的正峰或小于均值的负峰分别计数[图 7.19(b)]。实际处理时,应首先求出载荷平均值或静载荷,然后把平均值(或相对零值)至最大正峰值或负峰值间的幅值等分为若干等级(如 8 级),分别统计落入各载荷级的正峰和负峰出现次数,以载荷频次(或相对频次)直方图或载荷累积频次图标出。

极值计数法中,还可以对两相邻平均值交点(平均值线与载荷曲线的交点)间,出现的最大正极值(均值线以上)和最大负极值(均值线以下)进行分级计数,如图 7.20 所示。

3) 计数时无效幅值的剔除

载荷时间历程图上,总包含大量对零件疲劳寿命没有影响或影响甚小的微小波动,如图 7.21 上的"×"点。通常在计数时可以剔除这些无效的幅值,代之以有效波形(图 7.21 上以虚线连接)。但是,无效幅值的确定需十分谨慎,不然会把那些本来对疲劳寿命有影响的载荷幅值也去除了,使载荷谱的测定失真。实际处理时,一般可把无效幅值定为最大幅值(各样本中的最大值)的 10%。不同路面上的各次试验,计数时应取同一无效幅值。

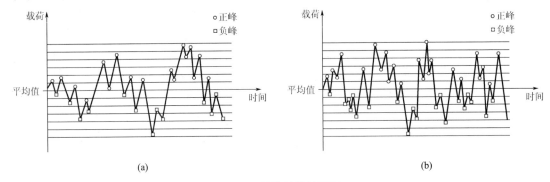

图 7.19　极值计数法图示

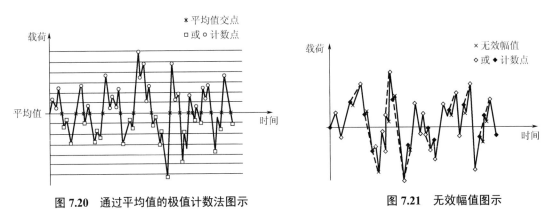

图 7.20　通过平均值的极值计数法图示　　　　图 7.21　无效幅值图示

4) 载荷谱的分布形及检验

在有限里程内测得的载荷谱,是车辆寿命期的一个或有限个子样。因而必须用数理统计的方法对子样进行分析,进而推断总行驶里程内载荷谱母体。

由子样推断母体的关键是找到载荷谱样本函数的峰值概率分布函数或概率密度函数。通常的做法是:根据已有的经验和资料,先假定它服从某种理论概率分布,然后借助于统计检验手段,确认假设能否接受;若否,另作新的假设或自行构造概率分布函数,再进行统计检验,直至肯定为止。常用的统计检验方法有概率纸法和 χ^2 检验法。

(1) 概率纸法。

把前已得到的累积相对频次,在所假设的理论分布概率纸上进行检验。习惯上常首先按正态分布进行检验。利用正态概率纸进行检测的方法可参照第 3.6 节。利用概率纸对载荷谱分布进行检验的方法简捷直观,适合工程上运用,但不太严格,有时甚至难于得出肯定结论。

(2) χ^2 检验。

此法的要点是用一个近似 χ^2 分布的统计量,来检测观测值概率密度函数与假设的理论密度函数的差异,再研究此统计量的抽样分布,以检验原假设是否成立。χ^2 检验原理与方法可查阅有关数理统计书籍。

为了确认载荷谱的分布形,可以用同一组观测数据对几种不同的理论分别作 χ^2 检验并加以比较,从中选取理论分布的统计量 X^2 值小者定为载荷谱分布形。χ^2 检验理论上比较严谨,而且切实可行。

5) 单一路面载荷频次图的合成

如果试验是在各种单一路面上进行,则应把分别得到的载荷累积频次图合成为综合载荷累积频次图。例如,假定某载荷级在三种路面Ⅰ、Ⅱ、Ⅲ上的累积频次分别为 n_1、n_2、n_3,则该载荷级的合成累积频次为

$$n' = n_1 + n_2 + n_3 = \sum n_i$$

依次计算各载荷级各自的合成频次,并连接诸点即成如图 7.22 上所示实线。该图线代表试验里程 $S = S_1 + S_2 + S_3$(S_1、S_2、S_3 为相应于路面Ⅰ、Ⅱ、Ⅲ上的试验里程)的综合载荷累积频次图线。在零线处,$n_0' = n_{01} + n_{02} + n_{03}$ 表示总试验里程 S 内载荷总频次,其中 n_{01}、n_{02}、n_{03} 分别为Ⅰ、Ⅱ、Ⅲ种路面上的总频次。

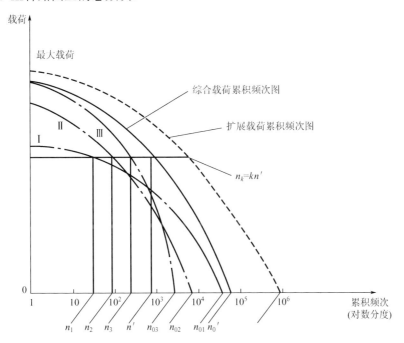

图 7.22　载荷累积频次图的综合和扩展

6) 最大载荷的推断

由于获取载荷谱的测定里程 S 远小于车辆的实际寿命里程,因此,实际使用中发生次数较少的最大载荷在测定时往往不会出现,这就需要用统计方法推断最大载荷及其发生的概率。推断方法有以下两种。

(1) 首先确定最大载荷的数值,然后根据此数值利用载荷分布形计算其发生概率。最大载荷的数值可以在人为造成的极限工况下,实测而得,也可根据机构运动的约束条件确定。

(2) 首先确定最大载荷的发生概率,然后利用载荷谱分布形推断最大载荷。目前,一般

把最大载荷得发生概率取为10^{-6}，即认为累积总频次为10^6中将出现一次最大载荷。此数值可视具体被测量对象的使用特点做适当调整。

必须注意，无论哪种方法，所取最大载荷不应超过屈服极限，否则应适当降低最大载荷数值。

7) 载荷谱的扩展

为了把最大载荷反映在载荷谱图上，应把综合载荷累积频次图进行扩展（见图 7.22 上的虚线）。其方法是：在图 7.22 的纵轴上定出最大载荷点；横轴上定出总累积频次10^6；计算频次比例系数

$$k = \frac{10^6}{n_0'}$$

按此系数依次计算各载荷级相应累积频次

$$n_k = kn'$$

据此绘出的扩展载荷累积频次图，常称工作载荷谱。

有时，为了便于与疲劳寿命曲线联用，以进行有限寿命设计，可以把载荷谱换算为应力谱。

7.5.3 程序载荷谱的编制

程序试验时，需把上述工作载荷谱改造成适宜于程序加载的阶梯状程序载荷谱。图 7.23 所示为一个八级阶梯程序，它是在图 7.22 的基础上编制而成的。下面简述编制要点。

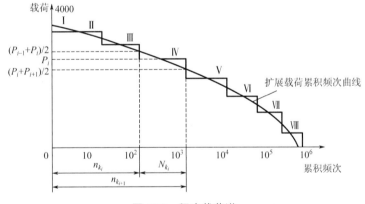

图 7.23 程序载荷谱

1) 分级方法

有多种分级方法。目前较流行的是：把工作载荷谱上的最大载荷P_{max}与零线（常以零件所受的平均载荷或静载荷定为零线）间变化范围，按一定的载荷幅值比P_i/P_{max}（P_i为第i级载荷）或应力比σ_i/σ_{max}分为若干级，形成阶梯状载荷谱。各载荷级P_i的频次为$N_{k_i} = n_{k_{i+1}} - n_{k_i}$，其中$n_{k_{i+1}}$及$n_{k_i}$对应的载荷为$(P_i + P_{i+1})/2$及$(P_{i-1} + P_i)/2$。

载荷级数对疲劳试验寿命影响很大。级数越少，阶梯曲线对连续曲线的偏差越大。从疲劳损伤相同的观点出发，一般认为八个阶梯足以代表原连续载荷谱，故大多采用八级试验程序。此时，载荷幅值比可参考表 7-1 选取。

表 7-1 载荷幅值比

等级	I	II	III	IV	V	VI	VII	VIII
P_i/P_{max}	1	0.95	0.85	0.725	0.575	0.425	0.275	0.125

图 7.24 是我国某研究所编制的东风-50 拖拉机前轴的八级程序载荷谱。表 7-2 是其相关数据。

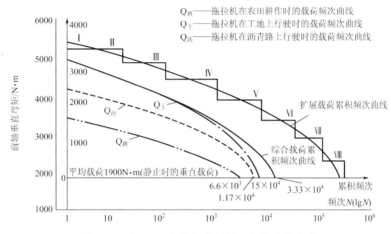

图 7.24 东风-50 拖拉机前轴的八级程序载荷谱

表 7-2

载荷级	载荷幅值 $M/N \cdot m$	幅值比 M_i/M_{max}	等级循环数	累积循环数
I	3600	1	1	1
II	3420	0.95	14	15
III	3060	0.85	1.2×10^2	1.35×10^2
IV	2610	0.725	1.685×10^3	1.85×10^3
V	2070	0.575	1.398×10^4	1.58×10^4
VI	1530	0.425	7.02×10^4	8.6×10^5
VII	990	0.275	2.54×10^5	3.4×10^5
VIII	450	0.125	6.6×10^5	1.0×10^6

2）加载次序的确定

有四种不同的加载次序来实现程序加载，如图 7.25 所示。图 7.25（a）为低—高次序；图 7.25（b）为高—低次序；图 7.25（c）为低—高—低次序；图 7.25（d）为高—低—高次序。不同的加载次序对零件寿命影响很大。研究表明，(c)、(d) 两种次序的试验寿命介于 (a)、(b) 两种次序之间，比较接近零件的实际寿命。目前国内外倾向于采用 (c)、(d) 两种加载次序。

3）总循环次数的确定

总循环次数由所期望的零件寿命决定。例如，经常把汽车零件的使用寿命定为 30~40 万 km。于是，从工作载荷谱就可换算出总循环次数：

$$N_0 = \frac{n_0'}{S} \times S_0 \text{（次）}$$

式中，S——工作载荷谱总测定里程；
　　　S_0——期望寿命里程；
　　　n_0'——S 测定里程内的载荷总频次。

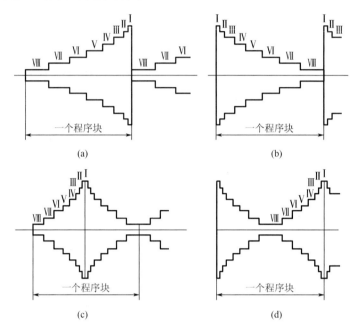

图 7.25　四种加载次序

为了减小加载次序对试验结果的影响，试验时，应把总循环次数分成 10～20 个周期进行加载，所以每个程序块（一个加载周期）的总频次为

$$N_0' = \frac{N_0}{\mu}$$

式中，μ——程序块重复数（周期数）。

于是，在每一程序块中，把总频次 N_0' 以同一比例分配给各级载荷的加载次数。例如，对应于表 7-2，若选定 $N_0 = 9 \times 10^7$ 次（相当于拖拉机 1000h 工作时间），$\mu = 18$，则 $N_0' = 5 \times 10^6$ 次。这时每一周期中各级载荷的加载次数如表 7-3 所列。

表 7-3

载荷级	载荷值/N·m	频次	累积频次	载荷级	载荷值/N·m	频次	累积频次
I	3600	5	5	V	2070	6.99×10^4	7.9×10^4
II	3420	70	75	VI	1530	3.5×10^5	4.3×10^5
III	3060	600	675	VII	990	1.27×10^6	1.7×10^6
IV	2610	5×10^3	9.1×10^3	VIII	450	3.3×10^6	5×10^6

4）试验程序的加速

为了提高试验效率，可以采用略去低载荷级或提高载荷（强化）的方法加速试验进程。

从工作载荷谱上看到，低载荷级的频次占总频次很大比重，而它对寿命影响极小，略去低载荷级可加速试验进程。可略去的低载荷级有以下几种。

(1) 幅值小于最大载荷 10%的载荷级(计数时执行)。
(2) 小于 1/2 疲劳极限的载荷。
(3) 如果载荷谱服从正态分布，可略去小于 1.75σ（σ 为载荷幅值分布的标准差）的载荷级。

强化试验的措施是基于疲劳累积损伤理论。对于钢制零件，若把各级载荷强化 40%，则试验寿命减至强化前试验寿命的 1/10，从而加快试验 10 倍。可见强化措施是加速试验进行的有效途径。但强化程度应以零件不发生屈服极限为限，同时应保证强化前后零件损伤的部位及形式不变。

思考题

1. 随机性检验的方法有哪些？
2. 如何进行采样？采样处理的依据是什么？
3. 频率混淆现象产生的原因是什么？
4. 模拟数据处理与数字数据处理有何区别？
5. 工作载荷谱编制过程中应该注意的问题是什么？
6. 简述现代条件下的载荷谱处理方法。

第 8 章

谱密度分析技术

教学目标

通过本章的学习,理解谱密度的模拟处理方法;掌握谱窗、泄漏的概念和平滑措施;掌握谱密度数字处理的相关函数法;了解快速傅里叶变换基本原理;掌握FFT法谱密度数字处理的方法以及频率响应函数和凝聚函数处理的方法;了解道路表面不平度数字谱分析的基本方法。

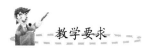

教学要求

知识要点	能力要求	相关知识	权重
谱密度的模拟处理	清楚处理原理与步骤,掌握谱密度估计的精度及分析参数的选择原则	原理与步骤,估计方差、偏度误差、动态误差,分析参数选择	20%
谱窗、泄漏和平滑	掌握窗函数、泄漏的概念及抑制泄漏的措施,了解平滑处理方法,以及抑制泄漏与平滑处理的关系	窗函数、泄漏、哈宁窗、海明窗,平滑处理	20%
自谱计算	清楚自谱处理的一般步骤,掌握分析参数的选择方法,了解互谱处理的基本原理	相关函数法	20%
谱密度数字处理	了解FFT基本思路,采用FFT算法时的窗函数,清楚比例因子的概念及选择,了解平滑处理、自谱与互谱处理的一般步骤	快速傅里叶变换法	20%
频率响应函数和凝聚函数	掌握频率响应函数和凝聚函数处理的计算方法	频率响应函数和凝聚函数	10%
道路表面不平度数字谱	了解谱分析的应用	路面不平度的统计性质,路面不平度数字谱分析方法概述	10%

8.1 谱密度的模拟处理

8.1.1 处理原理与步骤

由式(6-53)推知，信号 $x(t)$ 在带宽 (f_1,f_2) 内的均方值为

$$\psi_x^2(f_1,f_2) = \int_{f_1}^{f_2} G_x(f)\mathrm{d}f \tag{8-1}$$

因此，功率谱密度 $G_x(f)$ 可写作

$$G_x(f) = \lim_{\Delta f \to 0} \frac{\psi_x^2(f,\Delta f)}{\Delta f} = \lim_{\substack{B_e \to 0 \\ T \to \infty}} \frac{1}{B_e T} \int_0^T x_{B_e}^2(f,t)\mathrm{d}t \tag{8-2}$$

式中，B_e——窄带通滤波器带宽，$B_e = \Delta f$；

T——平均时间；

$x_{B_e}(f,t)$——带通滤波器(中心频率 f，带宽 B_e)的输出。

式(8-2)是模拟法测定功率谱密度的数学依据。但是，从有限长度样本，经一定带宽 B_e 滤波后得到的谱密度是真实谱密度 $G_x(f)$ 的估计值，即

$$\hat{G}_x(f) = \frac{\hat{\psi}_x^2(f,B_e)}{B_e} = \frac{1}{B_e T} \int_0^T x_{B_e}^2(f,t)\mathrm{d}t \tag{8-3}$$

它满足

$$G_x(f) = \lim_{\substack{B_e \to 0 \\ T \to \infty}} \hat{G}_x(f)$$

$\hat{G}_x(f)$ 的运算步骤如下。

(1) 用带宽为 B_e 的窄带通滤波器在中心频率 f' 处对 $x(t)$ 做频率滤波，得到 $x_{B_e}(f',t)$。

(2) 平方 $x_{B_e}(f',t)$，得 $x_{B_e}^2(f',t)$。

(3) 对 $x_{B_e}^2(f',t)$ 求平均，得 $\frac{1}{T}\int_0^T x_{B_e}^2(f',t)\mathrm{d}t$。

(4) 以 B_e 除 $\frac{1}{T}\int_0^T x_{B_e}^2(f',t)\mathrm{d}t$，得对应中心频率 f' 的 $\hat{G}_x(f')$。

(5) 改变窄带通滤波器中心频率，重复上述步骤，即可得到各频率处的 $\hat{G}_x(f)$。

实际中，实现上述运算过程有多种方案，如图 8.1 所示。图中，方案(a)是由 n 个不同中心频率的滤波器并列而成，它可对 $x(t)$ 中不同频率成分同时进行运算，从而缩短分析时间，但需要大量的窄带通滤波器和均方器，结构复杂，费用很高；方案(b)是不同中心频率的滤波器共用一组均方器，通过逐次滤波的方法实现运算。此方案虽可以省少量费用，但分析时间大为加长；方案(c)以一个中心频率可变的窄带通滤波器代替方案(a)的滤波器组，使设备费用明显下降，但分析时间延长了。许多功率谱分析仪采用此方案。方案(d)采用外差式线路实现滤波，一般也是逐次滤波，但因为只有一个中心频率及固定带宽的滤波器，便于仪器性能的改善，从而提高了谱处理精度。四种方案中除(d)之外，滤波器可以是等带宽(带宽为常数)的，也可以是等百分比带宽(带宽与其中心频率的比率为常数)的，方案(d)的滤波器只能是等带宽的。

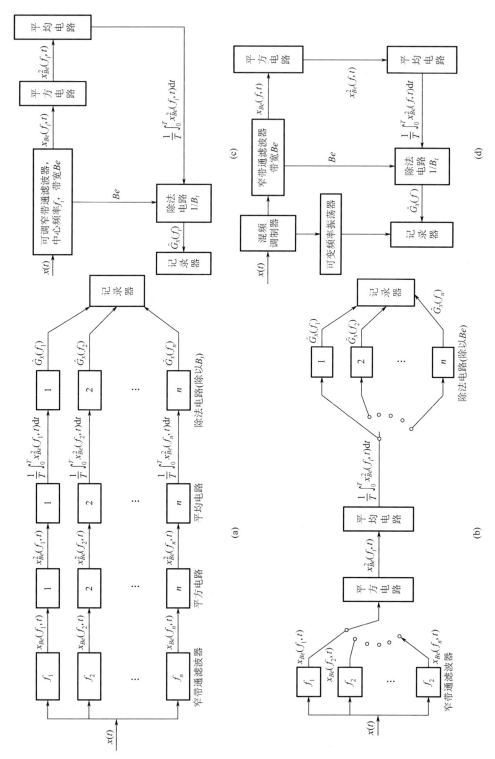

图 8.1 谱密度分析仪原理方案

8.1.2 谱密度估计的精度

$\hat{G}_x(f)$ 的估计精度由下列诸项误差决定。

1) 估计方差 σ_G^2

由式(8-3)推知

$$E[\hat{G}_x(f)] = \frac{1}{B_e} E[\hat{\psi}_x^2(f, B_e)]$$

第7.3节已经证明，$\hat{\psi}_x^2$ 是 ψ_x^2 的无偏估计，故

$$E[\hat{G}_x(f)] = \frac{1}{B_e} \psi_x^2(f, B_e) = \frac{1}{B_e} \int_{f_1}^{f_2} G_x(f) \mathrm{d}f$$

因此，一般情况下，有

$$E[\hat{G}_x(f)] \neq G_x(f)$$

即，$\hat{G}_x(f)$ 是 $G_x(f)$ 的有偏估计。它的综合误差由式(7-12)确定，即

$$\varepsilon_G = \sqrt{\sigma_G^2 + b_G^2} \tag{8-4}$$

式中，σ_G^2 —— $\hat{G}_x(f)$ 的方差；
b_G^2 —— $\hat{G}_x(f)$ 的偏度误差。

由式(8-3)，并运用方差的概念及性质，当 $B_e =$ 常数时，有

$$\sigma_G^2 = V[\hat{G}_x(f)] = \frac{1}{B_e^2} \sigma_{\psi^2}^2$$

式中，$\sigma_{\psi^2}^2$ —— $\hat{\psi}_x^2$ 的方差。

如果 B_e 充分地小，可以把 $G_x(f)$ 在 B_e 内近似看成常数，则

$$\psi_x^2(f, B_e) = B_e G_x(f)$$

在 $m_x = 0$ 的条件下，由式(7-22)得

$$\sigma_{\psi^2}^2 \approx \frac{\psi_x^4}{B_e T} = \frac{B_e G_x^2(f)}{T}$$

于是，$\hat{G}_x(f)$ 的方差为

$$\sigma_G^2 \approx \frac{1}{B_e T} G_x^2(f) \tag{8-5}$$

相对标准误差为

$$\sigma_{0G} = \frac{\sigma_G}{G_x(f)} \approx \frac{1}{\sqrt{B_e T}} \tag{8-6}$$

式(8-6)表明，$\hat{G}_x(f)$ 的估计精度与滤波器带宽 B_e 及时间 T（采样时间或积分平均时间）有关。B_e 越大，T 越长，估计精度越高。

2) 偏度误差 b_G

运用式(7-16)，并考虑 $G_x(f)$ 按泰勒级数展开时取前三项，得到 $\hat{G}_x(f)$ 的相对偏度误差为

$$b_{0G} = \frac{b_G}{G_x(f)} \approx \frac{1}{24}\left(\frac{B_e}{\lambda(f)}\right)^2 \tag{8-7}$$

式中，$\lambda(f) = \left|\dfrac{G_x(f)}{G_x''(f)}\right|^{\frac{1}{2}}$；

$G_x''(f)$ —— $G_x(f)$ 的二阶导数。

式(8-7)说明，偏度误差的大小与比值 $B_e/\lambda(f)$ 有关。它是因为仪器通带 B_e 太宽，分辨力不够所致，是一种系统误差。因此，只有当 B_e 比 $\lambda(f)$ 足够小时，才能减小偏度误差。由式(8-7)知，如果 $B_e \leq \dfrac{1}{2}\lambda(f)$，$b_{0G} \approx \dfrac{1}{100}$ 或更小，对谱估计精度的影响就很小了。

3) 动态误差

上述两项误差描述了样本与总体间的统计关系，属于统计误差。实际上就样本而言，它的统计特征是一个客观存在的确定的数值(称为真实估计值)。但是，当用仪器测取该值时，由于测量误差的存在，测定值一般不等于真实估计值。测定值与真实估计值之差称为动态误差。

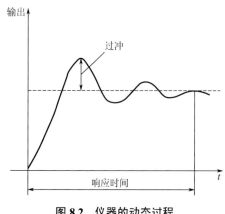

图 8.2 仪器的动态过程

动态误差是测量中，由仪器的动态过程引起的。从电路理论可知，滤波器的输入函数即便是一个常值电压信号，滤波器的输出也要经历一段动态振荡过程后，才能达到稳定，如图 8.2 所示。达到稳定输出所需要的时间称为仪器的响应时间，振荡中超出稳定输出值的现象称为过冲。滤波器响应时间的长短与它的带宽 B_e 成反比，即带宽越窄，响应时间越长。因此，如果测量信号通过滤波器的时间短于响应时间，就会把动态过程中的过冲和振荡引入测量结果，造成较大的动态误差。经验证明，要使滤波器输出值的波动小于稳定值的 2%，响应时间需 $8/B_e \sim 4/B_e$。因此，只有使被测信号通过滤波器的时间大于这一时间，测定值动态误差才能小于 2%。

8.1.3 分析参数的选择原则

以上讨论表明，谱估计精度与滤波器带宽 B_e、信号记录长度 T_r、滤波器中心频率的扫描速度 R_s、积分平均时间 T_a 或 RC 电路的时间常数 K 等分析参数有关。分析参数的选择应考虑如何使各类误差控制在所需精度要求内。现分述如下。

1) 滤波器带宽 B_e 的选择

B_e 对各类误差都有影响。估计方差及动态误差与 B_e 成反比，增大带宽可减小这两类误差。

但却会增大偏度误差,降低分辨能力。一般来说,动态误差可以用调整滤波时间或扫描时间的办法来抑制,因而 B_e 的选择主要考虑既保证较小的估计方差,又有足够的频率分辨力。通常,为保证一定的分辨力,应使 B_e 不大于 $x(t)$ 中最窄谱峰宽度的 1/4~1/3。

2) 样本记录时间 T_r 的选择

B_e 确定后,应使相对标准误差满足

$$\sigma_{0G} \approx \frac{1}{\sqrt{B_e T}} \leqslant 许可值$$

假若样本记录时间 T_r 小于积分平均时间 T_a,则以 T_r 代入上式之 T;若 $T_r > T_a$,则 T 代之以 T_a。这就说,从降低统计误差的角度考虑,精度要求越高,样本记录时间应越长,但 T_r 受所用分析仪器的平均时间的限制,T_r 过长,样本信息将被弃去,并不能提高统计精度。一般 T_r 取略大于所用分析仪的平均时间 T_a 即可。

3) 平均时间 T_a 的选择

对于一定长度 T_r 的样本,当 B_e 选定后,谱密度估计值的统计精度可用平均时间 T_a 控制,分两种情况考虑。

(1) 如果分析仪采用真平均线路,则

$$\sigma_{0G} \approx \frac{1}{\sqrt{B_e T_a}} \leqslant (\sigma_{0G})_{许} \tag{8-8}$$

或

$$T_a \geqslant (B_e (\sigma_{0G})_{许}^2)^{-1} \tag{8-8}'$$

式中,T_a——真平均线路的平均时间;

$(\sigma_{0G})_{许}$——谱估计相对标准误差的许可值。

显然,T_a 不能过分小于 T_r,否则原样本所含的信息可能丢失。反之,$T_a > T_r$,只是重复处理已经提供过的信息,并不能提高统计精度反而延长了分析时间。

(2) 如果分析仪采用 RC 平均电路,为了使滤波器达到稳定输出,必须满足 $T_R \geqslant 4K$(T_R 是 RC 电路的平均时间,K 是 RC 电路的时间常数)。此条件是 RC 电路在常值输入下达到稳定输出的条件。对于随机信号的输入,即使满足上述条件,输出仍有波动。据分析,当 $T_R \geqslant 4K$,且 $B_e K \gg 1$ 时,波动的相对标准误差为

$$\sigma_{0G} \approx \frac{1}{\sqrt{2 B_e K}} \tag{8-9}$$

将式(8-9)与式(8-8)比较,得到

$$\dot{T}_a = 2K$$

所以常把 $2K$ 称为 RC 平均电路的有效平均时间,又称当量平均时间。其含义是:用时间常数为 K 的 RC 电路对随机信号作平均,经过 $4K$ 后,其输出值的波动幅度 σ_{0G},与平均时间

$T_a = 2K$ 的真平均电路输出的波动相同。由此可见，在相同统计精度要求下，用 RC 电路比真积分电路的分析时间至少延长一倍。

由式(8-9)可知，采用 RC 平均电路时，在满足 $T_R \geq 4K$ 的条件下，其统计精度仅与分析仪的参数 B_e 及 K 有关，而与 T_R 无关。因此，过分延长分析时间 T_R 是不必要的。实际处理时，若 T_r 已给定，可选择 $T_r/2 < K \leq T_r$，并在操作中使 $T_R \geq 4K$ 即可。

4) 扫描速度 R_s 的选择

扫描速度是指单位时间内滤波器中心频率 f_i 的变化量。对于等带宽滤波器，R_s 的选择应考虑以下诸因素。

(1) 保持样本的统计精度。当 T_r 及 B_e 确定后，R_s 应满足

$$R_s \leq \frac{B_e}{T_a} \tag{8-10}$$

即样本通过滤波器时间(假定它等于平均时间)应小于滤波器中心频率的暂留时间。

(2) 满足平均电路的响应时间要求。采用 RC 电路平均时，要求 $T_R \geq 4K$，故

$$R_s \leq \frac{B_e}{4K} \tag{8-11}$$

(3) 控制滤波器输出的动态误差不致过大。前已叙述，要使理想滤波器输出的动态误差小于 2%，滤波器需有 $4/B_e \sim 8/B_e$ 的响应时间，由此，得

$$R_s \leq \frac{B_e^2}{8} \sim \frac{B_e^2}{4} \tag{8-12}$$

综合上述三点，对于真平均电路，R_s 可从式(8-10)和式(8-12)中选小值；对于 RC 平均电路，R_s 可从式(8-10)和式(8-11)中选小值。

若采用等百分比带宽滤波器，式(8-10)～式(8-12)仍适用，但由于滤波器带宽与中心频率成正比，故 R_s 的计算值在各频带段是不同的，应选择所有计算值中的最小值。

本节关于分析参数的选择方法，原则上可适用于 $x(t)$ 其他各统计特征的模拟处理。如果同一样本需作多个统计特征的模拟分析，一般应以谱密度分析时的需要为准。

8.2 谱窗、泄漏和平滑

本章以后各节将叙述功率谱密度的两种数字处理方法。为了便于叙述，首先介绍数字处理中的谱窗、泄漏和平滑的概念。

8.2.1 窗函数的概念

从有限长度样本得到的谱密度原始估计值 $\tilde{S}_x(f)$ (区别于后述的经平滑处理的估计值 $\hat{S}_x(f)$)用下式计算

$$\tilde{S}_x(f) = \int_{-\tau_m}^{\tau_m} R_x(\tau) e^{-j2\pi f \tau} d\tau \tag{8-13}$$

式中，τ_m——相关函数 $R_x(\tau)$ 的最大时移。

式(8-13)是用有限区间的积分来估计由式(6-47)所定义的真实谱密度 $S_x(f)$。可以把 $\tilde{S}_x(f)$ 看成是 $S_x(f)$ 在 $[-\tau_m, \tau_m]$ 区间截断的结果。这种截断必然导致误差的产生，是谱处理时必须考虑的一个问题。

式(8-13)可以改写为

$$\tilde{S}_x(f) = \int_{-\infty}^{+\infty} u(\tau) R_x(\tau) e^{-j2\pi f \tau} d\tau \tag{8-14}$$

式中，矩形函数

$$u(\tau) = \begin{cases} 1 & |\tau| \leq \tau_m \\ 0 & |\tau| > \tau_m \end{cases} \tag{8-15}$$

参照第1.2节中式(1-25)，$u(\tau)$ 的傅里叶变换为

$$U(f) = \begin{cases} 2\tau_m \dfrac{\sin 2\pi f \tau_m}{2\pi f \tau_m} & (f \neq 0) \\ 2\tau_m & (f = 0) \end{cases} \tag{8-16}$$

它们的图形如图8.3所示。根据傅里叶变换的卷积定理[式(1-22)]，式(8-14)可写为

$$\begin{aligned}\tilde{S}_x(f) &= \int_{-\infty}^{+\infty} S_x(f') U(f - f') df' \\ &= 2\tau_m \int_{-\infty}^{+\infty} S_x(f') \frac{\sin 2\pi (f - f') \tau_m}{2\pi (f - f') \tau_m} df' \qquad (f' \neq f)\end{aligned} \tag{8-17}$$

式中，$S_x(f)$ —— $R_x(\tau)$ 的傅里叶变换。

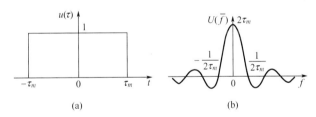

图 8.3　$u(\tau)$ 和 $U(\bar{f})$ 的图形

式(8-17)表明：$\tilde{S}_x(f)$ 是 $S_x(f)$ 在整个频率域上与 $U(f)$ 卷积的结果（$f' = f$ 时，$\tilde{S}_x(f) = 2\tau_m \int_{-\infty}^{+\infty} S_x(f) df$）。通常，把矩形函数称为窗函数，它在时域上的 $u(\tau)$ 称为矩形时移窗，在频域上 $U(f)$ 称为矩形谱窗。时移窗和谱窗互为傅里叶变换。

8.2.2　泄漏的概念

谱密度处理时，矩形窗函数的存在，使 $\tilde{S}_x(f)$ 相对于 $S_x(f)$ 产生畸变。例如，设正弦函数 $x(t) = A_0 \sin(2\pi f_0 t + \varphi)$ 的自相关函数为 $R_x(\tau) = \dfrac{A_0^2}{2} \cos 2\pi f_0 \tau$ [参阅式(6-39)]。按照式(1-33)，有

$$S_x(f) = \frac{A_0^2}{2} \int_{-\infty}^{+\infty} \cos(2\pi f_0 \tau) e^{-j2\pi f \tau} d\tau$$
$$= \frac{A_0^2}{4}[\delta(f-f_0) + \delta(f+f_0)] \tag{8-18}$$

即频率为 f_0 的正弦波的双边功率谱是在频率 $\pm f_0$ 处的两个脉冲函数。如果以单边功率谱表示，有

$$G_x(f) = \frac{A_0^2}{2}\delta(f-f_0) \qquad (f \geq 0) \tag{8-19}$$

将式(8-18)代入式(8-17)，得

$$\tilde{S}_x(f) = \frac{A_0^2}{2}\tau_m \left[\frac{\sin 2\pi(f-f_0)\tau_m}{2\pi(f-f_0)\tau_m} + \frac{\sin 2\pi(f+f_0)\tau_m}{2\pi(f+f_0)\tau_m}\right] \tag{8-20}$$

对于 $f>0$ 的情况，令 f_0 和 τ_m 满足 $0 \ll \frac{1}{\tau_m} \ll f_0$，则有

$$\tilde{S}_x(f) \approx \frac{A_0^2 \tau_m}{2} \frac{\sin 2\pi(f-f_0)\tau_m}{2\pi(f-f_0)\tau_m} \tag{8-21}$$

相应的单边功率谱为

$$\tilde{G}_x(f) \approx A_0^2 \tau_m \frac{\sin 2\pi(f-f_0)\tau_m}{2\pi(f-f_0)\tau_m} \tag{8-22}$$

它们在 $f = f_0$ 处得最大值，即

$$\tilde{G}_x(f)\big|_{\max} = \tilde{G}_x(f_0) = \lim_{f \to f_0} \frac{A_0^2 \tau_m \sin 2\pi(f-f_0)\tau_m}{2\pi(f-f_0)\tau_m} = A_0^2 \tau_m$$

$G_x(f)$ 及 $\tilde{G}_x(f)$ 的图形如图 8.4 所示。由图可知，由于积分区间的有限性，使 $G_x(f)$ 在 f_0 处的脉冲，变成以 f_0 为中心的 $\frac{\sin\theta}{\theta}$ 型连续函数。这个连续函数在原来的脉冲位置 f_0 处达到最大值 $A_0^2\tau_m$，从而形成谱曲线的主峰，成为主瓣。在主瓣两侧还出现一系列小峰，称为副瓣。这意味着，原来集中于一个频率的功率，由于副瓣(后边将讲到)的存在，被分散到一个较宽的频率范围上，这种功率分散的效应称为泄漏。泄漏效应的产生，降低了谱估计的精度。

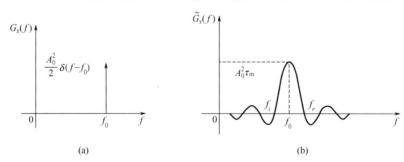

图 8.4　正弦函数的理论谱 $G_x(f)$ 及原始估计谱 $\tilde{G}_x(f)$

上述特例可以推广至任意类型的函数。图 8.5 是任意函数谱估计时泄漏效应的影响示意图。图 8.5(a)为某随机过程的真实单边功率谱，图 8.5(b)为谱窗 $U(f')$。按卷积的图解方法(参阅图 1.8)得到原始估计值 $\tilde{G}_x(f)$ 如图 8.5(e)上的实线所示。图 8.5(e)中虚线为 $G_x(f)$。由图看

到，原来比较光滑的 $G_x(f)$ 曲线，经用谱窗 $U(f)$ 卷积之后，得到的是一条具有"皱波"的非光滑曲线。皱波的形成，完全是因为谱窗函数在主瓣两侧出现正负相间的副瓣，使 $\tilde{G}_x(f)$ 偏离 $G_x(f)$ 所致。这种偏离就是统计误差中的方差项。因此，为了减小统计误差，必须抑制泄漏。

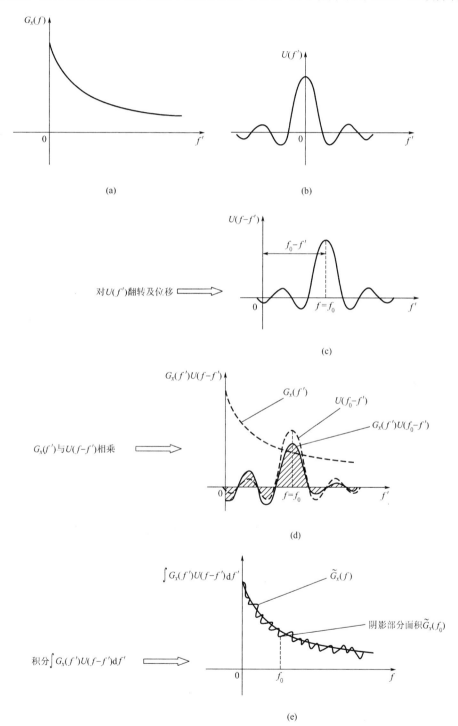

图 8.5 泄漏效应对谱估计的影响

8.2.3 抑制泄漏的措施

从图 8.5 还可以看出，泄漏的程度取决于谱窗副瓣的大小。较小的副瓣，使乘积 $G_x(f')U(f_0-f')$ 曲线下[图 8.5(d)]的负面积较小，于是 $\tilde{G}_x(f)$ 曲线具有较小的皱波。因此，为了抑制泄漏，应选择副瓣较小的谱窗函数。

工程上，提出了多种形式的谱窗，常用的有哈宁(Hanning)窗和海明(Hamming)窗。

1) 哈宁窗

哈宁时移窗的函数式为

$$d(\tau) = \begin{cases} \dfrac{1}{2}\left[1+\cos\dfrac{\pi\tau}{\tau_m}\right] & |\tau| \leqslant \tau_m \\ 0 & |\tau| > \tau_m \end{cases} \tag{8-23}$$

相应的谱窗为

$$D(f) = \frac{1}{2}U(f) + \frac{1}{4}U\left(f - \frac{1}{2\tau_m}\right) + \frac{1}{4}U\left(f + \frac{1}{2\tau_m}\right) \tag{8-24}$$

从式(8-24)可看到，哈宁谱窗是由一个压低 $\dfrac{1}{2}$ 的矩形谱窗 $U(f)$ 和两个各左右位移 $\dfrac{1}{2\tau_m}$、峰高为 $\dfrac{1}{4}U(f)$ 的谱窗迭加而成的。图 8.6 所示为 $D(f)$ 的图形，图中虚线是三个变异矩形谱窗。

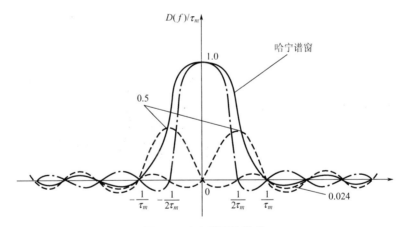

图 8.6 哈宁谱窗的构成

比较图 8.3 和图 8.6 可知，矩形谱窗 $U(f)$ 的主瓣高为 $2\tau_m$，宽为 $\dfrac{1}{\tau_m}$，第一副瓣的高约为主瓣高的 20%；而谱窗 $D(f)$ 的主瓣高为 τ_m，宽为 $\dfrac{2}{\tau_m}$，第一副瓣高约为主瓣高的 2.4%。可见，哈宁窗的副瓣有明显地降低，达到了抑制泄漏的目的。但是它的主瓣宽却加大了一倍。这就是说，减少泄漏是以展宽主瓣为代价。主瓣的展宽意味着分析带宽扩展，从而使功率谱图形的分辨能力降低。所以，为了减小统计误差中的方差项误差，必须抑制泄漏，降低副瓣高度，但导致主瓣展宽，分辨力降低，增大偏度误差。反之，为了提高谱分析的分辨力，减小偏度误差，需要收缩主瓣宽度，但导致副瓣加大，泄漏增加。因此，处理功率谱时，往往需要在提高分辨力和减小泄漏两者之间作折中考虑。

2) 海明窗

海明时移窗的函数式为

$$w(\tau) = \begin{cases} 0.54 + 0.46\cos\dfrac{\pi\tau}{\tau_m} & |\tau| \leqslant \tau_m \\ 0 & |\tau| > \tau_m \end{cases} \quad (8\text{-}25)$$

相应的海明谱窗为

$$W(f) = 0.54U(f) + 0.23U\left(f - \dfrac{1}{2\tau_m}\right) + 0.23U\left(f + \dfrac{1}{2\tau_m}\right) \quad (8\text{-}26)$$

式(8-26)与式(8-24)比较，两者结构一样，只是前者的系数做了调整，以进一步抑制泄漏，压低副瓣高。海明谱窗的主瓣宽与哈宁窗一样，但主瓣高约为 $1.08\tau_m$，第一副瓣高接近于零。因此，减少泄漏的效果更好一些。

功率谱处理时，究竟选用哪种窗函数为宜，应根据相关函数的类型及对谱处理的精度要求，并结合处理的实践经验决定。

必须指出，泄漏效应并没有使随机过程的总功率有所损失。例如，运用式(1-28)，由式(8-18)得正弦函数均方值的真值为

$$\psi_x^2 = \int_{-\infty}^{+\infty} S_x(f)\mathrm{d}f = \dfrac{A_0^2}{2}$$

由式(8-20)得

$$\psi_x^2 = \int_{-\infty}^{+\infty} \tilde{S}_x(f)\mathrm{d}f = \dfrac{A_0^2}{2}\int_{-\infty}^{+\infty}\left[\dfrac{\sin 2\pi(f-f_0)\tau_m}{2\pi(f-f_0)} + \dfrac{\sin 2\pi(f+f_0)\tau_m}{2\pi(f+f_0)}\right]\mathrm{d}f = \dfrac{A_0^2}{2}$$

可见，随机过程的功率并无损失。

8.2.4 数字序列的窗函数

采用数字技术进行功率谱分析时，需把上述连续函数的窗、泄漏的概念推广到离散数字序列的范畴。

设离散自相关函数为 $R_{xr} = R_x(r\Delta t) = E[x_n x_{n+r}]$（$x_n$、$x_{n+r}$ 是连续信号 $x(t)$ 第 n 点和 $n+r$ 点的采样值，时移数 $r = \dfrac{\tau}{\Delta t}$ 可取 $-\infty < r < +\infty$ 的整数），则按式(7-2)，单边功率谱的离散形式可写作

$$G_x(f) = 2\Delta t \sum_{r=-\infty}^{+\infty} R_{xr} \cos 2\pi f r\Delta t \quad (8\text{-}27)$$

对有限长度记录，时移 τ 只能取有限区间 $-\tau_m$ 到 τ_m，故单边功率谱的原始估计值为

$$\tilde{G}_x(f) = 2\Delta t \sum_{r=-m}^{m} R_{xr} \cos 2\pi f r \Delta t \tag{8-28}$$

式中，$m = \dfrac{\tau_m}{\Delta t}$ 为最大时移数。

同连续情形一样，式(8-28)可改写为

$$\tilde{G}_x(f) = 2\Delta t \sum_{r=-\infty}^{+\infty} u_r R_{xr} \cos 2\pi f r \Delta t$$

把频率区间 $\left[0, \dfrac{1}{2\Delta t}\right]$ 作 m 等分，得离散频率 0、$\dfrac{1}{2\Delta tm}$、$\dfrac{2}{2\Delta tm}$、$\cdots$、$\dfrac{k}{2\Delta tm}$、$\cdots$、$\dfrac{m}{2\Delta tm}$（其中 $k=0,1,\cdots,m$），故 $2\pi f r \Delta t = \dfrac{\pi k r}{m}$。代入上式并简写 $\tilde{G}_x(f) = \tilde{G}_x \times \left(\dfrac{k}{2\Delta tm}\right) = \tilde{G}_k$，则有

$$\tilde{G}_k = 2\Delta t \sum_{r=-\infty}^{+\infty} u_r R_{xr} \cos \dfrac{\pi k r}{m} \tag{8-29}$$

式中，u_r——矩形数字时移窗，由下式定义

$$u_r = \begin{cases} 1 & |r| \leq m \\ 0 & |r| > m \end{cases} \tag{8-30}$$

相应的离散傅里叶变换

$$U_k = 2m\Delta t \dfrac{\sin \pi k}{\pi k} \tag{8-31}$$

称为矩形数字谱窗。

数字序列的谱窗、泄漏的概念类同于连续情形，并有相应的哈宁数字窗和海明数字窗。

1) 哈宁数字窗

哈宁数字时移窗

$$d_r = \begin{cases} \dfrac{1}{2}\left[1 + \cos \dfrac{\pi r}{m}\right] & |r| \leq m \\ 0 & |r| > m \end{cases} \tag{8-32}$$

哈宁数字谱窗

$$D_k = \dfrac{1}{2} U_k + \dfrac{1}{4} U_{k-1} + \dfrac{1}{4} U_{k+1} \tag{8-33}$$

2) 海明数字窗

海明数字时移窗

$$w_r = \begin{cases} 0.54 + 0.46 \cos \dfrac{\pi r}{m} & |r| \leq m \\ 0 & |r| > m \end{cases} \tag{8-34}$$

海明数字谱窗

$$W_k = 0.54U_k + 0.23U_{k-1} + 0.23U_{k+1} \tag{8-35}$$

8.2.5 平滑处理

前述抑制泄漏的措施，是通过对原数据选用适当窗函数达到，反映在频域上的效果是使 $\tilde{G}_x(f)$ 的皱波减小。实际上这一效果也可以从另一角度达到：用矩形时移窗得到 $\tilde{G}_x(f)$ 或 $\tilde{G}_k$，然后对 $\tilde{G}_x(f)$ 或 $\tilde{G}_k$ 进行光滑。数据处理中，常把原始估计值在频域上进行光滑的措施称为平滑处理。平滑的结果得到一条较为光滑的曲线，从而减少了谱处理的统计误差。

图 8.7 是 $\tilde{G}_x(k)$ 平滑处理示意图，图中实线是 $\tilde{G}_x(k)$，虚线是 $G_x(k)$。平滑处理时，对于 $f_k = \dfrac{k}{2m\Delta t}$ 处的 $\tilde{G}_k$ 值，参考前后两点 $f_{k-1} = \dfrac{k-1}{2m\Delta t}$ 和 $f_{k+1} = \dfrac{k+1}{2m\Delta t}$ 处的 $\tilde{G}_{k-1}$ 和 $\tilde{G}_{k+1}$ 值，以圆滑过渡为准进行修正，称修正后的估计值为平滑估计值，记为 $\hat{G}_k$，以区别未经平滑的原始估计值 $\tilde{G}_k$。

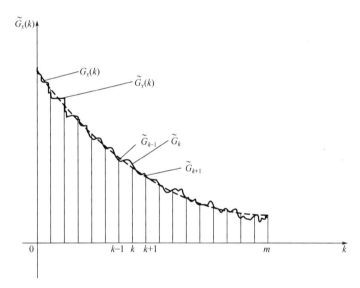

图 8.7 平滑处理示意图

平滑处理时，$\hat{G}_k$ 用下式计算

$$\begin{aligned}\hat{G}_k &= \frac{1}{2}\left[\frac{1}{2}(\tilde{G}_{k-1}+\tilde{G}_k)+\frac{1}{2}(\tilde{G}_k+\tilde{G}_{k+1})\right] \\ &= \frac{1}{4}\tilde{G}_{k-1}+\frac{1}{2}\tilde{G}_k+\frac{1}{4}\tilde{G}_{k+1} \qquad (k=1,2,\cdots,m-1)\end{aligned} \tag{8-36}$$

在 $k=0$ 及 $k=m$ 处，取

$$\left.\begin{aligned}\hat{G}_0 &= \frac{1}{2}\left[\tilde{G}_0+\tilde{G}_1\right] \\ \hat{G}_m &= \frac{1}{2}\left[\tilde{G}_{m-1}+\tilde{G}_m\right]\end{aligned}\right\} \tag{8-37}$$

式 (8-36) 和式 (8-37) 是平滑处理中的常用公式，但不是唯一的。

8.2.6 抑制泄漏与平滑处理的关系

为了建立两种方法的内在联系，先分析选用哈宁数字窗得到的 $\hat{G}_k^*$。参考式(8-29)得

$$\hat{G}_k^* = 2\Delta t \sum_{r=-\infty}^{+\infty} d_r R_{xr} \cos \frac{\pi kr}{m}$$
$$= 2\Delta t \left[d_0 R_{x0} + 2\sum_{r=1}^{m-1} d_r R_{xr} \cos \frac{\pi kr}{m} + (-1)^k d_m R_{xm} \right] \quad (8\text{-}38)$$

从式(8-32)得，$r=0$ 时，$d_0=1$；$r=m$ 时，$d_m=0$，于是

$$\hat{G}_k^* = 2\Delta t \left[R_{x0} + 2\sum_{r=1}^{m-1} d_r R_{xr} \cos \frac{\pi kr}{m} \right] \quad (8\text{-}39)$$

在 $k=0$ 处，有

$$\hat{G}_0^* = 2\Delta t \left[R_{x0} + \sum_{r=1}^{m-1} R_{xr} \left(1 + \cos \frac{\pi r}{m} \right) \right] \quad (8\text{-}40)$$

另外，如果采用矩形数字窗，由式(8-29)得到 $k=0$ 处的原始估计值为

$$\tilde{G}_0 = 2\Delta t \left[R_{x0} + 2\sum_{r=1}^{m-1} R_{xr} + R_{xm} \right] \quad (8\text{-}41)$$

在 $k=1$ 处，有

$$\tilde{G}_1 = 2\Delta t \left[R_{x0} + 2\sum_{r=1}^{m-1} R_{xr} \cos \frac{\pi r}{m} - R_{xm} \right] \quad (8\text{-}42)$$

若按式(8-37)进行平滑处理，得

$$\hat{G}_0 = \frac{1}{2}\left[\tilde{G}_0 + \tilde{G}_1 \right] = 2\Delta t \left[R_{x0} + \sum_{r=1}^{m-1} R_{xr} \left(1 + \cos \frac{\pi r}{m} \right) \right]$$

把上式与式(8-40)比较，得

$$\hat{G}_0 = \hat{G}_0^*$$

同理，可证明

$$\hat{G}_m = \hat{G}_m^*$$
$$\hat{G}_k = \hat{G}_k^*$$

可见，用哈宁窗作抑制泄漏处理，与 $\tilde{G}_x(f)$ 在频域上作平滑处理等价。数据处理时，是对原始数据进行抑制泄漏处理，还是在频域上作平滑处理，可视数据处理的方便决定。

8.3 谱密度数字处理（Ⅰ）——相关函数法

数字法计算功率谱密度有两种方法：①通过对平稳数据的自相关函数做傅里叶变换得到，称为相关函数法；②直接对数值序列 $\{x_n\}$ 进行快速傅里叶变换(FFT)得到，称为直接计算法

(又称为 FFT 法)。相关函数法是快速傅里叶变换计算方法出现以前，计算谱密度的传统方法。本节介绍这一方法的计算步骤。

8.3.1 自谱处理的一般步骤

设 $\{x_n\}(n=0,1,\cdots,N-1)$ 是从连续信号 $x(t)$ 按采样定理取得的离散数字序列，其均值为零[若不为零，可按式(7-39)处理为零]。它的自相关函数可由下式计算

$$\tilde{R}_{xr} = \frac{1}{N-r}\sum_{n=0}^{N-r-1} x_n x_{n+r} \tag{8-43}$$

式中，$\tilde{R}_{xr} = \tilde{R}_x(r\Delta t)$；
$x_n = x(n\Delta t)$；
$x_{n+r} = x(n\Delta t + r\Delta t)$；
r,m——同前。

运用式(8-29)，得自谱原始估计值为

$$\tilde{G}_k = 2\Delta t\left[\tilde{R}_{x0} + 2\sum_{r=1}^{m-1}\tilde{R}_{xr}\cos\frac{\pi kr}{m} + (-1)^k R_{xm}\right] \quad (k=0,1,\cdots,m) \tag{8-44}$$

式(8-44)中，$\tilde{G}_k$ 的数目与自相关函数的数目均有 $m+1$ 个，从而充分利用了所有自相关信息。

若选用哈宁数据窗进行抑制泄漏处理，得到平滑估计值[参阅式(8-39)]

$$\begin{aligned}\hat{G}_k &= 2\Delta t\left[\tilde{R}_{x0} + 2\sum_{r=1}^{m-1} d_r\tilde{R}_{xr}\cos\frac{\pi kr}{m}\right]\\ &= 2\Delta t\left[\tilde{R}_{x0} + 2\sum_{r=1}^{m-1}\hat{R}_{xr}\cos\frac{\pi kr}{m}\right]\end{aligned} \tag{8-45}$$

式中

$$\hat{R}_{xr} = d_r\tilde{R}_{xr} \tag{8-46}$$

由此，用相关函数法计算自谱时，大致分为两大步：①计算自相关函数；②对自相关函数进行离散傅里叶变换，具体步骤如下。

(1) 对连续信号 $x(t)$（零均值）进行采样，得到 N 个数值的离散序列 $\{x_n\}$，并按第 7.2 节所述进行必要的预处理。

(2) 按式(7-43)计算自相关函数的原始估计值，得 $\{\tilde{R}_{xr}\}$。

(3) 选用数字窗，若选用哈宁窗，则按式(8-46)计算自相关函数平滑估计值，得 $\{\hat{R}_{xr}\}$。

(4) 对不同频率 $f_k = \dfrac{k}{2m\Delta t}$，以 $\hat{R}_{xr}$ 代入式(8-45)(若选用哈宁窗)，得 $\{\hat{G}_k\}$。

(5) 绘制自谱图 $\hat{G}_k \sim f$。

假若仅需计算某频率 $f_{k'} = \dfrac{k'}{2m\Delta t}$ 处的自谱，则从第(3)步开始，执行如下步骤。

(3)′ 计算 $f_{k'-1}$、$f_{k'}$、$f_{k'+1}$ 处的自谱原始估计值：

$$\tilde{G}_{k'} = 2\Delta t \left[\tilde{R}_{x r} + 2\sum_{r=1}^{m-1} \tilde{R}_{x r} \cos\frac{\pi k' r}{m} + (-1)^{k'} \tilde{R}_{x m} \right]$$

$\tilde{G}_{k'-1}$ 及 $\tilde{G}_{k'+1}$ 的计算只要以 $(k'-1)$、$(k'+1)$ 代替 k' 即可。

(4)' 按式(8-36)和式(8-37)计算自谱平滑估计值，即

$$\hat{G}_{k'} = \begin{cases} D_1 \tilde{G}_0 + 2D_0 \tilde{G}_1 & (k'=0) \\ D_0 \tilde{G}_{k'-1} + D_1 \tilde{G}_{k'} + D_0 \tilde{G}_{k'+1} & (k' \neq 0, m) \\ D_1 \tilde{G}_m + 2D_0 \tilde{G}_{m-1} & (k'=m) \end{cases}$$

式中

$$D_0 = \begin{cases} 0.25 & \text{对于哈宁窗} \\ 0.23 & \text{对于海明窗} \end{cases}$$

$$D_1 = \begin{cases} 0.50 & \text{对于哈宁窗} \\ 0.54 & \text{对于海明窗} \end{cases}$$

8.3.2 分析参数的选择

采用相关法计算时，分析参数的选取如下。

1) 采样间隔

按第7.2节所述，通常先对 $x(t)$ 作低通滤波，使信号中最高频率不大于 f_m（需分析的最高频率）。由于这里自相关函数仅作为谱计算的中间量，建议选 $\Delta t = \dfrac{2}{5 f_m}$。

2) 最大时移数 m

m 可按

$$m = \frac{1}{B_e \Delta t} \tag{8-47}$$

选取。其中 B_e 为功率谱计算时所希望的分辨带宽。

3) 采样容量 N 和记录长度 T_r

N 可按

$$N = \frac{m}{\sigma_G^2} \tag{8-48}$$

选取。其中 σ_G 为式(7-13)定义的标准误差，可根据处理精度要求给定。

最小记录长度

$$T_r = N \Delta t \tag{8-49}$$

分析参数选择的是否得当，对数据处理的精度和效率影响很大。上述诸式仅给出了各参数间的相互关系，实际处理时，操作者的实践经验有助于分析参数的正确选择。

8.3.3 互谱处理简述

两个随机过程的样本 $x(t)$ 和 $y(t)$ 的互谱，可以通过式(6-67)所定义的共谱 $A_{xy}(f)$ 及式(6-68)所定义的重谱 $B_{xy}(f)$ 来确定。

由式(6-67)和式(6-68)运用式(6-43)，分别得到

$$A_{xy}(f) = 4\int_0^{+\infty} Q(\tau)\cos 2\pi f\tau \, d\tau \tag{8-50}$$

$$B_{xy}(f) = 4\int_0^{+\infty} V(\tau)\sin 2\pi f\tau \, d\tau \tag{8-51}$$

式中

$$Q(\tau) = \frac{1}{2}\left[R_{xy}(\tau) + R_{yx}(\tau)\right] \tag{8-52}$$

$$V(\tau) = \frac{1}{2}\left[R_{xy}(\tau) - R_{yx}(\tau)\right] \tag{8-53}$$

运用离散傅里叶变换式(7-2)，得

$$A_{xy}(k) = 4\Delta t \sum_{r=0}^{+\infty} Q_r \cos\frac{\pi kr}{m}$$

$$B_{xy}(k) = 4\Delta t \sum_{r=0}^{+\infty} V_r \sin\frac{\pi kr}{m}$$

它们的原始估计值用下式计算

$$\left.\begin{array}{l} \tilde{A}_{xy}(k) = 2\Delta t\left[\hat{Q}_0 + 2\sum\limits_{r=1}^{m-1}\hat{Q}_r \cos\dfrac{\pi kr}{m} + (-1)^k\hat{Q}_m\right] \\ \tilde{B}_{xy}(k) = 4\Delta t\sum\limits_{r=1}^{m-1}\hat{V}_r \sin\dfrac{\pi kr}{m} \end{array}\right\} \tag{8-54}$$

式中

$$\tilde{A}_{xy}(k) = \tilde{A}_{xy}\left(\frac{k}{2m\Delta t}\right) \qquad (k = 0, 1, \cdots, m)$$

$$\tilde{B}_{xy}(k) = \tilde{B}_{xy}\left(\frac{k}{2m\Delta t}\right)$$

$$\hat{Q}_r = \hat{Q}(r\Delta t) = \frac{1}{2}\left[\hat{R}_{xy}(r\Delta t) + \hat{R}_{yx}(r\Delta t)\right]$$

$$\hat{V}_r = \hat{V}(r\Delta t) = \frac{1}{2}\left[\hat{R}_{xy}(r\Delta t) - \hat{R}_{yx}(r\Delta t)\right]$$

$$\hat{R}_{xy}(r\Delta t) = \frac{1}{N-r}\sum_{n=0}^{N-r-1} x_n y_{n+r}$$

$$\hat{R}_{yx}(r\Delta t) = \frac{1}{N-r}\sum_{n=0}^{N-r-1} y_n x_{n+r}$$

为了提高互谱估计的精度，需分别对共谱和重谱的原始估计值进行平滑处理。若选用哈宁数据窗，则平滑估计值为

$$\left.\begin{aligned}
\hat{A}_{xy}(0) &= \frac{1}{2}\tilde{A}_{xy}(0) + \frac{1}{2}\tilde{A}_{xy}(1) \\
\hat{B}_{xy}(0) &= \frac{1}{2}\tilde{B}_{xy}(0) + \frac{1}{2}\tilde{B}_{xy}(1) \\
\hat{A}_{xy}(k) &= \frac{1}{4}\tilde{A}_{xy}(k-1) + \frac{1}{2}\tilde{A}_{xy}(k) + \frac{1}{4}\tilde{A}_{xy}(k+1) \\
\hat{B}_{xy}(k) &= \frac{1}{4}\tilde{B}_{xy}(k-1) + \frac{1}{2}\tilde{B}_{xy}(k) + \frac{1}{4}\tilde{B}_{xy}(k+1) \\
\hat{A}_{xy}(m) &= \frac{1}{2}\tilde{A}_{xy}(m-1) + \frac{1}{2}\tilde{A}_{xy}(m) \\
\hat{B}_{xy}(m) &= \frac{1}{2}\tilde{B}_{xy}(m-1) + \frac{1}{2}\tilde{B}_{xy}(m)
\end{aligned}\right\} \quad (8\text{-}55)$$

由此可得到 $m+1$ 个互谱平滑估计值，即

$$\hat{G}_{xy}(k) = \left|\hat{G}_{xy}(k)\right| e^{-j\hat{\theta}_{xy}(k)} \quad (8\text{-}56)$$

式中

$$\left|\hat{G}_{xy}(k)\right| = \left[\hat{A}_{xy}^2(k) + \hat{B}_{xy}^2(k)\right]^{\frac{1}{2}} \quad (8\text{-}57)$$

$$\hat{\theta}_{xy}(k) = \arctan\left[\frac{\hat{B}_{xy}(k)}{\hat{A}_{xy}(k)}\right] \quad (8\text{-}58)$$

互谱密度的运算步骤可参照自谱的运算步骤。

8.4 快速傅里叶变换

根据傅里叶变换的帕塞伐定理，把式(6-21)改写为

$$\psi_x^2 = \int_{-\infty}^{+\infty} \lim_{T\to\infty}\frac{1}{T}\left|X_T(f)\right|^2 df$$

并与式(6-52)比较，得到

$$\begin{aligned}
S_x(f) &= \lim_{T\to\infty}\frac{1}{T}\left|X_T(f)\right|^2 \\
&= \lim_{T\to\infty}\frac{1}{T}\left|\int_0^T x(t)e^{-j2\pi ft}dt\right|^2 \quad (-\infty < f < +\infty)
\end{aligned} \quad (8\text{-}59)$$

同理，有

$$G_x(f) = \lim_{T \to \infty} \frac{2}{T} \left| \int_0^T x(t) e^{-j2\pi ft} dt \right|^2 \qquad (0 < f < \infty) \qquad (8\text{-}60)$$

式(8-59)及式(8-60)表明，功率谱密度可以直接通过平稳过程样本 $x(t)$ 的傅里叶变换，经适当运算后得到。它是直接计算法求助功率谱密度的数学依据。

对于有限长度样本，得到谱密度原始估计值为

$$\tilde{G}_x(f) = \frac{2}{T} \left| \int_0^T x(t) e^{-j2\pi ft} dt \right|^2 \qquad (8\text{-}61)$$

相应的离散形式为

$$\tilde{G}_k = \tilde{G}_x(f_k) = \frac{2\Delta t}{N} \left| \sum_{n=0}^{N-1} x_n e^{-j2\pi kn/N} \right|^2 = \frac{2\Delta t}{N} |X_k|^2 \qquad (8\text{-}62)$$

式中，x_n 同前，$n=0, 1, 2, \cdots, N-1$；

$f_k = \dfrac{2kf_c}{N} = \dfrac{k}{N\Delta t}$，由频率区间 $[0, f_c]$ 作 $\dfrac{N}{2}$ 等分得到，$k = 0, 1, \cdots, \dfrac{N}{2}$；

$N = \dfrac{T}{\Delta t}$，数据总数，T 为样本长度，$\Delta t = \dfrac{1}{2f_c}$；

$X_k = \sum_{n=0}^{N-1} x_n e^{-j2\pi n/N}$，称为傅里叶分量。

用式(8-62)计算谱密度时，对于每一给定频率 f_k，须做 N 次乘法运算和 $N-1$ 次加法运算。如果 k 从 0 到 $N-1$，则需进行 N^2 次乘法运算和 $N(N-1)$ 次加法运算。当 N 较大时，由于计算量太大，以致直接计算法难以实现。直到 1965 年出现了快速傅里叶变换(FFT)的计算方法后，直接计算法才在谱分析中得到实际应用，并有取代相关函数法的趋势。快速傅里叶变换，是一种离散傅里叶变换的计算机算法。它可使运算次数减为约 $N\log_2 N$ 次，从而大大节省了计算机占机时间。同时，运算次数的大量减少，也使计算机因有限字长引起的舍入误差减少，提高了计算精度。本节介绍 FFT 算法的基本原理。

8.4.1 FFT 算法的基本思路

重写上述傅里叶分量

$$X_k = X\left(\frac{k}{N\Delta t}\right) = \sum_{n=0}^{N-1} x_n e^{-j2\pi kn/N} = \sum_{n=0}^{N-1} x_n W^{nk}$$

式中，$W = e^{-j2\pi/N}$。

由于 X_k、x_n 分别是变量 k 和 n 的函数，为便于叙述，不妨改记为 $X(k)$ 和 $x(n)$，即

$$X(k) = \sum_{n=0}^{N-1} x(n) W^{nk} \qquad (8\text{-}63)$$

这里对应 $[0, 2f_c]$，k 取 $0, 1, 2, \cdots, N-1$。为了适应编制计算机程序和提高计算效率，假设数据总量 $N = 2^m$。实际中，如果 $N \neq 2^m$，可以用补零或截断数列的办法凑整为最接近的 $N' = 2^m$。这时，需补 $(N'-N)$ 个零，或截去 $(N-N')$ 个数据。

现以 $N=2^2$（$m=2$）为例，说明 FFT 算法的基本思路。

首先，把十进制整数 k 和 n 表示成二进制数：

$$k = 0,1,2,3 \rightarrow k = (k_1 k_0) = 00, 01, 10, 11$$

$$n = 0,1,2,3 \rightarrow n = (n_1 n_0) = 00, 01, 10, 11$$

或写为

$$\left. \begin{array}{l} k = 2k_1 + k_0 \\ n = 2n_1 + n_0 \end{array} \right\} \tag{8-64}$$

式中，k_1, k_0 和 n_1, n_0 各只取 0，1。

于是式(8-63)表为

$$X(k_1 k_0) = \sum_{n_0=0}^{1} \sum_{n_1=0}^{1} x(n_1 n_0) W^{(2n_1+n_0)(2k_1+k_0)} \tag{8-65}$$

因为 $W^N = e^{-j2\pi} = 1$，故

$$W^{(2n_1+n_0)(2k_1+k_0)} = W^{2n_1(2k_1+k_0)} W^{n_0(2k_1+k_0)} = W^{2n_1 k_0} W^{n_0(2k_1+k_0)}$$

代入式(8-65)，得

$$X(k_1 k_0) = \sum_{n_0=0}^{1} \left[\sum_{n_1=0}^{1} x(n_1 n_0) W^{2n_1 k_0} \right] W^{n_0(2k_1+k_0)}$$

令

$$\left. \begin{array}{l} x_1(k_0 n_0) = \sum\limits_{n_1=0}^{1} x(n_1 n_0) W^{2n_1 k_0} \\ x_2(k_0 k_1) = \sum\limits_{n_0=0}^{1} x_1(k_0 n_0) W^{n_0(2k_1+k_0)} \end{array} \right\} \tag{8-66}$$

则

$$X(k_1 k_0) = x_2(k_0 k_1)$$

方程组(8-66)中，第二个方程由第一个方程递推而得，它是 FFT 算法的基本思路。

为了看清这一算法如何节省乘法运算（计算机占机时间主要取决于乘法运算次数），逐个列出式(8-66)第一式所表示的方程组：

$$\left. \begin{array}{l} x_1(00) = x(00) + x(10) W^0 \\ x_1(01) = x(01) + x(11) W^0 \\ x_1(10) = x(00) + x(10) W^2 \\ x_1(11) = x(01) + x(11) W^2 \end{array} \right\} \tag{8-67}$$

它的矩阵表达式为

$$\begin{bmatrix} x_1(00) \\ x_1(01) \\ x_1(10) \\ x_1(11) \end{bmatrix} = \begin{bmatrix} 1 & 0 & W^0 & 0 \\ 0 & 1 & 0 & W^0 \\ 1 & 0 & W^2 & 0 \\ 0 & 1 & 0 & W^2 \end{bmatrix} \begin{bmatrix} x(00) \\ x(01) \\ x(10) \\ x(11) \end{bmatrix} \tag{8-68}$$

显然，计算矩阵元素 $x_1(00)$ 要用一次乘法和一次加法，而计算 $x_1(10)$ 时，因 $W^2 = -W^0$，故 $x_1(10) = x(00) + x(10)W^2 = x(00) - x(10)W^0$。其中 $x(10)W^0$ 已经在计算 $x_1(00)$ 时得到，所以 $x_1(10)$ 只需作一次减法运算即可。同理，$x_1(01)$ 需作一次乘法和一次加法运算，而 $x_1(11)$ 只需作一次减法运算。整个中间量 $x_1(k_0 n_0)$ 需作四次加法和二次乘法运算。

方程组(8-66)第二式的矩阵表达式为

$$\begin{bmatrix} x_2(00) \\ x_2(01) \\ x_2(10) \\ x_2(11) \end{bmatrix} = \begin{bmatrix} 1 & W^0 & 0 & 0 \\ 1 & W^2 & 0 & 0 \\ 0 & 0 & 1 & W^1 \\ 0 & 0 & 1 & W^3 \end{bmatrix} = \begin{bmatrix} x_1(00) \\ x_1(01) \\ x_1(10) \\ x_1(11) \end{bmatrix} \tag{8-69}$$

不难推知，$x_2(k_0 k_1)$ 也只需作四次加法和二次乘法(运用 $W^3 = -W^1$)。这样，用式(8-66)计算 $X(k_1 k_0)$ 总共需作四次乘法和八次加法。但若用式(8-63)计算，总共需作十六次乘法和十二次加法运算。当 N 很大时，两种方法的运算次数相差更大。因此，式(8-66)大大加快了离散傅里叶变换的运算速度。

必须指出，式(8-66)所得结果 $x_2(k_0 k_1)$ 与所需结果 $X(k_1 k_0)$ 比较，k_0 与 k_1 互换了位序。若 $X(k_1 k_0)$ 按自然顺序排列应为

$$X(k_1 k_0) = \begin{bmatrix} X(00) \\ X(01) \\ X(10) \\ X(11) \end{bmatrix} = \begin{bmatrix} X(0) \\ X(1) \\ X(2) \\ X(3) \end{bmatrix}$$

但 $x_2(k_0 k_1)$ 按式(8-64)改写为十进制数的排列顺序为

$$x_2(k_0 k_1) = \begin{bmatrix} x_2(00) \\ x_2(01) \\ x_2(10) \\ x_2(11) \end{bmatrix} \rightarrow x_2'(k_1 k_0) = \begin{bmatrix} x_2'(00) \\ x_2'(10) \\ x_2'(01) \\ x_2'(11) \end{bmatrix} = \begin{bmatrix} X(0) \\ X(2) \\ X(1) \\ X(3) \end{bmatrix}$$

可见，式(8-69)表示的外层求和结果是乱序的。当原始数列 $x(n_1 n_0)$ 按自然顺序排列 ($x(00), x(01), x(10), x(11)$)，计算结果 $x_2(k_0 k_1)(x_2(00), x_2(01), x_2(10), x_2(11))$ 需将二进制数改为逆序 $x_2'(k_1 k_0)$ 后，才是对应的傅里叶分量 $X(k_1 k_0)$。实际计算时，也可以把 $x(n_1 n_0)$ 先按二进制数位的逆序排列，然后按式(8-68)和式(8-69)计算，所得结果就是按自然顺序排列的最终结果，即

$$\begin{bmatrix} x(0) \\ x(1) \\ x(2) \\ x(3) \end{bmatrix} = \begin{bmatrix} x(00) \\ x(01) \\ x(10) \\ x(11) \end{bmatrix} = x(n_1 n_0) \rightarrow x'(n_0 n_1) = \begin{bmatrix} x'(00) \\ x'(10) \\ x'(01) \\ x'(11) \end{bmatrix} = \begin{bmatrix} x'(0) \\ x'(2) \\ x'(1) \\ x'(3) \end{bmatrix}$$

将 $x'(n_0 n_1)$ 代入式(8-68)和式(8-69)，得到相应的 $x_2'(k_1 k_0) = X(k_1 k_0)$，即

$$x_2'(k_1k_0) = \begin{bmatrix} x_2'(00) \\ x_2'(01) \\ x_2'(10) \\ x_2'(11) \end{bmatrix} = \begin{bmatrix} X(0) \\ X(1) \\ X(2) \\ X(3) \end{bmatrix}$$

显然，这种形式的计算结果对实际运用更为方便。

8.4.2 2^m 的 FFT 算法

上述 $N = 2^2$ 的 FFT 算法的基本原理，可以推广至 $N = 2^m$ 的一般情况。这里 m 取任意正整数。

当 $N = 2^m$ 时，k 和 n 的二进制数可表示为

$$\left. \begin{array}{l} k = 2^{m-1}k_{m-1} + 2^{m-2}k_{m-2} + \cdots + k_0 \\ n = 2^{m-1}n_{m-1} + 2^{m-2}n_{m-2} + \cdots + n_0 \end{array} \right\} \tag{8-70}$$

于是，式(8-63)改写为

$$X(k_{m-1}k_{m-2}\cdots k_0) = \sum_{n_0=0}^{1}\sum_{n_1=0}^{1}\cdots\sum_{n_{m-1}=0}^{1} x(n_{m-1}n_{m-2}\cdots n_0)W^p \tag{8-71}$$

式中

$$p = (2^{m-1}k_{m-1} + 2^{m-2}k_{m-2} + \cdots + k_0) \times (2^{m-1}n_{m-1} + 2^{m-2}n_{m-2} + \cdots + n_0) \tag{8-72}$$

W^p 可写成

$$\begin{aligned} W^p &= W^{(2^{m-1}k_{m-1} + 2^{m-2}k_{m-2} + \cdots + k_0)(2^{m-1}n_{m-1})} \\ &\times W^{(2^{m-1}k_{m-1} + 2^{m-2}k_{m-2} + \cdots + k_0)(2^{m-2}n_{m-2})} \\ &\times \cdots \\ &\times W^{(2^{m-1}k_{m-1} + 2^{m-2}k_{m-2} + \cdots + k_0)n_0} \end{aligned} \tag{8-73}$$

上式第一项可化为

$$\begin{aligned} W^{(2^{m-1}k_{m-1} + 2^{m-2}k_{m-2} + \cdots + k_0)(2^{m-1}n_{m-1})} &= \left[W^{2^m(2^{m-2}k_{m-1}n_{m-1})}\right]\left[W^{2^m(2^{m-3}k_{m-2}n_{m-1})}\right]\cdots \\ &\quad \left[W^{2^m(k_1n_{m-1})}\right]\left[W^{2^{m-1}(k_0n_{m-1})}\right] \\ &= W^{k_0 2^{m-1}n_{m-1}} \end{aligned}$$

上式推演的最后一步运用了 $W^{2^m} = W^N = 1$ 而得。

同理，式(8-73)中第二项可化为

$$W^{(2^{m-1}k_{m-1} + 2^{m-2}k_{m-2} + \cdots + k_0)(2^{m-2}n_{m-2})} = W^{(2k_1+k_0)2^{m-2}n_{m-2}}$$

依此类推，式(8-73)中各项均可作相应简化。

把简化后的 W^p 代入式(8-71)得到

$$\begin{aligned} X(k_{m-1}k_{m-2}\cdots k_0) &= \sum_{n_0=0}^{1}\sum_{n_1=0}^{1}\cdots\sum_{n_{m-1}=0}^{1} x(n_{m-1}n_{m-2}\cdots n_0) \\ &\times W^{k_0 2^{m-1}n_{m-1}} \times W^{(2k_1+k_0)2^{m-2}n_{m-2}} \times \cdots \\ &\times W^{(2^{m-1}k_{m-1} + 2^{m-2}k_{m-2} + \cdots + k_0)n_0} \end{aligned} \tag{8-74}$$

令

$$\left.\begin{aligned}x_1(k_0 n_{m-2} n_{m-3} \cdots n_0) &= \sum_{n_{m-1}=0}^{1} x(n_{m-1} n_{m-2} \cdots n_0) W^{k_0 2^{m-1} n_{m-1}} \\ x_2(k_0 k_1 n_{m-3} \cdots n_0) &= \sum_{n_{m-2}=0}^{1} x_1(k_0 n_{m-2} n_{m-3} \cdots n_0) W^{(2k_1+k_0) 2^{m-2} n_{m-2}} \\ &\vdots \\ x_m(k_0 k_1 \cdots k_{m-1}) &= \sum_{n_0=0}^{1} x_{m-1}(k_0 k_1 \cdots k_{m-2}, n_0) W^{(2^{m-1} k_{m-1} + 2^{m-2} k_{m-2} + \cdots + k_0) n_0}\end{aligned}\right\} \quad (8\text{-}75)$$

则

$$X(k_{m-1} k_{m-2} \cdots k_0) = x_m(k_0 k_1 \cdots k_{m-1})$$

这组递推方程表示了 $N = 2^m$ 的 FFT 算法方程。利用该组方程计算 N 个数据的傅里叶分量 $X(k)$ 时，需进行约 $Nm/2$ 次乘法运算和 Nm 次加法运算，比由式(8-63)所需的 N^2 次乘法和 $N(N-1)$ 次加法运算次数大为减少。这是因为，式(8-75)实际上包括了 m 个求和式，每个求和式代表了 N 个方程。正如分析式(8-67)时所表明的那样，每个方程须进行一次乘加运算，N 个方程共须 N 次乘加运算。但 N 个方程中，由于 $W^p = -W^{p+\frac{N}{2}}$，故乘法次数可减少一半。所以实际上 N 个方程只需进行 $N/2$ 次乘法和 N 次加法运算，从而大大节省了运算次数。当 N 很大时，采用 FFT 算法的效果将更为显著，这是 FFT 算法目前甚为流行的重要原因。

8.4.3　FFT 算法的信号流程图

为了清晰地表示方程组(8-75)的计算过程，经常用图 8.8（图上 $N = 2^4$）所示信号流程图来表示。利用该图，可以显示式(8-75)的运算规律，并能提供编制 FFT 法计算机程序的概貌。下面分析图 8.8 的运算规律。

(1) 对于 $N = 2^m$ 情况，有 $l = m$ 纵列计算数组，对应于式(8-75)的 m 个求和式。每个纵列有 N 个结点，对应于式(8-75)的每个求和式的 N 个方程。图的最左边列出了输入数据组，它按自然顺序排列。图的最右边结点列出了按二进制逆序排列的输出数据组[图上 $x_4(n)$ 表示 $x_4(k_0 k_1 k_2 k_3)$]。

计算按从左向右的次序进行。即先计算第一列，再依次计算第二列、第三列、……、直至最后一列 $x_m(k_0 k_1 \cdots k_{m-1})$。

图 8.8 中，每个结点都有一条实线和一条虚线引入，表示该结点的值等于由虚线引来的上一列某结点的值加上 W^p 乘由实线引来的上一列另一结点的值。结点内的数字表示 W 的幂指数 P。例如，第 $l = 4$ 列中第 3 号结点的值 $x_4(3) = x_3(2) + W^{12} x_3(3)$；第 $l = 1$ 列中第 7 号结点的值 $x_1(7) = x(7) + W^0 x(15)$，依此类推。

(2) 第 l 列第 n 号结点的因子 W^p 的幂指数 p 可用下法确定。

① 把该点序号 n 表为 m 位二进制数。

② 把该二进制数右移 $m - l$ 位，并以零补缺左边空位。

③ 把右移后的 m 位二进制数进行位序颠倒，并把颠倒后的二进制数表示为十进制数即得 p 值。

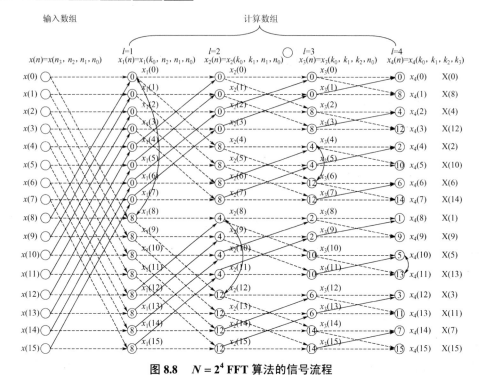

图 8.8 $N = 2^4$ FFT 算法的信号流程

例如，上列 $x_4(3)$ 点，$n = 3 \to 0011$，右移 $m - l = 4 - 4 = 0$ 位，位序颠倒为 $1100 \to 12$，则 $p = 12$。又例如 $x_1(7)$ 点，$n = 7 \to 0111$，右移 $m - l = 4 - 1 = 3$ 位，得 $0000 \to 0$，则 $p = 0$。

(3) 由图 8.8 看到，在每一纵列中，总能找到一系列结点对，它们的输入通路来自上列中同一对结点。例如，第 $l = 3$ 列的第 $n = 4$ 结点 $x_3(4)$ 及第 $n = 6$ 结点 $x_3(6)$ 的值，分别都用 $l = 2$ 列的 $x_2(4)$ 和 $x_2(6)$ 两结点的值计算得到。而结点 $x_2(4)$ 和 $x_2(6)$ 也不再用来计算任何其它结点。因此，把同一纵列中具有这样特点的两个结点[如 $x_3(4)$ 和 $x_3(6)$]称为对偶结点对。注意到对偶结点对 $x_3(4)$ 和 $x_3(6)$ 与用来计算的输入结点 $x_2(4)$ 和 $x_2(6)$ 具有相同的序号所以可把计算结果 $x_3(4)$ 和 $x_3(6)$ 置换原先由 $x_2(4)$ 和 $x_2(6)$ 所占用的计算机存储单元。这样，整个计算过程所需的计算机存储单元数只限于数列 $\{x(n)\}$ 的需要数，从而大大降低对计算机容量的要求。

由图 8.8 还可以看到，同一纵列的各对偶结点的间隔相等。例如，$l = 1$ 时，间隔 $q_1 = 8 = \dfrac{N}{2^1}$；$l = 2$ 时，间隔 $q_2 = 4 = \dfrac{N}{2^2}$；$l = 3$ 时，间隔 $q_3 = 2 = \dfrac{N}{2^3}$；……。不难归纳，第 l 列的对偶结点的间隔 $q_l = \dfrac{N}{2^l}$。因此，某一结点 $x_l(n)$ 的对偶结点是 $x_l\left(n + \dfrac{N}{2^l}\right)$。

利用对偶结点上述特点，可以减少计算量。例如，对偶结点对 $x_3(4)$ 和 $x_3(6)$ 分别由以下两式计算

$$x_3(4) = x_2(4) + W^4 x_2(6)$$
$$x_3(6) = x_2(4) + W^{12} x_2(6)$$

由于 $W^4 = -W^{12}$，故

$$x_3(6) = x_2(4) - W^4 x_2(6)$$

这样，只需进行一次乘法 $W^4x_2(6)$ 和两次加（减）法可同时算出这两个结点，节省一次乘法运算。一般来说，若某结点的因子为 W^p，则对应的对偶结点的因子为 $W^{p+\frac{N}{2}}$。由于 $W^p = -W^{p+\frac{N}{2}}$，所以对偶结点对只需进行一次乘法运算即可，即

$$\left. \begin{array}{l} x_l(n) = x_{l-1}(n) + W^p x_{l-1}\left(n + \dfrac{N}{2^l}\right) \\ x_l\left(n + \dfrac{N}{2^l}\right) = x_{l-1}(n) - W^p x_{l-1}\left(n + \dfrac{N}{2^l}\right) \end{array} \right\} \quad (8\text{-}76)$$

（4）每一纵列的计算从结点 $n=0$ 开始，顺序按式(8-76)进行。由于对偶结点的间隔为 $q_l = \dfrac{N}{2^l}$，所以每经过 $\dfrac{N}{2^l}$ 个结点必须进行一次跳跃。例如，计算图 8.8 的第 2 列时，在计算 $n = 0,1,2,3$ 结点时，同时可得到相应的对偶结点 $4,5,6,7$ 的值。因此，算完 $0,1,2,3$ 号结点后，应跳过 $\dfrac{N}{2^2} = 4$ 个结点（即 $4,5,6,7$ 四结点），计算第二组结点 $n = 8,9,10,11$ 的值，并同时得到 $12,13,14,15$ 结点的值，……，依此类推。直至 $n > N-1$ 时转入第 $l+1$ 列计算。

（5）输出数组 $x_{l=m}(n) = x_m(k_0k_1 \cdots k_{m-1})$ 是按二进制逆序排列的，它与所要求的 $X(k) = X(k_{m-1}k_{m-2} \cdots k_0)$ 的排列不一样。因此，必须对 $x_m(k_0k_1 \cdots k_{m-1})$ 进行位序颠倒，才能得到所需的傅里叶分量 $X(k)$。这种位序颠倒的过程称为整序。

整序过程可以通过把 $x_{l=m}(n)$ 与 $x_{l=m}(j)$ 简单互换实现。其中 j 是整数 n 按二进制位序颠倒后得到的十进制整数。例如，图 8.8 上 $x_4(4) = x_4(0100)$ 可与 $x_4(0010) = x_4(2)$ 互换，即得 $X(2)$ 和 $X(4)$。

图 8.9 为图 8.8 上输出数据组的整序过程。整序自上而下按序进行。整序后的最终结果 $X(k) = X(k_{m-1}k_{m-2} \cdots k_0)$ 就按自然顺序排列。实际执行中，为了避免已被交换过的结点再次被交换，应检查 j 是否比 n 小，若 $j < n$，说明该点数据在先前的整序中已被交换过，不应再交换。

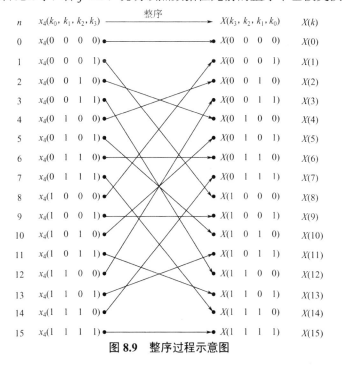

图 8.9　整序过程示意图

最后，尚需指出，FFT 算法在实际应用中有多种方案。它们大都是在上述基本思路的基础上变异而来，读者如有需要，可参阅相关著作。

8.5 谱密度数字处理（Ⅱ）——FFT 法

8.5.1 采用 FFT 算法时的窗函数

设 $x_T(t)$ 是平稳过程 $\{x(t)\}$ 的一个样本，则

$$\begin{aligned}
\tilde{X}_T(f) &= \int_{-T/2}^{T/2} x_T(t) e^{-j2\pi ft} dt \\
&= \int_{-\infty}^{+\infty} x(t) u(t) e^{-j2\pi ft} dt \\
&= X(f) * U(f)
\end{aligned} \tag{8-77}$$

式中，$x(t)$——假想的 $\{x(t)\}$ 无限长样本，它在 $[-T/2, T/2]$ 内与 $x_T(t)$ 完全等同；

$X(f)$——$x(t)$ 的傅里叶变换；

$u(t)$——矩形时域窗，与式(8-15)类同；

$U(f)$——$u(t)$ 的傅里叶变换，与式(8-16)类同。

把式(8-77)与式(8-14)或式(8-17)做比较可知，相关函数法求谱时，是对相关函数（或功率谱真值）使用窗函数；FFT 法求谱时直接对原始数据（无限长样本）或其傅里叶变换使用窗函数。

实际处理时，为了抑制泄漏，若采用哈宁窗或海明窗，需对整个时序数据进行改造（乘窗函数），延长了处理时间。因而，常以 1/10 余弦坡化的数字窗代之，它的函数式为

$$c(t) = \begin{cases} \cos\dfrac{5\pi t}{T} & \dfrac{4}{10}T < |t| < T/2 \\ 1 & |t| \leqslant \dfrac{4}{10}T \\ 0 & |t| \geqslant T/2 \end{cases} \tag{8-78}$$

其图形如图 8.10 所示。采用此窗，只需对 20% 的原始数据进行改造，而 80% 的原始数据仍保持原值，它是 FFT 算法常用的实际窗函数。

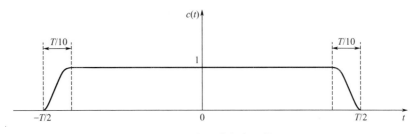

图 8.10 余弦坡度窗函数

8.5.2 比例因子 K 的概念及选择

FFT 法计算谱时，除矩形窗外，其他形式的数字窗都会使原始数据产生歪曲。图 8.11 为说明这种歪曲的示意图。从图上看到，两图形所示信号的总功率显然已经不相等了。因此，若要保持原信号的总功率不变，必须对图 8.11(b)所示信号的计算结果进行修正——乘以某比例因子 K。

原始数据
乘矩形窗
$x(t)u(t)$

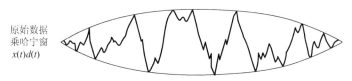

原始数据
乘哈宁窗
$x(t)d(t)$

图 8.11　数字窗对原始数据的歪曲

若原始数据的总功率

$$\hat{\psi}^2_{x_T} = \frac{1}{T}\int_{-T/2}^{T/2} x_T^2(t)\mathrm{d}t$$

信号乘以数字窗之后的总功率变为

$$\hat{\psi}^2_{x'} = \frac{1}{T}\int_{-T/2}^{T/2} (x_T(t)V(t))^2 \mathrm{d}t$$

要保持总功率不变，则应有

$$\int_{-T/2}^{T/2} x_T^2(t)\mathrm{d}t = K\int_{-T/2}^{T/2}(x_T(t)V(t))^2\mathrm{d}t$$

式中，$V(t)$——选定的某类型数字窗。

当 $V(t)$ 选用矩形窗 $u(t)$ 时，在 $-T/2 \leqslant t \leqslant T/2$ 内有 $V(t)=u(t)=1$，于是 $K=1$。说明矩形窗对信号总功率没有影响。因此，工程上常把

$$K = \frac{\int_{-T/2}^{T/2} u^2(t)\mathrm{d}t}{\int_{-T/2}^{T/2} V^2(t)\mathrm{d}t} = \frac{T}{\int_{-T/2}^{T/2} V^2(t)\mathrm{d}t} \tag{8-79}$$

定义为比例因子。运用上式得

哈宁窗

$$K = \frac{8}{3}$$

余弦坡度窗

$$K = \frac{1}{0.875} = 1.143$$

实际计算中，由 FFT 法求得的功率谱值需乘以 K，即得 $\tilde{G}_k$。

8.5.3 平滑处理

对 $\tilde{G}_k$ 的平滑处理可以采用原始数据的分段平滑，也可以用频率平滑，应根据具体情况选用。例如，对于有限带宽白噪声，建议用下述公式处理

$$\hat{G}_k = \frac{1}{l} \sum_{i=0}^{l-1} \tilde{G}_{k+i} \tag{8-80}$$

式中，$\tilde{G}_{k+i}$——$i = 0$ 到 $l-1$ 点的谱原始估计值。

8.5.4 自谱处理的一般步骤

FFT 法计算自谱时，可按下列步骤进行。

（1）测取 $N = 2^m$ 个采样点的数值序列 $\{x_n\}$，$n = 0, 1, \cdots, N-1$。如果 $N = 2^m$ 的条件不满足，用补零或截断数列的办法凑整。

（2）用式(8-75)计算 $\{x_n\}$ 的傅里叶分量 $X(k)$。

（3）对 $X(k)$ 使用谱窗或对 $\{x_n\}$ 使用时移窗。

（4）用式(8-62)计算 $\tilde{G}_k$，并乘以比例因子 K，即

$$\tilde{G}_k = K \frac{2\Delta t}{N} |X(k)|^2$$

（5）如有必要，选用适当方法[例如可用式(8-80)]计算自谱的平滑估计值 $\hat{G}_k$。

8.5.5 互谱处理的一般步骤

设 $x_T(t)$、$y_T(t)$ 各来自平稳过程 $\{x(t)\}$ 和 $\{y(t)\}$，则它们的互谱可按下列步骤计算。

（1）从 $x_T(t)$ 和 $y_T(t)$ 上各测取 $N = 2^m$ 个数字序列，得 $\{x_n\}$ 和 $\{y_n\}$，并用前述方法各凑整至 $N = 2^m$。

（2）对 $\{x_n\}$ 和 $\{y_n\}$ 分别使用数字窗。

（3）用式(8-75)分别计算 $\{x_n\}$ 和 $\{y_n\}$ 各自的傅里叶分量 $X(k)$ 和 $Y(k)$。

（4）用下式计算互谱密度的原始估计值

$$\tilde{G}_{xy}(k) = \frac{2\Delta t K}{N} \left| \overline{X(k)} Y(k) \right| \tag{8-81}$$

式中，$\overline{X(k)}$——$X(k)$ 的复共轭；

　　　K——比例因子。

式(8-81)可参照式(8-62)的导出过程得到。

（5）如有必要，选用适当方法对 $\tilde{G}_{xy}(k)$ 作平滑处理，得到 $\hat{G}_{xy}(k)$。

8.6 频率响应函数和凝聚函数处理

8.6.1 频率响应函数处理

系统的频率响应函数可以通过测定系统的输入 $x(t)$ 和输出 $y(t)$ 的方法获得。下面叙述求取方法。

设 $x(t)$ 和 $y(t)$ 已获得，用前述方法获取输入谱的估计值 $\hat{G}_x(k)$ 及输入输出间的互谱估计值 $\hat{G}_{xy}(k)$ 后，即可按式(6-79)得

$$\hat{H}_k = \frac{\hat{G}_{xy}(k)}{\hat{G}_x(k)} \tag{8-82}$$

式中，$\hat{H}_k = \hat{H}\left(\dfrac{k}{N\Delta t}\right)$ 是 $H(f)$ 的离散估计值。

式(8-82)是 $H(f)$ 的复数形式。一般 $x(t)$ 为实函数，故 $\hat{G}_x(k)$ 也是实值量，而 $\hat{G}_{xy}(k)$ 是复值量，于是，由式(6-80)得

$$\left|\hat{H}_k\right| = \frac{\left|\hat{G}_{xy}(k)\right|}{\hat{G}_x(k)} = \frac{\left[\hat{A}_{xy}^2(k) + \hat{B}_{xy}^2(k)\right]^{\frac{1}{2}}}{\hat{G}_x(k)} \tag{8-83}$$

$$\hat{\phi}_k = \hat{\theta}_{xy}(k) = \arctan\left[\frac{\hat{B}_{xy}(k)}{\hat{A}_{xy}(k)}\right] \tag{8-84}$$

式中，$\hat{\phi}_k$ —— $\hat{H}_k$ 的相角；

$\hat{\theta}_{xy}(k)$ —— $\hat{G}_{xy}(k)$ 的相角；

$\hat{A}_{xy}(k)$ —— $\hat{G}_{xy}(k)$ 的实部；

$\hat{B}_{xy}(k)$ —— $\hat{G}_{xy}(k)$ 的虚部。

$\hat{G}_{xy}(k)$ 和 $\hat{G}_x(k)$ 若用相关函数法求得，$k = 0, 1, \cdots, m$；若用直接计算法得，$k = 0, 1, \cdots, N-1$。

8.6.2 凝聚函数处理

由式(6-93)可得凝聚函数的估计值为

$$\hat{K}_{xy}^2(k) = \frac{\left|\hat{G}_{xy}(k)\right|^2}{\hat{G}_x(k)\hat{G}_y(k)} = \frac{\hat{A}_{xy}^2(k) + \hat{B}_{xy}^2(k)}{\hat{G}_x(k)\hat{G}_y(k)} \tag{8-85}$$

式中，$\hat{A}_{xy}(k), \hat{B}_{xy}(k), \hat{G}_x(k), \hat{G}_y(k)$ 均可用前述方法得到。

关于多输入系统的频率响应函数和凝聚函数的处理，可参阅有关书籍。

8.7 谱分析应用实例——道路表面不平度数字谱分析

道路表面不平度是激起车辆振动的主要因素之一，它直接关系到行驶平顺性、零部件可靠性等。通过对路面不平度的统计分析，可以建立车辆振动系统的输入统计模型，以便定量研究系统响应，并为合理选择整车(机)振动系统的参数提供数据。此外，路面不平度的统计数据也可以作为制定路面等级和维修规范的参考。

由于自然季节的交替，路基的沉陷以及运输机械的反复作用，使路面表面的状态不断发生变化，而呈现随机特性。运用概率统计和平稳过程理论，可以获得路面不平度随机变化的统计性质。

本节从汽车路面不平度的直观分析，给出它的统计特征，进而叙述不平度数字谱分析的实际步骤。这些步骤原则上也适用于拖拉机路面谱或任何其它平稳过程的数值分析。

8.7.1 路面不平度的统计性质

1) 不平度的直观分析

观察一条道路，首先映入眼帘的是路面较大的起伏和坡度。这是一种超低频的趋势部分，使路面不平度具有非平稳性。但是，这种超低频的趋势远大于汽车轴距，可用第 7.2 节所叙述的方法予以取消，把路面不平度作为平稳过程处理。

道路的表面质量，大而明显的凸凹不平具有较长的波长(低频)和较大的幅值(如破坏严重的乡间土路的不平度最大可达 20～30cm)，一般很易觉察。较小的凸凹不平具有较短的波长(高频)和较小的幅值，一般需仔细观察才能察觉。中等程度的凸凹不平介于高、低频之间，不平度幅值在几厘米数量级以内。至于波长更短、幅值更小的超高频凹凸不平，通常难以直接观察到。实践证明，对汽车的振动和疲劳影响较大的是不平度的低、中频部分，其频率大致在 0.05～5 周/m 范围内，对应的波长为 20～0.2m。利用公式

$$f = \Omega V \tag{8-86}$$

可以把长度频率 Ω (周/m) 转换为时间频率 f (周/s)。式(8-86)中 V 为汽车车速(m/s)。若车速 $V=36$km/h$=10$m/s，那么，在 0.05～5 周/m 的范围内，将激发汽车在 0.5～50Hz 的频带内的振动。这正是对汽车振动影响较大的频率范围。对于高频的路面不平度，由于充气轮胎对凸凹不平具有碾平作用，对汽车的振动的影响不大，可以略去。

分析汽车振动时，除上述路面不平度外，还应计及汽车四轮的实际轮辙不平度之间的关系。不难推想，汽车左右轮辙上超低频的趋势部分几乎完全一致。典型的搓板路面，轮辙的低频部分的相位差极小，两轮辙的不平度实际上十分相似。典型的扭曲路面，两轮辙的不平度相似程度很弱，这是由于扭曲路轮辙不平度的相位差所致。一般路面上，两轮辙不平度的相似性介于搓板路和扭曲路之间，且随不平度频率的增加，其相似性有逐渐减弱的趋势。

当汽车各车轮所感受的路面不平度互不相同，汽车将被激起三种形式的角振动：横向角振动、纵向角振动以及扭转角振动。与此对应，可定义

$$\xi(t) = \arctan\frac{x(t)-y(t)}{B} \approx \frac{x(t)-y(t)}{B} \tag{8-87}$$

为路面横向角不平度。其中，$x(t)$、$y(t)$ 为左右轮辙上沿道路纵向长度变量 t 的不平度，B 为汽车轮距。定义

$$\eta(t) = \arctan\frac{z(t)-z(t+H)}{H} \approx \frac{z(t)-z(t+H)}{H} \tag{8-88}$$

为路面纵向角不平度。其中，$z(t) = \frac{1}{2}[x(t)+y(t)]$，$H$ 为汽车轴距。定义

$$\varsigma(t) = \xi(t) - \xi(t+H) \tag{8-89}$$

为路面扭转角不平度。

路面角不平度描述了汽车行驶中，左右、前后车轮辙不平度之间的差异及相位关系。

2) 不平度的统计描述

如果在道路上选一基准水平面，于其上沿道路走向做两 t 轴，分别过 t 轴做基准面的垂面，则两垂面与道路表面的相交之曲线，分别记为 $x(t)$ 及 $y(t)$，如图 8.12 所示。$x(t)$ 及 $y(t)$ 即为道路表面相对于基准的不平度。

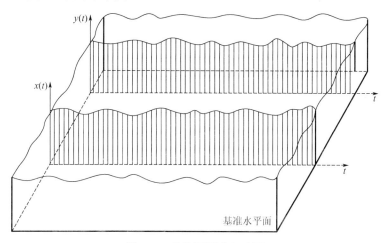

图 8.12 路面不平度示意图

如上所述，可以把自然条件、修筑及使用条件基本相同的路面不平度的总体看成一个随机过程，记以 $\{x(t)\}$ 及 $\{y(t)\}$。假定它们的统计性质不随 t 而变，则 $\{x(t)\}$ 或 $\{y(t)\}$ 是一平稳过程。对实际路面的统计分析表明，$x(t)$ 及 $y(t)$ 近似为正态分布，且可以认为具有各态历经性。当需研究左右轮辙不平度关系时，可把路面看成 $x(t)$ 和 $y(t)$ 构成的二维随机过程，记为 $\{x(t)\}$，$\{y(t)\}$。这时，不仅需研究它们各自的统计性质，还需研究它们之间的相互联系的统计性质。

设 $x(t)$、$y(t)$ 的均值 $m_x = 0$ 及 $m_y = 0$，它们的自、互相关函数有

$$\left.\begin{array}{l} R_x(l) = E[x(t)x(t+l)] \\ R_y(l) = E[y(t)y(t+l)] \\ R_{xy}(l) = E[x(t)y(t+l)] \end{array}\right\} \tag{8-90}$$

相应的自、互谱为

$$\left.\begin{aligned}S_x(\Omega) &= \int_{-\infty}^{+\infty} R_x(l)\mathrm{e}^{-\mathrm{j}2\pi\Omega l}\mathrm{d}l \\ S_y(\Omega) &= \int_{-\infty}^{+\infty} R_y(l)\mathrm{e}^{-\mathrm{j}2\pi\Omega l}\mathrm{d}l \\ S_{xy}(\Omega) &= \int_{-\infty}^{+\infty} R_{xy}(l)\mathrm{e}^{-2\pi\Omega l}\mathrm{d}l\end{aligned}\right\} \tag{8-91}$$

式中，l——长度位移，相当于式(6-32)或式(6-40)中的时移 τ；

Ω——长度频率，周/m，相当于式(6-47)或式(6-62)中的时间频率 f。

相关函数 $R(l)$ 及功率谱密度分别在时间(长度)域上和频率(长度频率)域上描述了道路不平度的统计性质。

在所设 $m_x = 0$ 及 $m_y = 0$ 的条件下，当 $l = 0$ 时，参照式(6-23)及式(6-52)，有

$$\left.\begin{aligned}\sigma_x^2 &= \psi_x^2 = \int_{-\infty}^{+\infty} S_x(\Omega)\mathrm{d}\Omega \\ \sigma_y^2 &= \psi_y^2 = \int_{-\infty}^{+\infty} S_y(\Omega)\mathrm{d}\Omega \\ \sigma_{xy}^2 &= \psi_{xy}^2 = \int_{-\infty}^{+\infty} S_{xy}(\Omega)\mathrm{d}\Omega = \int_{-\infty}^{+\infty} R_e S_{xy}(\Omega)\mathrm{d}\Omega\end{aligned}\right\} \tag{8-92}$$

式中，σ^2——方差，表示不平度的波动程度；

$R_e S_{xy}(\Omega)$——$S_{xy}(\Omega)$ 的实部(有功分量)。

另外，若记 $x(t)$、$y(t)$ 的傅里叶变换为

$$X(\Omega) = \int_{-\infty}^{+\infty} x(t)\mathrm{e}^{-\mathrm{j}2\pi\Omega t}\mathrm{d}t$$

$$Y(\Omega) = \int_{-\infty}^{+\infty} y(t)\mathrm{e}^{-\mathrm{j}2\pi\Omega t}\mathrm{d}t$$

那么，$x(t)$、$y(t)$ 的自、互谱可表示为

$$\left.\begin{aligned}S_x(\Omega) &= \lim_{T\to\infty}\frac{1}{T}\overline{X(\Omega)}X(\Omega) \\ S_y(\Omega) &= \lim_{T\to\infty}\frac{1}{T}\overline{Y(\Omega)}Y(\Omega) \\ S_{xy}(\Omega) &= \lim_{T\to\infty}\frac{1}{T}\overline{X(\Omega)}Y(\Omega)\end{aligned}\right\} \tag{8-93}$$

式中，T——样本长度；

$\overline{X(\Omega)}$、$\overline{Y(\Omega)}$——分别为 $X(\Omega)$、$Y(\Omega)$ 的共轭复数。

自谱 $S_x(\Omega)$、$S_y(\Omega)$ 在频率域上描述了不平度的强度分布，可以用来判断何种频率成分之不平度占优势。在 $m_x = 0, m_y = 0$ 的条件下，功率谱在整个频带上的积分描述了不平度的方差。

由式(6-69)及式(6-70)知，互谱可表为

$$S_{xy}(\Omega) = |S_{xy}(\Omega)|\mathrm{e}^{-\mathrm{j}\theta_{xy}(\Omega)} \tag{8-94}$$

式中，$|S_{xy}(\Omega)|$——$S_{xy}(\Omega)$ 的模，又称互振幅谱，$|S_{xy}(\Omega)| = \left[(\mathrm{Re}\,S_{xy}(\Omega))^2 + (\mathrm{Im}\,S_{xy}(\Omega))^2\right]^{\frac{1}{2}}$；

$\mathrm{Im}\,S_{xy}(\Omega)$——$S_{xy}(\Omega)$ 的虚部；

$\operatorname{Re}S_{xy}(\Omega)$ —— $S_{xy}(\Omega)$ 的实部；

$\theta_{xy}(\Omega)$ —— $S_{xy}(\Omega)$ 的相角，又称互相位谱，$\theta_{xy}(\Omega) = \arctan\left(\dfrac{\operatorname{Im}S_{xy}(\Omega)}{\operatorname{Re}S_{xy}(\Omega)}\right)$。

互振幅谱 $|S_{xy}(\Omega)|$ 表示频率为 Ω 时，$x(t)$ 的振幅与 $y(t)$ 的振幅之间的相互关系。互相位谱 $\theta_{xy}(\Omega)$ 表示 $x(t)$ 与 $y(t)$ 同频分量间的相位差。

假若把汽车左右轮辙不平度 $x(t)$、$y(t)$，设想为某假想系统的输入和输出函数，则由式(6-93)知，它们之间的凝聚函数为

$$K_{xy}(\Omega) = \frac{|S_{xy}(\Omega)|^2}{S_x(\Omega)S_y(\Omega)} \tag{8-95}$$

显然，当 $K_{xy}^2(\Omega) = 1$ 时，表明系统不受噪声干扰，$x(t)$ 与 $y(t)$ 间有严格的线性关系；当 $K_{xy}^2(\Omega) \equiv 0$ 时，表明两者毫无关系，系统完全受噪声的影响。通常，用信噪比度量噪声对信号的影响程度，即信噪比

$$k_{s,n} = \frac{K_{xy}^2(\Omega)}{1 - K_{xy}^2(\Omega)} \tag{8-96}$$

路面谱分析时，有时把路面角不平度 $\xi(t)$、$\eta(t)$ 和 $\varsigma(t)$ 的功率谱 $S_\xi(\Omega)$、$S_\eta(\Omega)$ 和 $S_\varsigma(\Omega)$ 称为横向角谱、纵向角谱和扭转角谱。它们与 $x(t)$、$y(t)$ 的自互谱有如下关系：

$$\left.\begin{aligned} S_\xi(\Omega) &= \frac{[S_x(\Omega) + S_y(\Omega) - 2\operatorname{Re}S_{xy}(\Omega)]}{B^2} \\ S_\eta(\Omega) &= \frac{(1 - \cos 2\pi\Omega H)[S_x(\Omega) + S_y(\Omega) + 2\operatorname{Re}S_{xy}(\Omega)]}{2H^2} \\ S_\varsigma(\Omega) &= 2(1 - \cos 2\pi\Omega H)S_\xi(\Omega) \end{aligned}\right\} \tag{8-97}$$

若 $x(t) \approx y(t)$，则由上式得 $S_\xi(\Omega) = 0$，典型的搓板路面即属此例；若 $x(t) \approx -y(t)$，则 $S_\varsigma(\Omega) = 8(1 - \cos 2\pi\Omega H)S_x(\Omega)$，理想的扭曲路面即属此例。运用式(8-97)计算路面角谱时，考虑到 $\operatorname{Re}S_{xy}(\Omega) = \dfrac{1}{4[S_\gamma(\Omega) - S_v(\Omega)]}$，其中 $S_\gamma(\Omega)$、$S_v(\Omega)$ 是中间量 $\gamma = x(t) + y(t)$、$v = x(t) - y(t)$ 的自谱，因此，只需计算 $S_\gamma(\Omega)$、$S_v(\Omega)$ 而不必计算互谱 $S_{xy}(\Omega)$。

实际中，如果需研究汽车的横向或纵向角振动时，可选择横向角谱 $S_\xi(\Omega)$ 或纵向角谱 $S_\eta(\Omega)$ 作为汽车振动系统的输入。如果需要研究汽车的扭转角振动时，可选择扭转角谱 $S_\varsigma(\Omega)$ 作为系统输入。

上述路面不平谱的讨论中，谱密度是长度频率 Ω 的函数。利用式(8-86)，可以把长度频率的谱 $S(\Omega)$ 转换为时间频率 f 的谱 $S(f)$。两者具有下列关系

$$S(f) = \frac{1}{V}S(\Omega) \tag{8-98}$$

如果不平度用 1cm 表示，则 $S(\Omega)$ 的量纲是 $(cm)^2$/周/m，$S(f)$ 的量纲是 $(cm)^2$/周/s。

工程实践中，路面谱的处理除上述特征参数外，还经常给出下列两个重要特征参数：

$$N_0 = \left[\frac{\int_{-\infty}^{+\infty} \Omega^2 S(\Omega) d\Omega}{\int_{-\infty}^{+\infty} S(\Omega) d\Omega}\right]^{\frac{1}{2}} \tag{8-99}$$

$$N_P = \left[\frac{\int_{-\infty}^{+\infty} \Omega^4 S(\Omega) d\Omega}{\int_{-\infty}^{+\infty} \Omega^2 S(\Omega) d\Omega}\right]^{\frac{1}{2}} \tag{8-100}$$

式中，N_0——单位长度内不平度曲线穿越零值的期望值；

N_p——单位长度内不平度曲线峰(谷)数的期望值。

比值 $\dfrac{N_p}{N_0}$ 可用来表征路面不平度的频带宽度。

8.7.2 路面不平度数字谱分析方法概述

图 8.13 所示为路面不平度分析的流程，下面依次说明各框功能。

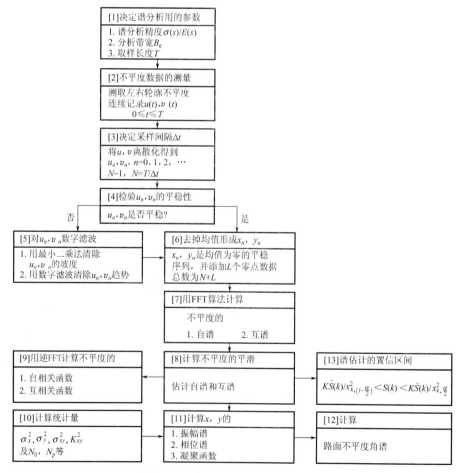

图 8.13 路面不平度谱分析流程图

框[1] 决定不平度数字谱分析的参数。其主要参数有以下几项。

① 谱分析精度 $\dfrac{\sigma(S)}{E(S)}$，其中 $E(S)$ 为功率谱的数学期望，描述功率谱分布的中心趋势；$\sigma(S)$ 为功率谱的标准误差，表示功率谱相对其均值的波动程度。显然比值 $\dfrac{\sigma(S)}{E(S)}$ 越小，分析精度越高。分析之前，首先需要确定比值。

② 谱分析带宽或分辨率 B_e，表示谱曲线横坐标离散点的细密程度。

③ 取样长度 T 是测取不平度时的样本长度。

分析精度、分析带宽及样本长度三者之间有下述关系

$$\frac{\sigma(s)}{E(s)} = \frac{1}{\sqrt{B_e T}} \tag{8-101}$$

原则上，$\dfrac{\sigma(S)}{E(S)}$ 的值越小而 T 值越大，精度越高。但这将导致测量及分析工作量加大。因此，在满足工程要求的情况下，可以折中选择。如前所述，当给定分析精度要求后，为了提高分辨力，须增加样本长度；反之，为了减少分析时间，就只能降低分辨力。

框[2] 路面不平度数据的测量。

路面不平度数据的测量有以下两种方法。

① 模拟测量法：利用路面计对实际道路作磁带记录，得到左右轮辙上不平度的模拟信号连续曲线 $u(t)$ 和 $v(t)$。

② 标杆测量法：利用标杆、水准仪等简单器具，在道路纵剖面上等距 Δt 读取不平度的值，得到路面不平度的离散数字序列。Δt 可参阅下框说明。

框[3] 确定采样间隔 Δt。

按 7.2 节所述的采样定理，采样间隔应满足

$$\Delta t \leq \frac{1}{2\Omega_c}$$

截断频率 Ω_c 的确定可参阅第 8.3 节所述。于是，由 $u(t)$ 及 $v(t)$ 采样得离散序列 $\{u_n\}$ 及 $\{v_n\}$，其中 $n=0,1,2,\cdots,N-1$，而 $N = T/\Delta t$。

框[4] 检验 $\{u_n\}$ 及 $\{v_n\}$ 的平稳性。

本框的功能是判断 $\{u_n\}$ 及 $\{v_n\}$ 是否潜含非平稳的趋势项。通常情况下，可采用 7.1 节所述的方法检验。如果分析要求较严，或目视法不能作明确结论时，可采用游程(轮次)检验法。具体方法(原理可参阅有关统计书籍)如下。

将 $\{u_n\}$ (或) $\{v_n\}$ 分为 m 等分，依次算出 m 段的方差 σ_1^2，σ_2^2，$\cdots$，σ_m^2。设其中值为 σ^2，当 $\sigma_i^2 \geq \sigma^2$ 时，记以"+"号；当 $\sigma_i^2 \leq \sigma^2$ 时，记以"−"号。于是得到 m 个正负观测值序列。若 $m=20$，且序列为

+ + + − − − − + − − − − − + + + + +

可知游程数 $r=5$。一般来说，若 m 个观察值是同一随机变量的独立观察值，且出现"+"或"−"的次数相等，那么序列中游程数 r 的抽样分布是具有如下均值和方差的随机变量：

$$m_r = \frac{m}{2} + 1, \quad \sigma_r^2 = \frac{m(m-2)}{4(m-1)} \tag{8-102}$$

利用游程数 r 的分布函数作平稳性检验时，其假设是"同一随机变量 m 段独立观察值序列中没有明显的趋势"，即假设"+"的观察次数等于"−"的观察次数，序列的游程数 r 的抽样分布由表 8-1 给出。

表 8-1 游程分布表（满足 $P[r > r_{m/2,\alpha}] = \alpha$）

$m/2$	α					
	0.99	0.975	0.95	0.05	0.025	0.01
5	2	2	3	8	9	9
6	2	3	3	10	10	11
7	3	3	4	11	12	12
8	4	4	5	12	13	13
9	4	5	6	13	14	15
10	5	6	6	15	15	16
11	6	7	7	16	16	17
12	7	7	8	17	18	18
13	7	8	9	18	19	20
14	8	9	10	19	20	21
15	9	10	11	20	21	22
16	10	11	11	22	22	23
18	11	12	13	24	25	26
20	13	14	15	26	27	28
25	17	18	19	32	33	34
30	21	22	24	37	39	40
35	25	27	28	43	44	46
40	30	31	33	48	50	51
45	34	36	37	54	56	57
50	38	40	42	59	61	63

表 8-1 给出了满足概率 $P[r > r_{m/2,\alpha}] = \alpha$ 的 $r_{m/2}$ 值。上述假设的接受域为 $r_{m/2,1-\alpha/2} < r < r_{m/2,\alpha/2}$ 对于上述所举 $m = 20$，$r = 5$ 一例，取显著性水平 $\alpha = 0.05$，则查表 8-1，得出

$$r_{m/2,1-\alpha/2} = r_{10,0.975} = 6$$
$$r_{m/2,\alpha/2} = r_{10,0.025} = 15$$

因 $r = 5$ 落在区域 (6, 15) 之外，故拒绝上述假设，即认为 u_n（或 v_n）中潜含有非平稳的趋势项。若同时计算 m 段的均值，可判断均值是否平稳。

框[5] 对 $\{u_n\}$ 及 $\{v_n\}$ 作数字滤波。

经检验判定 $\{u_n\}$ 及 $\{v_n\}$ 为非平稳时，则转向框[5]，对 $\{u_n\}$ 及 $\{v_n\}$ 进行数字滤波，其目的是滤掉其中非平稳的趋势部分。实际上，如路面有很大的坡度（均值非平稳）和起伏（方差非平稳）时，无须检验就可转向框[5]。

可以用 7.3 节所述的最小二乘法去坡的方法消除趋势项。趋势项消除后的不平度为

$$u'_n = u_n - (at_n + b) \quad (n = 0,1,\cdots,N-1)$$

计算机上用数字滤波的方法实现上述运算。路面不平度数字滤波的实质是：设计一个滤波器(即给出滤波器的频率响应或响应函数)使不平度的数据 u_n 及 v_n 经滤波后，保留平稳项，去掉长坡非平稳的趋势项。为此，需要设计一个低通滤波器，选其脉冲响应函数为

$$h(t) = \frac{1}{2\lambda} e^{-\frac{|t|}{\lambda}} \tag{8-103}$$

对应的频率响应函数为

$$H(j\Omega) = \frac{1}{1 + 4\pi^2 \Omega^2 \lambda^2} \tag{8-104}$$

式中，λ ——滤波器的时间常数。

该滤波器的半功率点为

$$\Omega_{\frac{1}{2}} = \frac{1}{2\pi\lambda\sqrt{\sqrt{2}-1}} \tag{8-105}$$

由此得

$$\lambda = \frac{1}{2\pi\Omega_{\frac{1}{2}}\sqrt{\sqrt{2}-1}} \approx 0.25 \Omega_{\frac{1}{2}}^{-1} \tag{8-106}$$

实际计算路面不平度时，$\Omega_{\frac{1}{2}}$ 可在 0.01～0.1 周/m 选择。若取 $\Omega_{\frac{1}{2}} = 0.05$ 周/m，即表示不平度在 0.05 周/m 处的功率下降一半。由式(8-106)得 $\lambda = 5$m。而 $h(3\lambda) = h(15) = \frac{1}{10}e^{-3} < 0.01$。因此，平均时间选择为 $3\lambda = 15$ m 已足够。

设需滤波的不平度为 $u(t)$，于是低通滤波器的输出为

$$z(t) = \int_{-\infty}^{+\infty} h(l)u(t-l)\mathrm{d}l = \frac{1}{2\lambda}\int_{-\infty}^{+\infty} e^{-\frac{|l|}{\lambda}} u(t-l)\mathrm{d}l$$

相应的离散式为

$$z_n = \frac{\Delta t}{2\lambda} \sum_{r=0}^{M} e^{-r\Delta t/\lambda}[u(r+n)+u(r-n)] \tag{8-107}$$

式中，$n = 0,1,2,\cdots,N-1$。

具体计算时，由于数据的有限性，利用镜面反射关系，当 $n+r > N$ 时，取 $u(r+n) = u(2N-r-n)$；当 $r-n \leq 0$ 时，取 $u(r-n) = u(n-r+1)$，而 M 取不小于 3λ 的最小整数。

用原始数据 u_n 减去低通滤波器的输出 z_n，最后得不平度的平稳序列 $\{u'_n\}$

$$u'_n = u_n - z_n = u_n - \frac{\Delta t}{2\lambda} \sum_{r=0}^{M} e^{-r\Delta t/\lambda}[u(r+n)+u(r-n)] \tag{8-108}$$

用同样的方法，可得到平稳序列 $\{v'_n\}$。

如果经检验 $\{u_n\}$ 及 $\{v_n\}$ 是平稳的，可由框[4]直接转向框[6]。

框[6] 去均值形成数据 $\{x_n\}$ 及 $\{y_n\}$。

由式(7-36)及式(7-39)得到零均值平稳序列 $\{x_n\}$ 及 $\{y_n\}$。为适应 FFT 算法要求，当数据

总数 $N \neq 2^m$ 时,可在第 x_{N-1} 及 y_{N-1} 点后,添加 L 个零点,即当 $N < n < N+L-1$ 时,$x_n = y_n = 0$。其中,L 满足 $N+L = 2^{m+1}$ (m 为满足 $2^m < N$ 的最大整数)。于是待分析的数据个数为 $N+L$,前 N 个数据由式(7-39)获得,后 L 个数据为 0。

框[7] 用 FFT 算法计算 x_n 及 y_n 的自谱和互谱。

运用式(8-63),参照 8.4 节所述方法,得离散傅里叶分量 X_k、Y_k 以及它们的共轭复数 $\overline{X}_k$、$\overline{Y}_k$,计算时 N 代以 $N+L$。然后,参照式(8-62)得到 x_n 及 y_n 的自谱和互谱的原始估计值

$$\left.\begin{aligned}\tilde{S}_x(k) &= \frac{\Delta t}{N+L}\overline{X}_k X_k \\ \tilde{S}_{xy}(k) &= \frac{\Delta t}{N+L}\overline{X}_k Y_k \\ \tilde{S}_{yx}(k) &= \frac{\Delta t}{N+L}\overline{Y}_k X_k \\ \tilde{S}_y(k) &= \frac{\Delta t}{N+L}\overline{Y}_k Y_k\end{aligned}\right\} \tag{8-109}$$

式中,k——对应频率 $\Omega_k = \dfrac{k}{T_L}$ (周/m),有效范围为 $0 \sim \pm\dfrac{N+L}{2}$;

T_L——等于 $(N+L)\Delta t$。

计算时,因 x_n、y_n 增加了 L 个零点,因此须对计算结果进行修正(乘以 $\dfrac{N+L}{N}$),得到

$$\left.\begin{aligned}\tilde{S}'_x(k) &= \frac{N+L}{N}\tilde{S}_x(k) \\ \tilde{S}'_{xy}(k) &= \frac{N+L}{N}\tilde{S}_{xy}(k) \\ \tilde{S}'_{yx}(k) &= \frac{N+L}{N}\tilde{S}_{yx}(k) \\ \tilde{S}'_y(k) &= \frac{N+L}{N}\tilde{S}_y(k)\end{aligned}\right\} \tag{8-110}$$

框[8] 决定平均点数 $(2i+1)$,计算相邻谱的平均值,对谱作最后的平滑处理。

平均点数

$$2i+1 = (N+L)\Delta t B_e \tag{8-111}$$

参照式(8-36)得到平滑估计为

$$\left.\begin{aligned}\hat{S}_x(k) &= \frac{1}{2i+1}\sum_{k=-i}^{i}\tilde{S}'_x(k) \\ \hat{S}_{xy}(k) &= \frac{1}{2i+1}\sum_{k=-i}^{i}\tilde{S}'_{xy}(k) \\ \hat{S}_{yx}(k) &= \frac{1}{2i+1}\sum_{k=-i}^{i}\tilde{S}'_{yx}(k) \\ \hat{S}_y(k) &= \frac{1}{2i+1}\sum_{k=-i}^{i}\tilde{S}'_y(k)\end{aligned}\right\} \tag{8-112}$$

框[9]～框[12] 利用上述结果计算路面不平度的其他统计参数。可参照本节前述相应公式进行。

框[13] 谱估计置信区间。

由统计原理知，$K\hat{S}(k)/S(k)$ 是满足自由度为 K 的 χ^2 分布，其中自由度 $K=2B_eT$，$S(k)$ 为真实谱。因此，给定置信概率 $1-\alpha$ 时，可从数理统计表中，查得 $\chi^2_{K,(\alpha/2)}$ 及 $\chi^2_{K,(1-\alpha/2)}$ 的值，并计算 $S(k)$ 的置信区间

$$K\hat{S}(k)/\chi^2_{K,(\alpha/2)} < S(k) < K\hat{S}(k)/\chi^2_{K,(1-\alpha/2)}$$

其中，$\chi^2_{K,(\alpha/2)}$ 满足 $P\left[\chi^2_K > \chi^2_{K,(\alpha/2)}\right] = \alpha/2$。

以上概述了路面不平度数字谱分析的全过程。利用上述步骤，可以获得下例路面谱。

设不平度的截断频率 $\Omega_c = 10/3$ 周/m，取样间隔 $\Delta t = \dfrac{1}{2\Omega_c} = 0.15$m。选定带宽分辨率 $B_e = 1/6$ 周/m，若分析精度 $\sigma(S)/E(s) = 1/3$，于是取样长度 $T=54$m，$N=T/\Delta t = 360$。由于 $2^8 = 256 < 360 < 512 = 2^9$，须添加 $L=512-360=152$ 个零点。加零后数据总长度 $T_L = (N+L)\Delta t = 76.8$ m。由式(8-111)得 $2i+1 = T_L B_e \approx 13$。因此，54m 长的不平度数据，要求以 0.15m 的间隔取样，为了给出 512 个数据，原记录须添加 152 个零点，使记录扩大至 76.8m。谱的平滑估计需要在 13 个相邻的谱值上进行平均。频率范围是 $-10/3 \sim 10/3$ 周/m。

为了获得置信区间，计算自由度 $K=2B_eT=18$，当置信概率 $1-\alpha=0.9$ 时，从 χ^2 分布查表得

$$\chi^2_{18,(1-\alpha/2)} = \chi^2_{18,0.95} = 9.390$$

$$\chi^2_{18,(\alpha/2)} = \chi^2_{18,0.05} = 28.869$$

于是，在置信概率 $1-\alpha=0.9$ 时，$S(k)/\hat{S}(k)$ 的置信区间为 (18/28.869=0.624，18/9.390=1.917)，表明谱的真值与估计值的比值有 90% 的可能性落在此区间内。

1. 分析参数的选择原则有哪些？
2. 什么是泄漏？抑制泄漏的措施有哪些？
3. 抑制泄漏与平滑处理有什么关系？
4. 举例说明路谱分析方法。

第 9 章

试验数据的回归分析

教学目标

通过本章的学习，了解试验数据回归分析的意义，掌握一元线性回归分析的过程，了解一元非线性回归转化的方法，清楚试验数据图像的表示方法。

教学要求

知识要点	能力要求	相关知识	权重
线性回归	了解对试验数据进行回归分析时需要解决的问题	相关关系、回归方程	15%
一元线性回归	掌握一元线性回归分析的过程	回归方程的确定,线性回归的显著性检验,应用回归方程进行预报和控制	40%
一元非线性回归	了解一元非线性回归转化方法	回归方程类型选择,变量转换方法	25%
试验数据图像	掌握试验数据图像表示的方法	坐标系的选择与分度,回归线描绘的原则	20%

9.1 概　　述

根据不同的试验任务，需要对试验数据进行不同的处理。试验数据处理工作中的一项重要内容就是：根据试验测定数据，寻找各参数(物理变量)之间的相互依赖关系，并用方程或图像予以表达。

各参数之间的相互依赖关系，可以分为两类。

1) 函数关系(又称确定性关系)

各参数通过确定的数学方程相联系，一个参数的数值可以用其他参数的数值精确地确定。例如，电学中的欧姆定律 $V = IR$，表达了电压 V、电流 I 和电阻 R 之间的函数关系，已知两个参数的数值，就可以精确地确定第三个参数的数值。

2) 相关关系

各参数之间既存在密切的联系，又因为各种随机因素的影响，因而无法用确定的数学方程予以表达，一个参数的数值不能由其他参数的数值精确地确定。例如，汽车耗油量与行驶里程的关系，拖拉机滑转率与牵引力的关系，都属于相关关系。

函数关系和相关关系，不能绝对地予以区分。由于各种随机因素的干扰和测量误差的影响，函数关系在试验工作中往往表现为相关关系；对事物的内部规律认识得更加深刻的时候，在一定的精度范围内，相关关系又可以近似的看作函数关系。

相关关系反映了随机变量之间的相互依赖关系。本书第 6 章中所讨论的函数关系，在一定意义上说明了随机变量间相关的程度。为了进一步描述变量之间的关系，以便根据一个(或几个)变量的数值去估计另一个变量的数值，需要运用数理统计学中的回归分析方法。应用这种关系式，可以对生产过程和各种物理现象进行预报和控制。回归分析方法，可以用来处理已经取得的试验数据，也可以用来指导试验设计，因此，在生产和科学研究工作中得到日益广泛的应用。

研究两个变量之间的相关关系，称为一元回归分析，研究两个以上的变量之间的相关关系，则称多元回归分析。用回归分析方法求得的各变量之间的关系式，称为回归方程，其中的系数称为回归系数。回归方程为线性方程时，称为线性回归问题。

对试验数据进行回归分析时，需要解决以下两个问题：①确定回归方程的类型；②确定回归系数及常数项。确定回归方程的类型，是一项困难的工作，为了作出正确的判断，必须将专业知识与试验数据的统计分析结合。通常，可以先做出初步的判断，在求得回归方程以后，再进行统计检验。回归系数和常数项，一般可以用最小二乘法予以确定。

在实际工作中，通常把某些参数的数值保持不变的方法，可以将多元回归问题化为一元回归问题。而在一元回归问题中，很多非线性回归问题，可以通过适当的变量转换，化为线性回归问题。因此，在回归分析中，一元线性回归分析具有重要的意义。

限于篇幅，本章我们将着重讨论一元线性回归分析和试验数据的图像表达。

9.2　一元线性回归分析

设有两个变量 X 和 Y，通过试验取得 n 对数据 (X_i, Y_i)，$i = 1, 2, \cdots, n$。在直角坐标系上标出数据点 (X_i, Y_i)。如果数据点的分布近似于一条直线，那么，可以认为变量 X 和 Y 的回归方程是一个线性方程，就是一个一元线性回归问题。

为便于分析起见，假设自变量 X 是一个可以严格控制并能精确测量的的变量，因而可以看作一般意义下的变量（即非随机变量）。由于试验过程中各种随机因素的影响，因变量 Y 将是一些随机变量。于是，试验数据的结构可以表达如下：

$$Y_i = A + BX_i + \varepsilon_i \ (i = 1, 2, \cdots, n) \tag{9-1}$$

式中，X_i——第 i 个试验点上，自变量 X 的实测值；

　　　Y_i——第 i 个试验点上，因变量 Y 的实测值；

　　　μ_i——当 X 取值 X_i 时，因变量 Y 应有的数值（又称理论值），$\mu_i = A + BX_i$；

　　　A, B——常数；

　　　ε_i——各种随机因素对 Y_i 影响的总和。

在一般情况下，可以认为 ε_i 是一些互相独立且服从同一正态分布 $N(0, \sigma)$ 的随机变量。于是，变量 Y_i 是一些服从 $N(A + BX_i, \sigma)$ 的随机变量。式(9-1)就是一元线性回归问题的数学模型。

9.2.1　回归方程的确定

一元线性回归方程的一般形式如下：

$$\hat{Y} = a + bX \tag{9-2}$$

式中，a——常数项；

　　　b——回归系数。

因此，确定回归方程就是要确定回归系数和常数项的数值。

1) 用最小二乘法确定回归方程

当自变量 X 取值 X_i 时，因变量 Y 的实测值为 Y_i，根据回归方程计算的回归值为 $\hat{Y}_i = a + bX_i$，$i = 1, 2, \cdots, n$。实测值 Y_i 与回归值 $\hat{Y}_i$ 之差，称为偏差。偏差平方和 S 反映了所有实测值与回归直线的偏离程度。

$$S = \sum_{i=1}^{n}(Y_i - \hat{Y}_i)^2 = \sum_{i=1}^{n}(Y_i - a - bX_i)^2 \tag{9-3}$$

根据最小二乘法原理，能够使偏差平方和为最小的回归线，是最好的回归线。因此，令 $\dfrac{\partial S}{\partial a} = 0$，$\dfrac{\partial S}{\partial b} = 0$，即可求出 a、b 的数值：

$$b = \frac{l_{xy}}{l_{xx}} \tag{9-4}$$

$$a = \bar{Y} - b\bar{X} \tag{9-5}$$

式中

$$\bar{X} = \frac{1}{n}\sum_{i=1}^{n} X_i \tag{9-6}$$

$$\bar{Y} = \frac{1}{n}\sum_{i=1}^{n} Y_i \tag{9-7}$$

$$l_{xx} = \sum_{i=1}^{n}(X_i - \bar{X})^2 = \sum_{i=1}^{n} X_i^2 - \frac{1}{n}\left(\sum_{i=1}^{n} X_i\right)^2 \tag{9-8}$$

$$l_{xy} = \sum_{i=1}^{n}(X_i - \bar{X})(Y_i - \bar{Y}) = \sum_{i=1}^{n} X_i Y_i - \frac{1}{n}\left(\sum_{i=1}^{n} X_i\right)\left(\sum_{i=1}^{n} Y_i\right) \tag{9-9}$$

在进一步分析时，需要用到 l_{yy}，因此在确定回归方程时，可以同时计算

$$l_{yy} = \sum_{i=1}^{n}(Y_i - \bar{Y})^2 = \sum_{i=1}^{n} Y_i^2 - \frac{1}{n}\left(\sum_{i=1}^{n} Y_i\right)^2 \tag{9-10}$$

将式(9-5)代入式(9-2)，可得回归方程的另一种形式

$$\hat{Y} - \bar{Y} = b(X - \bar{X}) \tag{9-11}$$

由此可见，回归线必定通过点 $(\bar{X}, \bar{Y})$。于是，令 X 取某数 X_0，代入回归方程求出相应的 $\hat{Y}_0$，连接点 $(\bar{X}, \bar{Y})$ 和点 $(X_0, \hat{Y}_0)$，即可画出回归线。

由式(9-1)可知，实测值 Y_i 是一些服从正态分布 $N(A + BX_i, \sigma)$ 的随机变量。因此，按式(9-4)和式(9-5)计算的 b、a 也是正态分布的随机变量。可以证明，$E(b) = B$，$E(a) = A$。所以，用最小二乘法求得的 b、a，分别是 B、A 的无偏估计，也就是说，可以把回归值 $\hat{Y}_i$ 看作是 $X = X_i$ 时对随机变量 Y_i 作多次重复测量所得的平均值。

回归系数 b 的方差可按下式计算：

$$V(b) = \frac{\sigma^2}{\sum_{i=1}^{n}(X_i - \bar{X})^2} \tag{9-12}$$

因此，回归系数 b 的波动，不仅与随机因素 ε_i 的方差 σ^2 有关，而且还取决于实测数据中自变量 X 的波动程度。X 的取值范围越大，回归系数 b 的波动越小，估计就越精密。常数项 a 的方差可按下式计算：

$$V(a) = \left[\frac{1}{n} + \frac{\bar{X}^2}{\sum_{i=1}^{n}(X_i - \bar{X})^2}\right]\sigma^2 \tag{9-13}$$

因此，常数项 a 的波动，不仅与 σ^2 有关，而且还取决于自变量 X 的波动程度和试验点的数目 n。X 的取值范围越大，试验点数目越多，常数项 a 的估计就越精密。上述结论，对安排试验有一定的指导意义。

2) 用分组法确定回归方程

按由小到大的次序，排列自变量 X 的实测值 X_1、X_2、$\cdots$、X_n，将它们分成两组，各组中 X_i 的个数差不多相等：第一组 X_1，X_2，$\cdots$，X_k；第二组 X_{k+1}，X_{k+2}，$\cdots$，X_n。认为变量 Y 的回归值就是它的实测值 Y_i，于是，可以列出下列两组方程：

$$\left.\begin{array}{c} Y_1 = a + bX_1 \\ \vdots \\ Y_k = a + bX_k \end{array}\right\} \qquad \left.\begin{array}{c} Y_{k+1} = a + bX_{k+1} \\ \vdots \\ Y_n = a + bX_n \end{array}\right\}$$

将上述两组方程分别相加，得到 a 和 b 的联立方程：

$$\left.\begin{array}{l} \sum_{i=1}^{k} Y_i = ka + b\sum_{i=1}^{k} X_i \\ \sum_{i=k+1}^{n} Y_i = (n-k)a + b\sum_{i=k+1}^{n} X_i \end{array}\right\} \tag{9-14}$$

解上述联立方程，即可求得回归系数 b 和常数项 a 的数值。当 $n = 2k$ 时，回归系数 b 和常数项 a 可按下式计算：

$$b = \frac{\sum_{i=1}^{k} Y_i - \sum_{i=k+1}^{n} Y_i}{\sum_{i=1}^{k} X_i - \sum_{i=k+1}^{n} X_i} \tag{9-15}$$

$$a = \overline{Y} - b\overline{X} \tag{9-16}$$

式中，$\overline{X}$、$\overline{Y}$ 分别按式(9-6)和式(9-7)计算。

用分组法确定回归方程，虽然精度稍差，但计算简便，在工程上得到广泛的应用。

【例 9-1】 在一定的径向载荷下，对某农用车辆的轮胎气压 p 和静力半径 R 进行了测量，测量数据列于表 9-1 的第一、二列。试求 R 和 p 的回归方程。

表 9-1 一元回归计算表（Ⅰ）

序号	$p / \times 10^5 \text{Pa}$	R / mm	p^2	R^2	pR
1	1.0	633	1.0	400689	633
2	1.2	635	1.44	403225	762
3	1.4	637	1.96	405769	891.8
4	1.5	639	2.25	408321	958.5
5	1.6	641	2.56	410881	1025.6
6	1.8	643	3.24	413449	1157.4
$\sum$	8.5	3828	12.45	2442334	5428.3

解：以气压 p 为横坐标，以静力半径 R 为纵坐标，将试验数据标在坐标纸上。由图 9.1 可见，数据点的分布近似于一条直线，因此可以判断，这是一个一元线性回归问题。设回归方程为

$$\hat{R} = a + bP$$

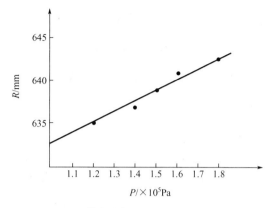

图 9.1　静力半径 R 与气压 P 的关系

(1) 用最小二乘法确定回归系数 b 和常数项 a。

按式(9-4)～式(9-9)计算。为清晰起见，计算过程可用表 9-1 和表 9-2 表示。

表 9-2　一元回归计算表(Ⅱ)

$\sum P = 8.5$	$\sum R = 3828$	$n = 6$
$\bar{p} = 1.42$	$\bar{R} = 638$	
$\sum P^2 = 12.45$	$\sum R^2 = 2442334$	$\sum PR = 5428.3$
$\left(\sum P\right)^2/n = 12.042$	$\left(\sum R\right)^2/n = 2442264$	$\left(\sum p\right)\left(\sum R\right)/n = 5423$
$l_{pp} = 0.408$	$l_{RR} = 70$	$l_{pR} = 5.3$
	$b = \dfrac{l_{pR}}{l_{pp}} = \dfrac{5.3}{0.408} = 12.98$	
	$a = \bar{R} - b\bar{p} = 638 - 12.98 \times 1.42 = 619.6$	
	$\hat{R} = 619.6 + 12.98 P$	(9-17)

(2) 用分组法确定回归系数 b 和常数项 a。

根据实测数据，可以列出下列两组方程：

$$\begin{cases} 633 = a + b \\ 635 = a + 1.2b \\ 637 = a + 1.4b \end{cases}$$

$$\begin{cases} 639 = a + 1.5b \\ 641 = a + 1.6b \\ 643 = a + 1.8b \end{cases}$$

因为每一组所包含的方程数相等，所以可按式(9-15)和式(9-16)计算

$$b = \frac{\sum_{i=1}^{3} R_i - \sum_{i=4}^{6} R_i}{\sum_{i=1}^{3} P_i - \sum_{i=4}^{6} P_i} = \frac{1905 - 1923}{3.6 - 4.9} = 13.85$$

$$a = \bar{R} - b\bar{P} = 638 - 13.85 \times 1.42 = 618.3$$

$$\hat{R} = 618.3 + 13.85p \tag{9-18}$$

由式(9-17)及式(9-18)可见，两种方法所得的结果比较接近。

9.2.2 线性回归的显著性检验

根据试验数据点在坐标纸上的分布，初步判断两个变量之间具有线性相关关系，并求出回归方程后，还必须对变量之间的线性相关性进行统计检验。因为，对任意两个变量 X 和 Y 的一组试验数据 (X_i, Y_i)，$i = 1, 2, \cdots, n$，都可以按上述方法求得 $\hat{Y} = a + bX$。显然，只有在变量 X 和 Y 之间线性相关显著(即因变量 Y 主要取决于自变量 X 的一次项)的条件下所求得的线性回归方程才是有意义的。这里，我们将简要地介绍两种常用的检验方法。

1) 相关系数法

本书第 6 章已经介绍了两个随机变量间的相关系数的概念。相关系数 r 的取值范围是：$0 \leqslant |r| \leqslant 1$。$r$ 取不同数值时，试验数据点的分布如图 9.2 所示。当 $r = \pm 1$ 时，变量 X 与 Y 具有完全线性相关关系；当 $0 < |r| < 1$ 时，变量 X 与 Y 具有一定的线性相关性；当 $r = 0$ 时，两个变量或者无关[图 9.2(a)]，或者具有非线性关系[图 9.2(e)]。因此，根据相关系数 r 的数值，可以检验变量之间的线性相关性，r 越接近于 1，线性相关性越好。

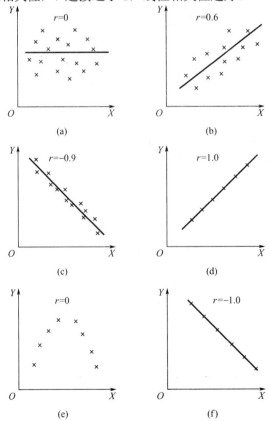

图 9.2 相关系数 r 取不同数值时，试验数据点的分布

根据有限的试验实测数据 (X_i, Y_i)，$i = 1, 2, \cdots, n$，变量 X、Y 之间的相关系数 r 可用下式予以估计：

$$\hat{r} = \frac{\sum_{i=1}^{n}(X_i - \bar{X})(Y_i - \bar{Y})}{\sqrt{\sum_{i=1}^{n}(X_i - \bar{X})^2 \cdot \sum_{i=1}^{n}(Y_i - \bar{Y})^2}} = \frac{l_{xy}}{\sqrt{l_{xx}l_{yy}}} \qquad (9\text{-}19)$$

式中，l_{xx}、l_{xy}、l_{yy} 分别按式(9-8)、式(9-9)及式(9-10)计算。

表 9-3 给出了 $r_{\min}$ 的数值，它取决于试验点的数目 n 及信度(显著性水平) α。如果相关系数的绝对值 $|\hat{r}| > r_{\min}$，则称变量 X 与 Y 在 α 水平上具有显著的线性相关性，这时，用线性回归方程表示它们的关系才是有意义的。通常，将 $|\hat{r}| > r_{\min}(\alpha = 0.05)$ 的情况，称为线性相关显著，而 $|\hat{r}| > r_{\min}(\alpha = 0.01)$，称为线性相关高度显著。如果 $|\hat{r}| < r_{\min}$，则认为 X 与 Y 之间不存在线性相关性。

表 9-3　相关系数检验表——$r_{\min}$ 值

$n-2$	α		$n-2$	α		$n-2$	α	
	0.05	0.01		0.05	0.01		0.05	0.01
1	0.997	1.000	15	0.482	0.606	29	0.355	0.456
2	0.950	0.990	16	0.468	0.590	30	0.349	0.449
3	0.878	0.959	17	0.456	0.575	35	0.325	0.418
4	0.811	0.917	18	0.444	0.561	40	0.304	0.393
5	0.754	0.874	19	0.433	0.549	45	0.288	0.372
6	0.707	0.834	20	0.423	0.537	50	0.273	0.354
7	0.666	0.798	21	0.413	0.526	60	0.250	0.325
8	0.632	0.765	22	0.404	0.515	70	0.232	0.302
9	0.602	0.735	23	0.396	0.505	80	0.217	0.283
10	0.576	0.708	24	0.388	0.496	90	0.205	0.267
11	0.553	0.684	25	0.381	0.487	100	0.195	0.254
12	0.532	0.661	26	0.374	0.478	125	0.174	0.228
13	0.514	0.641	27	0.367	0.470	150	0.159	0.208
14	0.497	0.623	28	0.361	0.463	200	0.138	0.181

当试验数据较多(即 n 较大)时，用式(9-19)估计变量之间的相关系数，计算工作量较大。为了简化计算，可以采用下述近似方法。将试验数据点标在坐标纸上，先作一条水平线，将点上下平分，再作一条垂直线，将点左右平分，如图 9.3 所示。这两条线把平面分成四块，分别数出每一块上的点数 n_1、n_2、n_3、n_4 (恰好在平分线上的点不予计算)，令

$$n_+ = n_1 + n_3, \quad n_- = n_2 + n_4$$

则相关系数可按下式估计

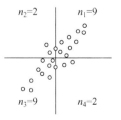

图 9.3　用近似法求相关系数

$$\hat{r} \approx \sin\left(\frac{n_+}{n_+ + n_-} - \frac{1}{2}\right)\pi \tag{9-20}$$

在图 9.3 上，$n_1 = 9$，$n_2 = 2$，$n_3 = 9$，$n_4 = 2$，于是

$$\hat{r} \approx \sin\left(\frac{18}{18+4} - \frac{1}{2}\right)\pi \approx 0.84$$

必须指出，这种估计方法只能在试验数据较多的情况下应用，否则，可能会有较大的误差。

2) 方差分析法

对试验数据进行方差分析时，为了对试验误差的方差做出估计，需要进行重复试验。假设在 n 个试验点上，各进行 m 次重复试验，那么，试验数据的结构可用下式表之：

$$Y_{ij} = A + BX_i + \varepsilon_{ij} \quad (i=1, 2, \cdots, n; \ j=1, 2, \cdots, m) \tag{9-21}$$

式中，X_i——第 i 个试验点上，自变量 X 的实测值；

Y_{ij}——第 i 个试验点上，第 j 次试验时，变量 Y 的实测值；

ε_{ij}——第 i 个试验点上，第 j 次试验时，各种随机因素(包括试验误差)的影响的总和；

A, B——常数。

可以认为，ε_{ij} 是一些相互独立且服从同一正态分布 $N(0,\sigma)$ 的随机变量，因此，Y_{ij} 是一些服从正态分布 $N(A+BX_i,\sigma)$ 的随机变量。

同样可用最小二乘法确定回归系数 b 和常数项 a 的数值：

$$\left. \begin{array}{l} b = \dfrac{\sum\limits_{i=1}^{n} X_i \overline{Y}_i - \dfrac{1}{n}\left(\sum\limits_{i=1}^{n} X_i\right)\left(\sum\limits_{i=1}^{n} \overline{Y}_i\right)}{\sum\limits_{i=1}^{n} X_i^2 - \dfrac{1}{n}\left(\sum\limits_{i=1}^{n} X_i\right)^2} \\ a = \overline{Y} - b\overline{X} \end{array} \right\} \tag{9-22}$$

式中

$$\overline{X} = \frac{1}{n}\sum_{i=1}^{n} X_i, \quad \overline{Y} = \frac{1}{nm}\sum_{i=1}^{n}\sum_{j=1}^{m} Y_{ij}, \quad \overline{Y}_i = \frac{1}{m}\sum_{j=1}^{m} Y_{ij}$$

对式(9-22)与式(9-4)进行比较，可以发现，将式(9-4)中的 Y_i 用 $\overline{Y}_i$ 代替，即得式(9-22)。这就是说，用 n 个 $\overline{Y}_i$（每个试验点上变量 Y 的 m 次实测值的平均值）确定的回归方程，与用 nm 个实测值 Y_{ij} 直接确定的回归方程完全相同。

试验数据的总偏差平方和可用下式计算

$$S_{总} = \sum_{i=1}^{n}\sum_{j=1}^{m}(Y_{ij} - \overline{Y})^2 \tag{9-23}$$

相应的自由度 $f_{总}$ 等于试验的总次数减 1，即

$$f_{总} = nm - 1 \tag{9-24}$$

将试验数据的总偏差平方和按产生的原因分解为以下三部分。

(1) 由自变量 X 的变化使因变量 Y 也发生变化而引起的偏差平方和，称为回归平方和 $S_{回}$，在一元回归问题中，它的自由度 $f_{回}$ 等于 1。

$$\left.\begin{array}{l} S_{回} = \sum_{i=1}^{n}\sum_{j=1}^{m}(\hat{Y}_i - \overline{Y})^2 = m\sum_{i=1}^{n}(\hat{Y}_i - \overline{Y})^2 \\ f_{回} = 1 \end{array}\right\} \quad (9\text{-}25)$$

(2) 由于试验误差而引起的偏差平方和，称为误差平方和 $S_{误}$，它的自由度 $f_{误}$ 等于 $n(m-1)$。

$$\left.\begin{array}{l} S_{误} = \sum_{i=1}^{n}\sum_{j=1}^{m}(Y_{ij} - \overline{Y})^2 \\ f_{误} = n(m-1) \end{array}\right\} \quad (9\text{-}26)$$

(3) 由于其他各种因素（未加考虑和控制的）的影响或数学模型不恰当而引起的偏差平方和，称为剩余平方和 $S_{剩}$，它的自由度 $f_{剩}$ 等于试验点的个数减 2。

$$\left.\begin{array}{l} S_{剩} = \sum_{i=1}^{n}\sum_{j=1}^{m}(\overline{Y}_i - \hat{Y}_i)^2 = m\sum_{i=1}^{n}(\overline{Y}_i - \hat{Y}_i)^2 \\ f_{剩} = f_{总} - f_{回} - f_{误} = n - 2 \end{array}\right\} \quad (9\text{-}27)$$

为了检验变量 Y 与 X 之间的线性相关性是否显著，以及除了变量 X 以外，是否还有其他因素对变量 Y 有显著的影响，可以应用数理统计学中的假设检验法。

首先作原假设 H_0：变量 Y 与 X 之间没有线性相关性，也不存在对变量 Y 有显著影响的其他因素。根据数学模型(9-21)，在原假设成立的条件下，$\dfrac{S_{回}}{\sigma^2}$、$\dfrac{S_{误}}{\sigma^2}$ 与 $\dfrac{S_{剩}}{\sigma^2}$ 是一些互相独立的 χ^2 分布随机变量，其自由度分别为 $f_{回}$、$f_{误}$ 与 $f_{剩}$。

对剩余平方和作显著性检验。作统计量

$$F_1 = \frac{S_{剩}/f_{剩}}{S_{误}/f_{误}} \quad (9\text{-}28)$$

这是一个自由度为 $(f_{剩}, f_{误})$ 的 F 分布随机变量。选定信度 α，即可由 F 分布表查得临界值 $F_\alpha(f_{剩}, f_{误})$，使 $P\{F_1 > F_\alpha(f_{剩}, f_{误})\} = \alpha$。$\alpha$ 是一个很小的数，一般选为 0.05，0.025，0.01。因此，$F_1 > F_\alpha(f_{剩}, f_{误})$ 是一个小概率事件，如果在一次试验中居然发生了 $F_1 > F_\alpha(f_{剩}, f_{误})$，那么，我们就有理由拒绝原假设，认为剩余平方和中除了包含试验误差的影响外，还有其他因素的影响。这时有以下几种可能：①除了变量 X 以外，至少还有一个不可忽略的因素，对变量 Y 有显著的影响；②变量 Y 与 X 是曲线关系；③变量 Y 与 X 无关。在这种情况下，线性回归方程将失去意义，需要查清原因，重作回归分析。

如果 $F_1 < F_\alpha(f_{剩}, f_{误})$，说明剩余平方和基本上是由试验误差引起的。这时，为了提高回归平方和的检验精度，可以先将剩余平方和 $S_{剩}$ 归入误差平方和 $S_{误}$，然后对回归平方和作显著性检验。作统计量

$$F_2 = \frac{S_{回}/f_{回}}{(S_{剩}+S_{误})/(f_{剩}+f_{误})} \quad (9\text{-}29)$$

这是一个自由度为($f_{回}$, $f_{剩}+f_{误}$)的F分布随机变量。选定信度α，即可由F分布表查得临界值$F_\alpha(f_{回}, f_{剩}+f_{误})$。如果$F_2 > F_\alpha(f_{回}, f_{剩}+f_{误})$，则拒绝原假设，称线性回归方程显著，即变量$Y$与$X$之间有显著的线性相关性，除了变量$X$以外，没有其他因素对变量$Y$有显著影响，线性回归方程对试验数据的拟合是良好的。如果$F_2 < F_\alpha(f_{回}, f_{剩}+f_{误})$，这时有以下两种可能：①没有任何因素对变量$Y$有显著影响；②试验误差过大。

在这种情况下，线性回归方程将失去意义，需要查清原因，再作考虑。

在实际工作中，为便于计算，可以将式(9-25)、式(9-27)、式(9-26)改写为

$$S_{回} = mbl_{xy} \quad (9\text{-}30)$$

$$S_{剩} = m(l_{yy} - bl_{xy}) \quad (9\text{-}31)$$

$$S_{误} = S_{总} - S_{回} - S_{剩} \quad (9\text{-}32)$$

式中，l_{xy}、l_{yy}在确定回归方程时已经求得，而$S_{总}$则仍按式(9-23)计算。

【例 9-2】 对例 9-1 中所确定的轮胎静力半径R与气压p之间的线性回归方程作显著性检验。

解： ① 相关系数法。

在例 9-1 中已经求得$\hat{R} = a+bp = 619.6+12.98p$，并且$l_{pp} = 0.408$，$l_{RR} = 70$，$l_{pR} = 5.3$。按式(9-19)可知，相关系数

$$\hat{r} = \frac{l_{pR}}{\sqrt{l_{pp}l_{RR}}} = \frac{5.3}{\sqrt{0.408 \times 70}} = 0.992$$

在本例中，$n=6$，由表 9-3 可以查得$r_{\min}(\alpha=0.05) = 0.811$，$r_{\min}(\alpha=0.01) = 0.917$，因为$|\hat{r}| = 0.992 > r_{\min}(\alpha=0.01) = 0.917$，所以静力半径$R$与气压$p$之间，具有高度显著的线性相关性，所求得的回归方程是有意义的。

② 方差分析法。

为了作方差分析，需要重复试验。在每个试验点上，进行两次试验，实测数据如表 9-4 第一、二、三列所示。根据R_{ij}计算$\bar{R}_i$并列入表 9-4 的第四列。以($p_i, \bar{R}_i$)，$i=1, 2, \cdots, n$确定回归方程，计算过程与例 9-1 相似，详见表 9-4、表 9-5。

表 9-4 一元回归计算表（Ⅰ）

序号	$p_i/\times 10^5 \text{Pa}$	R_{i1}/mm	R_{i2}/mm	$\bar{R}_i$/mm	p^2	R^2	pR
1	1.0	633	633.5	633.25	1.0	401005.56	633.25
2	1.2	635	636	635.5	1.44	403860.25	762.6
3	1.4	637	637.5	637.25	1.96	406087.56	892.15
4	1.5	639	640	639.5	2.25	408960.25	959.25
5	1.6	641	641.5	641.25	2.56	411201.56	1026
6	1.8	643	644	643.5	3.24	414092.25	1158.3
Σ	8.5			3830.25	12.45	2445207.4	5431.55

表 9-5 一元回归计算表（Ⅱ）

$\sum p = 8.5$	$\sum R = 3830.25$	$n = 6$
$\bar{p} = 1.42$	$\bar{R} = 638.375$	
$\sum p^2 = 12.45$	$\sum R^2 = 2445207.4$	$\sum pR = 5431.55$
$\left(\sum p\right)^2 / n = 12.042$	$\left(\sum R\right)^2 / n = 2445135.8$	$\left(\sum p\right)\left(\sum R\right)/n = 5426.1875$
$l_{pp} = 0.408$	$l_{RR} = 71.557$	$l_{pR} = 5.3625$
	$b = \dfrac{l_{pR}}{l_{pp}} = \dfrac{5.3625}{0.408} = 13.143$	
	$a = \bar{R} - b\bar{p} = 638.375 - 13.143 \times 1.42 = 619.7$	
	$\hat{R} = 619.7 + 13.143 P$	

由式(9-23)得

$$S_{总} = \sum_{i=1}^{n}\sum_{j=1}^{m}(R_{ij}-\bar{R})^2 = \sum_{i=1}^{n}\sum_{j=1}^{m}R_{ij}^2 - \frac{1}{nm}\left(\sum_{i=1}^{n}\sum_{j=1}^{m}R_{ij}\right)^2$$

$$= 4890416.7 - \frac{1}{12}(7660.5)^2 = 145$$

由式(9-30)得

$$S_{回} = mbl_{pR} = 2 \times 13.143 \times 5.3625 = 141$$

由式(9-31)得

$$S_{剩} = m(l_{RR} - bl_{pR}) = 2(71.557 - 13.143 \times 5.3625) = 2.155$$

由式(9-32)得

$$S_{误} = S_{总} - S_{回} - S_{剩} = 1.845$$

对剩余平方和作显著性检验，可知

$$F_1 = \frac{S_{剩}/f_{剩}}{S_{误}/f_{误}} = \frac{2.155/4}{1.845/6} = 1.75 < F_{0.05}(4,6) = 4.53$$

因此将 $S_{剩}$ 归入 $S_{误}$，再对回归平方和作显著性检验：

$$F_2 = \frac{S_{回}/f_{回}}{(S_{剩}+S_{误})/(f_{剩}+f_{误})} = \frac{141/1}{(2.155+1.845)/(4+6)}$$

$$= 352.5 > F_{0.01}(1,10) = 10.04$$

于是，可以得出结论，回归方程是高度显著的，对试验数据的拟合是良好的。

方差分析过程，可用表 9-6 表示。

表 9-6 一元回归方差分析表

方差来源	平方和	自由度	平均平方和	F	显著性
回归	141	1	141	$F_2 = 352.5$	* *
剩余	2.155	4	0.5388	$F_1 = 1.75$	
误差	1.845	6	0.3075		
总和	145	11	$F_{0.05}(4,6) = 4.53; F_{0.01}(1,10) = 10.04$		

9.2.3 应用回归方程进行预报和控制

回归方程在统计的意义上描述了随机变量之间的相关关系。应用回归方程，可以对生产过程和各种物理现象进行预报和控制。所谓预报（又称预测）问题，就是根据自变量 X 的取值，估计因变量 Y 的取值范围，也就是统计学中的区间估计问题。而控制问题，则是预报的反问题，即为了使因变量 Y 保持（出现）在给定的范围内，应该如何控制自变量 X 的取值。

由于各种随机因素的影响，当自变量 X 取任意给定的值 X_0 时，因变量 Y_0 是一个随机变量，因此，无法确定地预报因变量 Y_0 的数值。回归值 $\hat{Y}_0 = a + bX_0$，可以看作是 $X = X_0$ 时，对随机变量 Y_0 作多次重复测量所得的平均值，于是，作为一种估计，可以用回归值 $\hat{Y}_0$ 近似地表示 Y_0。如果希望更确切地预报 Y_0 的取值，需要对随机变量 Y_0 以某一置信概率落在以 $\hat{Y}_0$ 为中心的某个置信区间作出估计。

为了进行预测和控制，首先需要确定随机变量 $Y_0 - \hat{Y}_0$ 的分布。$Y_0 = A + BX_0 + \varepsilon$，$\hat{Y}_0 = a + bX_0$，它们都是正态分布的随机变量，所以，$Y_0 - \hat{Y}_0$ 也是正态分布的随机变量，它的分布参数可按下式确定：

$$E(Y_0 - \hat{Y}_0) = E(Y_0) - E(\hat{Y}_0) = 0$$

$$V(Y_0 - \hat{Y}_0) = E(Y_0 - \hat{Y}_0)^2 = E(A + BX_0 + \varepsilon - a - bX_0)^2$$

以 σ 表示随机因素 ε 的标准差，并将式(9-12)、式(9-13)代入，则得

$$V(Y_0 - \hat{Y}_0) = \sigma^2 \left[1 + \frac{1}{n} + \frac{(X_0 - \bar{X})^2}{l_{xx}} \right] = C\sigma^2 \tag{9-33}$$

$$C = 1 + \frac{1}{n} + \frac{(X_0 - \bar{X})^2}{l_{xx}} \tag{9-34}$$

式中，n——试验点的数目；

$\bar{X}, l_{xx}$——在确定回归方程的过程中已经求得，分别按式(9-6)、式(9-8)计算。

于是，随机变量 $Y_0 - \hat{Y}_0$ 的分布可用下式表示

$$Y_0 - \hat{Y}_0 \sim N(0, \sqrt{C}\sigma)$$

随机因素 ε 的标准差 σ，可以根据试验实测数据，用下述方法予以估计。在没有重复试验的情况下，剩余平方和 $S_{剩}$ 可以提供 σ^2 的无偏估计，即

$$\hat{\sigma} = \sqrt{\frac{S_{剩}}{f_{剩}}} = \sqrt{\frac{l_{yy} - bl_{xy}}{n-2}} \tag{9-35}$$

在重复试验的情况下，如剩余平方和检验不显著，即式(9-28)表示的统计量 F_1 不显著，则 $S_{剩} + S_{误}$ 可以提供 σ^2 的无偏估计，即

$$\hat{\sigma} = \sqrt{\frac{S_{剩} + S_{误}}{f_{剩} + f_{误}}} = \sqrt{\frac{\sum_{i=1}^{n}\sum_{j=1}^{m}(Y_{ij} - \bar{Y})^2 - mbl_{xy}}{nm - 2}} \tag{9-36}$$

式中，Y_{ij}——第 i 个试验点上，第 j 次试验时，变量 Y 的实测值；

m——重复试验的次数；

$\bar{Y}, l_{xy}, l_{yy}$——在确定回归方程的过程中已经求得，分别按式(9-7)、式(9-9)及式(9-10)计算。

由上述分析可知，$\dfrac{(Y_0 - \hat{Y}_0)^2}{C\sigma^2}$ 是一个自由度为 1 的 χ^2 分布随机变量，$\dfrac{f\hat{\sigma}^2}{\sigma^2}$ 是一个自由度为 f 的 χ^2 分布随机变量[按式(9-35)计算 $\hat{\sigma}$ 时，$f = n-2$；按式(9-36)计算 $\hat{\sigma}$ 时，$f = nm-2$]，两者互相独立，因此，统计量 $F = \dfrac{(Y_0 - \hat{Y}_0)^2}{C\hat{\sigma}^2}$ 是一个自由度为 $(1, f)$ 的 F 分布随机变量。选定信度 α，即可由 F 分布表查得临界值 $F_\alpha(1, f)$，使得

$$p\{F < F_\alpha(1, f)\} = 1 - \alpha$$

于是，我们以置信概率 $1-\alpha$ 确信

$$\left.\begin{aligned}|Y_0 - \hat{Y}_0| &< \delta \\ \hat{Y}_0 - \delta &< Y_0 < \hat{Y}_0 + \delta\end{aligned}\right\} \qquad (9\text{-}37)$$

式中

$$\delta = \sqrt{F_\alpha(1, f) \cdot \hat{\sigma}^2 \cdot \left[1 + \dfrac{1}{n} + \dfrac{(X_0 - \bar{X})^2}{l_{xx}}\right]} \qquad (9\text{-}38)$$

这就是说，对应于置信概率 $1-\alpha$，随机变量 Y_0 的置信区间为 $\hat{Y}_0 \pm \delta$。

由式(9-38)可知，应用回归方程进行预报时，Y_0 的置信区间与置信概率 $1-\alpha$ 有关(置信概率越大，置信区间越大)，与试验点的数目 n 有关(n 越大，置信区间越小)，而且与预报点的位置 X_0 有关，预报点 X_0 越接近于 $\bar{X}$，置信区间越小。在图 9.4 上，围绕回归方程 $\hat{Y} = a + bX$，作曲线 $Y = \hat{Y} + \delta(X_0)$，$Y = \hat{Y} - \delta(X_0)$，两条曲线之间的区域，就是随机变量 Y_0 的置信区间。当 $X_0 = \bar{X}$ 时，具有最小的置信区间。

因为 δ 是 X_0 的函数，而且用式(9-38)计算比较麻烦，所以在工程应用上，还需要作进一步的简化。由式(9-34)可知，当 X_0 接近于 $\bar{X}$，且 n 较大时，$C \approx 1$，同时，可以忽略 $\hat{\sigma}$ 与 σ 之间的差别。于是，随机变量 $Y_0 - \hat{Y}_0$ 的分布，可近似地用下式表达

$$Y_0 - \hat{Y}_0 \sim N(0, \hat{\sigma})$$

式中，$\hat{\sigma}$ 可按式(9-35)或式(9-36)计算。根据正态分布规律可知

$$\left.\begin{aligned}p\{\hat{Y}_0 - 1.96\hat{\sigma} < Y_0 < \hat{Y}_0 + 1.96\hat{\sigma}\} &= 0.95 \\ p\{\hat{Y}_0 - 3\hat{\sigma} < Y_0 < \hat{Y}_0 + 3\hat{\sigma}\} &= 0.997\end{aligned}\right\} \qquad (9\text{-}39)$$

这时，随机变量 Y_0 的置信区间如图 9.5 所示。

置信区间越小，表示用回归方程作预报时的精度越高，因此，可以用置信区间的宽度(因而也就是用 δ)来表示回归方程的精度。但是，δ 的数值与置信概率及预报点的位置有关。所以，为便于比较起见，习惯上采用随机因素 ε 的标准差 σ，作为回归方程精度的指标。σ 越小，预报的精度就越高，回归方程也就越有效。

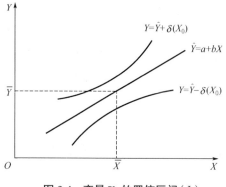

图 9.4 变量 Y_0 的置信区间（Ⅰ）

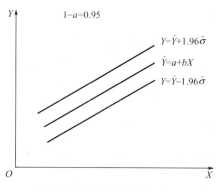

图 9.5 变量 Y_0 的置信区间（Ⅱ）

现在我们讨论控制问题，即为了使因变量 Y 以一定的置信概率保持在区间(Y_1，Y_2)内，应该如何控制自变量 X 的取值范围(X_1, X_2)。由图 9.6 可见，根据

$$\left. \begin{array}{l} Y_1 \leqslant \hat{Y}_1 - \delta(X_1) \\ Y_2 \geqslant \hat{Y}_2 + \delta(X_2) \end{array} \right\} \tag{9-40}$$

即可求得 X_1、X_2。但实际上，用式(9-40)计算是很困难的，因为由式(9-38)表达的 $\delta(X)$ 是很复杂的。为了便于计算，可以引用近似公式(9-39)，由图 9.7 可知，列出方程式：

$$\left. \begin{array}{l} Y_1 \leqslant \hat{Y}_1 - 1.96\hat{\sigma} \\ Y_2 \geqslant \hat{Y}_2 + 1.96\hat{\sigma} \end{array} \right\} \tag{9-41}$$

解之即得 X_1、X_2。只要将 X 控制在区间 (X_1, X_2) 内，就可有 95%的把握使 $Y_1 < Y < Y_2$。

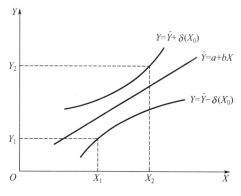

图 9.6 自变量 X 的取值范围（Ⅰ）

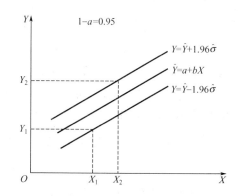

图 9.7 自变量 X 的取值范围（Ⅱ）

必须指出的是，应用回归方程进行预报和控制，其适用范围仅限于原始试验数据的变动范围，即只能解决内插问题，不能任意外推。不加分析的任意外推有可能得出错误的结论。

【例 9-3】 根据例 9-2 重复试验数据，当轮胎气压为 $p_0 = 1.3(\times 10^5 \mathrm{Pa})$ 时，预报轮胎的静力半径。此外，如要求轮胎的静力半径保持在 639～642mm 范围内，应如何控制轮胎的气压？

解：在例 9-2 中已经求得回归方程为

$$\hat{R} = 619.7 + 13.14p$$

① 预报问题。

当 $p_0 = 1.3(\times 10^5 \text{Pa})$ 时

$$\hat{R}_0 = 619.7 + 13.14 \times 1.3 = 636.8(\text{mm})$$

由例 9-2 已知，剩余平方和(即 F_1 检验)不显著，故可按式(9-36)估计 σ^2

$$\hat{\sigma}^2 = \frac{S_{剩} + S_{误}}{f_{剩} + f_{误}} = \frac{4}{10} = 0.4$$

选取 $\alpha = 0.05$，则 $F_{0.05}(1,10) = 4.96$。已知 $n = 6$，$\bar{p} = 1.42$，$l_{pp} = 0.408$，代入式(9-38)可得

$$\delta = \sqrt{F_\alpha(1,f) \cdot \hat{\sigma}^2 \cdot \left[1 + \frac{1}{n} + \frac{(p_0 - \bar{p})^2}{l_{pp}}\right]}$$

$$= \sqrt{4.96 \times 0.4 \times \left[1 + \frac{1}{6} + \frac{(1.3 - 1.42)^2}{0.408}\right]} = 1.54(\text{mm})$$

于是，轮胎静力半径的置信区间为

$$\hat{R}_0 \pm \delta = 635.3 \sim 638.3(\text{mm})$$

如用近似公式(9-39)计算，置信区间为

$$\hat{R}_0 \pm 1.96\hat{\sigma} = 636.8 \pm 1.24 = 635.6 \sim 638(\text{mm})$$

结论：当 $p_0 = 1.3(\times 10^5 \text{Pa})$ 时，轮胎的静力半径的估计值为 636.8mm。确切地说，我们有 95% 的把握预报轮胎的静力半径在 635.3～638.3mm 范围内(近似地说，在 635.6～638mm 范围内)。

② 控制问题。

按近似公式(9-41)计算

$$R_1 \leqslant \hat{R}_1 - 1.96\hat{\sigma}$$
$$R_2 \geqslant \hat{R}_2 + 1.96\hat{\sigma}$$

以 $R_1 = 639$mm，$R_2 = 642$mm，$\hat{R} = 619.7 + 13.14p$ 代入，解得

$$p_1 \geqslant 1.56(\times 10^5 \text{Pa}), \quad p_2 \leqslant 1.6(\times 10^5 \text{Pa})$$

结论：只要将轮胎气压控制在 $1.56 \sim 1.6(\times 10^5 \text{Pa})$ 范围内，我们就有 95%的把握，使轮胎静力半径保持在 639～642mm 范围内。

9.3 一元非线性回归的转化

在实际问题中，变量 Y 与变量 X 之间，往往具有非线性相关关系。对这类问题进行回归分析时，首先需要选择回归方程的类型，然后，用这种类型的方程去拟合试验数据，以确定回归系数和常数项。

选择回归方程的类型是一项困难的工作。可以根据专业知识从理论上进行分析推导，或者根据实践经验予以选择。但在一般情况下，需要根据试验数据点在坐标纸上的分布情况，

确定回归方程的类型。为了便于选择适当的回归方程,现将常用的数字方程和它们的图像示于图 9.8～图 9.13。

用选定的回归方程去拟合试验数据时,可以用最小二乘法确定回归系数和常数项。

很多非线性回归问题,可以通过适当的变量转换,化为线性回归问题,从而使回归分析过程得以简化。本节我们将讨论一些常用的变量转换方法。

(1) 如果试验数据点在普通坐标纸上的分布,接近于图 9.8 所示的曲线,那么,可以考虑将回归方程选择为双曲线方程 $\frac{1}{Y}=a+\frac{b}{X}$。作变量转换 $Y'=\frac{1}{Y}$,$X'=\frac{1}{X}$,则回归方程转化为线性方程 $\hat{Y}'=a+bX'$。

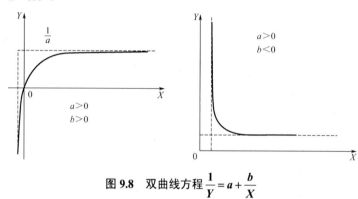

图 9.8 双曲线方程 $\frac{1}{Y}=a+\frac{b}{X}$

对全部试验实测数据 (X_i,Y_i) 取倒数,得到 $(X_i',Y_i'), i=1,2,\cdots,n$。按 9.2 节所述方法,可以确定 a 和 b 的数值。作线性回归显著性检验,如新变量 Y' 与 X' 之间线性相关性显著,说明将变量 Y 与 X 的回归方程选择为双曲线方程是适宜的。最后,作变量逆转换,得到 $\hat{Y}=\frac{X}{aX+b}$。

因为曲线不容易描绘,同时,用线性方程 $\hat{Y}'=a+bX'$ 进行预报和控制比较方便,所以在工程上往往改用 $X' \sim Y'$(即 $\frac{1}{X} \sim \frac{1}{Y}$)坐标系,表达试验数据点和回归方程的图像。

(2) 将回归方程选择为幂函数方程 $\hat{Y}'=cX^b$(图 9.9)时,对方程两边取对数可得 $\lg \hat{Y}=\lg c + b\lg X$,作变量转换 $Y'=\lg Y$,$X'=\lg X$,并令 $a=\lg c$,则回归方程转化为线性方程 $\hat{Y}'=a+bX'$。

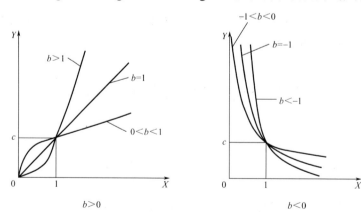

图 9.9 幂函数方程 $Y=cX^b$

对全部试验实测数据取 (X_i, Y_i) 对数，得到 $(X_i', Y_i'), i = 1, 2, \cdots, n$。按线性回归分析方法，确定 a 和 b 的数值，并作显著性检验，最后可得 $\hat{Y} = 10^a X^b$。

工程上，往往用对数坐标表达试验数据点和回归方程的图像。

(3) 将回归方程选择为指数方程 $\hat{Y} = ce^{bx}$（图 9.10）时，作变量转换 $Y' = \ln Y$，并令 $a = \ln c$，则回归方程转化为线性方程 $\hat{Y}' = a + bX'$。

对试验数据 Y_i 取自然对数，得到 Y_i'。根据 (X_i, Y_i')，按线性回归分析方法，确定 a 和 b 的数值，最后可得 $\hat{Y} = e^a e^{bx}$。

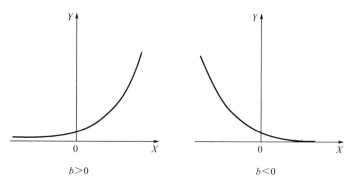

图 9.10　指数方程 $Y = ce^{bX}$

(4) 将回归方程选择为指数方程 $\hat{Y} = ce^{\frac{b}{x}}$（图 9.11）时，作变量转换 $Y' = \ln Y$，$X' = \dfrac{1}{X}$，并令 $a = \ln c$，则回归方程转化为线性方程 $\hat{Y}' = a + bX'$。确定 a 和 b 的数值后，可得 $\hat{Y} = e^a e^{\frac{b}{x}}$。

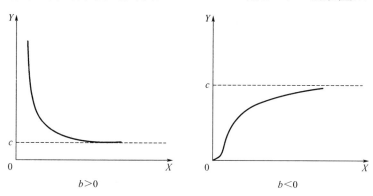

图 9.11　指数方程 $Y = ce^{\frac{b}{X}}$

(5) 将回归方程选择为对数方程 $\hat{Y} = a + b\lg X$（图 9.12）时，作变量转换 $X' = \lg X$，即得线性方程 $\hat{Y}' = a + bX'$。确定 a 和 b 的数值后，可得 $\hat{Y} = a + b\lg X$。

(6) 将回归曲线选择为 S 型曲线 $\hat{Y} = \dfrac{1}{a + be^{-x}}$（图 9.13）时，作变量转换 $Y' = \dfrac{1}{Y}$，$X' = e^{-x}$ 即得线性方程 $\hat{Y}' = a + bX'$。确定 a 和 b 的数值后，可得 $\hat{Y} = \dfrac{1}{a + be^{-x}}$。

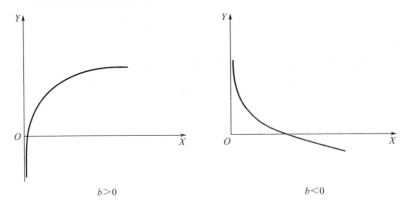

图 9.12 对数方程 $Y = a + b\lg X$

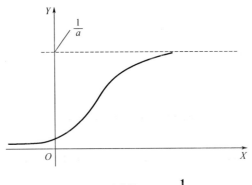

图 9.13 s 型曲线 $Y = \dfrac{1}{a + be^{-x}}$

经过适当的变量转换可以化为线性回归的问题还很多,本书限于篇幅,不再一一列举了。

必须指出,回归方程 $\hat{Y}' = a + bX'$ 是对变量转换后的数据所作的最佳拟合,经过逆转换所得的回归方程 $\hat{Y} = f(X)$,虽然在一般情况下,对原始试验数据具有较好的拟合精度,但严格来说,不一定是最佳的拟合。因此,在可能的情况下,最好用不同类型的方程进行拟合并比较其精度,择优选用。

对于一元非线性回归问题,可以应用回归方程 $\hat{Y} = f(X)$ 进行预报和控制。当变量 X 取值 X_0 时,变量 Y_0 的区间估计可以预报为

$$Y_0 = \hat{Y}_0 \pm 1.96\hat{\sigma} \text{ (信度 } \alpha = 0.05\text{,即置信概率为 } 0.95\text{)} \tag{9-42}$$

式中,$\hat{\sigma}$ 为随机因素标准差的估计值,可根据剩余平方和进行计算,即

$$\hat{\sigma} = \sqrt{\dfrac{1}{n-2}\sum_{i=1}^{n}(Y_i - \hat{Y}_i)^2} \tag{9-43}$$

式中,n——试验点的数目;

Y_i——第 i 个试验点上,变量 Y 的实测值;

$\hat{Y}_i$——第 i 个试验点上,变量 Y 的回归值。

也可以应用经过变量转换的线性回归方程 $\hat{Y}' = a + bX'$ 进行预报和控制。当新变量 X' 取

值 X'_0 时，新变量 Y'_0 的区间估计可预报为

$$Y'_0 = \hat{Y}'_0 \pm 1.96\hat{\sigma}' \text{（信度 } \alpha = 0.05\text{，即置信概率为 } 0.95\text{）} \tag{9-44}$$

式中，$\hat{\sigma}'$ 为变量转换后随机因素标准差的估计值，根据剩余平方和进行计算，按式(9-35)可得

$$\hat{\sigma}' = \sqrt{\frac{l_{y'y'} - bl_{x'y'}}{n-2}} \tag{9-45}$$

式中，$l_{y'y'}$ 和 $l_{x'y'}$ 在确定 a 和 b 的过程中已经求得。

因为用式(9-45)确定 $\hat{\sigma}'$ 比较方便，所以，在实际工作中，经常应用变量转换后的线性回归方程 $\hat{Y}' = a + bX'$ 进行预报和控制。

【例9-4】 在一项试验工作中，对变量 X 和 Y 进行了实测，其数据如表9-7第二、三列所示，试确定其回归方程。

表9-7 一元回归计算表（I）

试验点	X	Y	$X' = \dfrac{1}{X}$	$X' = \dfrac{1}{Y}$	X'^2	Y'^2	$X'Y'$
1	2	6.42	0.5	0.1557632	0.25	0.0242622	0.0778816
2	3	8.20	0.3333333	0.1219512	0.1111111	0.0148721	0.0406504
3	4	9.58	0.25	0.1043841	0.0625	0.0108960	0.0260960
4	5	9.50	0.2	0.1052632	0.04	0.0110803	0.0210526
5	6	9.70	0.1666667	0.1030928	0.0277778	0.0106281	0.0171821
6	7	10.00	0.1428571	0.1	0.0204082	0.01	0.0142857
7	8	9.93	0.125	0.1007049	0.0156250	0.0101415	0.0125881
8	9	9.99	0.1111111	0.1001001	0.0123457	0.0100200	0.0111222
9	10	10.94	0.1	0.0953289	0.01	0.0090876	0.00953289
10	11	10.59	0.0909091	0.0944287	0.00826446	0.00891678	0.00858443
11	12	10.60	0.0833333	0.0943396	0.00694444	0.00889996	0.00786164
12	13	10.80	0.0769231	0.0925925	0.00591716	0.00857339	0.00712251
13	14	10.60	0.0714286	0.0943396	0.00510204	0.00889996	0.0067385
14	15	10.90	0.0666667	0.0917431	0.00444444	0.008416799	0.00611621
15	16	10.76	0.0625	0.0920368	0.00390625	0.00863725	0.00580855
Σ			2.3807290	1.546969	0.5843465	0.163332	0.2726236

解： ① 确定回归方程的类型。

将实测数据 (X_i, Y_i) 标在坐标纸上，如图9.14所示。因为数据点的分布与图9.8所示的曲线接近，故初步判断回归方程是一个双曲线方程 $\dfrac{1}{\hat{Y}} = a + \dfrac{b}{x}$。

② 回归系数与常数项的确定。

令 $X' = \dfrac{1}{X}$，$Y' = \dfrac{1}{Y}$，则 $\hat{Y}' = a + bX'$。实例数据经变量转换后列于表9-7第四、五列。然后按线性回归方法确定 a 和 b 的数值。具体计算过程列于表9-7和表9-8。

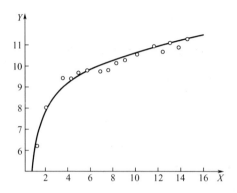

图 9.14 用双曲线拟合试验数据

表 9-8 一元回归计算表（Ⅱ）

$\sum X' = 2.380729$	$\sum Y' = 1.546969$	$n = 15$
$\overline{X}' = 0.1587$	$\overline{Y}' = 0.1031$	
$\sum X'^2 = 0.5843465$	$\sum Y'^2 = 0.1633320$	$\sum X'Y' = 0.2726236$
$\left(\sum X'\right)^2 / n = 0.3778580$	$\left(\sum Y'\right)^2 / n = 0.1595408$	$\left(\sum X'\right)\left(\sum Y'\right)/n = 0.2455275$
$l_{x'x'} = 0.2065$	$l_{y'y'} = 0.003791$	$l_{x'y'} = 0.027096$
	$b = \dfrac{l_{x'y'}}{l_{x'x'}} = 0.1312$	
	$a = \overline{Y}' - b\overline{X}' = 0.0823$	
	$\hat{Y}' = 0.0823 + 0.1312X'$ 或 $\hat{Y} = \dfrac{X}{0.0823 + 0.1312}$	

③ 回归方程显著性检验。

考虑线性回归方程 $\hat{Y}' = a + bX'$，按式(9-19)，相关系数

$$\hat{r}' = \frac{l_{x'y'}}{\sqrt{l_{x'x'}l_{y'y'}}} = 0.968$$

由表 9-3 可知，$r_{\min}(\alpha = 0.01) = 0.641$，$|\hat{r}'| > r_{\min}(\alpha = 0.01)$，所以线性相关高度显著。说明对原变量 X、Y 用双曲线方程拟合是适宜的。

④ 回归方程的精度。

X 取值 X_i 时，变量 Y 的回归值 $\hat{Y}_i$ 可按回归方程 $\hat{Y} = \dfrac{X}{0.0823X + 0.1312}$ 计算。表 9-9 列出了实测值与回归值的偏差。回归方程的精度指标 σ，根据剩余平方和予以估计，并按式(9-43)计算。

$$\hat{\sigma} = \sqrt{\frac{1}{n-2}\sum_{i=1}^{n}(Y_i - \hat{Y}_i)^2} = 0.33$$

表 9-9 实测值与回归值(预报值)的偏差

实测值 Y_i	回归值 $\hat{Y}_i$	偏差 $Y_i - \hat{Y}_i$	实测值 Y_i	回归值 $\hat{Y}_i$	偏差 $Y_i - \hat{Y}_i$
6.42	6.761	−0.341	10.49	10.480	0.01
8.20	7.934	0.266	10.59	10.613	−0.023
9.58	8.688	0.892	10.60	10.726	−0.126
9.50	9.213	0.287	10.80	10.823	−0.023
9.70	9.600	0.100	10.60	10.909	−0.309
10.00	9.897	0.103	10.90	10.983	−0.083
9.93	10.132	−0.202	10.76	11.050	−0.29
9.99	10.322	−0.332			

⑤ 改用其他方程拟合试验数据。

由表 9-9 及图 9.14 可以看出，当 X_i 较小时，回归值小于实测值，而 X_i 较大时，回归值大于实测值，具有明显的规律性，说明回归方程的类型，选得还不够理想。根据试验数据点的分布情况，可以考虑改用图 9.11 所示的指数方程 $\hat{Y} = ce^{\frac{b}{x}}$ 来拟合试验数据。作变量转换，$Y' = \ln Y$，$X' = \frac{1}{X}$，并令 $a = \ln c$，则得 $\hat{Y}' = a + bX'$。按类似的方法进行计算，其结果如下：

$$\bar{X}' = 0.1587 ; \quad \bar{Y}' = 2.2815$$

$$l_{x'x'} = 0.2065 ; \quad l_{y'y'} = 0.2656 ; \quad l_{x'y'} = -0.2293$$

$$b = \frac{l_{x'y'}}{l_{x'x'}} = -1.1105 ; \quad a = \bar{Y}' - b\bar{X}' = 2.4577$$

于是

$$\hat{Y}' = 2.4577 - 1.1105 X'$$

或

$$\hat{Y} = 11.6783 e^{\frac{1.1105}{X}}$$

由图 9.15 可以直观地看出，用指数方程拟合试验数据，具有较好的效果。

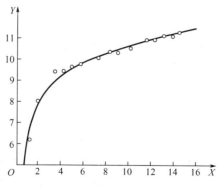

图 9.15 用指数曲线拟合试验数据

对回归方程 $\hat{Y}' = a + bX'$ 进行显著性检验

$$\hat{r}' = \frac{l_{x'y'}}{\sqrt{l_{x'x'}l_{y'y'}}} = -0.9791$$

因为 $|\hat{r}'| = 0.9791 > r_{\min}(\alpha = 0.01) = 0.641$，故线性相关高度显著，说明用指数方程拟合试验数据是适宜的。

X 取值 X_i 时，变量 Y 的回归值 $\hat{Y}_i$ 可按 $\hat{Y} = 11.6783 e^{\frac{1.1105}{X}}$ 计算。实测值 Y_i 与回归值 $\hat{Y}_i$ 的偏差列于表 9-10。由表可见，偏差 $Y_i - \hat{Y}_i$ 正负交替出现，比用双曲线方程拟合时为好。回归方程的精度指标 σ，按式(9-43)估计

$$\hat{\sigma} = \sqrt{\frac{1}{n-2}\sum_{i=1}^{n}(Y_i - \hat{Y}_i)^2} = 0.26$$

其数值比用双曲线方程拟合时为小。

表 9-10　实测与回归值（预报值）的偏差

实测值 Y_i	回归值 $\hat{Y}_i$	偏差 $Y_i - \hat{Y}_i$	实测值 Y_i	回归值 $\hat{Y}_i$	偏差 $Y_i - \hat{Y}_i$
6.42	6.703	−0.283	10.49	10.451	0.039
8.20	8.065	0.135	10.59	10.557	0.033
9.58	8.847	0.733	10.60	10.646	−0.046
9.50	9.352	0.148	10.80	10.722	−0.078
9.70	9.705	−0.005	10.60	10.788	−0.188
10.00	9.965	0.035	10.90	10.845	−0.055
9.93	10.165	−0.235	10.76	11.895	−0.135
9.99	10.323	−0.333			

⑥ 结论。

用双曲线方程 $\hat{Y} = \dfrac{X}{0.0823X + 0.1312}$ 或指数方程 $\hat{Y} = 11.6783 e^{\frac{1.1105}{X}}$ 去拟合试验数据都是适宜的，但指数方程 $\hat{Y} = 11.6783 e^{\frac{1.1105}{X}}$ 具有较高的精度，效果更好。

9.4　试验数据的图像表示

试验数据的图像表示，是指在一定的坐标系里，标出试验数据点，并用回归线变量之间的相关关系表示出来。可以根据回归分析所求得的回归方程描述回归线，也可以根据试验数据的分布，直接用作图法近似地画出回归线。试验数据的图像表示，简明直观地反映了变量之间的相互依赖关系，此外，如作图比较细致准确，即使不知道回归方程，也可对变量求导数或积分，以便对变量之间的关系，作进一步的分析。因此，在试验数据处理工作中，这种方法得到了广泛的应用。

通常采用平面坐标系表示两个变量之间的关系,两个以上的变量之间的关系,可以在固定某些变量的情况下,转化为两个变量的关系。

为了使试验数据的图像发挥应有的作用,本节我们将简要地介绍作图法的基本原则和方法。

9.4.1 坐标系的选择与分度

(1) 坐标系有直角坐标和极坐标两种。在直角坐标系中,又可分为均匀分度和非均匀分度的,后者如对数坐标、三角函数坐标等。均匀分度的直角坐标系应用最广。

同一组试验数据,在不同的坐标系中,有不同的图像。例如,回归线 $\hat{Y}=aX^2$,在均匀分度的 X-Y 坐标系中,表现为一条抛物线,令 $X'=X^2$,则在均匀分度的 X'-Y 坐标系(即非均匀分度的 X-Y 坐标系)中,表现为一条直线。呈直线的图像既易于绘制,又便于使用。因此,为了使图像转化为直线,可以选用适当的非均匀分度的坐标系。

在试验工作中,可根据所测参数(变量)之间的关系,选择适当的坐标系。在一般情况下,首先用平均分度的直角坐标系作图,然后根据所得图像的形状,再考虑转换适当的坐标系(参看 9.3 节)。

(2) 每一条坐标线所代表的变量的数值,称为坐标线的标度值,相邻的两条坐标线标度值之差称为坐标的分度。

分度的数值,应适当地选择,以便与测量精度相适应。例如,发动机扭矩的测量结果为 142N·m,相应的极限误差为 ±1N·m,由测量精密度可知,有效数字为三位。如果分度值过小,以致从图上可以读出四位数字,那就人为地提高了测量的精密度;如果分度值过大,从图上只能读出两位数字,那就人为地降低了测量的精密度,这样做都是错误的。在一般情况下,坐标的分度值与试验实测数据倒数第二位数字的单位相同。

(3) 无论是自变量还是因变量,坐标线的标度值不一定从零开始。在分度值与测量精密度相适应的前提下,可用低于试验数据最小值的某一整数,作为坐标线标度值的起点,高于最大值的某一整数作为终点,以便使试验数据的图像占满整个幅面。当因变量较多时,应分别标出各因变量的标度值。为使图像清晰起见,亦可沿纵坐标截取各个分段,以表示不同的因变量。

(4) 相邻两坐标线之间的距离,应适当选择,使回归线的主要部分有接近于 1 的斜率。这样,既便于读数,又可以比较清楚地显示试验数据与回归线之间的偏差。

9.4.2 回归线的描绘

为了用作图法近似地画出回归线,首先需要在选定的坐标系统中标出试验数据点。

在一般情况下,根据实测数据 (X_i, Y_i) 即可在坐标纸上标出数据点。如果考虑到试验误差,那么应该用一个矩形来代替一个数据点,矩形的中心是多次重复测量的算术平均值,矩形的一边等于自变量标准误差的两倍($2\sigma_x$),另一边等于因变量标准误差的两倍($2\sigma_y$),于是,回归线介于 ab、$a'b'$ 两条曲线之间的概率为 0.95(图 9.16)。如果自变量与因变量的标准误差相等(在选定的坐标系统中,用同样的长度代表两者的标准误差),则习惯上用圆圈"○"代表各数据点,圆心为算术平均值,圆半径为标准误差值。

在一个图上表示各种不同的数据时,数据点应用不同的标记(如×,△,○,+等)加以区别。标记的中心应与数据的坐标相重合。

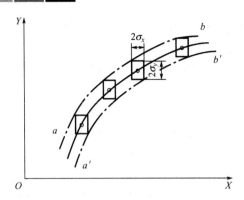

图 9.16　在坐标纸上标出试验数据点

在试验数据不够充足，图上的数据点较少的情况下，很难确切地判断回归线的走向，这时，只能将数据点用折线相连，以反映变量之间的大致关系。只有在数据点较多的情况下，才可能描绘出一条光滑的回归线，较好地反映变量之间的相关关系。

根据试验数据点的分布，应用作图法描绘回归线时，应遵循以下各项原则。

(1) 回归线应该匀整光滑，具有尽可能少的转折点。

(2) 根据最小二乘法原理，回归线应与所有的数据点尽可能地接近。一些数据点与回归线偏离很小，而另一些数据点偏离很大的情况，应该避免。

(3) 回归线不必通过任何一个数据点，尤其是两端的数据点。一般来说，两端的数据点由于仪器及测量方法的关系，可能具有较大的误差，因此作图时不必同等对待。

(4) 位于回归线两侧的数据点，应大致相等。如果数据点较多，按自变量的大小将数据点分成几组时，每一组内，位于回归线两侧的数据点，应大致相等。

(5) 对于个别的离群的数据点应慎重对待，在可能的情况下，应补做一些试验，以决定取舍。例如，在图 9.17 上，第一批试验数据点以"○"表示，点 A 是个离群的数据点。围绕点 A 补做第二批试验。如果所得到的数据点如"×"所示，则表明原先的试验过于粗略，在点 A 附近的试验点过少，以致无法判定回归线的走向。如果所得的数据点如"△"所示，则可判断点 A 包含有过失误差，应予舍弃。

根据上述原则，初步确定回归线的走向后，先用曲线分段画出，经过修匀，最后连成正式的回归线。

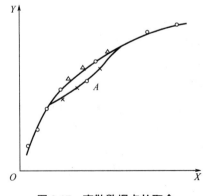

图 9.17　离散数据点的取舍

思考题

1. 试验数据回归分析需要解决的问题是什么？
2. 一元线性回归分析有什么重要作用？
3. 一元线性回归方程有哪几种确定方法？
4. 举例说明线性回归的显著性检验方法在车辆工程中的应用。

参 考 文 献

[1] 邬慧乐，邱毓强. 汽车拖拉机试验学[M]. 北京：机械工业出版社，1992.
[2] 方开泰，刘民千，周永道.试验设计与建模[M]. 北京：高等教育出版社，2011.
[3] 方开泰. 均匀设计与均匀设计表[M]. 北京：科学出版社，1994.
[4] 林维萱. 试验设计方法[M]. 大连：大连海事大学出版社，1995.
[5] 栾军. 现在试验设计优化方法[M]. 上海：上海交通大学出版社，1995.
[6] 茆诗松，等. 回归分析及其试验设计[M]. 上海：华东师范大学出版社，1981.
[7] 任露泉. 试验设计及其优化[M]. 北京：科学出版社，2009.
[8] 许宏国，刘宏飞. 基于相似模型的汽车列车横向摆振试验研究[J]. 江苏大学学报，2004，25(4).
[9] 李萌，高峰，孙鹏，等. 基于相似理论的月球车月面牵引性能预测[J]. 北京航空航天大学学报，2013，39（2）：230-234.
[10] 孙鹏，高峰，孙刚，等. 行星探测车车轮牵引特性试验台设计[J]. 中国机械工程，2009，20(5)：505-508.
[11] 杨建华. 应用均匀试验设计安排发动机性能试验[J]. 战术导弹技术，2001.4.
[12] 王继勇，李助军. 均匀试验设计方法在柴油机多变量优化中的应用[J]. 装备制造技术，2006.1.
[13] 阎伟，李国祥，等. 用均匀试验设计法优化直喷式柴油机喷油系统[J]. 农业机械学报，2002.4.

北京大学出版社汽车类教材书目

序号	书名	标准书号	著作者	定价	出版日期
1	汽车构造(第2版)	978-7-301-19907-7	肖生发，赵树朋	56	2014.1
2	汽车构造学习指导与习题详解	978-7-301-22066-5	肖生发	26	2014.1
3	汽车发动机原理(第2版)	978-7-301-21012-3	韩同群	42	2013.5
4	汽车设计	978-7-301-12369-0	刘涛	45	2008.1
5	汽车运用基础	978-7-301-13118-3	凌永成，李雪飞	26	2008.1
6	现代汽车系统控制技术	978-7-301-12363-8	崔胜民	36	2008.1
7	汽车电气设备实验与实习	978-7-301-12356-0	谢在玉	29	2008.2
8	汽车试验测试技术（第2版）	978-7-301-25436-3	王丰元，邹旭东	36	2015.3
9	汽车运用工程基础(第2版)	978-7-301-21925-6	姜立标	34	2016.3
10	汽车制造工艺（第2版）	978-7-301-22348-2	赵桂范，杨娜	40	2013.4
11	车辆制造工艺	978-7-301-24272-8	孙建民	45	2014.6
12	汽车工程概论	978-7-301-12364-5	张京明，江浩斌	36	2008.6
13	汽车运行材料（第2版）	978-7-301-22525-7	凌永成	45	2015.6
14	汽车运动工程基础	978-7-301-25017-4	赵英勋，宋新德	38	2014.10
15	汽车试验学	978-7-301-12358-4	赵立军，白欣	28	2014.7
16	内燃机构造	978-7-301-12366-9	林波，李兴虎	26	2014.12
17	汽车故障诊断与检测技术	978-7-301-13634-8	刘占峰，林丽华	34	2013.8
18	汽车维修技术与设备（第2版）	978-7-301-25846-0	凌永成	36	2015.6
19	热工基础（第2版）	978-7-301-25537-7	于秋红，鞠晓丽等	45	2015.3
20	汽车检测与诊断技术	978-7-301-12361-4	罗念宁，张京明	30	2009.1
21	汽车评估（第2版）	978-7-301-26615-1	鲁植雄	38	2016.1
22	汽车车身设计基础	978-7-301-15619-3	王宏雁，陈君毅	28	2009.9
23	汽车车身轻量化结构与轻质材料	978-7-301-15620-9	王宏雁，陈君毅	25	2009.9
24	车辆自动变速器构造原理与设计方法	978-7-301-15609-4	田晋跃	30	2009.9
25	新能源汽车技术（第2版）	978-7-301-23700-7	崔胜民	39	2015.4
26	工程流体力学	978-7-301-12365-2	杨建国，张兆营等	35	2011.12
27	高等工程热力学	978-7-301-16077-0	曹建明，李跟宝	30	2010.1
28	汽车电气设备（第3版）	978-7-301-27275-6	凌永成	47	2016.8
29	汽车电气设备	978-7-301-24947-5	吴焕芹，卢彦群	42	2014.10
30	汽车电器与电子设备	978-7-301-25295-6	唐文初，张春花	26	2015.2
31	现代汽车发动机原理	978-7-301-17203-2	赵丹平，吴双群	35	2013.8
32	现代汽车新技术概论（第2版）	978-7-301-24114-1	田晋跃	42	2016.1
33	现代汽车排放控制技术	978-7-301-17231-5	周庆辉	32	2012.6
34	汽车服务工程（第3版）	978-7-301-28508-4	鲁植雄	46	2017.8
35	汽车使用与管理	978-7-301-18761-6	郭宏亮，张铁军	39	2013.6
36	汽车数字开发技术	978-7-301-17598-9	姜立标	40	2010.8
37	汽车人机工程学	978-7-301-17562-0	任金东	35	2015.4
38	专用汽车结构与设计	978-7-301-17744-0	乔维高	45	2014.6
39	汽车空调	978-7-301-18066-2	刘占峰，宋力等	28	2013.8
40	汽车空调技术	978-7-301-23996-4	麻友良	36	2014.4
41	汽车CAD技术及Pro/E应用	978-7-301-18113-3	石沛林，李玉善	32	2015.4
42	汽车振动分析与测试	978-7-301-18524-7	周长城，周金宝等	40	2011.3
43	新能源汽车概论（第2版）	978-7-301-25633-6	崔胜民	37	2016.3
44	新能源汽车基础	978-7-301-25882-8	姜顺明	38	2015.7
45	汽车空气动力学数值模拟技术	978-7-301-16742-7	张英朝	45	2011.6

序号	书 名	标准书号	著作者	定价	出版日期
46	汽车电子控制技术(第 3 版)	978-7-301-27262-6	凌永成	46	2017.1
47	车辆液压传动与控制技术	978-7-301-19293-1	田晋跃	28	2015.4
48	车辆悬架设计及理论	978-7-301-19298-6	周长城	48	2011.8
49	汽车电器及电子控制技术	978-7-301-17538-5	司景萍，高志鹰	58	2012.1
50	汽车车身计算机辅助设计	978-7-301-19889-6	徐家川，王翠萍	35	2012.1
51	现代汽车新技术	978-7-301-20100-8	姜立标	49	2016.1
52	电动汽车测试与评价	978-7-301-20603-4	赵立军	35	2012.7
53	电动汽车结构与原理	978-7-301-20820-5	赵立军，佟钦智	35	2015.1
54	二手车鉴定与评估	978-7-301-21291-2	卢 伟，韩 平	36	2015.4
55	汽车微控制器结构原理与应用	978-7-301-22347-5	蓝志坤	45	2013.4
56	汽车振动学基础及其应用	978-7-301-22583-7	潘公宇	29	2015.2
57	车辆优化设计理论与实践	978-7-301-22675-9	潘公宇，商高高	32	2015.2
58	汽车专业英语	978-7-301-23187-6	姚 嘉，马丽丽	36	2013.8
59	车辆底盘建模与分析	978-7-301-23332-0	顾 林，朱 跃	30	2014.1
60	汽车安全辅助驾驶技术	978-7-301-23545-4	郭 烈，葛平淑等	43	2014.1
61	汽车安全	978-7-301-23794-6	郑安文	45	2015.4
62	汽车安全概论	978-7-301-22666-7	郑安文，郭健忠	35	2015.10
63	汽车系统动力学与仿真	978-7-301-25037-2	崔胜民	42	2014.11
64	汽车营销学	978-7-301-25747-0	都雪静，安惠珠	50	2015.5
65	车辆工程专业导论	978-7-301-26036-4	崔胜民	35	2015.8
66	汽车保险与理赔	978-7-301-26409-6	吴立勋，陈立辉	32	2016.1
67	汽车理论	978-7-301-26758-5	崔胜民	32	2016.1
68	新能源汽车动力电池技术	978-7-301-26866-7	麻友良	42	2016.3
69	汽车车身控制系统	978-7-301-27023-3	杭卫星	28	2016.5
70	汽车发动机管理系统	978-7-301-27083-7	贝绍轶	28	2016.6
71	汽车底盘控制系统	978-7-301-27693-8	赵景波	32	2016.11
72	汽车底盘机械系统	978-7-301-27270-1	李国庆	28	2016.7
73	现代汽车新技术（第 2 版）	978-7-301-27425-5	姜立标	57	2016.8
74	汽车新能源与排放控制（双语教学版）	978-7-301-27589-4	周庆辉	35	2016.10
75	汽车新技术	978-7-301-27692-1	邹乃威，周大帅	46	2016.11
76	汽车发动机机械系统	978-7-301-27786-7	李国庆	28	2016.12
77	道路交通安全	978-7-301-27868-0	郑安文	50	2017.1
78	共享汽车概论	978-7-301-28491-9	李 旭等	42	2017.8
79	车辆试验设计与数据处理	978-7-301-28660-9	张京明	49	2017.8

如您需要更多教学资源如电子课件、电子样章、习题答案等，请登录北京大学出版社第六事业部官网www.PUP6.cn搜索下载。

如您需要浏览更多专业教材，请扫下面的二维码，关注北京大学出版社第六事业部官方微信（微信号：pup6book），随时查询专业教材、浏览教材目录、内容简介等信息，并可在线申请纸质样书用于教学。

感谢您使用我们的教材，欢迎您随时与我们联系，我们将及时做好全方位的服务。联系方式：010-62750667，童编辑，13426433315@163.com，pup_6@163.com，lihu80@163.com，欢迎来电来信。客户服务 QQ 号：1292552107，欢迎随时咨询。